U0137653

周易象数学史

林忠军 著

第三册

明清卷

第三册

明清卷

目　录

第一编　明代：象数易学的新发展

第二编 清初的易学辨伪思潮

第三编　汉易象数学的复兴与重建

第四编　晚清：汉易的衰落与象数学的转型

第一编

明代：象数易学的新发展

概　述

明初，统治者"征召耆儒，讲论道德，修明治术，兴起教化，焕乎成一代之宏规"（《明史·儒林传一》）。明代学术承袭宋元之传统，推崇程朱理学。明太祖洪武年间，解缙上万言书，建议官方编修理学书籍，至明成祖时，理学书籍的修纂得以实施。大臣胡广等人遵照指示开始撰修《五经大全》《四书大全》《性理大全》，不足一年即完工。皇帝阅之，大加赞赏，亲自制序，颁布天下，正式确立起程朱理学的官学地位。因此，明初学术以祖述推阐程朱思想为绝对主流。黄宗羲曾指出："有明学术，从前习熟先儒之成说，未尝反身理会，推见至隐，所谓'此亦一述朱，彼亦一述朱'耳。"（《明儒学案·姚江学案》）明中后期，立于官学的三部《大全》成为开科取士的法定教科书。然而，所谓"大全"不过是剽窃宋元理学书的临时拼凑之作，这对当时的经学研究造成了极深的负面影响。明代经学研究的诸多弊端，在一定程度上导致了程朱理学步向式微，继而逐渐形成了两股以颠覆程朱理学为宗旨的思潮：一是经学复古思潮。杨慎、陈耀文、胡应麟等学者有感于明代经学之偏失，试图以经学考据、辨伪、辑佚等工作来反对朱学乃至整个宋学，力倡汉学朴实之风。今人林庆彰说："这几项经学研究的内容和方法，告诉我们，这些经学家正从事一项新的经学运动。这种运动，不同于宋人以义理为主的新经学，而是逐渐与汉儒精神相契合的汉学运动。"①就此而言，明中后期的经学复古思潮乃是清代朴学的先声。二是心学思潮。明代心学思潮起自陈献章的"江门之学"和王守仁的"姚江之学"，尤其是王守仁之学，问世以来，趋之者日众，流风所扇，长达百余年。正如《明史》所言："学术之分，则自陈献章、王守仁始。宗献章者曰江门之学，孤行独诣，其传不远。宗守仁者曰姚江之学，别立宗旨，显与朱子背驰，门徒遍天下，流传逾百年，其教大行，其弊滋甚。嘉、隆而后，笃信程、朱，不迁异说者，无复几人矣。"（《明史·儒林传一》）

在理学、心学、佛学三者相互碰撞、即对峙即交融之学术背景下形成的明代易学，反映了此一时期学术文化发展的理路与特色。在官方的极力倡导下，易学研究的规模相较前代丝毫不减。据《明史·艺文志》记载，明代易学书籍共222部，1570卷。官方独尊程朱易学，其标志是《周易传义大全》的纂修。该书共二十四卷，收于《五经大全》。"传"即《程氏易传》，"义"即朱子《周易本义》。顾名思义，《周易传义大全》是合《程传》与《本义》为一，并大量吸收程朱后学二董、二胡之成果。董楷，浙江临海人，撰有《周易传义附录》十四

① 林庆彰《晚明经学的复兴运动》，收于氏著《明代经学研究论集》，台北文史哲出版社，1994年，第134页。

卷，首合程子《易传》与朱子《本义》于一编；胡一桂，江西婺源人，撰《周易本义附录纂疏》；董真卿，江西鄱阳人，曾受学于胡一桂，撰有《周易会通》；胡炳文，婺源人，撰《周易本义通释》。在很大程度上，《周易传义大全》只是去其姓名、刊其重复、抄录四家而成书。清人朱彝尊批评此书"止就前儒之成编，一加抄录，而去其名。……《易》则天台鄱阳二董氏、双湖云峰二胡氏，于诸书外，全未寓目，所谓《大全》，乃至不全之书也"（《经义考》卷四十九）。即便如此，因程朱易学被崇奉为官学，故明初易学的主流仍然是沿袭程朱重义理、兼顾河洛先天的路数，重在解释阐发程朱思想，或基于程朱之说重释《周易》。至于《性理大全》取《易学启蒙》之说，则是明初易学独尊程朱、尤重朱学的又一确证。

明初有"醇儒"之称的理学大儒曹端、薛瑄、胡居仁三人皆通易学。在此三人的影响下，明代理学阵营中出现了一批易学家。他们重新解说《周易》经传，对朱熹《周易本义》进行注疏，或对朱子易学加以修正。其中，最具识见者莫过于蔡清。他著有《周易蒙引》十二卷。该书依《周易本义》解说经传，但并不盲从《本义》。《四库全书总目》曾对蔡清之易学有如下评论："朱子不全从《程传》，而能发明《程传》者莫如朱子。清不全从《本义》，而能发明《本义》者莫如清。"此外，罗钦顺的《困知记》阐发薛、蔡思想，提出了理气为一说；林希元继《蒙引》作《易经存疑》，崔铣作《读易余言》，以理为气之条理，进一步修正了朱子的理气观；杨时乔作《周易古今文全书》，辟心学之谬而宗程朱之学。

就象数方面而言，明代凡阐发朱子易学者，多言图书之学。故图书之学是明代象数易学研究重要内容。与之不同的是以恢复汉学考辨传统为宗旨的象学。杨慎重视汉唐古注，以汉学训诂和考辨方法研究易学，驳斥朱子在《易学启蒙》中以《易传》解先天、后天、太极诸图的做法，反对先有图而后有《易传》的观点，认为朱子此举乃是颠倒源流。熊过、陈士元、魏濬、何楷等人皆重易象，主张易象乃圣人立《易》之本，言《易》当本于象，然而王弼《易》注问世以来，学者多扫象言理，致使易象失传。有鉴于此，他们倡导汉学风气，希求从汉易中汲取营养，将考辨方法与取象方法相结合，竭力恢复汉代经师以象解《易》的传统。如熊过作《周易象旨决录》、陈士元作《易象钩解》、魏濬作《周易古象通》、董守谕作《卦变考略》、吕怀作《周易卦变图传》、何楷作《古周易订诂》等。这些著作或沿用汉易的取象方法和解《易》路数，或部分择取汉代之后的取象方法，或自创新的取象义例解《易》。此外，章潢的《周易象义》以《汉上易传》为椎轮，杂引荀爽、虞翻、《九家易》、李鼎祚及郑汝谐、林栗、项安世等人之说，取象言本体、互体、伏体。黄端伯作《易疏》，专主京房易学。公开批判程朱者亦不乏其人，邓梦文《八卦余生》以身为易，掊击前人之说，指摘程子、苏轼二家《易》说不合经者七十余处，批评程子尤甚。尽管此派学者未必完全认同汉易的取象方法，但他们不满于官方易学，不畏权威，敢从学术上纠正宋明易学的空谈义理之风，提出一己之见，并试图以汉易传统取代作为宋易主流的程朱易学，以汉易之象取代河洛先天之象，其学术意义不言而喻。

在明代的象数学中，最具有创造力的是来知德、黄道周和方孔炤。来知德因学习《周易大全》一无所获，故多年隐居深山，沉潜反复，"悟伏羲、文王、周公之象"，"悟文王《序卦》、孔子《杂卦》"，"悟卦变之非"，撰成《周易集注》。该书最大特点是借用《系辞传》"错综"概念，通过解读《序卦传》《杂卦传》，在吸收京房、虞翻、孔颖达易学思想基础上，建构了以"错综"为核心的象学体系。以别于朱子之象学。例如，朱熹以河图洛书解释易学的起源，来知德则将圣人作《易》的渊源归诸"错综"；朱子主张伏羲之易、文王之易、孔子之易各有不同，故应三圣分观，来知德则从错综相互表里、对待流行圆融无间的角度论证了三圣一揆。此外，他还否定了朱子信从的卦变说，转而以错综之象注解《周易》经传。凡此种种，皆属来氏易学的独到之处。黄道周撰《易象正》和《三易洞玑》推星象运行之度，演其数理之变，进而极天道以明人事，最终建立了融象数与天文、历法、音律、史事于一炉的宏大易学体系。其《易象正》中明天道的"大象十二图"与尽人事的"历年十二图"前后贯通、涵纳天人、通贯古今，以此诠释《周易》经传，凸显了"天道为经，人事为纬，义理性命，以为要归"。黄道周极力谋求易学的会通性，以天文、历法、音律疏解易学，又以易学推明天文、历法、音律之数，继而推步朝代更替、历史发展，虽然不免流于牵强附会，但是无论是思考的深度、知识的广度，还是其体系之严密，并不比邵雍象数体系逊色。桐城方氏撰《周易时论合编》，对诸家学术进行了全面反思，最终建立了兼顾象数与义理、折中理学与心学，融会儒学与道学、佛学的易学体系，成为明代易学集大成者。就象数而言，方氏父子一方面对宋易图书、先天之学展开了论述与阐发，另一方面修正了汉易的纳甲、飞伏、卦气等象数体例，且注重训诂考辨，从而又表现出某种汉学风范。此三家易学对后世皆有一定影响。如曹学佺《周易可说》深疑《本义》，而对来氏易学多有撷取；黄氏弟子董说作《易发》专主象数，兼取焦、京、陈、邵之法，参互为一，推阐己意；清初钱澄之撰《田间易学》，其象数学"从京房邵康节入，故言数颇详，盖黄道周易学之余绪也"（《四库全书总目》）。

　　从易学史的角度审视，明代易学的价值在于确立了程朱易学在明清时期的权威地位，承传整合了以程朱为主流的宋代易学，在某种程度上修正了宋代易学的缺陷，并形成了异于宋代的易学观点，推动了易学的发展，是易学史上不可缺少的重要环节。尤其在象数方面，明代易学家在阐发朱子图书之学的同时，又提出了异于朱子的象数观。如来知德、黄道周及方氏父子，以自己的理解，创造了异于朱子的独特象学体系。又如熊过、陈士元、魏濬、何楷等人皆重易象，倡导汉学风气，希求从汉易中汲取营养，将考辨方法与取象方法相结合，竭力恢复汉代经师以象解《易》的传统，成为清代"汉学易"之先声。

第一章　以象解《易》方法的回归

一、熊过与《周易象旨决录》

熊过，字叔仁，号南沙，四川富顺人，生卒年不详。嘉靖己丑（1529）进士，官至礼部祠祭司郎中，后贬秩，复除名为民。与陈束、王慎中、李开先等人并称"嘉靖八才子"。他十三岁开始学《易》，先学程朱易学，但并不满意，认为程颐"陋汉儒而过者也"，朱熹"有其意矣，事无实证，虚理易差"。后闻"闽人蔡清先生善为《易》，购得其书，其开陈宗义不及象也"。辛丑（1541）贬官入滇，得杨慎教导，在其鼓励下，"乃益考前闻，精思其义，加折衷焉"，撰成《周易象旨决录》。

熊过认为，《易》的本质是易象，易象则本于万物之象。易数与易辞皆生于易象，有象而后有数，极数定象；有象后有辞，辞以言象。他以《系辞传》为据说明之："昔者圣人类万物之情，象其物宜，物有万，不出阳物阴物、奇偶之画也，是谓仪象，故生八卦以象吉凶，是故易者象也。八卦成列，象在其中。奚啻天地风雷山泽水火哉，即阴阳消长盛衰之间，观其所乘而吉凶大业莫能违也。朴斲风漓，后圣乃广为之象以开物，开而正名当物，因其自然，故曰'象者像也'。象有数，故曰'极其数遂定天下之象'。象有辞，故曰'象者言乎其象'。'圣人设卦观象系辞焉'，是数与辞皆出于象也。"（《周易象旨决录·自序》）

进而，他又探讨了象与占的关系。既然辞皆言象，则象是占象，占是象占，"占爻辞皆象，象皆占也，占皆象"。辞象占一体不二。在此基础上，他对前人在象占问题上的误解逐一予以批评："辞有吉凶悔吝，皆谓之象。吉凶者，失得之象也；悔吝者，忧虞之象也。象爻所同也，四者不为象而为占，何其不察圣人之言耶！其所谓'变化者，进退之象也'，其所谓'刚柔者，昼夜之象也'，爻所独也。异哉！后世之说曰此为象，此为占，既又曰戒占。嘻，亦已支矣。或又曰此为意，此为言，为象，为数，岂不益甚哉！昔韩宣子适鲁见易象，明古统象爻为象也。'居则观其象，而玩其辞'。居则本卦不变言，故曰所居而安者易之象。……'动则观变玩占'，动谓之卦，故曰'所变而玩爻之辞'。……得其不变者，则占象；得其变者，则占爻辞皆象也。象皆占也，占皆象也，又可分象占哉？有不得其说者，则曰有占无象，象在占中；有象无占，占在象中。嘻支矣，是故《易》非独言与数，其意亦皆生于象而已。"（《周易象旨决录·自序》）

《周易》辞出于象，则须由象解辞。概言之，熊过以象解《易》的方法约有如下四种：

第一，卦爻之变。按照熊过的理解，象有卦象及爻象，故易之变有卦变、爻变。他曾以观、剥为例说明卦变："今夫象旨者，犹为因辞求象之道耳，是故有一卦之象，有一爻之象。自其变者观剥，《象传》曰'观象'。观也者，观卦也，二阳之卦，剥五所自变也，一卦论变之例也。"（《周易象旨决录·自序》）在他看来，《剥·象》所云"观象"，是指一阳五阴之剥卦䷖通过五爻变阳的方式成为二阳四阴之观卦䷓。因其着眼于卦象的变化，故称"卦变"。爻变则如蒙、巽："《蒙》六五'童蒙之吉，顺以巽也'，巽者，巽卦也。五变则上体巽，一爻论变之例也。"（《周易象旨决录·自序》）此是将《小象传》"顺以巽也"解作蒙卦䷃六五变阳之后上体成巽。因其着眼于六五一爻之变，故属爻变。显然，熊过所讲的卦变和爻变并无实质区别，二者只是着眼点有所不同。从易学史的角度观之，其象变之例近乎虞翻易学的之正说。虞氏认为，失位之爻当变正。如剥卦六五阴爻居阳位，变正则成观；蒙卦六五变正，则上体成巽。然而，熊氏所变之爻却未必失正，亦可根据解经需要变正为不正，如其将乾卦九三变为阴爻。他还从一己之见出发对历代易家的卦变说皆予以否定。其《讼·象》注云："湛先生曰：'阳本上物，故以居下为来。伏羲画卦，因而重之，各因自然，非相假借，非相互变是也。王辅嗣灭弃象学，故其旨未明。程先生变古说，止主乾坤。潜室陈氏指三画阴阳不等者，推之不通。虞翻、范长生讼九二皆从遯三来。朱先生从之，何子元不见二家，谓从朱始，误矣。'又举节斋蔡氏乾自外来交坤为坎，诸卦往来皆主本卦刚柔相交而言，惟讼、无妄上皆乾下为坎震，一刚自外来，非由本卦来往，故讼曰刚来，无妄曰刚自外来。此其为言，则固已异于虞、范、朱氏之旧，而谓诸卦之变多主本卦刚柔相交，则如泰否之类多是总指卦之两体往来，且不尽如虞、范、朱氏之说。子元乃信双湖谓变例无适不可，似当有遗议矣。按宋李舜臣《易本传》谓舍本卦论他卦为不然，又以某卦从某卦来者是妄，是不信卦变图者，本卦图始出宋世，未必古法也。"（《周易象旨决录》卷一）

第二，互体。从现存资料来看，互体的大规模使用始自西汉京房，至三国虞翻则兼用经卦互体、四画连互、五画连互、半象互体，可谓集互体之大成。熊过继承了这一方法。他举例说："萃六三'上巽'，三五互一卦之例也。泰六五'归妹'，中四爻互二体之例也。"（《周易象旨决录》卷一）熊过认为，萃䷭三至五互经卦巽，故六三《小象》曰"上巽"；泰䷊二至四互经卦兑、三至五互经卦震，以震兑作上下体之别卦为归妹，故泰卦六五云"归妹"。可见，熊过使用的互体既有三画互出一经卦，又有四画互出两经卦，再由此两经卦组成一别卦。在解《易》过程中，他又常常把卦爻之变与互体结合起来，此种情形称为"变之又变"。例如，其乾卦九三注曰："三变则二三四互成离日，在下卦之终，故曰终日。"乾卦九三爻变成阴后，二三四互离，离为日，三爻居内卦上位称终，是以乾九三爻辞称"终日"。（《周易象旨决录》卷一）又如，"乾九四，乾之小畜，小畜之中又有兑离，故曰革，是变之又变也。"（《周易

象旨决录·自序》)乾通过九四变阴的方式卦变为小畜☲，小
畜二三四互兑、三四五互离。以兑作上体、离作下体可得别卦
革☲，故《文言》乾九四称"或跃在渊，乾道乃革"。

由此可知，熊过的"四爻互二体"之例并不等同于四画连
互。因为小畜二至五四画连互必成睽卦☲，熊氏却以互体经卦
兑离组成革卦，实为睽之"两象易"。也就是说，其"四爻互
二体"乃是别卦二三四、三四五各互出一经卦，然后再将两互
体经卦组成别卦。至于孰作上体、孰作下体，可以根据注经需
要灵活安排。

第三，汉易卦气。在易学史上，西汉孟喜首倡六日七分
说，即以六十四卦与一年三百六十五又四分之一日相配。坎、
震、离、兑四正卦之二十四爻分主二十四节气，其余六十卦各
值六日七分。京房、《易纬》亦有类似思想。熊过以此注复卦
云："复，出入。古注：'入则阳反，出则刚长。'盖剥一阳在
外，倒转为复，则反于内也。无疾谓阳生有渐而不遽也，五阴
之朋来顺一阳，善补剥时之过，无咎之象也。虞翻曰：'出震
成乾，入巽成坤。'复取阳长，而又何以言成坤哉。朱先生以
为己之出入，近人事，舍取象之义矣。吴幼清曰：'复自师而
变，师之初还复于二为出，师之二还复于初为入。'谓一阳之
出有师象可也，而必师初复二，二复初，又取临泰壮夬所变之
卦，还复未变之时，以明朋来之义，尤为游辞凿说。以'反复
其道'者，程先生曰：'消长之道，反复迭至也。''七日来复'
者，卦起中孚六日七分也。褚庄并云：'五月一阴生，至十一

月一阳生。'朱义遂主之。侯果又以豳诗一日二日为言，见变月言日之意，然临一阳长而言八月，则其说不能通于彼矣。虞翻、李鼎祚皆本《易轨》，谓爻主一日，剥卦阳气尽于九月之终，十月末纯坤用事，坤将尽，则复阳来，隔坤卦六爻为六日，复来成震，一阳爻生为七日。其说原于《易纬·稽览图》。既曰爻主一日，剥阳尽于九月终矣。又曰十月末纯坤用事，坤将尽则复阳来，是不为一月来复乎？故卦起中孚，六日七分为复者，其义明矣。"（《周易象旨决录》卷二）

第四，月体纳甲。西汉京房《京氏易传》将八卦配以十天干，因天干始于甲，后世称纳甲。此后，东汉魏伯阳又以月体盈虚变化解释纳甲，形成了月体纳甲说。三国虞翻则引月体纳甲入《易》，作为以象解《易》的重要方法。熊过在注释《周易》时，曾多次引用虞氏月体纳甲说。如坤卦注曰："虞翻谓：'月三日变成震出庚，八日成兑见丁，庚西丁南，故西南得朋，二阳为朋友讲习。晦日消乙入癸，乙东癸北，故东北丧朋。'此盖纳甲之说，与《古文龙虎》《参同》其旨相类耳。"再如他注《系辞上》"在天成象"云："按虞翻说曰震象出庚，兑象见丁，乾象盈甲，巽象伏辛，艮象消丙，坤象丧乙，坎象流戊，离象就己，于文日月为易，虞说当是。"（《周易象旨决录》卷五）

此外，熊过还使用文字训诂方法解《易》，即"以象为主，据他书以证今文，合象则从焉"。所谓"证今文"，主要是以他书校定《周易》字音，辨正脱衍错简，纠误复旧。其中证字者一百一，证音者三十八，证句者二十六，证脱字者七十九，证衍文者三十，移置者三十二，旧以为误而今证还其旧者三，旧分段不明今正之十。

毋庸讳言，熊过虽然重视易象，但其成就远不及汉代易学。其易学对于象数易学的发展而言，可以说意义甚微。然而，他在明代程朱易学盛行之际能够逆潮流而动，敢于批评纠正居于官学的程朱易学之弊，并以象数解易，提倡朴实之风，确有其独到价值与意义。诚如杨慎所言："李鼎祚云：'郑康成多参天象，王辅嗣全释人事。'宋世程氏之传专主理义，而朱子《本义》兼论象旨，其曰本义，盖《易》本象数而兼理义，学者废一不可。然而朱子精矣，或尚犹颇有余蕴，不能无望于后人之引伸触类也。吾友南沙熊子叔仁，乃作《周易象旨》一书，兼采众家之说，而多象数为主，亦北海、考亭之遗意也。既本《易》之蕴而摧陷廓清焉，而继绝表微焉，条入叶贯焉，视房审权、王应麟、齐履谦、郑合沙，可以分镳并驰，择精语详矣。"（《周易象旨序》）四库馆臣亦称之曰："过作此书，虽未能全复汉学，而义必考古，实胜支离恍惚之谈。……但注某字据某书，当作某，亦不敢擅更一字，犹属谨严，在明人《易》说之中，固卓然翘楚矣。"（《四库全书总目》）

二、陈士元与《易象钩解》

陈士元（1516—1597），字心叔，应城人。嘉靖甲辰（1544）进士，官至滦州知州。据清朱彝尊《经义考》载，陈士元撰有

《易象钩解》四卷和《易象汇解》二卷。前者力图恢复汉儒解《易》之法，多取互体、五行、纳甲、飞伏、卦变、卦气、爻位等例注《易》；后者成书在先，"上卷为天文解、地象解、身象解、木象解、衣象解、食象解、宫室象解、器象解、政学解，下卷为说卦解、大象解、数象解，皆援据经文，发明象学，与所著《易象钩解》相为表里"（《续修四库全书总目提要》）。

陈士元提倡以象解《易》，反对当时流行的空谈义理之风。他从易学史的角度论证了象数在易学中的地位。《周易》成书本于象，文王、周公观象系辞，以象定吉凶。朱熹虽然认同宋人的图书、先天之学而不用汉易象数，但也主张汉人互体、五行、纳甲、飞伏等取象方法不可俱废。陈士元说："先儒传注论义理，不论祸福，虑人以卜筮浅易也。发明象爻非不显著，而取象之由，则略而不论。夫文、周系辞观象，以阐吉凶，占者玩辞稽象，以定趋避。朱晦庵、张南轩，善谈《易》者，皆谓互体、五行、纳甲、飞伏之类俱不可废。岂不豁然于著变而歉然于传注哉？盖文、周象爻，虽非后世纬数琐碎，拘拘互体、五行、纳甲、飞伏也，而道则无不冒焉。传注者惟以虚玄之旨例之，有遗论矣。"（《易象钩解·自序》）

我们知道，两汉是象数易学大发其皇的时代，而西汉京房则是以象解《易》的先驱之一，其《京氏易传》多言互体、五行、纳甲、飞伏。陈士元推崇京氏易，相信《京氏易传》必有所本，当为太卜所藏。他以履卦为例，说明《京氏易传》取积算、卦气、星位注履卦，与后世荀氏九家、虞翻取象和《天官书》所载一致不二，符合履卦之本义："按《京氏易传》，履自艮卦而入世在九五，积算起庚子，星位起荧惑，卦气候六丙，宿位降壬申，卦之吉凶，考于三爻之升降止于四。……履自艮入，艮为虎，庚子，震之始也。震动为履，是为履虎。艮为虎者，得乾之刚也。兑说应之，兑为口，有咥象。兑一变而纯乾，兑又伏艮虎，同类也。故曰不咥。尾者，后也，卦下也。四尾而三履之，故三四爻俱有履虎尾之辞。荀爽九家以艮为虎，虞翻曰艮为寅位，寅为虎。又按《天官书》：'尾宿为虎，盖尾在艮方故也。'"（《易象钩解》卷一）由此出发，他批判了后世误读京房易学者专攻卜筮而不言易象："夫京房之学授受有自，而《易传》存其概耳。今之学士大夫摈弃不取，曰京氏专卜筮也。呜呼！使四圣不因卜筮而作《易》，惟欲立言垂训，则画卦揲蓍也何为哉。朱子曰：'《易》之取象固必有所自来，而其为说必已具于太卜之官。顾今不可复考，则姑阙之，亦不可谓象为假设而遂忘之也。'然则京氏之学安知非太卜之所藏者耶。"（同上）

基于此，陈士元注《易》每引京房、荀爽、郑玄、虞翻之说，专以互体、五行、纳甲、飞伏、卦变、卦气、反对、之正、爻位等例注《易》。其中，又属卦变、互体、伏卦、反对、之正取象最为简便，是以陈氏多采之。

以卦变注《易》，如比卦："卦变自复而来。"如小畜初九："卦变自姤而来，姤之四复为初，同人之五复为二。"如咸卦九三："卦变自泰来，随之六三变为咸之九三，咸之初六变为随之初九。"如家人卦九三："卦变家人与兑皆自遯卦而来，兑之六三变为家人之六二，兑之九四变为家人之上九。"可见，他所理解的卦变是指某一别卦阴阳两爻升降互易从而致使一卦变为另一卦。这种卦变说与汉易荀爽、虞翻等人以十二消息卦作为卦变之母的做法明显不同，亦与朱熹两爻相比互易的卦变方法存在差别。

以互体注《易》，如谦卦六五："自二至上有师体，故五曰侵伐，上曰行师。"此是五画连互，即谦卦䷎二至上互体成师䷆。又如豫卦注曰："自初至五有比体"，即豫卦䷏初至五五画连互成比䷇。

以伏卦注《易》，如蒙卦六四："艮伏兑，兑上坎下为困，故曰困蒙。"如小畜卦初九："巽伏震，乾伏坤。"如豫卦六二："互艮有石象，艮伏兑，上体互坎，伏离，离日在兑西，终日也。"

以反对注《易》，如豫卦："谦反而为豫，则三升四，四为诸侯，有三公出封之象，故利建侯。"如临卦："以观次临，则当数至观，而不当数至遯，观临乃阴阳反对消息之常理。……惟临观反对之说为是。"

以之正注《易》，如讼卦初六："初变成兑，故曰小有言。"如晋卦初六："初变为震。"

由是可见，陈士元解《易》之法多存汉易遗风。其旨在恢复汉易象数，继而对抗宋易、取代宋易。因此，他很少阐发义理，在取象上亦绝不言及河图洛书。不仅如此，其《易》注还每每针对程颐、朱熹。如大有上九注曰："程朱谓上九下从六五。夫六五，君也。谁复为之上而下从者乎？"既济六四注曰："程朱皆以繻当作濡，谓四在坎体也，未允。"临卦注云："朱子曰：'八月谓自复卦一阳之月，至于遯卦二阴之月，阴长阳遯之时也。'然丑月卦为临，二阳浸长逼四阴，至于八月建酉，卦为观，则四阴逼二阳也。所谓至于八月有凶者，既言之于临，则当自临数，而不当自复数。卦序以观次临，则当数至观而不当数至遯。观、临乃阴阳反对消息之常理。岂可外引遯卦谓六月之遯为周之八月哉。"不过，陈士元亦偶有采宋易之时。如其以先天图释蛊卦"先甲三日，后甲三日"曰：《易》于蛊之《彖》辞独言甲日者，先天卦图，艮在西北，巽在西南，而甲木则在东方之离。蛊由巽艮而成，由甲逆数历离震坤三位，得艮，先甲三日也。自甲顺数历离兑乾三位，得巽，后甲三日也。上艮下巽所以为蛊，于艮得先甲三日之辛，于巽得后甲三日之丁，又所以治蛊也。"再如他释巽卦九五"先庚三日，后庚三日"曰："甲庚皆曰先后三日者，圣人谨始终之意也。甲于四时为春，于五行为木。蛊下巽木，上艮居寅地，故有甲象。庚于四时为秋，于五行为金，于五色为白。巽为曰乾，为庚金，巽本乾体。先天图，巽居申方，故有庚象。"

总体而言，陈士元与熊过一样，多用汉易象数注《易》，但在取象方面发明较少。为了反对宋人视《京氏易传》为卜筮之书，他甚至将京房易学归诸太卜所藏，显然太过武断。然而，在宋易占据绝对主流的明代，他重新提倡汉代象数之学，对纠正宋易偏重义理疏于象数、重阐发而轻证据的弊端有着重要的学术意义。正如四库馆臣所言："士元以京氏易当太卜所藏，殊为无据，且京氏之法绝不主象，引以为明象之证，亦失其真。然其谓《易》以卜筮为用，卜筮以象为宗，则深有合于作《易》之本旨，故所论虽或穿凿而犁然有当者为多，要胜于虚谈名理荒蔑古义者矣。"(《四库全书总目·易象钩解》)

三、魏濬与《周易古象通》

魏濬，字苍水，福建松溪人，万历甲辰（1604）进士，累官至右佥都御史，巡抚湖广。著有《易义古象通》，主张解《易》当明古象，进而以象释《易》。事实上，其所谓"古象"多为汉魏晋唐易学所用之象。关于这一点，魏濬在该书《总论》中讲得极为清楚："后儒贬驳汉魏晋唐诸君子，以为离跂牵强，然要言微义，往往袭用其说，予故取其近于正者存之，以明其于《易》实有发明，俾学者知其所自。"(《总论·明象一》)在他看来，尽管汉魏晋唐易学取象驳杂不纯、支离破碎，"说愈精而去象愈远，训《易》者无取焉"，后世言象者却从未能摆脱、超越之。"若夫按象索理，则马融、郑康成而下，以文训诂，于象间有离合，然其因言得象，因象得意，未尝有异，虽不必尽祖马郑，终不能超马郑绝尘而逸，故多钩牵扳附，至虞氏而支离转甚矣。"(同上) 因此，魏濬主张，解《易》当取汉唐"近于正者"之古象。

何谓"近于正者"之易象？在他看来，就是涵有义理即"象着理"、"理傅于象"者。具体而言，包括八卦正象、爻象、卦爻画、卦变、互体、反对、爻动等。较之义理，易象更为直观，便于理解。"愚谓八卦之象何居，三画是也；六十四卦之象何居，六画是也。文周亦止从三画、六画上想象其形有肖，而拟形容以象物宜，着之繇辞，使颛愚之民人人得而通晓，不必问之太卜之官耳。圣人以为，以理喻民不如以象喻民，使谋及卜筮者，随占而得从善去逆之路，此圣人之深心也。"（《明象二》）。

所谓八卦正象，是指八卦最基本的取象。"八卦之象，父母男女为正，以其生出之序本如此也。又如天地雷风水火山泽，在先天方位图内者，止以阴阳性情而取，是皆谓之正象。"（《明象三》）其他卦象皆由正象推出，"若远取物而为马为牛之类，近取身而为首为腹之类，实以八正象推之。八卦正象，犹以为未尽也。又广之而乾有为圜、为玉，坤有为布、为釜，震巽有为玄黄绳直之类，然终不可得而尽也"（同上）。其中也有"推广未及而着于卦爻繇辞之内有可举者"，如"十之必坤，以图数取；国邑必坤，以地象取；行师必坤，以众义取"（同上）。其八卦取象非常灵活，"以类求之，不可胜数。悟者随其所占之事通之，得其象，斯得其理矣"（同上）。

魏濬所讲的爻象包括三才之象和爻位之象。他以《系辞》《说卦》提出"兼三才而两之"成六画之卦为据，每每以初二地位、三四人位、五上天位注解《易》辞。例如，"《井》

之'泥'，《需》之'沙'，《无妄》之'菑畬'，《解》之'获三品'，皆地位。《无妄》之一'得'一'灾'，《损》之'损'一'得'一，《比》之比匪，皆人位。《大有》之上'佑'，《大畜》之'天衢'，《明夷》之'初登'，《中孚》之'翰音'，皆天位"。(《明象四》)同时，一卦六爻所处的上下位置也与客观事物的特点相吻合，上爻象征在上之事物，下爻象征在下之事物，中爻则象征居中之事物。"以故六位之间，近取之，若首、足、股、腓；远取之，若丘陵、门户，无不各有所肖，即本卦偶取一象，上下前后，揆之无弗合者。"（同上）他举例说明："《泰》《否》初之'茹'，《大过》初之'藉'，《乾》三之'不终日'，《离》三之'日昃'，《同人》《解》三之'墉'，《临》《艮》《复》五上之'敦'，《泰》上之'城'，《剥》上之'庐'，《旅》上之'巢'，皆非卒然为凑合之语。至六爻位于三四之间，则《泰》之'平陂''往复'，《复》《巽》之'频'，《恒》之'不恒'，《观》之'进退'，皆三；《乾》之'跃'，《兑》之'介'，皆四，取义至精。"(《明象四》)

　　卦爻画之象，是指卦爻画本身为事物之象形。魏濬认为，卦爻画象形经历了一个过程，从仓颉观鸟迹作书以象事物之形、发明文字，到伏羲取奇偶二画成阴阳八卦，"可以无所不肖"。三画之象，"夫子《说卦》所广，因画居多"，"羲皇命卦初意可以概得其旨"。八卦重为六十四卦后，文王更以六画之象命名别卦，其取象非常清楚明了，如观、噬嗑、颐、鼎等。只因"后世以文义争长，略而不推其故，象教之衰实繇于此"。因此，他"细味緐辞，得其象之有取于画者"，并从爻画象和同体象两方面论之。爻画象，是指《周易》卦爻符号所代表的象。如"《比》五'三驱失前禽'，四以下皆拆无阻"，比卦䷇四爻以下皆为阴虚而无阻挡，故九五称"三驱失前禽"。又如"《同人》初'于门'，初奇，前二偶拆，《随》初'出门'同"。同人䷌、随䷐初爻皆阳，六二皆阴爻为门，故有"于门""出门"之象。又如，"噬嗑，校。初上俱一奇横亘，一偶乘象屦，一偶承象荷"。噬嗑䷔初上皆阳，六二阴乘阳象屦，六五阴承阳象荷。同体象，指两卦之象相似或相同。例如，"观艮体门阙"，此谓观䷓与艮䷳相似，即俞琰所称"积体"。《说卦》："艮为门阙。"故观有门象；"颐离体龟损益同"，颐䷚、损䷨、益䷩均为离☲之积体，离为龟，故三卦皆有龟象；"睽体噬嗑"，即䷥睽与䷔噬嗑相似。

卦变是汉宋易学家常用的象数方法。魏濬相信卦变乃《周易》经传所本有，圣人作《易》以生变原理为基石，故有卦变。他说："圣人作《易》，因画之阴阳得变，转转相生，故以三画自相重，而八卦共成六十四，以六画自相易，而一卦可成六十四，非圣人意为之，六画具而势不得穷，如是而后可以尽变，互而参之，厥旨更备。"（《明象六·卦变》）在他看来，《彖传》所云"刚柔上下往来"是指卦变，《系辞传》所谓"上下无常，刚柔相易""参伍以变"，亦指卦变。他说："予尝总《彖》之具有变义凡十九卦，三阴三阳之卦十，二阴四阳之卦五，二阳四阴之卦四，而卦之一阴一阳者不与焉。盖阴阳各有其偶，而后上下往来之象著。若本无所偶，而孤阴孤阳上下其间，变亦隐而不可见矣。《大传》云'参互以变'，阴阳自偶之谓伍，以彼间此之谓参。伍可使参，参复还伍，爻爻可易，卦卦可变，所谓卜下无常刚柔相易者，此也。"在此基础上，魏濬区分了汉宋易学卦变说的差异。他说："如贲柔来文刚，刚上文柔。汉儒以为自泰变，朱子以为自损与既济变，其说小异。"（《明象六·卦变》）又如，噬嗑䷔为三阴三阳之卦，汉儒以为来自否卦，朱子则认为来自益卦。魏濬说："盖汉儒直从诸卦径变，而朱义以相比为变，必从渐次而往，此其异也。"（同上）魏濬解《易》亦用卦变。如讼卦䷅来自遁䷠三之二，则讼三本为遁二，与五相应，故称"食旧德"；损䷨来自泰䷊三之上，故其爻辞云"三人行损一人，一人行得其友"；益䷩来自否䷋四之初，故曰"依迁国"；旅䷶来自否䷋五之三，上体本乾，阴来居之，失去一阳，故曰"一矢亡"。在具体内容上，魏濬并非一从汉儒，他认为汉易卦变也有牵合之处，如以卦变注《解》卦上六"高墉射隼"即不符合经文原义。同时，他主张三阴三阳之卦的卦变应当灵活把握："三阴三阳升降换易，彼变之此，此变之彼，不可以一变执也"。（同上）

　　魏濬还主张以互体解《易》。在他看来，《系辞》"杂物撰德非中爻不备"一语即指互体。他说："易象总取之画卦中，既有此画，则交互成文，亦体中自然之象，不于此取义，岂非象旨之阙。""试玩次第横图三六之间，更有四画五画。夫八卦径可因重，何用由四由五，而至于六，则二三四五明具两象，不可弃而不谈明矣。"（《明象七》）其注《师》卦六五称，师䷆二至四互震，震为长子，故曰"长子帅师"；又如，《泰》卦䷊二至五四画连互成归妹，故六五曰"帝乙归妹"。

关于反对之象，魏濬说："反对之卦有二，有正反，有倒反。正反者，阴阳相反，如大过、颐之类。倒反者，全体颠倒，如师、比之类。"显然，魏濬所谓的正反与倒反，就是三国虞翻的旁通与反对、唐初孔颖达的变卦和覆卦、明人来知德的错卦和综卦。尽管名称各有不同，但实质并无二致。然而，他仅认肯虞翻之说，却对来氏错综颇有微词："正反，虞翻又谓之旁通，近来氏以错综二字训之。《大传》云'错综其数'，此似不谓之数，然犹于理未悖。但爻内求之不得，至于错而复综，综而复错，以求象之必合，则去本爻之义益远矣。又有就本爻求之不得，遂以为变之某卦者，如乾初则变为巽，兑初则变为坎之类，其说亦起汉魏诸人，大非作《易》本旨。"（《明象八》）

所谓爻动，即是指某爻由阳变阴或由阴变阳，也就是一般意义上所说的"爻变"。不过，在魏濬看来，二者有着本质的区别：爻变仅就筮占而言，与圣人系辞毫无关涉；爻动则与《易》辞密不可分，是观象系辞的重要方法。他说："若系辞至此即以为变，舍本爻而别立一象，假使布策之后，此爻不变而占者值之，则不可用矣。"（《明象八》）他举例说明爻动："如比初应四，坎体为孚，初动是震，震有缶象。蹇五动是坤，坤象朋来。如此之例，于义尚为未远。"（同上）

　　综上可见，魏濬的象学较之汉易象数无甚新意。不过，在试图恢复以象解《易》传统的同时，他并未执定旧说，而是有所取舍发挥。对此，四库馆臣曾有如下评论："其中征引多为精审，间折衷以已说，亦能独抒所见，研析颇深，非剿袭雷同者比也。"

第二章 来知德的"错综"象学

来知德（1525—1604），字矣鲜，号瞿唐，明四川夔州府梁山县（今重庆梁平）人。自幼聪明好学，八岁能诵，九岁能作词，被有司举为孝童。嘉靖三十一年（1552）中举，笃志"愿学孔子"，攻研经学，日夜诵读《五经大全》和《性理大全》。万历三十年（1602），总督王象乾、巡抚郭子章合词论荐，特授翰林待诏。来知德力辞，诏以所授官致仕，终其身。（《明史·儒林传二》）其学以致知为本，尽伦为要。著有《省觉录》《省事录》《理学辨疑》《心学晦明解》诸书，其中属《周易集注》（又称《易经集注》）用功尤笃。来知德"自言学莫邃于《易》"。他尝云："德生去孔子二千余年，且赋性愚劣，又居僻地，无人传授，因父母病，侍养未仕，乃取《易》读于金山草堂，六年不能窥其毫发，遂远客万县求溪深山之中，沉潜反复，忘寝忘食有年，思之思之，鬼神通之，数年而悟伏羲、文王、周公之象，又数年而悟文王《序卦》、孔子《杂卦》，又数年而悟卦变之非。始于隆庆四年庚午，终于万历二十六年戊戌，二十九年而后成书，正所谓困而知之也。"（《易经集注·原序》，上海书店 1988 年影印本，下引此书皆同）此间，来氏自称其易学有四大创见：悟易象、明《序卦》、解《杂卦》、辟卦变之非。其易学全凭长期自学体悟而得，使来知德成为当时最具原创力的易学学者之一。

一、易学起源：圣人之易，
不过模写其象数

来知德继承了《系辞》"《易》者象也，象也者像也"的观点，认为《易》之本质在于象。他从圣人作《易》的角度对此予以说明："伏羲象男女之形以画卦"（《易经集注·原序》）；文王观象系辞并定以卦序，周公又作爻辞；"孔子见男女，有象即有数，有数即有理。……故所系之辞多于前圣。"（《易经集注·原序》）总之，无论文王、周公之卦爻辞，还是孔子的传文，皆本于伏羲所画卦象。因此，《易》以象为本，而"象"的本质又在于"像"，即"像"万事万物之理。如其所言："象者，象之材也，乃卦之德也。爻者，效天下之动者也，象之变也，乃卦之趣时也。是故伏羲之易，惟像其理而近似之耳。至于文王有象以言其材，周公有爻以效其动，则吉凶由此而生，悔吝由此而著矣。而要之皆据其象而已。"（《易经集注·系辞下第三章注》）既然如此，则"舍象不可以言《易》矣"（《易经集注·系辞下第三章注》），"不知其象，《易》不注可也。"（《易经集注·原序》）

那么，伏羲创制卦象的依据是什么？针对这一问题，来氏

提出了"模写说":

> 天地万物，一对一待，《易》之象也。盖未画易之前，一部《易经》已列于两间，故天尊地卑，未有《易》卦之乾坤，而乾坤已定矣。卑高以陈，未有《易》卦之贵贱，而贵贱已位矣。动静有常，未有《易》卦之刚柔，而刚柔已断矣。方以类聚，物以群分，未有《易》卦之吉凶，而吉凶已生矣。在天成象，在地成形，未有《易》卦之变化，而变化已见矣。圣人之易，不过模写其象数而已，非有心安排也。(《易经集注·系辞上第一章注》)

> 包牺氏之王天下也，仰观俯察，与鸟兽之文与地之宜，近取诸身，远取诸物，见得天地间一对一待，成列于两间者，不过此阴阳也；一往一来，流行于两间者，不过此阴阳也，于是画一奇以象阳，画一偶以象阴，因而重之以为八卦，以通神明之德，以类万物之情。(《易经集注·系辞下第二章注》)

依来知德之见，有自然之易、有圣人之易。阴阳对待、贵贱之位、动静变化、吉凶福祸是自然之易，其实就是指不受人力支配的客观存在；圣人之易则是观自然之易而作，是对自然之易的模写。"易与天地准者，非圣人安排穿凿，强与之为准也。"(《易经集注·系辞上第四章注》)具言之，伏羲画卦的过程，即是模写自然的过程。天地间有阴阳奇偶之数，有二气对待流行之理。一方面，阴阳二气各有其不同属性，以相反的方式存在，不可混同；另一方面，二者又相即不离，一时并在。此阴阳之不一不异、相反相成便是对待。因其对待，故有交感流行。如天与地对待，交感生万物即是流行。男与女对待，繁衍子孙是流行。"天地间一对一待，成列于两间者，不过此阴阳也。一往一来流行于两间者，不过此阴阳也。"（《易经集注·系辞下第二章注》）由此出发，他批评朱熹不识对待流行不可分离，把先天、后天析之为二："先儒不知对待流行，而倡为先天后天之说，所以《本义》于此二节，皆云'未详'。殊不知二图分不得先后，譬如天之与地，对待也。二气交感，生成万物者，流行也。天地有先后哉？男之与女，对待也。二气交感，生成男女者，流行也。男女有先后哉？所以伏羲、文王之图不可废。"（《易经集注·说卦传第六章注》）在来知德看来，伏羲所仰观俯察远近尽取者，无非是天地间对待流行的阴阳之道而已。"伏羲仰观俯察，见阴阳有奇耦之数，故画一奇以象阳，画一耦以象阴。"（《易经集注·周易上经注》）"圣人作易之初，不过此阴阳二画。然乾本阳而名为乾者，以其健而成象，故谓之乾。坤本阴而名为坤者，以其顺而效法，故谓之坤。此则一阴一阳之道在卦者也。"（《易经集注·系辞上传第五章注》）"见一阴一阳有各生之象，故自下而上，再倍而三以成八卦。又于八卦之上，各变八卦，以成六十四卦。"（《易经集注·周易上经注》）。概言之，此一画卦过程"皆因天地自然之数，非圣人之安排也"。

在构成自然之易的万事万象中，人具有举足轻重的地位。人有男女之别，男为阳，女为阴，男女对待流行；人有仁者知者，仁知对待流行。因而，人是宇宙间对待流行最为亲切生动的展示，伏羲对人自身的认知理解亦是促成其画卦的最重要的因素。"一阴一阳之道不可名状，其在人则谓之仁知，在天地则谓之德业，在易则谓之乾坤。"（《易经集注·系辞上传第五章注》）在这个意义上，来知德有时又将易区分为"三易"："有造化之易，有《易》书之易，有在人之易。德行者，在人之易也。有德行以神明之，则易不在造化，不在四圣，而在我矣。"（《易经集注·系辞上传第十二章注》）

需要指出的是，来知德对"自然之易"与"圣人之易"的区分及其"模写说"均非新创。三国虞翻已有此意。虞氏注《系辞》下"于是始作八卦"一段曰："谓庖牺观鸟兽之文，则天八卦效之。'易有太极，是生两仪，两仪生四象，四象生八卦'，八卦乃四象所生，非庖牺之所造也。故曰：'象者像此者也。'则大人造爻象以象天，卦可知也。而读《易》者咸以为庖牺之时，天未有八卦，恐失之矣。天垂象，示吉凶，圣人象之，则天已有八卦之象。"（唐李鼎祚《周易集解》卷十五）宋人刘牧亦云，天赐河图内含四象八卦，"非后人能假伪而设之也"。伏羲以此画卦，"夫龙图呈卦，非圣人不能画之。"（《易数钩隐图》卷下）在很大程度上，来知德所说的"自然之易"与"圣人之易"，更像是对朱熹之"四易"即"天地自然之易、伏羲之易、文王之易、孔子之易"的概括。而来氏"造化之易、《易》

书之易、在人之易"的"三易"说，亦与蔡清"天地之易、吾身之易、《易》书之易"的判分极为相近。至于"模写说"，似乎也与朱子及其后学薛瑄、蔡清等人的观点无甚区别。此外，"对待"与"流行"的说法更是明显源自朱学。朱熹曾说："阴阳有个流行底，有个定位底。一动一静互为其根，便是流行底，寒暑往来是也。分阴分阳两仪立焉，便是定位底，天地上下四方是也。易有两义，一是变易，便是流行底；一是交易，便是对待底。"（《朱子语类》卷六十五）蔡元定曰："理有流行、有对待。先有流行，后有对待。"（《朱子语类》卷六）蔡渊亦云："天地之间，对待流行而已。对待者，体静而生。流行者，体动而成。伏羲八卦，对待者也，体静而生，则吉凶悔吝由乎我，故曰先天。文王八卦，流行者也，体动而成，则吉凶悔吝奉乎天，故曰后天。""天地之间，对待流行而已。易，体天地之撰者也。故伏羲八卦圆图以对待而作也，文王八卦圆图以流行而作也。伏羲六十四卦横图以流行而作也，文王六十四卦横图以对待而作也。是知主对待者，必以流行为用；主流行者，必以对待为用，学者不可不察也。"（《易象意言》）此足以证明，来知德虽自称其易学全凭个人体悟，但其易学实对朱子易学多有吸收。

二、易学本质：舍象不可言易，
无错综不成易

来知德重点探讨了模写自然之易的《易》书之象。一般地说，易学中的象是指六十四卦卦爻符号及其所表征的事物形态、属性、功能等。易象源于客观世界，是对天地万物及其理则的效法与概括，具有高度的抽象性和象征性。其抽象性在于，它是超越天地万物的抽象符号，不能等同于客观现实中的事理；其象征性在于，它是对现实事理的模写效法，表征天地万物的属性和道理，故又不曾与天地万物隔绝。前文已言，来知德把《周易》的本质归结为象，"舍象不可以言易矣"。而在他看来，模写天地间对待流行的错综之象，乃是易象之根本。"若无错综，不成易矣。"（《易经集注·易学六十四卦启蒙》）

所谓错，是指阴阳相反相对而相辅相成。"错者，交错，对待之名。阳左而阴右，阴左而阳右。"（《易经集注·原序》）"大抵错者，阴阳横相对也。"（《易经集注·易经字义·中爻》）"错者，阴与阳相对也。"（《易经集注·易经字义·错》）阴阳相错是天地造化之规律，也是错卦产生的根源。"天地造化之理，独阴独阳不能生成，故有刚必有柔，有男必有女，所以八卦相错。"（《易经集注·易经字义·错》）相错，即两卦同位之爻阴阳截然相反，此两卦称为错卦。错卦有八卦相错与六十四卦相错。不难推知，八卦相错有乾坤、震巽、坎离、艮兑四组。"错者，阴与阳相对也，父与母错，长男与长女错，中男与中女错，少男与少女错，八卦相错。"（《易经集注·易经字义·错》）六十四卦相错有乾坤、屯鼎、蒙革、夬剥、大有比等三十二组。

所谓综，是指将一卦反转一百八十度，在下者反为上，在上者反为下。"综者，阴阳上下相颠倒也。"(《易经集注·易经字义·中爻》)"综字之义，即织布帛之综，或上或下，颠之倒之者也。"(《易经集注·易经字义·综》) 若此卦初爻至上爻恰为彼卦之上爻至初爻，则两卦互为综卦。综卦亦有八卦综和六十四卦综。其中，八卦综分为四正卦综与四隅卦综："乾坤水火四正之卦，四正与四正相综；艮巽震兑四隅之卦，四隅与四隅相综。"(《易经集注·易经字义·综》)"乾坤坎离四正之卦，则或上或下。巽兑艮震四隅之卦，则巽即为兑，艮即为震。"(《易经集注·易经字义·综》) 换言之，先天四正卦皆与自身相综，先天四隅卦有巽兑、震艮两组相综。六十四卦综又分正综和杂综。"文王序卦有正综、有杂综，如乾初爻变姤，坤逆行五爻变夬，与姤相综，所以姤综夬、遯综大壮、否综泰、观综临、剥综复，所谓乾坤之正综也。"(《易经集注·易经字义·综》) 乾自下至上顺行，变初爻成姤，变下两爻成遯，变下三爻成否，变下四爻成观，变下五爻成剥；坤自上而下逆行，变下五爻成夬，变下四爻成大壮，变下三爻成泰，变下两爻成临，变初爻成复。此十卦两两相综，即姤与夬、遯与大壮、否与泰、观与临、剥与复，属乾坤之正综，其他五十二卦皆属杂综。显然，来氏所说的正综卦即十二消息卦。其乾坤依次爻变的方式亦与京房八宫易学有相近之处。不过，来氏特别强调，乾坤二宫之游魂、归魂即晋、大有、需、比四卦并非正综卦。"若乾坤所属尾二卦，晋、大有、需、比之类，乃术家所谓游魂归魂，出于乾坤之外者，非乾坤五爻之正变，故谓之

杂综。"(《易经集注·易经字义·综》)

　　在来知德看来，以错综为特质的易象在经历了伏羲、文王、周公、孔子四圣之后逐渐失传。本着恢复圣人之象的目的，来氏创作了多幅易图。其太极图、伏羲图、文王图、伏羲文王错综图、孔子太极生两仪四象八卦图、八卦变六十四卦图足以还原圣人易象由简单到复杂的演进历程。而"错综"，始终贯穿于上述诸图之中，或错或综，或错综交融。

来知德《太极图》

　　"太极图"虽为来氏自造，但他认为圣人作《易》盖本乎此。"太极者，至极之理也，理寓于象数之中，难以名状，故曰太极。"(《易经集注·系辞上第十一章注》)此图"不立文字"，融数理气、对待主宰流行于一体。"对待者数，主宰者理，流行者气"(《易经集注·易注杂说·圆图》)，"天地间理气象数不过如此"。(同上)

　　来知德也接受了宋易的伏羲先天八卦图和伏羲先天六十四卦图，二者皆本于太极图。他用加一倍法解释太极分为阴阳、继而生

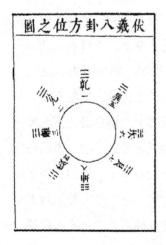

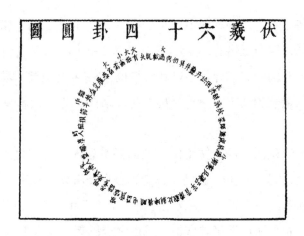

成八卦的过程："生者，加一倍法也。两仪者，画一奇以象阳，画一偶以象阴，为阴阳之仪也。四象者，一阴之上加一阴为太阴，加一阳为少阳；一阳之上加一阳为太阳，加一阴为少阴。阴阳各自老少，有此四者之象也。八卦者，四象之上又每一象之上各加一阴一阳为八卦也。"（《易经集注·系辞上传第十一章注》）六十四卦则由八卦相重而得："八卦以卦之横图言，成列者，乾一兑二离三震四，阳在下者列于左，巽五坎六艮七坤八，阴在下者列于右。……因而重之者，三画上复加三画，重乾重坤之类也。阳极于六，阴极于六，因重成六画，故有六爻。"（《易经集注·系辞下传第一章注》）概言之，伏羲图贯穿

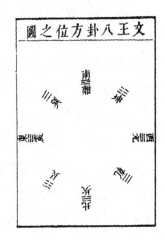

着对待之理。八卦圆图中有对待："一与八错，二与七错，三与六错，四与五错。"（《易经集注·说卦传第三章注》）同理，六十四卦圆图亦"皆相错以其对待也"。（《易经集注·易注杂说·伏羲八卦方位之图》）基于此，来氏又作"伏羲圆图相错图"。

与伏羲图不同，文王图反映的是流行而非对待之理。来知德说："易之气也，流行不已者也，自震而离、而兑、而坎，春夏秋冬，一气而已，故文王序卦一上一下相综者，以其流行而不已也。所以下经首咸恒，咸恒之交感者，流行也。"（《易经集注·易注杂说·文王八卦方位之图》）由此出发，来氏又有"文王序卦相综图"。

伏羲六十四卦圆图中，凡中心对称的两卦如乾坤、大壮观、小畜豫、需晋皆为相错；文王六十四卦除"反复不衰"之八卦以外，相邻两卦皆互为综卦。"文王序卦，六十四卦，除乾、坤、坎、离、大过、颐、小过、中孚八个卦相错，其余五十六卦皆相综。虽四正之卦如否、泰、既济、未济四卦，四隅之卦如归妹、渐、随、蛊四卦，此八卦可错可综，然文王皆以为综也。"（《易经集注·易注杂说·伏羲文王错综图》）然而，天地间对待流行相即不离，"盖有对待，其气运必流行不已；有流行，其象数必对待而不移"（《易经集注·易注杂说·文王八卦方位之图》）。因而，伏羲易与文王易亦互为表里，相辅相成。伏羲图已然包含了文王、周公之易象。来氏注《系辞》"八卦成列，象在其中矣；因而重之，爻在其中矣"

伏羲文王錯綜圖

伏羲圓圖相錯圖
圓圖一左一右相錯
左右開列于後

文王序卦相綜圖
序卦一上一下相綜
上下開列于後

坤八	艮七	坎六	巽五	震四	離三	兌二	乾一
泰　否錯	萃　大畜錯	比　大有錯	豫　小畜錯	觀　大壯錯	剝　夬錯	夬　坤錯	乾　坤錯

乾一	兌二	離三	震四	巽五	坎六	艮七	坤八
履　謙錯	謙　履錯	同人　師錯	豫　小過錯	蠱　隨錯	師　同人錯	謙　履錯	蒙　革錯

右文王序卦六十四
卦除乾坤坎離大過
頤小過中孚八箇卦
相錯其餘五十六卦
皆相綜既濟未濟四
如否泰既濟未濟四
卦四偶之卦如歸妹
漸頤㣲四卦此八卦

震四	離三	兌二	乾一	坤八	艮七	坎六	巽五	震四	離三
巽錯	井錯	隨錯	訟錯	困錯	賁錯	觀錯	人家錯	豐錯	坎錯

矣因此將二圖並列　則易不得其門而入　不知序卦緊要之妙　二圖錯綜之中惟其　圓圖同諸象皆藏于　之次序不知緊要與　宋儒此以爲上下篇　至變者以此漢儒至　孔子贊其爲天下之　不假安排穿所以　錯自然而然之妙皆　妙亦如伏羲圓圖相　其相綜自然而然之　八卦下經分十八卦　六卦所以上經分十　卦共相錯之卦三十　上成一卦向下成一　卦止有二十八卦何　以爲綜也故五十六　可錯可綜然文王皆

巽五		坎六	艮七		坤八		
益錯	恆錯	屯錯	蹇錯	咸錯	復錯	遯大錯	姤錯

因有此相錯圖所以不用伏羲圓圖　之

伏羲文王错综图

曰:"伏羲八卦成列,虽不言象,然既成八卦而文王之象已在卦之中矣。伏羲八卦虽无爻,然既重其六,而周公六爻已在重之中矣。"(《易经集注·系辞下传第一章注》)他注《系辞》"圣人设卦观象系辞"云:"设卦者,文王、周公将伏羲圆图六十四卦陈列也。象者,物之似,总之有一卦之象,析之有六爻之象,观此象而系之以辞。"(《易经集注·系辞上传第二章注》)由是,来氏便将"文王序卦相综图"置于"伏羲圆图相错图"之下,合为"伏羲文王错综图"。此图皆"自然而然之妙","不假安排穿凿"(《易经集注·易注杂说·伏羲文王错综图》)。"此则总二圣之图而言,文王之流行,必有伏羲之对待而后可流行也。"(《易经集注·说卦传第六章注》)

孔子太极生两仪四象八卦图

八卦图		四象图		两仪之图	太极生两仪
乾一 大阳上加一阳为乾	太阴	太阳二 一阳上加一阳为太阳		阳仪一	太极
兑二 少阴上加一阳为兑	少阳	少阴二 一阴上加一阳为少阴		阴仪一	
离三 少阳上加一阳为离	少阴	少阳二 一阳上加一阴为少阳			
震四 太阴上加一阳为震	太阳	太阴二 一阴上加一阴为太阴			
巽五 大阳上加一阴为巽					
坎六 少阴上加一阴为坎					
艮七 大阳上加一阳为艮					
坤八 大阴上加一阴为坤					

孔子太极生两仪四象八卦图

而后,来氏认为,孔子看出伏羲图中有对待,文王图中有流行,故作《说卦》以明之:"第三章'天地定位',第四章

'雷以动之'，言伏羲圆图之对待；第五章'帝出乎震'二节言
文王圆图之流行。"(《易经集注·说卦传第六章注》)《序卦》
《杂卦》亦旨在开示此意："孔子韦编三绝，于阴阳之理，悦心
研虑已久，故于圆图看出错字，于序卦看出综字，所以说错综
其数，又恐后人将序卦一连，不知有错综二体，故杂乱其卦，
惟令二体之卦相连，如乾刚坤柔、比乐师忧是也。"(《易经集
注·易经字义·中爻》)《系辞》曾载孔子"易有太极，是生两
仪，两仪生四象，四象生八卦"一语，来知德复以"孔子太极
生两仪四象八卦图"加以解说："两仪者，画一奇以象阳，画
一偶以象阴，为阴阳之仪也。"(《易经集注·系辞上传第十一
章注》)此谓"太极生两仪"；然后依次叠加，一阳之上加一阳
为太阳，一阳之上加一阴为少阴，一阴之上加一阳为少阳，一
阴之上加一阴为太阴，此谓"四象图"；四象之上又各加一阴
或一阳，即太阳之上加一阳为乾一，太阳之上加一阴为兑二，
少阴之上加一阳为离三，少阴之上加一阴为震四，少阳之上加
一阳为巽五，少阳之上加一阴为坎六，太阴之上加一阳为艮七，
太阴之上加一阴为坤八，是为八卦；值得注意的是，八卦既成
后，六十四卦的生成便不再遵循"加一倍法"，而是直接由八卦
相重而得。"邵子八分十六、十六分三十二、三十二分六十四，
不成其说矣。"(《易经集注·系辞上传第十一章注》)"八卦即
六十四卦也。……如乾为天、为圜，坤为地、为母之类是也。
故六十四卦不过八卦变而成之，如乾为天、天风姤，坤为地、
地雷复之类是也。"(《易经集注·系辞上传第十一章注》)

来知德八卦變六十四卦圖

乾一變　䷀乾

姤	初爻變
遯	二爻變
否	三爻變
觀	四爻變
剝	五爻變
晉	復遯四爻變
有	歸本卦

乾尾二卦言火離尾二卦言天皆自然之數

八卦變六十四卦圖

兌二變　䷹兌

困	初爻變
萃	二爻變
咸	三爻變
蹇	四爻變
謙	五爻變
小過	復遯四爻變
歸妹	歸本卦

兌尾二卦言雷震尾二卦言澤皆自然之數

八卦變六十四卦圖

離三變　䷝離

旅	初爻變
鼎	二爻變
未濟	三爻變
蒙	四爻變
渙	五爻變
訟	復遯四爻變
同人	歸本卦

離尾二卦言天乾尾二卦言火皆自然之數

八卦變六十四卦圖

震四變　䷲震

豫	初爻變
解	二爻變
恒	三爻變
升	四爻變
井	五爻變
大過	復遯四爻變
隨	歸本卦

震尾二卦言澤兌尾二卦言雷皆自然之數

八卦變六十四卦圖　巽五變

小畜 初爻變	家人 二爻變	益 三爻變	无妄 四爻變	噬嗑 五爻變	頤 復還四爻變	蠱 歸本卦

巽尾二卦言山艮尾二卦言風皆自然之數

八卦變六十四卦圖　坎六變

節 初爻變	屯 二爻變	既濟 三爻變	革 四爻變	豐 五爻變	明夷 復還四爻變	師 歸本卦

坎尾二卦言地坤尾二卦言水皆自然之數

八卦变六十四卦图

　　在"八卦变六十四卦图"中，来知德详细展示了六十四卦之间的错综关系。其中，"八卦自相错图"是以伏羲八卦次序解说京房八宫之相错。如乾为一、坤为八，则作为乾宫本宫卦、一世至五世、游魂及归魂的乾、姤、遯、否、观、剥、晋、大有八卦分别与作为坤宫本宫卦、一世至五世、游魂及归魂的坤、复、临、泰、大壮、夬、需、比八卦相错。其余六宫震巽、离坎、艮兑亦复如是；"六爻变自相错图"是指八纯卦两两相错，其六对同位之爻依次爻变所得之卦亦必定相错。如乾坤初爻变所得之姤与复、二爻变所得之同人与师、三爻变所得之履与谦、四爻变所得之小畜与豫、五爻变所得之大有与比、上爻变所得之夬与剥皆互为错卦。兑艮、离坎、震巽相错，其同位之爻依此爻变亦得相错两卦；"八卦次序自相综图"是指先以乾一作上体，按先天八卦次序分别以兑二、离三、震四、巽五、坎六、艮七、坤八作下体，相重而得天泽履、天火同人、天雷无妄、天风姤、天水讼、天山遯、天地否，其综卦分别是风天小畜、火天大有、山天大畜、泽天夬、水天需、雷天大壮、地天泰。此八卦均以乾为下体，上体次序为巽五、离三、艮七、兑二、坎六、震四、坤八。其余七卦以此类推；"八卦所属自相综图"，是指别卦乾自初至五连续递变所得姤至剥依次顺数，与别卦坤自初至五连续递变所得复至夬依次逆数，两两互为综卦，亦可视为乾宫一世至五世卦分别与坤宫五世至一世卦相综。即姤综夬、遯综大壮、否综泰、观综临、剥综复。同理，坎宫一世至五世卦节、屯、既济、革、丰分别与离宫五世至一世卦涣、蒙、未济、鼎、旅相综。艮宫一世至五世卦贲、大畜、损、睽、履分别与巽宫五世至一世卦噬嗑、无妄、益、家人、小畜相综。震宫一世至五世卦豫、解、恒、升、井分别与兑宫五世至一世卦谦、蹇、咸、萃、困相综。此即来氏所谓"八卦通，是初与五综、二与四综、三与上（"上"应为"三"之误）综，虽一定之数，不容安排，然阳顺行而阴逆行，与之相综，造化之玄妙可见矣。文王之序卦，不其神哉。即阳木顺行，生亥死午，阴木逆行，生午死亥之意"（《易经集注·易经字义·综》）。

　　综上可见，来知德多年隐居山野，废寝忘食，精研极思的收获，即是发现了《周易》的错综之象。然而，错综之象实非全然新创。就基本内涵而言，来氏的"综卦"无非就是三国虞翻的"反对"、唐代孔颖达的"覆卦"，来氏所谓"错卦"亦即虞翻的"旁通"、孔颖达的"变卦"。依此观之，其"孔子没，后儒不知文王、周公立象皆藏于序卦错综之中"（《易经集注·原序》）的说法，颇有言过其实之嫌。不过，来氏错综说确与前人有所不同。其有别于虞翻、孔颖达的关键之处在于，来知德的错综思想是在宋易的宏观易学语境之下建立的。他延续了邵雍、朱熹对伏羲易与文王易的区分，并选择性地吸纳涵化先天易学的大量资源，进而与一己发明融为一体。事实上，来知德易学的错综之说多有慧见，无论在具体内容上还是在讨论深度上都已远超前人。

三、象辞关系：圣人立象设卦系辞

《系辞》曰："圣人设卦观象，系辞焉而明吉凶。"基于此，来知德认为《周易》成书经历了立象、设卦、系辞三个过程。"立象、设卦、系辞，易之体已立矣。"（《易经集注·系辞上第十二章注》）即伏羲模写自然之易而立阴阳之象，继而创作八卦、六十四卦，文王、周公观象序卦并系以卦辞和爻辞，孔子复以"十翼"赞《易》。可见，先有易象，后有易辞，辞本于象。那么，具体地说，文王、周公、孔子三圣撰作经传时是如何取象的？带着这一问题，来知德对《周易》的象辞关系进行了深入探究，并最终提出了卦情之象、卦画之象、卦体大象之象、中爻之象、错卦之象、综卦之象、爻变之象、相因之象等一系列取象原则。

1. 有自卦情而立象者

"卦情之象"并不意在述说某·具体事物，而是借此事物表达一定的道理或情感。例如乾卦。《说卦》曰："乾为良马、为老马、为瘠马、为驳马"，而乾卦诸爻爻辞却多称"龙"，《象传》亦释六爻为"六龙"。表面看来，乾卦爻辞与《说卦》取象不符，其实不然。马与龙皆意在说明乾有运动不息、变化不止之意，此乃"卦情之象"。"乾卦本马而言龙，以乾道变化，龙乃变化之物，故以龙言之。"（《易经集注·易经字义·象》）朱熹正是因为不知《周易》"有自卦情而立象者"，才认为"乾为马而说龙，如此之类皆不通"（《易经集注·易经字义·象》）。又如，咸卦各爻以人体部位阐明男女交感之理，皆属"卦情之象"："艮为少男，兑为少女，男女相感之情，莫如年之少者，故周公立爻象，曰拇、曰腓、曰股、曰憧憧、曰脢、曰辅颊舌，一身皆感焉。盖艮止则感之专，兑悦则应之至，是以四体百骸，从拇而上，自舌而下，无往而非感矣。此则以男女相感之至情而立象也。"（《易经集注·易经字义·象》）同样，中孚卦取豚鱼、鹤、鸡等动物之象讲信之理，渐卦取鸿雁之象明妇盼夫归之意，皆属此类。"豚鱼知风，鹤知秋，鸡知旦，三物皆有信，故中孚取之，亦以卦情立象也。"（《易经集注·易经字义·象》）。"鸿至有时而群有序，不失其时，不失其序，于渐之义为切，且鸿又不再偶，于文王卦辞女归之义为切，此亦以

卦情立象也。"(《易经集注·易经字义·象》)

2. 有以卦画之形取象者

若一卦六爻排列似某物形状，则此卦便可以取象于该物。"如剥言宅、言床、言庐者，因五阴在下列于两旁，一阳覆于其上，如宅、如床、如庐，此以画之形立象也。""鼎与小过亦然。"(《易经集注·易经字义·象》)鼎卦初爻如鼎足、二三四爻如鼎腹、五爻如鼎耳、上爻如鼎铉，故鼎卦取象鼎，六爻辞云"鼎颠趾""鼎有实""鼎耳革""鼎折足""鼎黄耳""鼎玉铉"，《象传》亦曰："鼎，象也。"小过卦形似鸟，中两爻如鸟身，上下各两阴爻如鸟之双翼，故小过卦爻辞云"飞鸟遗之音""飞鸟以凶""飞鸟离之"。此即卦画之象。

3. 有卦体大象之象者

"卦体大象"即俞琰所谓"积体"、胡一桂所谓"似体"，是指某别卦之象与某经卦类似。来氏指出："凡阳在上者，皆象艮巽。阳在下者，皆象震兑。阳在上下者，皆象离。阴在上下者，皆象坎。如益象离，故言龟。大过象坎，故言栋。颐亦象离，故亦言龟也。又如：'中孚，君子以议狱缓死'，亦取噬嗑火雷之意，以中孚大象离而中爻则雷也。故凡阳在下者，动之象。在中者，陷之象。在上者，止之象。凡阴在下者，入之象。在中者，丽之象。在上者，说之象。"(《易经集注·易经字义·象》)

4. 有以中爻取象者

中爻即互体，历代易家多有论述。"中爻者，二三四五所合之卦也。""中爻者，阴阳内外相连属也。"(《易经集注·易经字义·中爻》) 来氏认为，《系辞》所谓"二与四同功而异位""三与五同功而异位"即指中爻取象，《系辞》第九章孔子言甚详矣"（《易经集注·易经字义·中爻》)。例如，"渐卦九三'妇孕不育'，以中爻二四合坎中满也。九五'三岁不孕'，以中爻三五合离中虚也"（《易经集注·易经字义·象》)。

5. 有将错卦立象者

来知德认为，若两卦互为相错，则此卦取象亦可系于彼卦。他举例说："乾错坤，乾为马，坤即'利牝马之贞'。履卦兑错艮，艮为虎，文王即以虎言之。革卦上体乃兑，周公九五爻亦以虎言之。又睽卦上九纯用错卦，师卦'王三锡命'，纯用天火同人之错，皆其证也。又有以中爻之错言者，如小畜言'云'，因中爻离错坎故也。六四言血者，坎为血也。言惕者，坎为加忧也。又如艮卦九三中爻坎，爻辞曰'薰心'，坎水安得薰心，以错离有火烟也。"（《易经集注·易经字义·错》）乾坤相错，乾为马，故坤言"利牝马之贞"；履下体、革上体之兑皆与经卦艮相错，艮为虎，故履卦称"履虎尾"、革卦九五曰"大人虎变"；睽上体离，"离坎错。坎为豕，又为水，豕负涂之象也。坎为隐伏，载鬼之象也。又为弓，又为狐疑，张弓说弓，心狐疑不定之象也。变震为归妹，男悦女，女悦男，婚媾之象也。……又坎为雨，雨之象也"（《易经集注·睽上九爻注》)。可见，睽卦上九爻辞"睽孤，见豕负涂，载鬼一车，先张之弧，后说之弧，匪寇婚媾，往遇雨则吉"一句完全是基于上卦离坎相错而系。师与同人相错，同人"乾在上，王之象。

离在下，三之象。中爻巽，锡命之象"（《易经集注·师九二爻注》），故师之九二曰"王三锡命"。小畜三四五互体离，离坎相错，坎为云，故象辞称"密云不雨"，又为血、为忧，忧而有惕，故六四言"血去惕出"。艮二三四互坎，坎离相错，离为火，故九三爻辞曰"薰心"。凡此种种，皆可证圣人有取相错之象系辞者。

6. 有因综卦立象者

互为综卦者亦可系以同辞。"如损益相综，损之六五即益之六二，特倒转耳，故其象皆'十朋之龟'。夬姤相综，夬之九四即姤之九三，故其象皆'臀无肤'。"（《易经集注·易经字义·综》）又如："井与困相综，巽为市邑，在困为兑，在井为巽，则改为邑矣。"（《易经集注·易经字义·象》）"八卦既相综，所以象即寓于综之中，如噬嗑'利用狱'，贲乃相综之卦，亦以'狱'言之。旅、丰二卦亦以'狱'言者，皆以其相综也。"（《易经集注·易经字义·综》）

7. 有爻变之象者

爻变即阴阳互变，"阳变阴、阴变阳也"（《易经集注·易经字义·变》）。以渐和归妹为例："渐卦九三以三为夫，以坎中满为妇孕，及三爻一变，则阳死成坤，离绝夫位，故有'夫征不复'之象。既成坤，则并坎中满通不见矣，故有'妇孕不育'之象。又如归妹九四中爻，坎月离日，期之象也，四一变则纯坤，而日月不见矣，故'愆期'，岂不玄妙。"（《易经集注·易经字义·变》）

需要特别强调的是，来知德把爻变所导致的一卦变成另一卦称为"卦变"。"如乾卦初变即为姤，是就于本卦变之。"（《易经集注·易经字义·变》）在他看来，圣人绝对没有使用过别卦自身阴阳两爻互易而成另一别卦的取象方法。换言之，虞翻、朱熹等人的卦变说，纯属无中生有。他相信，《彖传》所云"刚柔""往来""上下"，皆指综卦而言。"有以上六下初而综者，'刚自外来而为主于内'是也。有以二五而综者，'柔得中而上行'是也。"（《易经集注·易经字义·综》）"如讼之'刚来而得中'，乃卦综也，非卦变也。以为自遁卦变来，非矣。"（《易经集注·易经字义·变》）"需讼相综，乃坎之阳爻来于内而得中也。"（《易经集注·序》）

8. 有相因而取象者

相因之象是指根据已有卦象连类取象。"如革卦九五言虎者，以兑错艮，艮为虎也。上六即以豹言之，豹次于虎，故相因而言豹也。"（《易经集注·易经字义·象》）革卦九五爻辞"大人虎变"之"虎"乃是由错卦立象，上六"君子豹变"之"豹"则是与"虎"连类而得，此即所谓相因之象。

在以上八种取象方法中，来氏尤其重视错综、互体、爻变之象。他说，圣人观象系辞"不过此错、综、变、中爻四者而已"。"如离卦居三，同人曰'三岁'、未济曰'三年'、既济曰'三年'、明夷曰'三日'，皆以本卦'三'言也。若坎之'三岁'，困之'三岁'，解之'三品'，皆离之错也。渐之'三岁'，巽之'三品'，皆以中爻合离也。丰之'三岁'，以上六

变而为离也。即离而诸爻用四者可知矣。"(《易经集注·易经字义·中爻》)

总之，圣人取象"至纤至悉，无所不有"，凡"形容物宜可拟可象，即是象矣"(《易经集注·易经字义·象》)。由此出发，来知德对王弼和宋代义理派学者多有批评。在他看来，正是他们剥落象数、专言义理的治《易》路数导致了易象失传。以致于在孔子身后的两千余年里，《易》之本旨宛若湮灭在漫漫长夜之中，不得彰显。来氏说：

> 自王弼不知文王《序卦》之妙，扫除其象，后儒泥滞《说卦》，所以说象失其传，而不知未失其传也。善乎！蔡氏曰："圣人拟诸其形容而立象，至纤至悉，无所不有，所谓'其道甚大，百物不废'者，此也。其在上古尚此以制器，其在中古观此以系辞，而后世之言《易》者，乃曰'得意在忘象，得象在忘言'，一切指为鱼兔筌蹄，殆非圣人作《易》前民用以教天下之意矣。"此言盖有所指而发也。(《易经集注·易经字义·象》)

> 孔子没，后儒不知文王、周公立象皆藏于《序卦》错综之中，止以《序卦》为上下篇之次序，乃将《说卦》执图求骏。自王弼扫象以后，注《易》诸儒皆以象失其传，不言其象，止言其理，而《易》中取象之旨遂尘埋于后世。(《易经集注·原序》)

> 宋儒不知乎此，将孔子《系辞》"所居而安者，文王

之《序卦》所乐而玩者，周公之爻辞"，认"序"字为卦爻所著事理当然之次第，故自孔子没而《易》已亡至今日矣。(《易经集注·易经字义·中爻》)

来氏更把矛头直接指向明代官学著作《周易大全》。他认为，明人承袭宋儒之误，治《易》但言其理，不晓圣人之象，故其易学皆未入其门。他说："本朝纂修《易经》《性理》大全，虽会诸儒众注成书，然不过以理言之而已，均不知其象，不知文王《序卦》，不知孔子《杂卦》，不知后儒卦变之非。于此四者既不知，则《易》不得其门而入，不得其门而入则其注疏之所言者，乃门外之粗浅，非门内之奥妙。是自孔子没，而《易》已亡至今日矣。四圣之《易》如长夜者二千余年，不其可长叹也哉。"(《易经集注·原序》)同时，他又以错综说为据否定了汉代以来的卦变说。他说："又如以某卦自某卦变者，此虞翻之说也，后儒信而从之……不知乃综卦也。""孔子赞其为天下之至变，正在于此。惟需讼相综，故《杂卦》曰'需不进也，讼不亲也'。若遯则综大壮，故《杂卦》曰'大壮则止，遯则退也'。见于孔子《杂卦传》，昭昭如此，而乃曰讼自遯来，失之千里矣。"(《易经集注·原序》)

四、象理关系：假象寓理，主宰者理

来知德虽然主张象为《易》之本，但他并不认为象是《周易》一书的全部内容和根本宗旨。他曾明确提出"假象寓理"说：

夫《易》者，象也。象也者，像也。此孔子之言也。曰像者，乃事理之仿佛近似，可以想象者也，非真有实事也，非真有实理也。若以事论，金岂可为车？玉岂可为铉？若以理论，虎尾岂可履？左腹岂可入？《易》与诸经不同者，全在于此。如《禹谟》曰："惠迪吉，从逆凶，惟影响。"是真有此理也。如《泰誓》曰："惟十有三年春，大会于孟津。"是真有此事也。若《易》则无此事无此理，惟有此象而已。有象则大小、远近、精粗，千蹊万径之理咸寓乎其中，方可弥纶天地。无象则所言者止一理而已，何以弥纶？故象犹镜也，有镜则万物毕照，若舍其镜，是无镜而索照矣。不知其象，《易》不注可也。（《易经集注·原序》）

在来知德看来，《易传》"象也者，像也"一语已然道破易学的实质。《周易》一书的独特之处在于，其他典籍中的辞句必定是对某一事实的记述或对某种道理的直接揭示，《周易》则不然。例如，困九四爻辞云："困于金车。"鼎上九爻辞曰："鼎玉铉。"可在现实中，金不可以为车，玉也不可以为铉。此足以说明，《易》辞所言未必实有其物。履卦辞称"履虎尾"，明夷六四有"入于左腹"之辞，但现实中不会有此类事情发生，它们也并不直接说明某种道理。所以，《周易》不是像其他典籍一样凭借经传文辞如实记载史事或直接传达义理，而是通过设立易象的方式来间接地、比喻性地阐明天地之间的一切道理。来知德的这一思想，与宋元之际的俞琰"象即像之谓，既谓之像，则不过其理近似而已"（《周易集说》，卷三十二）的观点有相近之处。概言之，象如镜、理如物。一方面，镜照万物，无镜则物不可照。于《周易》而言，即是万理皆寓于象，舍象便无从谈理。由是，来知德极力张扬象在易学中的地位："不知其象，《易》不注可也。"他既不同意王弼的"得意忘象"论，也不赞成宋儒重理不重象的治《易》路数："若学《易》者不观其象，乃曰'得意在忘象，得象在忘言'，正告子所谓'不得于言，勿求于心'者也。"（《易经集注·系辞下第三章注》）另一方面，若不照物，则镜亦无用。易象的作用终究还是开示世间道理，故研究易学绝不可以止步于易象，而应透过《周易》象辞阐扬开掘天地之道、圣人之理。总之，学《易》当以象为本、以理为归，这就是来知德的"假象寓理"说的全部内涵。

事实上，"假象寓理"的命题正是来氏易学由象数转向义理的关节点。前文已言，来知德易图以太极图为起点。而在对"太极"内涵的理解上，来氏与朱子"太极即理即道"的观点并无不同："太极者，至极之理也，理寓于象数之中，难以名状，故曰太极。"（《易经集注·系辞上传第十一章注》）"道者，天地日月之正理，即太极也。"（《易经集注·系辞下传第一章注》）至于阴阳，亦被理解为构成天地万物的材质，即阴阳二气："始者气之始，生者形之始，万物之形皆生于地，然非地之自能为也，天所施之气至，则生矣。"（《易经集注·坤象传注》）"此造化一气流行之妙。"（《易经集注·系辞上传第一章注》）

于是，太极与阴阳的关系问题就转化为理学的理气论。在这一问题上，来氏同样秉承了朱子"不一不异"的思路。一方面，太极之理是宇宙本原，是形而上者。阴阳之气是生物之资具，由其构成的万事万物是形而下者。二者分属"道""器"，不可混同："阴阳之象，皆形也。形而上者，超乎形器之上，无声无臭，则理也，故谓之道。形而下者，则囿于形器之下，有色有象，止于形而已，故谓之器。"（《易经集注·系辞上传第十二章注》）另一方面，理又遍在于万事万物之中，不离具体事物而独存，即"道器无二致，理数不相离"（《易经集注·说卦传第一章注》）。他说："道器不相离，如有天地就有太极之理在里面，如有人身此躯体，就有五性之理藏于此躯体之中。所以孔子分形上形下，不离形字也。"（《易经集注·系辞上传第十二章注》）"理乘气机以出入，一阴一阳，气之散殊，即太极之理各足而富有者也。气之迭运，即太极之理流行而日新者也，故谓之道。"（《易经集注·系辞上传第五章注》）

依此观之，"孔子太极生两仪四象八卦图"和"八卦变六十四卦图"不仅是对由太极到六十四卦、三百八十四爻的象数推演法则的展示，同时也是对宇宙生成演化过程的描绘。从气的角度言之，太极生成一阴爻、一阳爻，继而组成少阴、少

阳、老阴、老阳四象，四象复加一阴一阳而为八卦，八卦再两
两相重而得六十四卦，正符示着阴阳二气大化流行、生生不已
造就出天地人物、宇宙万有；从理的角度言之，此一过程又时
时处处贯穿着对待流行之理：

> 天地间一对一待，成列于两间者，不过此阴阳也。一
> 往一来，流行于两间者，不过此阴阳也。(《易经集注·系
> 辞下传第二章注》)

> 天地阴阳之流行，一施一受，易之气也。言天地万
> 物惟有此对待，故刚柔八卦相为摩荡，于是鼓雷霆，润
> 风雨，日月寒暑运行往来，形交气感，男女于是乎生矣。
> (《易经集注·系辞上传第一章注》)

> 刚柔相推者，卦爻阴阳迭相为推也，柔不一于柔，柔
> 有时而穷，则自阴以推于阳而变生矣。刚不一于刚，刚有
> 时而穷，则自阳以推于阴而化生矣。如乾之初九交于坤之
> 初六则为震，坤之初六交于乾之初九则为巽，此类是也。
> 又如夬极而乾矣，反下而又为姤，剥极而坤矣，反下而又
> 为复，此类是也。(《易经集注·系辞上传第二章注》)

> 盖有对待，其气运必流行而不已；有流行，其象数必对
> 待而不移。(《易经集注·易注杂说·文王八卦方位之图解》)

分而言之，理有对待，则阴阳二气相反相成，是以伏羲
图主相错之象；理有流行，则二气交感往来、生生大化，是以

文王图主相综之象。合而论之，对待流行又互涵互显，因而诸圣之易亦前后一揆。因乎理、数、气三者实则为一，故来知德特于"太极图"下留有一语："主宰者理，对待者数，流行者气。"(《易经集注·杂说·圆图》)台湾地区学者高怀民先生解释道："从形式上看，来氏列'数'与'气'于两侧，而列'理'于中间，应是以'理'为最主要。""从含义上说，'数'之所以有'对待'之性与'气'之所以有'流行'之性，均本于'理'。"(《宋元明易学史》)总之，宇宙间对待流行之理无时无处不在。对应于象数，便是"六十四卦、三百八十四爻，皆理之所在也"(《易经集注·系辞上传第七章注》)。

与朱子由理气论开出人性论的思路类似，来知德一面主张太极之理禀赋于人而成纯然至善之性，即朱子所谓"天命之性"："性，人之理。"(《易经集注·说卦传第二章注》)"自其各得其所赋之理，谓之性。"(《易经集注·说卦传第一章注》)一面又强调天命之性不离乎"气质"："百姓虽与君子同具此善性之理，但为形气所拘，物欲所蔽，而知君子仁知之道者鲜矣。"(《易经集注·系辞上传第五章注》)"物所受为性，天所受为命。……性命虽以理言，而不离乎气。……其实非有二也。"(《易经集注·乾象注》)不过，相较而言，来知德谈论较多的还是"性即理"的一面。他认为，太极之理落实于人而形成的至善之性以"仁"和"智"为基本内涵："此一阴一阳之道，若以天人赋受之界言之，继之者善也，成之者性也，此所以谓之道也。虽曰善曰性，然具于人身，浑然一理，无声无臭，不可以名状，惟仁者发见于恻隐，则谓之仁；知者发见于是非，则谓之知。"（《易经集注·系辞上传第五章注》）在天而言，太极之理的生生之德是仁之体，其创造大化之功则是仁之用："仁者，造化之心。用者，造化之功。仁本在内者也，如春夏之生长万物，是显诸仁。用本在外者也，如秋冬之收敛万物，是藏诸用。春夏是显秋冬所藏之仁，秋冬是藏春夏所显之用。"（《易经集注·系辞上传第五章注》）在人而言，人人皆禀赋太极之理而具备仁义之性，此即孟子、王阳明所讲的"良知良能"："人受天地之中以生，其性分之天理，为我良知良能者，本与天同其易，而乃险不可知；本与地同其简，而乃阻不可从者，以其累于人欲之私耳。"（《易经集注·系辞上传第一章注》）

在此基础上，来氏又将《周易》的"易简"之义与《孟子》的"良知良能"说结合起来，使之互诠互显。在天道意义上讲，阳气生物无有凝滞，阴气顺阳成物不自作为，此为天地之"易简"，亦即天地之"良知良能"："惟易乃造化之良知，故始物不难；惟简乃造化之良能，故成物不烦也。"（《易经集注·系辞上传第一章注》）天人通贯，一体无间，所以人亦有"良知良能"、"易简"之德："人之所知，如乾之易，则所知者皆性分之所固有，而无一毫人欲之艰深，岂不易知；人之所能，如坤之简，则所能者皆职分之所当为，而无一毫人欲之纷扰，岂不易从。易知，则此理之具于吾心者，常洽浃亲就，不相支离疏隔，故有亲。易从，则此理之践于吾身者，常日积月累，无有作辍怠荒，故有功。"(《易经集注·系辞上传第一章注》)。概言之，在天人之学的视野下，"天有是易，吾之心亦有是易；地有是简，吾之身亦有是简"(《易经集注·系辞上传第一章注》)。

此处有必要对来氏所谓"良知良能"与王阳明的"良知"说略作比较。不可否认，来知德对"易简"的强调，确与象山、阳明的心学传统颇为相近。表面上看，其"易乃造化之良知"的表达，亦与阳明所云"良知即是易""良知是造化的精灵"异曲同工。但若细究起来，二者的共通点其实仅仅在于把"良知"解作人人都先天禀赋的充足价值资源。单就这一点来说，来氏与阳明均未超出《孟子》原意，不过是一种平实的理解。然而，若将此"良知"涵义分别放在二人整体学术思想体系中加以考察，便可发觉其异大于同。显然，来知德的客观太极之理落实下贯而赋予人"良知良能"的思路同于朱熹、陆九渊，而与阳明把道德根源归于主体的"心外无理"说迥然有别。事实上，他也并未对心体良知的主宰作用展开过多讨论。阳明"良知即是易"的"易"是指"易道"，其旨在以易道的神妙特征来描绘良知的品格。来知德"易乃造化之良知"的"易"则指"易简"，其意在彰显天地创生万物的自然而然、毫无烦难。因此，尽管来氏与阳明在"良知""易简"问题上的论述看似相近，其间却有不容不辨处，绝不可混为一谈。

综上，道、理、性、命之名虽有殊，实质则完全一致：

《易》中所言之理，一而已矣。自其共由而言，谓之
道。自其蕴畜而言，谓之德。自其散布而不可移易，谓之
理。自其各得其所赋之理，谓之性。道德理性四者，自其
在人而言谓之义，自其在天而言谓之命。(《易经集注·说
卦传第一章注》)

性，人之理。命，天地之理也。阴阳以气言，寒暑往
来之类是也。刚柔以质言，山峙川流之类是也。仁义以德
言，事亲从兄之类是也。三者虽若不同，然仁者，阳刚之
理；义者，阴柔之理，其实一而已矣。(《易经集注·说卦
传第二章注》)

仁义是人之所以为人并区别于禽兽的标志。"天无阴阳则
气机息，地无刚柔则地维坠，人无仁义则禽兽矣。"(《易经集
注·说卦传第二章注》)人虽禀赋太极之理而性本善，但因受
气有精纯、驳杂之别，现实的人性便有了善恶即"情伪"之
分。"本于性而善者，情也。拂乎性而不善者，伪也。伪则不
情，情则不伪，人之情伪万端，非言可尽，即卦中之阴阳淑慝
也。既立其象，又设八卦，因而重之为六十四，以观爱恶之
相攻，远近之相取，以尽其情伪。"(《易经集注·系辞上传第
十二章注》)因而，人应力求使纯然至善之本性顺畅发用，进
而言行举止、语默动静皆合太极之理，此即《说卦》所云"穷
理尽性以至于命"："穷理者，谓易中幽明之理，以至万事万物
之变，皆有以研究之也。尽性者，谓易中健顺之性，以至大而

纲常，小而细微，皆有以处分之也。至于命者，凡人之进退
存亡得丧皆命也。今既穷理尽性，则知进知退知存知亡知得
知丧，与天合矣，故至于命也。"（《易经集注·说卦传第一章
注》）至此，来知德以其"假象寓理"说为基点，层层推进，
最终完成了由象数到义理的易学建构。

五、来氏易学的意义

来氏易学，特别注重卦象，借助错综之象，重建不同于
前人的象学体系，并以假象寓理为理念，阐发了以太极或理为
本体、贯通天人的义理之学，从而与宋代程朱易学和明代以阐
发程朱易学为宗旨的官方易学区别开来。从内容上说，他以错
综探讨易学起源，把对待流行这种客观存在的自然规律视为易
学卦象的原形，认为伏羲以对待画卦，文王以流行排卦序，这
与朱熹等人以河图、洛书解释易学起源大相径庭。他认为伏羲
易学与文王、周公易学相互包含不相矛盾，文王、周公之象本
之于伏羲易象，错象与综象相互表里，互含互摄，孔子作《易
传》重现了三圣易学，故四圣易学一脉相承，一以贯之，反映
出来氏易学与朱熹易学在四圣易学关系问题上不同的见解。朱
熹认为四圣易学各有自己特点，力图改变以往将四圣归为一揆
的观点，但却有割裂四圣易学联系之嫌。来氏在区分四圣易学
的基础上，又恢复了传统的四圣易学为一体的说法，不能不说
是他的独到之处。更为重要的是，他敢于以错综之象为尺度评

说当时占主流的程朱易学，批评宋儒易学不懂卦象尤其不懂错综之象，以此反对朱熹的卦变说。虽然这种做法未必正确，有五十步笑百步之嫌，但其始终如一、不畏强权、挑战权威的精神，十分可贵。

在象理关系上，来氏主张易象为《易》之本，有象则有辞和理，无象则无辞和理，即无《周易》。他认为义理本之易象，假象以寓理，反对王弼得意忘象和宋儒言理不言象，从而进一步确立了易象在易学研究中的地位，纠正了明代官方易学重理不重象的倾向。然而，在来知德看来，易象固然重要，义理也不可忽视。因为易象模拟客观自然，本之自然之理，从而成为表达义理的符号载体和解释义理的工具。也就是说，圣人创制易象，不是以凸显易象为目的，而是旨在以易象穷尽义理。故义理是主宰，易象只是理解和解释义理的工具而已。来氏对易象与义理关系的论述，整合和超越了汉宋易学，对于易学发展作出了贡献。

鉴于此，明清学者对来氏易学给予了很高的评价。如郭子章云，来氏《易注》论错综论卦象"皆抒千古所未发"，"继往开来，亘古百代而一见者也"（《经义考》卷五十五引）。戴诰云："先生远客万之求溪，探赜索隐，三十年而后悟《易》之象，又悟文王《序卦》，又悟孔子《杂卦》，又悟卦变之非，洁静精微之奥旨粲然大明于世，羽翼四圣之功伟矣。"（同上）

当然，来氏易学也不可能完全摆脱当时易学的影响，他在许多问题上仍然坚持程朱易学的观点。如卦象研究方面，他接受了朱熹等人的对待、流行、错综的概念，以此解释伏羲六十四卦图和文王易图，用朱熹加一倍法解说伏羲八卦和六十四卦形成等；在义理方面，他承袭程朱的以太极为理、以理为本、理一分殊、理气（器）不相分离、性为分理等思想。在注经方面，来氏在许多地方直接袭用了《本义》之言。这说明来氏虽提出了许多不同于程朱易学的观点，但在许多方面仍未超越程朱易学。

同时，来氏易学也阐发了汉唐易学。他吸收了汉儒互体之说、京房八宫说、虞翻卦变与旁通说、孔颖达非覆即变说等，建立了自己的易学体系。在这个意义上说，来氏易学体系杂糅了汉宋易学。有人说，来氏不过是抄袭汉人观点，这种看法是不妥的。而来氏自称发前人所未发，也不免有些言过其实。如张云章曰："自序以为，文王、周公立象皆藏于《序卦》错综之中，不知文王《序卦》，不知孔子《杂卦》，则《易》不得其门而入，自孔子没而四圣之《易》如长夜者二千余年。又谓《易》非真有实事也，非真有实理也，惟有此象而已。吁！斯言也，何其自信之过而蔑视诸先耶。《杂卦》反对，上下经皆十八卦，先儒言之者多矣，非来氏所创获也。"（《经义考》卷五十五引）

第三章　贯通天文、历数、历史的黄道周易学

　　黄道周（1585—1646），字幼玄（一作幼元），一字细遵，福建漳浦人。少居漳海铜山孤岛中一石室，名曰石斋，学者称石斋先生。家贫有志于学，无力聘请名师，"七岁读父书，过目成诵"（《漳浦黄先生年谱》），后随伯兄切磋，"凡数年，自经传子集，旁及诗赋、声律、铅汞阴阳之学，无不耽精玄览焉"（《漳浦黄先生年谱》）。十四岁时，"时时挟策远游，读书罗浮山"（《明儒学案》卷五十六），遍寻名师大家，前往求学。《黄漳浦集》载："闻博罗有韩大夫贤而好士，其家多异书。一日杖策行，遂造焉。大夫与之语而大悦，曰：'此儒者也，今日任斯道者，非子其谁！'因留与诸子处，遂得尽观所未见书，俱录以归。"（《黄子传》）二十五岁时开始研究《周易》象数学，翌年悟得治学不可仅埋头书册，还应实行观测，于是夜持竹几坐庭中，"昼则布算，夜测分野"，"乃知南北中分，阴阳赢缩之说"。三十八岁中进士，后授翰林院编修，修国史、实录，因触怒魏忠贤而告归。为人刚直不阿，严操守，重气节，是以一生仕途坎坷，几番被黜，又屡屡失而复

得。历任浙江乡试主考官、春坊右中允、少詹事兼翰林院侍讲学士、江西布政司都事。崇祯四年（1631）为救故相钱龙锡连上三疏，又以易数上疏讥刺大学士周延儒、温体仁。其疏曰："陛下御极之元年，正当《师》之上九，其爻云：'大君有命，开国承家，小人勿用。'"（《明史》本传）因是被削职为民。在家乡与诸弟子相从讲论，"谈经之余，屡屡劝人读史"。曾著《懿畜》前后编表彰自三国诸葛亮至明代杨文贞等中兴有为之臣，以表革新朝政之志。崇祯十三年（1640）廷杖下狱，又充军辰州（今湖北江陵），赦归。清兵攻陷南京后，在福州拥立唐王，聚众抗清，兵败被俘，就义于南京，谥忠烈。

黄道周居官之余，讲学不辍，海内问业者多达几千人。著述宏富，计四十余种，近百万言。崇祯二年（1629）至十五年（1642），先后撰作、编著《三易洞玑》《博物典》《孝经大传》《孝经集传》《坊记表记集传》等书。崇祯五年（1632）讲学于大涤书院、紫阳书院，与诸生问答之语后集为《榕坛问业》。今存《石斋先生经传九种》《榕坛问业》《黄漳浦集》。史称其"学贯古今"。黄氏学术思想大体倾向朱子，亦有会通朱王之意。在易学上，黄道周秉承邵氏易，精研象数，代表作品有《易本象》《三易洞玑》和《易象正》。其中，《三易洞玑》一书大量吸收天文历算知识，融通易学与历法。《四库提要》曰："盖约天文历数归之于《易》。其曰三易者，谓伏羲之易、文王之易、孔子之易也。曰洞玑者，玑衡乃测天之器，谓以《易》

测天，毫忽不爽也。一卷二卷三卷为《宓图经纬》上中下，即陈、邵所传之先天图。四卷五卷六卷为《文图经纬》上中下，即《周易》上下经次序。七卷八卷九卷为《孔图经纬》上中下，即《说卦传》出震齐巽之方位。十卷十一卷十二卷为《杂图经纬》上中下，则《杂卦传》之义。十三卷为《余图经纬》，则因周官太卜而及于占梦之六梦、眠禖之十辉以及后世奇门太乙之术。十四卷十五卷十六卷为《贞图经纬》上中下，与《杂图》相准，有衡有倚有环。"

《易象正》是黄道周晚年的作品。相关记载称，《易象正》以《易本象》为底本，在其基础上大幅修改而成。黄道周本人坚持《易本象》一书不足以尽《易》，故令门人存于山中，不准传授。后人则将此书附于《易象正》之后。据说，黄道周于崇祯十三年（1640）被捕入西库狱期间始作《易象正》，后由西库狱转入北寺狱，"初成二十四图，又逮过北寺，毒痛之下，指节初续，又为六十四象正"（《易象正·序述》）。是时"大象十二图"一节尚未完稿，已为同狱中人方孔炤所收藏。对此，刘履丁曾云："人言在先生西库始作《象正》，此殊不然。三十年前，丁侍先生在浦东草庐，于时有《易本象》八卷、《畴象》八卷。《畴象》在吴亮恭侍御处，《本象》在张雨玉兄弟处。念之已三十余年，当时亦三属草本也，但今《象正》与旧《象正》文义俱别耳。"（《易象正·序述》）《易象正·自叙》曰："凡《易》自春秋《左》《国》暨两汉名儒，皆就动爻以论之，虞、王而下，始就本卦正应以观攻取，只论阴阳刚柔，不分七八九六，虽《易》有刚柔杂居之文，而卦无不动玩占之理，《象正》专就动爻以明之。"《四库全书总目提要》论其大旨亦称："于每卦六爻皆即之卦以观其变，盖即左氏内外传所列古占法也。"除逐一注解六十四卦外，该书"前列目次一卷，则以汉人分爻直日之法，按文王之卦序以推历代之治乱。后二卷则以河图洛书之数自相乘除为三十五图，其《诗斗差图》《诗斗差退限图》《诗元命图》《春秋元命图》则本汉人纬书'四始五际'之说，而别衍之以为推测之术，与所著《三易洞玑》相为表里。"（《四库全书总目》）

一、"本天则一"的象数起源说

探究易学的起源和演变，是宋代易学的重要论题之一。刘牧、邵雍分别将圣人作《易》的根源诉诸河图洛书和先天学，并以图示的方式阐发易学思想。经过南宋朱熹的认肯发扬，图书学与先天学会通于一，并大行于后世。黄道周秉承宋易传统，在易学起源问题上也表明了一己之见。一方面，他以伏羲易为先天易、文王易为中天易、孔子易为后天易。相应地，《易象正》列有"先天初成图""先天再成图""先天三成图""中天卦次图""后天卦次图"等图。另一方面，他又反对朱子的三圣分观说，主张三易一理、皆本于天："宓为先天，则周为中天，孔为后天，本天则一而三统难分，故还以宓、文、孔为主，以杂、余畅其义。"（《三易洞玑·宓图经上》）

（一）伏羲先天易

宓，通"伏"，宓羲即伏羲。黄道周认为，伏羲画卦之前已有客观自然的象数存在，象即天象，数即历数，是为先天图。伏羲为之立名，故称伏羲先天图。"称宓图者，即先天图也。宓前有易，大约本于天度，以为卦数，名字之立则自羲皇而始，历烈山、轩辕，其义乃备，今独称宓图者，尊始也。"先天图之蕴意见于《说卦传》："《说卦》自'神妙'而下六章皆阐宓图之义，然其序次不传，义难意起。今推其本，皆出于玄象八宫之卦，与星辰相次。"（《三易洞玑·宓图经上》）也就是说，伏羲先天图之象数本于自然，与天地相合，完满无缺，不可损益。"先天图，原本自然，以阴阳分极，六倍成卦，以定六爻，天不能违也。"（《易象正·先天图》）它与日月星辰的运行一致："天动于外，卦周于内，象曜之行，经于其中，日夕相摧，易以之生，故易者，易也。易变而不可执，圣人屡出，分变各适，夫欲观其不变，则贞乎象矣。"（《三易洞玑·宓图经上》）而在众多天象中，日月之交替变化、普照天下最为显著。故易象莫大于日月，易图主日月变化，显现出日月运行的轨迹。黄氏说："夫悬象之大者也。天地悬象，莫大于日月，有日月而后有水火，有水火而后有山泽，有山泽而后有风雷。水火生于日月，风雷发于山泽。日月不明，山泽不灵，故易者，日月之谓也。"（《易象正·大象十二图序》）"《易》者，为救天地而作也，救天地则必明于天地之道，明天地之道，则必清日月之路。乾、坤、泰、否，随、蛊、颐、大过、坎、离、渐、归妹，既、未济、中孚、小过，剥、复、夬、姤、萃、升、晋、明夷二十四者，日月之路也，以是二十四者加于定、衡、环、倚、体、用六图者，研几辨物，其道无方，举其梗概为十二图，而日月之治，南北嬴缩，朔望盈虚，交会闰余，亦略著于象，是古作《易》者之意也。"（同上）

除日月之外，其他天象也是易图的重要内容。黄道周曾作先天六十四卦与二十八星宿对应图。其具体配法是：卦始于大圆图正北方复卦，宿始于苍龙末宿箕，尔后卦顺行、宿逆行，即复、颐两卦对应箕，屯、益、震、噬嗑四卦对应玄武初宿斗："复继之以颐，颐犹箕也，箕适于斗。斗者，屯也，承箕而行之，小施而未光，故谓之屯。""屯继之以益，益犹斗也。""益而后震，震犹未可以动也。""震而继之噬嗑，噬嗑者，斗之所龠舌也。"噬嗑后为随卦，随卦对应牛宿，"随牛也"（《三易洞玑·宓图经上》）。以此类推，至坤卦对应尾宿止。"复，箕也；坤，尾也。"（《三易洞玑·宓图经上》）黄道周此图旨在证明伏羲先天六十四卦乃是依据星象而作。如其所云："自《尧典》以前，冬至日轨皆在虚危，羲炎之时，日宜在危中度，今断以易复始箕者，天道著明，视于云汉，尾在云汉之阴，箕在云汉之阳，尾去极一百二十七度，下距南极五十四度，天道转毂，于是已极，故谓之尾。箕去极一百二十一度，下距南极六十度，天道东行，于是复始，故谓之箕。古人命象以为物始，取精于天，鸟火星虚，义先于

《易》，非复羲炎之所创说，故取象则箕自为箕，尾自为尾，取义则尾自为终，箕自为始也。坤集于尾，谓之龙尾；乾集于觜，谓之虎首。繇是以推，八卦三乘，终始本象，渊源远矣。"（同上）

前文已言，黄道周所谓的"象"是指日月星辰等天象，"数"是指日月星辰运行的度数。同时，他又把天象运行的规律和理则称为"理"。一方面，日月星辰等天象在逻辑上先于其运行度数与理则，即象在先、数理在后："凡易生于象，象生而有数，象数灭，则理义性命不可得而见也。天地、日月、星汉、山河、人物之数，皆系于象，其最易简明著者，皆在于易。"（《易象正》）"日月屈伸而易道生焉，故易生而有象，象生而有数，象数难明，理道易说。"（《三易洞玑·宓图经上》）另一方面，象、数、理其实是从不同角度言说同一日月星辰，故三者又合一不二："日月星辰之行，可皆一理，理皆一象，象皆一数。""有日有月有星，是三要物；理、象、数，是三要事。"（《黄漳浦集》卷二十九《三易指归》）理象数三者皆属自然，是天之所为。伏羲本此而作易、古人本此作历律表晷之法，则是人之所为。"易历律，则人之所治也；理象数，则天治之也。天治者，不避象数；人治者，则历律为技也。"（同上）并且，黄道周认为，后世历律表晷之法不仅直接来源对日月星辰的长期观测，同时也受到本于客观天象而作的伏羲先天易的重要影响。他说："易道未作之初即有晷表量移之法，但其图义未明，爻象不著。"（《三易洞玑·宓图经中》）

"天道自然，与易相配，无纤毫牵合，是历律表晷之原也。"
（同上）"晷之准易者，一日六分四厘，为六十四，积六十日而
三百八十四分，一期而万一千五百二十，余分之积三百八十四
厘，故晷以易象之变。"（同上）

（二）文王中天易

伏羲之后，文王又对易学作出了新的发明，是为中天
易。其特点有如下数端：其一，重新排列卦序，以六十四卦
为体、七十二卦为用。以象定表，以律立位。"易之体三十有
六，其卦七十有二，以候四气，以正八际。"（《三易洞玑·文
图经上》）"姬文上圣，始变卦次，序六十四为七十二，爰立
八表，九次相起，揆象定表，吹律命位。"（《三易洞玑·略
例》）其二，作中天八卦图，内涵天地生物、四时更替、万物
盛衰、五行大义和人伦之道，此是其与先天图之根本区别所在。
"资始称天，资生称地，坤三索成男，左数而之天；乾三索得
女，右数而之地，彝伦既陈，五行式序，自先天图而后，此其
最著矣。中天之道，以人次天。"（《易象正》卷终上《中天卦次
图》）其三，伏羲图重旁通，六十四卦两两对待。文王图重反
对，六十四卦实为三十六卦体："盖宓图对待，以乾匹坤，以坎
匹离，东西阴阳，各三十有二。文图反复，反屯为蒙，反咸为
恒，屯咸诸卦，皆以一卦为两卦，反复相起。八体之卦，亦复
如是。故体卦有八，倍为十六，交卦二十八，倍为五十六，两
体相命，各三十六，以为一岁之候也。"（《三易洞玑·文图经

上》) 其四，六十四卦仍与天象对应，反映日月运行、四象星宿、节气更替："乾之始姤，坤之始复，秋分明夷，春分于讼，师同泰否以办四立，以亲先天，其义一也。阴阳之画，彼此对变，一阳在左，一阴在右，八六相离，虎豹之文，于是以出单复环旋日月之纬道也，日月纬道，与时变迁而其元始以云汉为首，尾箕参之端，出入云汉，为二至之中，璧翼二宿，北近中垣，为二分之路。"(《易象正·中天卦次图》)

（三）孔子后天易

在黄道周看来，孔子后天易的贡献主要体现在三个方面。首先，孔子以《说卦》"帝出乎震"一段正定了后天八卦图：

> 此后天图，文王之意，仲尼所定，即《说卦》所谓"帝出乎震，齐乎巽，相见乎离，致役乎坤，说言乎兑，战乎乾，劳乎坎，成言乎艮"者也。是图本地而作，与先天、中天相赞，以成万物，其理道之精微，规模之奥渺，又非世儒之所易窥。(《易象正·后天卦次图》)

后天图与先天、中天图互为表里，内含深奥的宇宙之理："后天图者，道之至精者也，穷理格物则必自此始也。"依黄氏之见，图中八卦居位的思想已散见于文王卦爻辞中，孔子加以概括引申，从而使其大白于天下。换言之，后世所谓"后天八卦方位图"绝非刘牧、邵雍等人所创。他说："以

'出''齐''见''役''说''战''劳''成'为八方之位，即所谓后天图也。仲尼驭括象义，以八字为妙言之蕴，彼此相加，则德象自著。焦赣本之，以为《易林》，邵氏袭为私义。但文图未有分位，唯《坤》言'西南得朋'，《蹇》言'不利东北'，《解》言'利西南'耳。《蹇》《解》皆在东北，必反易乃在西南。《坤》自在西南，必反易乃在东北。"(《三易洞玑·孔图经上》)尽管后天图与中天图的八卦排列完全一致，但其间仍有细微差别。文王八卦始于乾，孔子八卦始于震，即二者的首卦不同："姬文首乾，仲尼首震。乾以立性，震以立命，知性命乃立，知命性乃尽。"(《三易洞玑·略例》)

其次，孔子又在《系辞》中对象数进行了概括。黄道周说："凡圣人所言象数者五：一曰'见天下之赜，拟容形容'；又曰'至赜而不可恶，至动而不可乱'；又曰'通其变遂成天地之文，极其数遂定天下之象'；又曰'见天下之赜，拟诸形容，极天下之赜存乎卦'，皆为探赜而发，必非屈指而谈干支，折草以量朝夕，自谓无远近高深，遂知来物者也。诸图之义，自洙泗以还，世所未探，大要本于河图，裁以洛书，以九御十，以数变象，规矩日月，准绳星宿，以爻当日，以日当辰，察其交会，辨其序次，不敢有乱于羲、文、孔子之故而已。至于率辞揆方，当名辨物之义，则犹未之详焉。"(《易象正》卷初上)

最后，孔子更以后天图解说四时五行之变、万物终始之化，进而引申出社会人伦之理。黄道周说："仲尼妙言，始命卦位，万物终始，视日所在，五精从之，各依其方，以其本数，察五精度，艮藏其己，坤藏其戊，震有木火，兑有金水，二五十五，以复其数，性有所著，命有所属，情有所好，亦有所恶，好恶以贞，性命乃固，视日所在，以正其度，以正父子、君臣、宾主、兄弟、夫妇。"(《三易洞玑·略例》)

以上就是黄道周三易说的主要内容。我们知道，易学史上的"三易"或者说先天、中天、后天之分往往是指《连山》《归藏》《周易》，如《周礼·春官》云："太卜掌三易之法，一曰《连山》，二曰《归藏》，三曰《周易》。"南宋朱元昇又将此三者分别冠以先天、中天、后天之名。黄道周则不然。他在借鉴朱子的伏羲、文王、孔子三圣分观之说且以其分别对应先天、中天、后天的基础上，大量吸收自然科学知识，融易学与天文历法于一体，表现出鲜明的个人特色。

二、准于天文的易图象说

黄道周的易象学说主要是借伏羲先天图和文王卦序图论述的。具体而言，《易象正》卷初据文王六十四卦卦序作二十四图，前十二图为"大象十二图"，后十二图为"历年十二图"；卷终则据伏羲先天易作"先天图"和"先天历年图"。今将黄道周易象分条论之于下：

（一）易以乾坤两用

黄道周依据《易传》所云"乾坤其易之门""乾坤毁则无以

见易"提出了"易以乾坤两用""六十二卦皆归乾坤"的观点：

> 凡《易》以乾坤九六为例，乾用九而交于坤，坤用六
> 而交于乾，凡六十四卦之用九者，皆交于坤，其用六者皆
> 交于乾，故六十二卦之皆乾坤也。易有交动，遂生变化，
> 非谓九能变八,六能变七也。六十二卦皆归乾坤，故十八
> 变中小象得乾坤者是为交动，父母动而六子不动，如六子
> 交动，则皆为父母矣。易以乾坤两用，该六十二卦之用，
> 不复为各用，系于各卦之终，所以明一卦之通得六十四
> 卦，而乾坤两用实为纲纪。《系辞》曰："乾坤毁则无以见
> 易。"(《易象正·目次》)

纵观易学史，将六十四卦视为乾坤所生者历代不乏其人，
并非黄道周之独创。如郑玄爻辰说即以六十二卦之三百七十二
爻视为乾坤十二爻所生；荀爽、虞翻等人的卦变思想亦主张杂
卦生于十二辟卦，十二辟卦源于乾坤消息；北宋程颐更有乾坤
卦变说，即六十二卦皆由乾坤两卦变来。此间，黄道周强调，
诸卦皆由乾坤交动变化而生，绝非以老阴变少阳、老阳化少阴
的爻变方式形成。所谓"交动"，是指乾阳交坤、坤阴交阳，
即"乾用九而交于坤，坤用六而交于乾"。如乾阳交坤之初
五、坤阴交乾之二三四上成屯，乾阳交坤之二上、坤阴交乾之
初三四五成蒙。其余各卦亦复如是。十二消息卦已蕴藏其中：
"易始于乾，交于姤，终于剥，剥而后坤受之；始于坤，交于

复，终于夬，夬而后乾受之。终始乾坤，相为反复，历律以出，礼乐以作，六爻变化而天神以降，地祇以出，亦其义也。"（《易象正》卷一）不仅如此，三百八十四爻皆为乾坤十二爻，六十四卦实为乾坤二卦："圣人之意，以六十四卦皆为乾坤，阳爻一百九十二皆出于乾，阴爻一百九十二皆出于坤。"（《易象正》卷一）

以此为据，黄道周对六十四卦进行了重新排列。阳多者从乾，阴多者从坤，阴阳平衡者则为乾坤交会："乾南而坤北，屯蒙从坤则需讼从乾，师比从坤则小畜履从乾，泰否从坤则同人大有从乾。大有者，五阳之卦，乾之三驾也。谦豫从坤则随蛊从乾，临观从坤则噬嗑贲从乾，剥复从坤则无妄大畜从乾。大畜者，四阳之卦，乾之又三驾也。重颐从坤，重大过从乾，于是大过而天地且中矣。故坎离，天地之中会也，当过而过，已过而反，天地亦不得已也。咸恒从坤，遯大壮从乾，于是而乾又三驾矣。天地九驾而得四大，故大有、大畜、大过，暑中之渐分也；大壮，暑至之将进也。四大皆右，天地之尚位也，两阴两阳各处其极，从于阳节，右行而赢，故观于四大卦而大象之位可见矣。"（《易象正》卷三）归根结底，乾坤为易之本，乃是由其纯阴纯阳属性及其所符示的自然天象决定的。乾纯阳居南象昼，坤纯阴居北象夜，其他卦皆自此而立。黄道周说："乾坤，万物之生始，极南而乾，极北而坤，昼夜积象，乾坤两乘，自分左右，天地升降，帝王盛衰，皆于是为限。"（《易象正·目次》）"凡卦分阴阳，以从南北，自屯蒙从坤而北，需讼从乾而南，凡五十二卦，一南一北，上下分从，不失其序，故阴爻多者从阴，阳爻多者从阳，阴阳之中，酌从其象，惟夬姤萃升，上下分居，南北殊路，是男女阴阳之变限也。"（《易象正·目次》）

（二）对化、反复、交象

黄道周的"大象十二图"包括"六十四体卦初终定序图第一""六十四体卦上下定位图第二""六十四体卦上下分次图第三""六十四体卦上下衡交图第四""六十四体卦左右倚交图第五""六十四体卦上下圜图第六""体卦外赢日闰追象图第七""体卦内赢月闰追数图第八""七十二用卦上下定序图第九""七十二用卦上下衡交图第十""七十二用卦左右倚交图第十一""七十二用卦左右圜交图第十二"。通观此"大象十二图"，可见黄道周曾多次使用反复、对化、体用、交象等卦象。

所谓"反复"，大体相当于虞翻的反对、孔颖达的覆卦、来知德的综卦；"对化"，大体相当于虞翻的旁通、孔颖达的变卦、来知德的错卦。需要指出的是，按照虞翻和来知德的说法，六十四卦实为三十二组旁通，或称三十二组相错；而乾、坤、坎、离、颐、大过、中孚、小过八卦之反对即综卦仍为自身，虞翻称其为"反复不衰"之卦。除此八卦之外的五十六卦则构成二十八组反对，或称综卦。在此问题上，黄道周与虞翻、来知德有所不同。他将"反复"之两卦视为"一体两象"，如屯蒙为同一卦体、需讼为同一卦体；"对化"之八卦则各为一体，故六十四卦实为三十六体。这一思想显然源于邵雍"三十六宫都是春"一语。此外，黄道周又将有对化而无反复的乾、坤、坎、离、颐、大过、中孚、小过八卦各自视为两卦。因此，其著作中常有乾乾、坤坤、坎坎、离离、颐颐、大过大过、中孚中孚、小过小过的表述。按此说法，六十四卦又可视作七十二卦，即"六十四为体，七十二为用"（《易象正·目次》）。其《易象正》中"七十二用卦上下定序图""七十二用卦上下衡交图""七十二用卦左右倚交图"等图所谓的"七十二用卦"即是此意。黄道周的这一思想，既不同于虞翻、孔颖达和来知德，又不见于邵雍易学，当属自创。他说：

> 凡卦皆一体两象，反复异名。惟乾、坤、坎、离、颐、大过、中孚、小过有对化而无反复。其实，日有昼夜而时通二六，八体反复皆十二爻。屯蒙以反复而得二名，乾坤以反复而得一体。其一体者，不必二名；其反复者，不必对化。故以八体卦之对化，通于五十六卦之反复，皆举两端以成大例，非因纲纪而有异同也。故为乾乾坤坤首立四卦。虽以用九用六得对化之名，实以一昼一夜通六辰之义。昼夜虽有阴阳，反复只成一日，约之则曰三十六象，通之则曰七十二卦。或谓父母六子，相与错综，只得六十四，何三十六、七十二之有？曰：反复、对化、错综，易皆兼用之，错综之有重乘，反复之有不动，与对化之有不对化，

单举之则难明，博观之则易著也。(《易象正·目次》)

黄道周强调，虽然反复与对化有别，对化不反复而反复不对化，静体反复而动用对化，但从卦象来看，二者亦相资为用。他说："对化之与反复，互相为用。乾坤举对化，以用为体；屯蒙举反复，以体为用，推而行之，两序互举。""易之为道，静以为体，动以为用，静体则反复，动用则对化。反复之与对化，皆易也。无对化则乾不为坤，无反复则屯不为蒙，对化之易始于乾坤，则例可通于乾坤，故对化之与反复，其例得相起也。"(《易象正》卷一)

在此基础上，他又借用了邵雍和张行成等人的"交卦"概念。所谓交卦，是指两卦即反复即对化。他说："交卦者何？反复对化，则犹之此卦也。泰之反复曰否，对化亦曰否，则犹之一卦。不得曰乾之反复曰乾，对化曰坤也。否之反复曰泰，对化亦曰泰，则犹之一卦。不得曰坤之反复为坤，对化为乾也。既犹之一卦，则亦不得比于屯蒙需讼。曰：吾反复而为屯蒙需讼，对化而为鼎革晋明夷也。"(《易象正》卷三)据此可知，《周易》中交卦有八，"上经交卦有泰否随蛊，下经交卦有渐归两济"(《易象正·目次》)。此外，黄道周又依据自我设定的象数原则重新排列六十四卦或七十二卦，进而制作衡交、倚交、圜交诸图。《易象正·目次》曰："衡交者，两乾尽而交屯蒙，两坤尽而交需讼。倚交者，屯蒙自左而右，需讼自右而左。环交者，屯蒙需讼，皆自左而右。"

六十四卦体上下衡交图

　　"上下衡交图"首先根据"阳卦多阴、阴卦多阳"的原则将别卦区分为阳卦与阴卦，然后按阳卦从乾南、阴卦从坤北的次序排列体用卦，以此象征日月出入、上下交回。黄道周说："屯、师、泰、谦、临、剥、颐，皆阳也，故从乾而南。需、小畜、同人、随、噬嗑，皆阴也，故从坤而北。夬姤从乾而南，萃升从坤而北，则夬姤萃升亦未离其类也。凡卦六爻，以阳少者为阳，阴少者为阴，夬姤宜为阴，萃升宜为阳，然非实阴阳也。故夬姤萃升，更次南北，中分九卦，为日月出入、天地革命革政之会。"（《易象正·六十四体卦上下衡交图》）

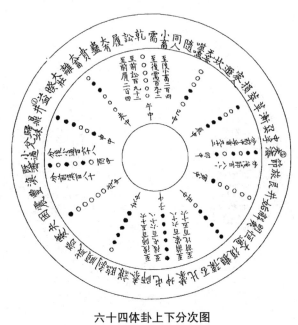

六十四体卦上下分次图

　　黄道周有"上下分次图"。与衡交图有别，分次图乃是以六爻阴阳数量为标准将别卦区分为阳多之卦与阴多之卦，再按阳多之卦从乾、阴多之卦从阴的原则依次排列。黄道周说："阳多从阳，阴多从阴，故屯、蒙、师、比、泰、否皆从坤于南陆，七卦仅十二阳爻，昼长自百四十四而上。谦、豫、临、观、剥、复、颐、大过、咸、恒十卦，仅二十阳爻，昼长自百五十六而上。晋、夷、蹇、解、夬、姤、困、井、震、艮十卦，仅二十八阳爻，昼长自百六十八而上。丰、旅、涣、节、两过、巽、兑，从两济于东西陆，升卦得三十二阳爻，昼长自百八十而上。归妹、渐、鼎、革、升、萃、益、损、睽、家人十卦，亦三十二阳爻，昼长如之。大壮、遁、离、坎、大畜、无妄、贲、噬嗑、蛊、随十卦，三十四阳爻，昼长百九十三而上。大有、同人、履、小畜、讼、需，皆从乾于北陆，七卦三十四阳爻，昼长二百四而上。凡卦六阴百四十四，乾六阳二百一十六，二阳之卦百六十八，三阳之卦百八十，四阳之卦百九十二，五阳之卦二百有四，以其阴阳别昼夜之度，而寒暑节序，举可推也。十二次中，阳多从乾，阴多从坤，三阳三阴者，间位相次。惟夬、姤、升、萃四卦，乾坤互命，欲离其类，故复以夬、姤、升、萃分际之义，图于下篇。"（《易象正·六十四体卦上下分次图》）

六十四体卦左右倚交图

　　"六十四体卦左右倚交图"是依据天左日右、日左月右的
原理重新排列文王六十四卦，从而使两卦左右相交，"倚而望
之"。其中，乾坤、既济未济是"正交中"，泰否、颐大过、中
孚小过、渐归妹、离坎、蛊随互交为十二交卦。黄道周说：
"天行而左，日退而右，日行而左，月退而右，迟速相差，以
命先后，故屯蒙交于左，需讼交于右，乾坤两济为正交中，又
十二交以别交际，远近合离，不立一例，盖积百十年，而每
卦入交，灿然备也。"黄道周指出：正交中和十二交卦显现的
是日月运行的不同位置。"乾坤两交，赤道平于南北；中孚小
过，赤道正于东西。随蛊出朱道南，则蛊随出玄道北。否泰出
玄道东，则泰否出朱道西。渐归、两济夹于黄道，经纬之所出
入。渐归出青道东，则未既出青道西；渐归出白道西，则既
未出白道东。颐交大过，出朱道之西，白道之南，则大过交
颐，出玄道之南，青道之东。坎离出入，亦犹是也。"（《易象
正·六十四体卦左右倚交图》）

　　在"六十四体卦上下圜图"中，乾卦居南，坤卦居北，屯
以始春居下，蒙以始秋居上，而后依次排列左需右讼，左师右
比，直至左既济右未济。"七十二用卦左右圜交图"与此相仿。
图中六十四卦或七十二卦相交的位置，分别代表一年的二十四
个节气。就此而言，六十四体卦上下圜图和七十二用卦左右上
下圜交图实质上是符示阴阳变化的卦气图式。我们知道，卦气
说发端于先秦，成熟于西汉孟喜。孟氏取坎震离兑四正卦分居
四方，其二十四爻分主二十四节气，其余六十杂卦各值六日七

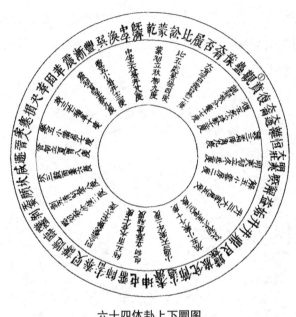

六十四体卦上下圆图

分，合计三百六十五又四分之一天。此后，京房和《易纬》虽对六十四卦卦气说略加损益，但宏观上仍未越出孟氏之说。宋易的卦气说则是基于伏羲六十四卦圆图而发。在邵雍处，大圆图左半部分的阳息阴消与右半部分的阴息阳消便被赋予了四时更替、节气流转的意蕴，因此先天六十四卦方位图本身即是一幅卦气图。与汉宋卦气图皆有不同，黄道周的卦气说是以今本卦序为基础、以乾坤为尺度建立起象征自然界阴阳变化的图式。他相信，唯有他本人创作的卦气图合乎天地自然，符合圣人之意。他解释"六十四体卦上下圜图"时说："此即序卦也。序卦乾坤不自为始，屯以始春，蒙以始秋，春秋立而乾坤之义定矣。故为晋以立夏，为明夷以立冬，为临以分春，为观以分秋，为震以察夏至，为艮以察冬至，乾为暑极，坤为寒极。"

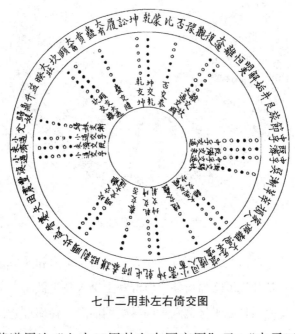

七十二用卦左右倚交图

黄道周论"七十二用卦左右圌交图"云："夫子曰：'吾观殷道而得坤乾焉，吾观夏道而得夏时焉。'坤乾既交，屯蒙始立，殷人之用丑正，亦犹大易之义也。屯蒙之为春秋，晋与明夷之为夏冬，是犹之序也。乾乾坤坤，亦南北交相取也；既济未济，天地之所分寒暑也。是易之序也，故定序定交则究归于此也。"另外，他还以乾、坤、泰、否、随、蛊、颐、大过、坎、离、归妹、渐、中孚、小过、既济、未济等十六卦象对应二十四气与七十二候。根据反复之两卦"一体两象"的原则，上述十六卦实为十二卦。此十二卦为体，则七十二爻分主七十二候；此十二卦为用，即反复为两象，则二十四象分值二十四气，即所谓"十二卦以为体，以爻因之，为七十二候。十二卦以为用，以卦命之，为二十四气"（《易象正·七十二用卦上下定序图》）。

据此，黄道周对汉宋卦气说皆有批评。他认为，汉易的十二消息说与月令不能相应："观于否泰，在二八之分，而序意略可见矣。故易亦犹行夏道也。遯之不为八月，大壮之不为二月，昼夜之互易也。剥、复、夬、姤不应月令，是非易所为纪也。易纪春秋，正冬夏，明交食，置闰差，以辨帝王之序，盛衰之纪也。"（《易象正·六十四体卦上下圜图》）"凡易不立岁序，惟先天图立候差明。汉儒去坎、离、震、兑，以为监司，及依复、临、泰、壮，以为月限，远近各殊，其非姬文之意也。智者但观此图，阴阳消长，灼然可见，虽有升、萃、夬、姤，各离其位，而日道疏密，因之适均，非复寻常意思所能窥测，故视体卦交图又为明著矣。"（《易象正·七十二用卦上下衡交图》）至于宋儒就先天图言卦气的做法，同样背离了圣人本意："汉宋以来，图象渐多，大要以先天图为极，自有先天图而卦气诸图皆废，然至《周易》卦序、杂卦序、中天后天卦序，四图错综，匪夷所思，谁敢废之？大抵《周易》卦序，源本天地，橐籥万物，自羲农以前，鱼龙涵负，已有是篇，特至周而始备。"（《易象正》卷初上《十二象图后》）"凡论易序，整齐明著，莫备乎先天图，然亦圣人所为序也。圣人所为序，以上正千古，下俟百世，非若日月之自为朝夕也。先天图以姤、复为二至，离、坎、临、遁为二分，夷、升、泰、否为四立，著于经者，独复耳。《序卦》与卦象意义各别，不相袭也。"（《易象正·六十四体卦上下圜图》）

（三）动爻与两卦之象

动爻又称爻变，本于筮法。《周易》以变为占，即因老阳变少阴、老阴变少阳而使一卦变为另一卦，前者称本卦，后者称之卦，并以动爻作为判定吉凶的主要依据。黄道周对《周易》变占问题也进行了详细探讨。他认为，"有动则有象，有象则有占。"（《易象正》卷一）既然动爻使本卦与之卦相互连接，则变占并非只取动爻爻辞，而是可以取本卦和之卦两卦之《象》辞。然而，此一春秋古法自汉以后渐渐失传。"凡《易》自春秋《左》《国》暨两汉名儒，皆就动爻以论之卦，至虞、王而下，始就本卦正应以观攻取，只论阴阳刚柔，不分七八九六，虽《易》有刚柔杂居之文，而卦无不动玩占之理。"（《易象正·凡例》）黄道周作《易象正》的目的之一，就在于追根溯源、彰明古法。"《象正》专就动爻以明之卦。虽一爻动者不过六卦，而六爻杂动皆可错综。"（同上）他根据《国语》《左传》记载的筮例，分析了春秋时期以爻变断卦的方法：

有一爻变取之卦卦象者。如《左传》庄公二十二年，陈公子完奔齐，周史以《周易》筮之，遇《观》之《否》，即观卦四爻变而成否卦。四爻曰："观国之光，利用宾于王。"观之象上巽下坤，"坤，土也。巽，风也"。爻变成否，上乾下坤，"乾，天也"。互休艮，艮为山，即"风为天于土上，山也"。其意为"有山之材而照之以天光，庭实旅百，奉以玉帛，天地之美具矣"。黄道周认为，此并非以动爻之辞占之，而是取爻动之象断占。他说："此论《观》之《否》，以谓极而且泰者也，以其动爻胜其之象，以其大往而占它国。"（《易象正·凡例》）

有一爻动取两卦之象者。如闵公元年，毕万筮仕于晋，遇《屯》之《比》。屯初九一爻动，内卦震变坤，成比。取震坤象，"震为土，车从马，足居之，兄长之，母覆之，众归之"。黄道周曰："此论两象而兼取象者也，盘桓建国，且亲诸侯。"（《易象正·凡例》）又如，叔孙穆子之生也，庄叔筮之，遇《明夷》之《谦》。明夷初爻变得谦。黄道周曰："大抵明夷为伤，谦为有终，伤而有终，与有终而伤，互取之也，是亦古之占法也。"（《易象正·凡例》）

有一爻动以本卦为主、兼取之卦者。例如，"卫襄公夫人姜无子，嬖人婤姶始生孟絷而跛，既又生元。孔成子筮之，遇《屯》之《比》，以示史朝。朝曰：'元亨，又何疑焉？其繇曰"利建侯"，嗣吉何建，建非嗣也。二卦皆云子其建之。'故孔成子立灵公"（《易象正·凡例》）。此是据《屯》卦"元亨""利建侯"之辞立次子为太子，又取之卦《比》"元永贞"

之辞证之。即以本卦卦辞为主，兼取之卦卦辞，"是与毕万同占也，皆论本象，不宁后失，则未之及也，取其'元永贞'者而已"（同上）。

有五爻变而一爻不变取之卦卦象者。如襄公九年穆姜入于东宫，筮之遇《艮》之八，史曰："是谓《艮》之《随》，随其出也。"《艮》之《随》，五爻变，一爻不变，取之卦随之象。黄道周曰："穆姜述随之《象》及乾之《文言》，而讳其本象。讳之者何？恶其辞之著也。然而犹述随之《象》辞，则是论之《象》，古之通法也。"（《易象正·凡例》）同时，他对"之八"之义也提出自己的见解。在他看来，"艮之八"当为"艮二八"，即二爻不变："然则曰艮之八，何也？曰：是二八也，五爻皆动而二独不动。其辞曰'艮其腓，不拯其随'，则是不动之随也。《易》有五爻皆动，而占其不动者，若艮之二八是也。不曰二八而曰之八，史误也。或曰《周易》占九六，《归藏》占七八，是非《归藏》也，而占其八，故穆姜之说近古也，然而皆缪也，是谓艮之坤。"（同上）

综上可见，《左传》《国语》中的阴阳九六之变乃是《周易》变占之古法。因此，动爻之象理应成为解说《周易》卦爻辞和筮占的重要依据。黄氏举屯之节、讼之困、师之临、小畜之大畜、泰之明夷、同人之革、随之屯、贲之艮、遁之姤、大壮之归妹、家人之渐、蹇之井、损之中孚、萃之否、革之同人、丰之明夷、巽之蛊、中孚之节、既济之明夷等十九例加以说明。如讼之困：

　　讼：有孚窒惕，中吉，终凶，利见大人，不利涉大川。

　　困：亨，贞大人吉，无咎，有言不信。

　　其辞曰：或锡之鞶带，终朝三褫之。

　　锡鞶带者，见大人之象；终朝三褫者，有言不信之象也。君子当讼不讼，内反诸己，信则行之，疑则违之，是大人之义也。（《易象正·凡例》）

　　讼卦上爻由阳变阴而成困卦。讼上九曰："或锡之鞶带，终朝三褫之。"黄道周认为，讼上九爻象与讼、困两卦卦象相通，其辞意也可相互印证："锡鞶带者，见大人之象；终朝三褫者，有言不信之象也。君子当讼不讼，内反诸己，信则行之，疑则违之，是大人之义也。"其他十八例，亦复如是。基于此，他驳斥了易学史上将卦象与爻象、卦辞与爻辞分判为二的做法："以上一十九条，皆举象象通义最易晓者，略引其端，虽三百八十四爻，其以两象会通，阐幽显微，其义一也。世儒骤读爻辞，时与大象不能遽合，辄疑其说，以为爻象分行，文周异旨，故复举爻象正变，或吉而之凶，或凶而之吉，微有异同，尚烦拟议者，其繇吉而凶二十四条，繇凶而吉一十二条，凡三十六条，略开其意，以释众滞焉。小象疑误殊多，以非周文原旨，不复正也。""至于辞有显晦，义难遽合，亦当涵泳绎思，必不可谓象自象、爻自爻，象自为体、爻自为用，一象之体不通于各爻之辞，两象之辞不通于众爻之象也。"（《易象正·凡例》)黄道周又用这一方法分析了《系辞》中的释《易》十九例。在他看来，理解《系辞》十九例同样要通过动爻观察两卦之象。他说："以上十九条，皆举《系辞》推合之卦，或指卦德，或兼象义，以明精义默成之指。世儒但见圣人言意真质，不滞所之，遂迸弃典要，以左氏为穿凿，不知圣人观象立辞，因动观象，不动则象无可占，不占则辞无繇立，今合两象以论一爻，虽有杂占，不离两象，复举乾坤十二爻而外，象象明白最可据者一十九条，皆指所之以发其蒙焉。"(《易象正·凡例》)总之，"今存《左》《国》及《系辞》三十八条以指所之，再举爻象正变异同五十五条以通其说。内观之否，屯之比，丰之离，师之临，困之大过，复之颐，解之恒，解之未济，噬嗑之震之晋，益之屯诸卦，层见互发，其义一也"(《易象正·凡例》)。

然而，《周易》中两卦吉而动爻凶者二十四、两卦凶而动爻吉者十二，这显然与动爻、本卦、之卦象辞相通的原则相抵牾。对此，黄道周又从"变正"与"变不正"的爻位角度加以补充说明："二十四条合象皆吉，而爻象反凶，以是推之，繇正而变，其辞义差殊者可以理解也。""十二条之卦，合象有凶，而爻象反吉，以是推之，繇变而正，其辞义差殊者，亦可以理解也。"(《易象正·凡例》)此说的另一问题在于，他对动爻与两卦的分析时而着眼于辞。时而着眼于象，并无一定之规存乎其间。为了给出合理的解释，黄道周又对象辞关系及观象、辨辞、尽意的方法进行了解说：

　　《易》曰："吉凶见乎辞，系辞以尽变。"不达其象，不通乎辞，不达其辞，不通乎意，使书不尽言，言不尽意，则《易》之蕴皆不可得而见矣。故象者无辞之言，辞者有熹之象也。学者不解爻辞，但取两象合观，则辞意千出，有非言语文字之所能尽者，如其精蕴则在乎度数，存乎德行，虽悬象静观，别其功凶，详其咎誉，终日省中，未足以周天地之变、阴阳之序也。世儒牵于旧闻，守其故说，其稍慧巧者，又以易多变象，不为典要，劈切支离，务以奇琐自眩，而姬文、周、孔三圣相传之意，荡然尽矣。（《易象正·凡例》）

　　一方面，象是通达意的路径，尽意自观象始；另一方面，象抽象多变、意义不定，辞可以对象做出具体限制。若仅观两象，不理文辞，亦无法穷尽圣人之意，故明象必须析辞。总之，象辞密不可分，由象而辞，由辞而意。显然，黄道周的象辞观本于《系辞》"立象以尽意，系辞以尽言"一语。

　　有必要指出，以《周易》变占的动爻之象注经并非黄道周首创，宋人沈该和都絜均曾以此解《易》。不过，黄道周自有其独到之处，诚如四库馆臣所言："宋儒沈该之《易传》，都絜之《易变体义》，皆发明之卦，与是书体例相似，而是书则每爻之下先列本卦之象辞，次列卦之象辞，然后列本爻之象辞及夫子之象辞，与沈氏、都氏之书又各不同，存之以为二家之外传亦无不可也。"（《四库全书总目·易象正》）

三、齐历律的易数说

黄道周易学的显著特色在于以天文历律谈论易学，他将二者视为不可分割的整体。如其所言："易之与历，历之与律，三者同用也。"（《榕坛问业》卷十七）他运用丰富的天文历法知识解释易象的起源，认为易象即天象，而天象运行有一定的位置和轨迹，其位置和轨迹往往通过数表现出来。依据数确立天象变化的周期即为历法。就此而言，天文与历法实则为一，二者皆旨在揭示宇宙变化及其规律。因此，黄道周"大象十二图"中呈现的易数，更多是律历数及其推算方法。在他看来，《周易》六十四卦每卦皆可变为六十四，是为四千零九十六卦。此四千零九十六卦每卦复可变为六十四，计二十六万二千一百四十四卦，即 $64^3 = 262\,144$。就爻而论，六十四卦为六爻，四千零九十六卦为十二爻，二十六万二千一百四十四卦则为十八爻。黄道周曾作六爻十八变倍数图，即由一变二，二变四，三变八，四变十六，五变三十二，六变六十四……十八变二十六万二千一百四十四卦。（《易象正》卷终上）其融易数与历数于一体的象数学说，正是以此为基点生长起来的。例如，"三成之法于再乘每卦六十四之上，又各加六十四，则四千九十六之上通加六十四，统得二十六万二千一百四十四，所谓六十岁历也"（《易象正·先天再成图》）。"凡此十八变所得之爻，即六十年经辰之历，虽每岁不及天行十三辰九分六六，而日月交余纳虚之数，实从此出。盖自先天之图，再加两倍，而积渐自合，非有损益其间也。"（《易象正·先天三成图》）他曾用卦爻数推算历法中的"一岁日月交食退差"：

> 易自一而二，始加一倍，以十八积之为二十六万二千一百四十四，此即一卦十八变，六十四卦三乘之数也。凡易以六十四为一乘，再乘得四千九十六，三乘得二十六万二千一百四十四，分为六十年，每年得四千三百六十九辰六厘六毫六丝，与天平行四千三百八十三，较之，不及十三辰九分三厘三三，为一岁日月交食退差之准。（《易象正·六十四体卦初终定序图》）

易卦数分为六十年，即 $64^3 \div 60 = 262\,144 \div 60 = 4\,369.066\,6 \cdots \cdots$。每年三百六十五日余，每日十二辰，一年之辰数为 $365.25 \times 12 = 4\,383$。易卦一年之数与实际一年辰数之差为 $4\,383 - 4\,369.066\,6 \approx 13.933\,3$，此即"一岁日月交食退差之准"。黄道周又以易之爻数推算历法中的"天地交限之差数"：

> 凡卦以爻当日，积日成岁，其以六十四卦之爻积日者，二万四千五百七十六，凡得岁六十八年，余九十六日。其以七十二卦之爻积日者，三万一千一百四，凡得岁

八十六年，余一百四十四日。两法相追，凡四其六十八年九十六日，得二百七十三年二十四日，为天地之交会。凡三其八十六年一百四十四日，得二百五十九年七十二日，距差赢缩十三年三百十二日，为天地交限之差数。(《易象正·目次》)

他认为，六十四卦之爻积日为 $64 \times 384 = 24\,576$，七十二卦之爻积日为 $72^2 \times 6 = 31\,104$。此两数代表日数，除以一年天数分别为 $24\,576 \div 360 = 68 \cdots\cdots 96$，$31\,104 \div 360 = 86 \cdots\cdots 144$。用四乘以六十八年九十六日则为二百七十三年二十四日（$68 \cdots\cdots 96 \times 4 = 272 \cdots\cdots 384$，按 360 进位则为 273 年 24 日），此为"天地之交会"之数。用三乘以八十六年一百四十四日，则为二百五十九年七十二日（$86 \cdots\cdots 144 \times 3 = 258 \cdots\cdots 432$，按 360 进位得 259 年 72 日），273 年 24 日减去 259 年 72 日为 13 年 312 日，此为"天地交限之差数"。

黄道周还曾以四千零九十六卦之爻说明历法的"积日推步"：

《序卦》以六乘四千九十六，为二万四千五百七十六。以爻当时，则一卦当五年七月零九日弱。以爻当日，则一卦得六十七年零百六日弱也。以卦当日，则一卦得十一年零七十八日六分五厘强。以卦当时，则一卦得十一月零七十八时六分五厘强也。以一期之日辰实之，各有差分，不及日行之度，以三百六十及四千三百二十约之，则

六十四卦之岁周与四千三百六十九之卦辰，反复相值，故
邵尧夫只以十二经三十统举成数，不及余分，后人因之，
以推先天图，立一期之局，以冒三年之闰，遂使岁月日
时，元会运世，通成泛谱，故复举有闰之期，以起周卦之
闰，使后之积日推步者得因而稽焉。（《易象正·六十四体
卦上下圜图》）

按照他的计算，以爻当时，则 4 096 卦乘以 6 爻得 24 576
爻，一年 365.25 日，每日 12 时，共计 365.25 × 12 = 4 383，则
一爻为 24 576 ÷ 4 383 ≈ 5.607 12 年。一年 12 月，0.607 12 × 12 =
7.285 44 月，即余有 7 月多。每月 30 天，0.285 44 × 30 = 8.563 2
天，约余 9 天，是以"一卦当五年七月零九日弱"；以爻当日，
则 24 576 ÷ 365.25 ≈ 67.285 4 年，一年 365.25 日，0.285 4 ×
365.25 = 104.242 35 日，不到 106 日，故曰"一卦得六十七年零
百六日弱"；以卦当日，则 4 096 ÷ 365.25 ≈ 11.214 2 年，0.214 2 ×
365.25 = 78.236 55 日，约 78 日六分五厘；以卦当时，则 4 096 ÷
12 ÷ 30 ≈ 11.377 8 月。黄道周指出，此数与日行之度有些许差
距。用 360 及 4 320（360 × 12）数约之，以六十四卦之岁周与
四千三百六十九之卦辰（64^3 = 262 144，262 144 ÷ 60 ≈ 4 369）
反复相值，即为积日推步之法。他认为，这一方法本于邵雍。
邵氏不计余数，元会运世"以三十、十二互相纪也，则岁月
日辰不出周甲二十五万九千二百"（《易象正》卷一）。一甲
子 60 年，一年 12 月，一月 30 天，一天 12 辰，共 60 × 30 ×

$12 \times 12 = 259\,200$ 辰，"宇宙之数齐矣"（同上）。在黄道周看来，邵雍之历数乃标准模式，而其自家所言之历数，则是通过实际年月日辰积累而成，与邵雍近似。

黄道周又推算了易卦阴阳之数与历律数及万物之象的关系。他说：

> 　　然则出于易者，是皆象也，虽数亦象也。象是生理，数是生义，义理尽而性命出。……数不生于著，而寄于万物，万物著，象者也。阳爻著，象其数，一三五七九，五象皆阳也。阴爻著，象其数，二四六八四者，皆阴也。三阳之爻，以五象各自相经，得百二十五，再乘三阳之爻，得万五千六百二十五，故乾卦得数，万五千六百二十五。三阴之爻，以四象各自相经，得六十四，再乘三阴之爻，得四千九十六，故坤卦得数，四千九十六。推之六十四卦，内外相乘，六阳之卦得数，万有五千六百二十五。六阴之卦得数，四千九十六。一阳五阴之卦，五千一百二十。一阴五阳之卦，万二千五百。二阳四阴之卦，六千四百。二阴四阳之卦，得数一万。三阳三阴之卦各得八千。繇是而推，数生有滋，滋则不可复数。凡乾坤统数，以七百二十九，各自相经，得五十三万一千六百二十一，两之而得六十岁之盈历，参之而得六十岁之全律。历律之本，备于易端。每爻之象，皆备万物。（《易象正》卷一）

此是以自然数一至九为基点推算易卦阴阳数。一至九，五阳四阴，"一三五七九，五象皆阳也"，"二四六八，四者皆阴也"。若用四和五分别表示一阴爻与一阳爻，则可得一卦卦数。例如，乾卦六阳，卦数为 $5×5×5×5×5×5=15\,625$。同理，坤卦六阴，卦数为 $4×4×4×4×4×4=4\,096$。依此类推，一阳五阴之卦卦数为 $5×4×4×4×4×4=5\,120$，一阴五阳之卦卦数为 $4×5×5×5×5×5=12\,500$，二阳四阴之卦卦数为 $5×5×4×4×4×4=6\,400$，二阴四阳之卦卦数为 $4×4×5×5×5×5=10\,000$，三阳三阴之卦卦数为 $4×4×4×5×5×5=8\,000$。凡乾坤统数为 $9×9×9=729$，各自相经，得 $729×729=531\,441$，$531\,441÷2=265\,720.5$。如前所言，$64^3=262\,144$，每年 $262\,144÷60≈4\,369$ 辰，$265\,720.5÷4\,369≈60.8$，即所谓"两之而得六十岁之盈历"。"参之"，即 $531\,441÷3=177\,147$，此为吕律之数。《史记·律书》曰："子一分，丑三分二，寅九分八，卯二十七分十六，……亥十七万七千一百四十七分六万五千五百三十六。"从子到亥，以三乘之而得律数。注引《索隐》云："自此以下十一辰，皆以三乘之，为黄钟积实之数。"此即《史记》所谓"三其法"。《汉书·律历志》则略去余数，以分算起，得十有七万七千一百四十七："本起于黄钟之数，始于三其法，三三积之，历十二辰之数，十有七万七千一百四十七，而五数备矣。"《汉书·律历志》曾用此方法具体推算十二律数："太极元气，函三为一。极，中也。元，始也。行于十二辰，始动于子，参之于丑，得三。又参之于寅，得九。又参之于卯，得二十七。又参之于辰，得八十一。又参之于巳，得二百四十三。又参之于午，得七百二十九。又参之于未，得二千一百八十七。又参之于申，得六千五百六十一。又参之于酉，得万九千六百八十三。又参之于戌，得五万九千四十九。又参之于亥，得十七万七千一百四十七。此阴阳合德，气钟于子，化生万物者也。"用现代数学公式表示，即是 $1 \times 3 \times 3 \times 3 \times 3 \times 3 \times 3 \times 3 \times 3 \times 3 \times 3 \times 3 = 177\,147$。一辰值一律，则十二律之数十七万七千一百四十七，是为六十岁之全律，故"参之而得六十岁之全律"。此为"历律之本，备于易端"之明证。

黄道周还用同样的方法推算出易数与历法之差，并把这个差数称为"易之差法"。他说："凡宓图三乘，初乘八八六十有四，次乘六十四得四千九十六，次乘四千九十六得二十六万二千一百四十四，如今揲著每一爻必得一卦，偶八而奇四，过揲得九者皆乾，过揲得六者皆坤，过揲得七者有震、坎、艮，过揲得八者有巽、离、兑，六爻通十八变，三六十八，故自六十四三乘之得二十六万二千一百四十四，此探赜之自然，不可一毫损益也。以十八变分为十八爻，泛度得十，为百八十，两极分距，中爻三四，为黄赤进退之爻，极体不动，不在象度之限，圣人所以致虚，役使群动也。以十八爻分阴阳，阳者得一三五七九，阴者得二四六八，实数得九，分于十八爻，阴阳相乘，三阳之数一十五，三阴之数十二，一阳之数十三，一阴之数十四。以三爻相乘，乾得

一百二十五，坤得六十四，震坎艮得八十，巽离兑得一百。以
六爻相乘，乾得一万五千六百二十五，坤得四千九十六，阳子
得六千四百，阴子得一万，阴阳相交者，皆得八千，咸统其
数为五十三万一千四百四十一，中分二十六万五千七百二十
有半，与三乘易会，而余三千五百七十六半，为爻与数会
之差。以六十年分之，每岁之历四千三百八十三，积辰
二十六万二千九百八十，与易统数会而余二千七百四十半，为
数与度会之差。两差之余，以十乘之，各当日周、月周之数。"
（《三易洞玑·宓图经上》）

值得注意的是，黄道周的早期著作《三易洞玑》所使用
的概念与《易象正》存在细微差别。例如，"阳子得六千四百，
阴子得一万，阴阳相交者，皆得八千"是说"二阳四阴之
卦，六千四百。二阴四阳之卦，得数一万。三阳三阴之卦
各得八千"。他认为，乾坤阴阳数除以二与六十四卦三乘之
数有差数，是为爻与数会之差，即 $531\,441 \div 2 = 265\,720.5$，
$265\,720.5 - 262\,144 = 3\,576.5$。每年 365.25 天，一天 12 辰，一
年 $365.25 \times 12 = 4\,383$ 辰，六十年积辰 $4\,380 \times 60 = 262\,980$，积
辰与易统数会，而余二千七百四十半，为数与度会之差，即
$265\,720.5 - 262\,980 = 2\,740.5$，这个差数乘十分别为日周、月周
之数。此间，黄道周承袭了此前易学的数理传统，尤其是汉代
以来的历律之数，力图会通易数与历律，并最大限度地缩小和
化解易数与历律之数的差距。其易数说虽不乏牵强附会，却内
含着科学的内容，与同时代的其他易学体系迥然有别。

黄道周还曾用历数解说《诗经》和《春秋》。在他看来，《诗经》《春秋》《周易》三者相互贯通、数理一致，皆与历数吻合。例如，历法岁差每 64 年冬至点退行一度，即每年退行 1/64＝0.015 625 度，约等于 156 分。倍之，则两年差 312 分，约合《诗经》305 篇加亡诗 6 篇合计 311 篇之数，故曰"天行两岁而退《诗》一部"；一年时辰数 4 383，14 部《诗经》篇数为 311×14＝4 354，二者相差 29，故曰"《诗》积十四部而天行一岁，天行一岁而诗差二十九分"（《大象本河图》）；又如，《春秋》所记为公元前 722 年至公元前 481 年之事，共计 242 年。加 1 为 243，243×18＝4 374，与一年时辰数 4 383 差 9，27 年共差 9×27＝243，又与一部《春秋》年数相当。486÷27＝18，即 18 部《春秋》之年数。此即所谓"凡《春秋》十八部而追天之岁，不及九辰。凡九岁不及八十一辰，二十七岁退一部，四百八十六岁退十八部，而又与天会"（《春秋元差图》）。

四、天道征于人事的历史图式

黄道周认为，天道为经，人事为纬，天道人事贯通，人事本于天道。故其虽以象数推明天道，终究仍是以尽人事为旨归。如其所言："凡易本于日月，与天地相似。其有不准于天地、本于日月者，非易也。天地之用托于日月，日运南北，以为寒暑，月行迟疾，以为朔望，气周相缠，或盈或虚，各以其节，积久而合，纤毫秒忽，不可废也。世之谈易者，但略举阴阳，粗明气象而已。其次乃专谈理义，以为性命。今以历律为端，日月为本，六十四为体，七十二为用，天道为经，人事为纬，义理性命，以为要归。"（《易象正·目次》）如果说黄道周的十二易象图是明天道的宇宙图式，那么，其十二历年图（体卦定序历年圜图第一、体卦定位历年圜图第二、体卦反对历年圜图第三、体卦对积历年圜图第四、七十二限行体卦定序历年图第五、七十二限行体卦定位历年图第六、六十四限行体用兼乘历年衡图第七、七十二限行体用兼乘历年衡图第八、六十四限行用卦自乘历年衡图第九、七十二限行体卦自乘历年衡图第十、积实定闰图第十一、积实岁历图第十二）就是尽人事的历史纪年图式。前者是后者的基础，后者本于前者，二者凭借易象与易数相互表里、贯通为一。黄道周说："历年十二图，何谓也？言夫大象之历年者也。天道积于上，人事渐于下。众积而神，渐久而天。故百年之历，可以观智；千年之历，可以观圣也。"（《易象正·历年十二图序》）

事实上，"大象十二图"中的卦象不但具有丰赡的天文历法意蕴，反映了自然界的阴阳变化、日月盈缩，同时也有着深沉的人文内涵，影射着朝代变革、世道治乱。换言之，对黄道周而言，易象不仅对应日月星辰之运行，还蕴含着古往今来帝王圣贤与妇寺贼臣的兴衰。由是，他以日月运行、天文历法为依据，并从卦名涵义和《大象传》中的人事内容出发来探求易象背后的社会人事之理，进而最大限度地证明六十四卦易象与中国古代历史发展过程中的稳定和分裂、繁荣与衰退相吻合。依他之见,《周易》上经开始的若干易卦,说的是容民畜德、辨位定志、建功立业之事:"屯蒙从坤,而在于南,则需讼从乾,而在于北。南者阳乏,故经纶以造其端,果育以正其则;北者阳饶,故燕享以通其志,作谋以集其事,两者圣人之慎始也。师比在于南,则小畜履在于北。南有正主,故容畜亲建奠其功,北有疑客,故懿柔辨定贞其志。两者圣人之辨位也。"(《易象正·大象十二图序》)随蛊泰否是八交卦,亦即乱天常之卦。枯荣兴灭交替频繁,自此变乱开始:"泰否在于南,则同人大有在于北。谦豫在于南,则随蛊在于北。随蛊泰否,日月之正交也。泰否正交,反类而必复;随蛊正交,有事而无故,以为是日月之常行,然而圣人始忧之矣。圣人之治日月于其北而南,不于其南而北。否自北而南,泰自南而北;蛊自北而南,随自南而北。两者,中国、夷狄之大界也。"(《易象正·大象十二图序》)"随蛊、泰否,三姓之间,或灭或兴,往替而来隆,往枯而来荣,君子视之,以为天地代谢,圣人谓是宴息寝兴,要归于振民育德而已。"(《易象正·历年十二图序》)"随蛊、渐归妹之交,不有女祸,则必有戎祸乎?是阴阳男女之杂也。天地祸谪,著于日月,外蕃、女谒、阉寺、强臣、奸宄、盗贼,六者相为起也。"(《易象正·大象十二图序》)"观于古今,乾坤、泰否、随蛊、颐大过、坎离,六体四交六百八十年间,华夷臣主,牝牡雌雄,不乱天常者,百无一二。"(《易象正·历年十二图》)

　　《周易》下经之始，复为"山泽风雷之治矣"。"山泽之有龙蛇，风雷之有灾眚，圣人之所畏也。"（《易象正·历年十二图序》）至夬姤萃升又进入变乱："夬，阉寺也；姤，妇人也；萃，盗贼也；升，权臣也。四者，天地之常孽，而卦运间值，或数百年，以每卦七年分之，则九十一年而入十四卦，阴阳之变，又虞其已邀也。姤夬升萃，四者错居，其入变限者，不分上下初末，妇寺贼臣，相倚为命，至困井而凋耗极矣。"（《易象正·目次》）是以方有圣人之困井、帝王之革鼎："夬姤萃升，天地之变位也。夬姤在于南，则萃升在于北。……颁禄施命，以收人心，耀武升中，以固众志，是非圣人之得已也。有德而无其位，有位而无其时，虽天地无以得于六子，而况于圣人乎？圣人之有困井，帝王之有鼎革，犹日月之有交食，敬其时位而无敢改于其德。困井在于南，则革鼎在于北，师之于君，敌也；震艮在于南，则渐归妹在于北，妇之于男，非敌也。"（《易象正》卷初上大象十二图序）"春秋已来，故牒可稽，上自东汉大阉，下自李唐女宠，或流沴于六十年之后，或著兆于六十年之前，虽未入正交，体姓如故，而阴阳之祸，发于灾戎，毒痛极矣。"（《易象正·目次》）

　　在"历年十二图"中，黄道周又以卦爻象数推演中国古代历史发展之运数。前文已言，他在推"天地交限之差数"时以体卦与用卦之数 64、72 各自相乘而得 4 096 和 5 184，然后再乘以 6，又得 24 576 和 31 104。24 576 和 31 104 分别除以岁实年日数 365.25 和通期年日数 360，可知体卦与用卦一卦岁实或通期年数约为 67.285 4 年、68.266 7 年和 85.158 1 年、86.4 年。用类似方法，亦可以得知体用相乘一卦岁实和通期年数。$64 \times 72 \times 6 = 27\ 648$，分别除以实年日数和通期年日数，$27\ 648 \div 365.25 \approx 75.696\ 1$ 年，$27\ 648 \div 360 = 76.8$ 年。此六数即 67.285 4、68.266 7、85.158 1、86.4、75.696 1、76.8，再分别与 64 卦限、32 卦限、31 卦限、72 卦限、36 卦限相乘，就是"历年十二图"推步历史治乱兴衰所用的基本积年数。如体卦自乘限年数：

$$64 \times 67.285\ 4 \approx 4\ 306.267\ 年$$

$$32 \times 67.285\ 4 \approx 2\ 153.133\ 年$$

$$31 \times 67.285\ 4 \approx 2\ 085.848\ 年$$

$$72 \times 67.285\ 4 \approx 4\ 844.550\ 年$$

$$36 \times 67.285\ 4 \approx 2\ 422.275\ 年$$

$$64 \times 68.266\ 7 \approx 4\ 369.068\ 年$$

$$32 \times 68.266\ 7 \approx 2\ 184.533\ 年$$

$$31 \times 68.266\ 7 \approx 2\ 116.267\ 年$$

$$72 \times 68.266\ 7 \approx 4\ 915.202\ 年$$

$$36 \times 68.266\ 7 \approx 2\ 457.601\ 年$$

其他用卦自乘和体用兼乘概与此同，该数代表历史治乱兴衰的一个轮回周期。其中，黄道周推步历史常用体卦岁实 67.285 4 年（67 年 106 日）和 31 卦限，积年 2 085.848。如大象图第一图"定序图皆依上下经为次，上经三十卦，每卦乘六十四，再乘四千九十六，以爻计之，二万四千五百七十六，当岁实六十七年零百有六日。以三十积之，得二千一十八年，再加一卦，为二千八十六年，正当咸恒之中交，而上下分际。故自春秋己未，至元末癸卯，系于上经"（《易象正》卷初上）。用算式表示即是 $64 \times 64 = 4\,096$，$4\,096 \times 6 = 24\,576$，$24\,576 \div 365.25 \approx 67.285\,4$ 年即 67 年 106 日，$67.285\,4 \times 30 = 2\,018.562$ 年，$2\,018.562 + 67.285\,4 \approx 2\,085.8$ 年。黄道周有时以此数对应春秋己未（前 722）至元末癸卯（1363）之间的 2\,085 年，或推到甲辰（1364）吴兴之岁共计 2\,086 年；有时从周桓王壬戌元年（前 719）推到洪武丁未（1367）；有时又从桓王三年甲子（前 717）推到洪武元年戊申（1368）。其间经三十一历，大约以 2\,085 年为一周期。但无论如何推算，乾坤两卦必定落到明代开国皇帝朱元璋践祚的相关年份上，以此象征明太祖扭转乾坤、开启新纪元。

以六十四体卦定序历年圜图为例，以桓王壬戌元年（前 719）为元推到洪武丁未年（1367），共 31 卦限。自屯蒙起于桓王壬戌元年（前 719），需讼对应周惠王二十五年己巳（前 652），师比对应周简王二年丙子（前 585），小畜履对应周敬王元年癸未（前 518），否泰对应贞定王十八年庚寅（前 451），大有同人对应周安王十八年丁酉（前 384），谦豫对应慎靓王六年丙午（前 317），随蛊对应秦庄襄王二年癸丑（前 248），临观对应汉吕后七年庚申（前 181），噬嗑贲对应汉元狩九年丁卯（前 114），剥复对应汉元帝初元二年甲戌（前 47），无妄大畜对应新室十七年辛巳（21），颐大过对应汉章帝十三年戊

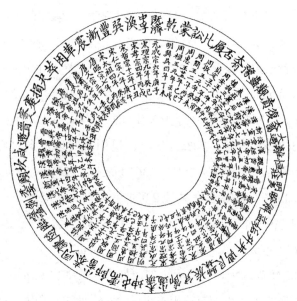

六十四体卦定序历年圆图

子（88），坎离对应汉桓帝九年乙未（155），咸恒对应魏黄初
五年甲辰（224），遁大壮对应晋惠帝二年辛亥（291），晋明
夷对应晋穆帝十四年戊午（358），家人睽对应宋元嘉二年乙
丑（425），蹇解对应齐武帝十年壬申（492），损益对应陈武帝
三年己卯（559），夬姤对应唐高祖九年丙戌（626），萃升对
应唐武后七年乙未（695），困井对应唐肃宗七年壬寅（762），
革鼎对应唐文宗三年己酉（829），震艮对应唐昭宗七年丙辰
（896），渐归妹对应宋太祖四年癸亥（963），丰旅对应宋仁宗
八年庚午（1030），巽兑对应宋哲宗十二年丁丑（1097），涣
节对应宋孝宗四年丙戌（1166），中孚小过对应宋理宗九年癸

巳（1233），既济未济对应元成宗四年庚子（1300），至吴四年丁未（1367）朱元璋大局已定。春秋以前属乾坤限，至元末既济未济限终止，此一历元周期结束，下一元的乾坤限则自朱元璋践祚开始。概言之，《周易》上经三十卦起于春秋诸王、终于曹魏建立，下经三十四卦起于魏晋、终于明之兴起。此 2085 年共值 62 卦，反复两卦为一卦限，共 31 卦限。值得注意的是，卦限间隔一般为 67 年，有时为 69 年。如周慎靓王六年丙午（前 317）值谦豫、秦庄襄王二年癸丑（前 248）值随蛊、汉桓帝九年乙未（155）值坎离、魏黄初五年甲辰（224）值咸恒，其间皆为 69 年。

五、黄道周易学的地位及其影响

黄道周倾一生之精力，仰观俯察，以易象为出发点，融易学、天文历法与历史为一炉，推星象运行之度，演其数理之变，其旨无非是极天道、明人事，故他作的大象天文图和纪年图，前十二图明天道，后十二图尽人事，以易象体用为媒介，前后贯通，是囊括古今、贯通天人、内涵数理、逻辑性极强的宇宙演化图式。以此诠释《周易》经传之义，以达到"天道为经，人事为纬，义理性命，以为要归"。就其功用而言，不仅可以推知自然界的规律，而且可以彰往察来，展示人类历史发展演化的轨迹和周期。就思维水平而言，无论是其深度和广度，完全可以与邵雍媲美。当然，这二十四个图式及其解释，其思路和许多思想资料来自汉代、宋代象数易学和与此相关的天文、历法、音律知识。如四库馆臣所言："道周此书，乍观似属创获。然郑康成解《随》之初九云：'震为大涂，又为日门，当春分阴阳之所交。'此道周言岁气之所本也，故云'暑益则日损，暑损则日益'。康成解《比》之初六云：'有孚盈缶，爻辰在未，上值东井，井之水人所汲，故用缶'。此道周言星名之所本也，故云'坤为箕，复为尾，斗之禽舌则为噬嗑，牛之任重致远则为随'。卦气值日，始于京房，充之则为元会之运。推策定历，详于一行，衍之则为章蔀之纪。推其源流，各有端绪。"（《四库全书总目·三易洞玑》）

然而，黄氏并不是简单照搬前人的成果，而是在前人基础上，更为自如地将古代天文历法知识与易学结合，其论述详尽而具体，建构的象数体系庞杂而严密。而其对《周易》文本的解释，除了以爻象变动解《易》这个特点，完全是按照天文历法解《易》、以人事解易象，因此，与其说黄道周是易学家，倒不如说他是天文历法学家和历史学家。

黄道周的易学博大精深，在当时占有重要地位，深得时人和后人的称赞。明人洪思云："黄子之学，起于漳海之滨，海内从之问业者几千人，教之皆以忠孝，在思陵间漳海之学，天下莫隆焉，其学深于天人之际，极博穷微，皆本于六经，其所著易孝经史春秋数十卷书，自汉宋以下诸儒所谈，皆置之不复道也，宜其书独为当世贵，学者宗焉。"（《黄子传》）

《明史·黄道周传》云："道周学贯古今，所至学者云

集。……精天文历数皇极诸书，所著《易象正》、《三易洞
玑》及《太函经》，学者穷年不能通其说，而道周用以推验治
乱。……刘宗周、黄道周所指陈，深中时弊。其论才守，别忠
佞，足为万世龟鉴。"

清人蔡世远评价曰："道周学贯天人，行本忠孝，入则
言朝，出则守墓讲学，著书清修，自饬金陵一节，堪为殿后
矣。……道周负其聪明，气岸直欲兼之，古文不循史汉八家，
诗歌不步汉魏唐宋，而博奥黝深，雕镂古健，风骨成一家矣。
论学宗旨于程朱，精微未能洞彻要非，可以博杂讥之，天文历
数，推衍无差，几与康节季通相伯仲也。"（《黄道周传》，见
《黄漳浦文集》）

四库馆臣对黄道周易学作了不同于前者的评价。指出：
"盖天地人之象数，皆具于易，布而为历次，而为律统，而为
易。去其图著，别其虚实，以为春秋诗。又以孟子所言千岁之
日至五百兴王，为七十二相乘之历，故是书之作，意欲网罗古
今，囊括三才，尽入其中。虽其失者，时时流于机祥，入于驳
杂，然易道广大，不泥于数，不滞于一端，而亦不遗于一端。
纵横推之，各有其理。"（《四库全书总目·易象正》）四库馆臣
肯定了黄道周易学体系"网罗古今，囊括三才"，融天文、历
法、音律为一体，"纵横推之，各有其理"，为一家之学，同时
又指出，其"时时流于机祥，入于驳杂"，这一评价比较公允
合理。

我们认为，在古代，《周易》居《六经》之首，易学凌驾

于诸学科之上，对诸学科有指导和启发的作用。而中国古代天文、历法、音律之学与易学确有着相通之处，但毕竟它们是不同学科，有各自的概念和思想内容。黄道周将天文、历法、音律与易学结合，以天文、历法、音律证易学，以易学推天文、历法、音律之数，进而推阐人事，与京房、邵雍一样不免流于附会与牵强。尤其是他以历数与《诗经》《春秋》篇数比附，极为荒谬。

黄道周易学对后世影响较大，如方孔炤父子、钱澄之、赵继序、李世熊、孙奇逢等人，或沿着黄氏的思路研究易学，或在某一方面阐发黄道周易学思想，或在注《易》时引用黄道周观点，皆在不同程度上受到黄道周易学影响。尤其方孔炤父子，因其与黄道周特殊的关系，其撰写的《周易时论合编》无论是在象数还是义理方面，处处可以看到黄氏易学的影子。

第四章　桐城方氏父子的"时论"易学

明朝中后期，一场反思理学、复兴经学的运动正在孕育。面对来势凶猛、虎视眈眈的异族和满目疮痍、岌岌可危的大明王朝，一批学者逐渐意识到无论是理学还是心学，都无法挽救世运。于是，他们纷纷著书立说，从理论和现实的双重角度检讨反思朱子理学和阳明心学，希望以此扭转乾坤、革弊救亡。桐城方氏父子的《周易时论合编》正是其中代表。

一、《周易时论合编》的作者及成书

明代，安徽桐城方氏家族以科名仕宦、道德文章名噪天下。自方学渐起，世代研《易》。方学渐（1540—1615），字达卿，号本庵，少而嗜学，长而弥敦，老而不懈。曾受学于泰州学派张甑山、耿定理，其学"以明善为宗"，反对良知无善无恶之论，在泰州学派独树一帜。死后，门人私谥明善先生。著有《性善绎》《心学宗》等书，有易学著作《易蠡》。其子方大镇（1560—1630），字君静，号鲁岳，万历十七年进士，历任大名府推官、江西道御史、大理寺少卿等，后筮得"同人于野",遂引疾而归,自号野同公。除易学著作《易意》《野同录》之外,还著有《诗意》《礼说》诸书。方大镇之弟方鲲,字羽南,号梦明,学者私谥文潜先生,著《易荡》,"推河洛纵横之图,以测古人制乐、用兵之法,往往悉合"。

方大镇之子方孔炤(1591—1655),号仁植,因在白鹿山筮得"潜龙",自称潜老夫。明万历四十四年进士,授嘉定知州,天启初升兵部职方司郎中,后因反对魏忠贤而被削职。崇祯元年复职,升尚宝司卿。崇祯十一年以都御史巡抚湖广。在围剿张献忠时主战,为主抚的杨嗣昌所劾,入狱。其间与同在狱中的黄道周朝夕论《易》,并收藏其尚未完稿的"大象十二图",置生死于度外。后逢朝廷大赦天下,官复原职,督山东军务。值时局混乱,方孔炤奉母命归隐白鹿山,潜心学问,承家学而著《周易时论合编》《尚书世论》《诗经永论》《春秋窃论》《礼记节论》《四书当问》《全边略记》《环中堂集》《潜草》等书。其中,《周易时论合编》一书曾三易其稿。方以智曰:"家君子自辛未庐墓白鹿三年,广先曾王父《易蠡》、先王父《易意》而阐之,名曰《时论》。"[1] 即崇祯三年(1630)方孔炤为父守孝期间推阐家学,完成了第一稿;后来,崇祯十四年(1641)方孔炤被赦出狱后,又用两年时间修改该书。其中大量借鉴黄道周易学,且"广泛汇集历代《易》家之说,以邵、周、程、

---

[1] [明]方孔炤、方以智撰《周易时论合编》,见《续修四库全书》第十五册,上海古籍出版社,2002年。本章所引方氏父子语如无特殊说明均出于此书,不再一一注明书名,仅注明卷次。

朱为正宗，尤以邵雍的思想为核心而折中之"①，是为第二稿；明朝覆亡，方孔炤隐居家乡，又再次修改书稿。直至顺治十一年（1654），方孔炤才将书稿送予方以智，是为第三稿。

　　方以智（1611—1671），"明末四公子"之一，字密之，号曼公，又号鹿起、龙眠愚者。别称愚道人、无可、药地、墨历等。崇祯十三年进士，授翰林院检讨。李自成攻陷北京，受刑不屈，乘机逃脱，南下广西。顺治四年即永历元年（1647），任永历小朝廷经筵讲官，后又辞官隐居闽湘桂黔间。南明灭亡后削发为僧，法名弘智，字无可。顺治十年（1653）赴南京，皈依觉浪道盛，闭关高座寺。顺治十二年（1655）因父丧回桐城，庐墓三年，后入主青原山净居寺。康熙十年（1671）因广东某文案牵连，押赴问罪途中自沉于江西万安县惶恐滩。方以智学识淹博，除家传易学外，又从觉浪道盛习佛学，从王宣受河图洛书和物理之学，于经学、天文、地理、历史、生物、医药、音韵、文字无所不通。《清史稿·遗逸传》称："以智生有异禀，年十五，群经子史略能背诵。博涉多通，自天文、舆地、礼乐、律数、声音、文字、书画、医药、技勇之属，皆能考其源流，析其旨趣。"其学调和朱王，贯通儒释道，融会中西，并重"质测"与"通几"。著有《东西均》《易余》《物理小识》《通雅》《药地炮庄》等。在为方孔炤守孝的三年中，他又遵先父遗命再次整理修订《时论》，是为第四稿。其于《时

---

① 彭迎喜《方以智与〈周易时论合编〉考》，中山大学出版社，2007年，第201页。

论后跋》中写道："《合编》未竟，遗命谆谆，时当病废，庐墓
碌趁，命儿子德、通、履合前后稿而编录之，自泯薪火而已。"
是以《周易时论合编》由撰写到问世历经三代，最终编订者是
方以智三子中德、中通、中履及侄子中泰。

关于《时论》一书的作者，当今学界尚有争议。主要有三种
观点：一是方孔炤说，如余英时、徐芳等所论；一是方以智说，
如方中通、施闰章等所论；一是方氏父子合撰说，如蒋国保、冒
怀辛、朱伯崑、彭迎喜等所论。第三种观点比较流行，即以《时
论》中存有方以智的易学观点为据，主张该书是由方孔炤、方以
智父子合作完成的。① 我们认为，该书资料的汇整择取、写作框
架的拟定和基本观点的确立均出自方孔炤之手。至于方以智所作
的补充修订，是在不改变其父整体思路的前提下进行的，即所谓
"谨守父师之说"。尽管书中确实表达了方以智本人的思想，但这
些内容正是为了印证和诠释方孔炤的易学见解，而非悖离原意另
立新说。因此，将《时论》一书归于方孔炤之作当无疑义。

在具体内容上，《周易时论合编》不仅汇集了包括方孔炤、
方以智在内的方氏家传易学，还收录了明代及明代以前的诸家
《易》说，正如李世洽序言所云："潜夫方先生缵承家学，著为
《时论》，绍闻则祖明善而祢廷尉，集说则循康节而尊考亭，而
又精搜扬、京、王、郑、周、程、张、蔡之奥，以汇及近代

---

① 参见蒋国保《方以智哲学思想研究》，安徽人民出版社，1997 年。朱伯
崑《易学哲学史》第三卷，华夏出版社，1995 年。彭迎喜《方以智与
〈周易时论合编〉考》，中山大学出版社，2007 年。

名儒巨公，穷经博物诸君子，不下十百余家。"(《周易时论合编序》）可谓融采众家之说，自成一家之言。其中，又以吴应宾、王宣、黄道周等人的影响尤重。吴应宾（1565—1643）是方孔炤的岳父，即方以智的外祖父。吴氏字尚之，一字客卿，号观我，别称三一老人，门人谥宗一先生。万历年间进士，授编修，曾著《学易斋集》。他与方大镇交往甚密，辨学论道近二十年。左亨《中五说》曰："吾乡方野同廷尉公与吴观我太史辨析二十年，而中承公潜夫先生会之于《易》。"(《青原志略》卷五）由此可知，方孔炤曾对其易学思想有所吸收；王宣，方以智业师，字化卿，号虚舟，原籍江西金溪，侨居桐城，师事方学渐，常与方大镇、吴应宾等人辨析学问。精于河洛之学，著《风姬易溯》《孔易衍》。《时论》称："王虚舟、曹白奇、钱尔卓皆事先祖，虚舟晚穷河洛。"又曰："两间物物皆河洛也。……虚舟最精。"(《周易时论合编·凡例》）黄道周与方孔炤狱中论《易》之事前已言及，此不赘述。

　　有必要指出，该书以"时论"命名，乃是意在凸显《周易》重"时"。依方孔炤之见，天地万物之生息演化因"时"而成、由"时"而显。《周易》法天地而作，"六爻成质，六位成体，其异其同，皆由乎时"。(《图象几表五》）六十四卦以阴阳相贯，息息相通，从而构成时之不息。无论是伏羲、文王、孔子等古圣，还是邵雍等先贤，皆能趋时行止、随时出入，故皆以"时"来阐发易之大义。《时论》云："时之为言也，孔子题之，子思书之，孟子潢之，张二无言《易》赞十二时卦，邹匪石言二十四卦赞时，吾谓六十四皆不息之时也。时时变，中不变者也。伏羲约表一切生成之象，文王总表四时藏岁之图，孔子始影写一太极之真，而寔归于顺理同患之用。春夏秋冬不可谓岁，欲离春夏秋冬，岂有岁乎？自天地未分而今时矣，今时之天地即未分时之天地也，是有极即无极也。……邵子以年月日时征元会运世而曰经世者，贵时用也。一元尧当巳末，周孔当午初，今当正午，万法咸章，虽遘阴至，而阳必用阴。行窝潜老，家学忘食，方悚荷薪，《合编》今古，亦曰随时拾薪云尔。"(《凡例》)方孔炤所谓的"时"，是指事物生生不息、持续发展的过程和趋势。他认为，易学的发展经历了巳末即尧之时、午初即周孔之时、正午即当下这三个时期。他以为当时万象彰显、诸理大明，正乃振兴易道之大好时机，故其趋时而汇编古今贵时之易学，名曰《周易时论合编》。一言以蔽之，曰："悟尽万世之用，总归一时之用。"（卷八）亦即方以智所云："名曰时论，以六虚之归环中者，时也。"(《后跋》)

二、"寓卦策象数以为体"和"合理象数为费隐一贯"的《周易》观①

　　方孔炤父子继承了此前的象数学传统，以象数为易学研究的重点。他们认为，宇宙间存在的一切都可以用象数来表示：

---

① 台湾学者刘谨铭则把《周易时论合编》概括为："总摄理象数之书""征合天地万物之书""各正性命之书"。可备参考。见刘谨铭博士论文《方孔炤〈周易时论合编〉之研究》，台湾花木兰出版社，2013年。

"一有天地，无非象数也。大无内，细无间，以此为征。"(《后
跋》)甚至"虚空"也是"象数"："吾十五年而乃豁然于象数
之虚空也。……虚空皆象数也。洋溢充塞，皆所以然之理也。"
(《凡例》)这一观点可能受到了北宋张载的启发。我们知道，
张载曾以"太虚即气"说反对佛教的生死观和空观。他指出，
所谓虚空不过是气的无形状态而已。与此相类，方孔炤也认为
宇宙并无绝对的虚空。看似虚空者，其中亦有象数之理。如此
一来，则天地之间在在皆是象数：

> 两间物物皆河洛也，人人具全卦爻，而时时事事有当
> 然之卦爻，无非象也。……总之，无所非象，而圣人亦时
> 有不取；无所非义，而圣人亦时有不宣。盖缘爻触变而会
> 通之，随人征理事耳。(《凡例》)
> 智每叹虚空无非卦爻象数，圣人格通，处处表法。后
> 人好径苟偷，觌得电拂，非以空拳禅贩，即踞荒高独尊，
> 况胶训诂膏词章乎！(卷十一)

象，指卦爻之象和河洛诸图；数则是与历法相关的蓍数和
河洛之数等等。象数一体，"象之分合即数也。"(卷十)方氏
父子认为，《周易》象数是圣人法天地而作，表征了宇宙间的
一切存在。以易学的视野观察世界，天地人物乃至虚空处处皆
是象数："开眼者，河洛卦策处处弥纶，有何虚空非象数、象
数非虚空乎？"(《图象几表一》)因此，探求宇宙奥妙、天地生

成及人物之理，必以象数为入路。既不能拘泥于章句训诂，泛泛注解辞义，亦不可流入玄谈，宛若空中楼阁。唯有深研《周易》象数，通达事物之几微，破除执着于外境之偏见，才能明晓世间至理。正是在这一意义上，方氏父子提出了"致理以象数为征"的观点：

> 易无体，而寓卦策象数以为体而用之，圣人惟言天地日月四时，而於穆其中矣。故致理以象数为征，而历律几微，正盈虚消息之表也。（《图象几表七》）

此段文字点出了象数与义理的关系。一方面，可感知的象数表征抽象的所以然之理，理寓于象数之中。"凡不可见之理寓可见之象者，皆数也；以数极数而知之，皆著也。"（《时论·系辞上》）另一方面，易象之所以能表达理，乃是因圣人之心与天地之理相契，其画卦立象皆出于自然。归根结底，无论伏羲先天之象，还是文王卦爻变化之象，都是源于天地之理，此即"象本于理"。显见，这一思想应是受到朱熹易学的影响。至于方孔炤所谓的"理"，又有至理、物理、宰理三义。他说："语必三而后显。诸家立帜，飞箝纷挐，鼓析为至理、物理、宰理。"（卷十三）方以智释曰："问宰理。曰：仁义。问物理。曰：阴阳刚柔。问至理。曰：所以为宰，所以为物者。"（《青原志略》卷三）"所谓至理，统一切事理者"。（卷十）概言之，至理即宇宙终极之理，物理即阴阳刚柔自然之理，宰理即仁义德之理。

方氏父子又用"一"与"二"来说明象理二者相互依存、一体难离的关系："理与数相倚也，无理数与理数亦相倚也。犹夫一与二之相倚也。立卦生爻，依数而理寓焉。……圣人开成，则倚数穷理，是饮食耳。故会通者，以为象数，一切是象数；以为道理，一切是道理。"（卷十三）分而视之，象数与理有别，此是"二"；合而观之，则即象即理，此为"一"。方孔炤指出：

> 《易》合理象数为费隐一贯之书，善全民用，适中于时。费而象数，隐而条理，亦二而一也。（《图象几表七》）

因此，方氏易学不取纯粹的"象数本位"或"义理本位"的解《易》路数。方以智曾说："世有泥象数而不知通者，固矣；专言理而扫象数者，亦固也。"（《东西均·象数》）基于此一象理观，《周易时论合编》以象数开篇，而后注解辞义。正如方孔炤所说："此编以图居首，全无文字，而万理万变具焉。"（《凡例》）

三、不落有无的太极图说

尽管《系辞》提出了"易有太极，是生两仪"的命题，但并未对何为"太极"作出明确解释。大体而言，汉唐经学多将"太极"解为阴阳二气尚未分化的宇宙开端。宋代以降,学者们又创造出诸多图式来阐发"太极"之义。例如,周敦颐有《太极图》并《说》,林至《易裨传》、陈致虚《金丹大要》、俞琰《易外别传》、张理《易象图说外篇》皆载有空心圆太极图,明代章潢的《图书编》和来知德的《易经集注》则载有阴阳鱼太极图。在此问题上,方氏父子有取于空心圆太极图。他们认为,太极深远无穷、博大抽象,是天地万物产生和存在的终极根基,无法用形象表示。不得已时,只能画一空心圆代替。《周易时论合编》篇首载方大镇之语曰:

> 不可以有无言,故曰太极。太极何可画乎?姑以圆象画之,非可执圆象为太极也。《中庸》曰:"於穆不已,天所以为天也。"善哉,子思之画太极乎!所以然者,伦序于卦爻时位。宜民日用谓之当然,当然即所以然。然不耸之于对待之上而泯之于对待之中,能免于日用不知耶。(《图象几表一》)

作为宇宙之本的太极既非无,亦非有。它无法用语言描绘,也不可能用任何图形和符号来表示。所以,用空心圆表达其意义只是一种权宜,它并不等同于太极。相应地,对太极的理解绝不应拘泥于圆象。

方氏父子又从"一"与"二"的角度解释太极与卦象的关系。概言之,太极是一、卦象是二,一生二、二本于一。此即

方孔炤所谓"一而二,二而一":

> 智曰:《礼运》曰"礼本于大一,分为天地",即太极、两仪也。自此两仪为太极,而四象为两仪;四象为太极。而八卦为两仪。虽至四千九十六,亦两仪也,故自一至万,谓之大两,而太极者,大一也。大两即大一,而不妨分之以为用。费有三象,隐亦有三象,不落费隐者,亦成三焉,两即藏三,谓对错之中藏一,而三为错综之端矣。二分太少为四象,而一即藏于中五矣,此参两参伍旋四藏一之旨,所以为万法尽变也。(《图象几表一》)

此段文字是对《系辞》"易有太极,是生两仪,两仪生四象,四象生八卦"一句的解释。我们知道,邵氏先天学曾以"加一倍法"来说明八卦和六十四卦的产生。在此基础上,方孔炤父子指出,四象、八卦、六十四卦乃至继续推演出的四千零九十六卦以至无穷之卦,在根本上仍然可以归结为阳奇、阴偶两大类,亦即"两仪"。"两仪"用数来表示,就是"大两"或"大二"。易象皆本于太极,太极即"大一"。是以"大二"本于"大一","大两即大一"。与此同时,"太极"的内涵又可以从有无、微显、费隐、寂历等角度加以分析。

(一) 即有即无

方孔炤把卦画已具称为"有极",卦画未成称为"无极"。

他说:

> 不得不形之卦画,号曰有极。而推其未始有形,号曰
> 无极。因贯一不落有无者,号曰太极。(《东西均注释》)

太极不离乎阴阳,故"有";不杂乎阴阳,故"无"。太极
即有即无,有无一体。关键在于,经验层面的有无界限分明、
不容混淆。有就是有,无就是无。但"太极"的有与无之间
并无严整界限:"有非定有,无非定无。其言有也,非刻舟守
株之有也;言无也,非龟毛兔角之无也。有无相错,而提一不
落者,则成参矣。"(《易余·一有无》)卦象阴阳有极为"二",
卦画未成无极为"一",太极贯通有无,则"一"与"二"合
为"三"。尤有进者,"大两即大一",则不但"太极"不落有
无,卦爻亦可谓不落有无:"其实有极即无极,直下含开辟之
卦爻,岂复有不落有无之太极耶!则谓卦爻为不落有无之卦
爻,无不可者。"(卷十)

(二)费隐、显微之统一

为了避免学者对太极有无之义产生误读,方孔炤又以费
隐、显微来解释太极内涵。我们知道,"费隐"概念出自《中
庸》。明代泰州学派学者耿定向曾将儒学要义概括为"费而
隐":"孔孟之学,真实费而隐。""盖费中隐,常中妙,粗浅
中之精微,本是孔孟万古不易正脉。"(《明儒学案·泰州学案

四·恭简耿天台先生定向》）黄宗羲论及耿定向学问要旨时亦云："先生之学，不尚玄远……故费之即隐也，常之即妙也，粗浅之即精微也。"（同上）方学渐曾受学于耿定向之弟耿定理，故耿氏的"费隐"之说亦成为方氏父子用以诠释易学问题的重要概念。方孔炤说：

> 微之显者，常无常有；费而隐者，即有即无。唯恐人以有为有，无为无；又恐人以有无为玄蔓，故正告微显费隐也。（《东西均注释》）

费与隐相对。费即显，指显现于外的现象；隐即微，指隐藏于内的本质。费隐即有无，"有无者，费隐相摄之二也"。依他之见，太极"大无外、细无间"，不是隐而微，也不是费而显，而是费隐、显微之统一体。此论旨在反对两种倾向：一是截然判分有无，有即有、无即无；一是混淆二者，"以有无为玄蔓"。对此，方以智进一步加以解说："费象即隐无象，费形即隐无形。因知不落有无之太极，而太极即践卦爻之形矣。"（卷八）

（三）寂历同时、即体即用

此外，方氏父子还从"寂""历"的角度论述太极之内涵：

> 然必表寂历同时之故，始免头上安头之病。必表即历

是寂之故，始免于主仆不分之病。于是决之曰：不落有无之太极，即在无极有极中，而无极即在有极中。(《图象几表一》)

寂历同时之体即在历然之用中。今欲执寂坏历，是窃偏权以莽荡招殃者矣。开眼未全，盲引众盲，宜其痛也。(卷一)

"寂"，即《系辞》"寂然不动"之"寂"，指体；"历"指变化过程，即"感而遂通"之用。一方面，太极寂历同时、即体即用，不可将体用分作两截，置太极于有极之上；另一方面，体用终须有别，寂是历之主宰，此亦不容不辨。方氏此论显然受到了伊川"体用一原，显微无间"之说的影响，方孔炤所云即是明证："周子合无极与阴阳而明太极，人未亲切也；邵子合无极与有象，而明道极为无体之一，又曰'有无之极'，又曰'心为太极'，而人犹未亲切也；程子曰：'体用一原，显微无间。'有亲切者乎！"(《图象几表一》)

综上，太极即有即无，合费显、隐微于一体，寂历同时，体用一原，是以方以智言道："费而隐者，即有即无，非有之外独立一无而敦有之化也。微之显者，常无常有，非无之外竟起众有而发无之藏也。天地之大也，民物之赜也，以有诠之而不得也；鬼神之幽也，名言之假也，以无诠之而不得也。重交驳之曰：非有非非有，有不见以为有；非无非非无，无不见以为无。轮推折之曰：天地未分，无无不有；天地已分，有无非无。据实而要断之曰：有非定有，无非定无；其言有也，非刻舟守株之有也；其言无也，非龟毛兔角之无也。有无相错，而提一不落者，则成参矣。"（《易余·一有无》）

四、"图书一理"的象学

方氏父子从其太极观出发，进一步表达了对图书之学的看法。在他们看来，无论河图洛书，还是先天图与后天图，抑或整部《周易》，归根结底，皆是太极即"大一"。正是基于"合全图全书谓之大一，即名太极""全图皆太极也"的整体定位，方氏父子对河图洛书、先天后天诸图进行了全面的解说与阐发。

纵观易学史，早在先秦时期即有关于河图、洛书的记载。《系辞》曰："河出图，洛出书。"《论语》曰："河不出图，凤鸟不至。"《尚书·顾命》曰："陈宝、赤刀、大训、弘璧、琬琰在西序；大玉、夷玉、天球、河图在东序。"然而，由于先秦文献语焉不详，汉代以来的学者对河图洛书的理解也不尽相同：或以图书为代表受命瑞兆的自然天象或图画宝器；或以之为有颜色、有文字、有图形的书；或主张河图即八卦、洛书即九畴；或以为图书是自然形成的某种文字、图案。宋代以降，又出现了由黑白圆点组成的"十数图"与"九数图"。北宋刘牧认为，九数图即"河图"，十数图即"洛书"。其图出于天地自然，非后人伪作。河图出于天、属象，洛书出于地、属形。

伏羲本前者而画易卦，大禹本后者而作《洪范》。在此基础上，南宋程大昌于《易原》中指出，图书皆《易》之原，洛书蕴含五行相生之序，河图蕴含五行相克之序，"图书之写造化固皆天地五行之数"。朱熹、蔡元定则认肯孔安国、刘歆等人以河图为八卦、洛书为九畴的观点，即主张"河十洛九"。他们认为，河图洛书是伏羲时代出现的自然之象，河图为体、洛书为用，二者相涵互变。此外，薛季宣以河图为地理图，俞琰以之为宝器，吴澄则相信河图源于龙马背上的旋毛数圆点，圣人合观天地阴阳与河图之数而画卦。在《周易时论合编·河图洛书旧说》一节中，方氏父子对历史上有关河图洛书的诸多成说逐一予以检讨，最终肯定了"河十洛九"说。他们认为，"汉前图书本具而中间隐晦，至宋乃显"，"汉人固以九数者为洛书矣，关子明、邵康节皆以十为图、九为书"。刘牧易置之，"所传混耳"。(《图象几表一》)

　　需要指出的是，方氏父子对图书的看法曾受到王宣的极大影响。方孔昭《时论·图象几表》所演河图洛书，主要得自于王宣。方以智曰："余小子少受河洛于王虚舟先生，符我家学。""小子半生虚过，中年历诸患难，淬砺刀头，乃悟三世之易，虚舟子之河洛。"(《冬灰录·双选社传语》)方以智之子方中通于《物理小识·总论》中亦称："虚舟子者，王化卿先生讳宣，在先高祖明善先生门，四十不娶，学悟河洛，以授老父者也。"在方以智看来，虽然此前刘牧、朱熹、胡一桂等人皆曾推演过河图洛书，但当属王宣之说最为清楚明白："自朱子、

刘长民、胡双湖亦言金火易位矣，而河图变洛书之演使人豁然，则自虚舟王子始。"(《图象几表一》)

王宣认为，自然数一至十与河洛数、大衍数、五行数有着密切的关联：

> 天下之数始于一，终于十，而五为中。言五而兼六者，五为生数之终，而六为成数之始也。言五与十者，合两生成之终数也，故五十者，数之统也。五与十为数十五，以一五而合二五也，参五也。故河洛为十五者十二，原其始则五行之生数，十五已足，用九、用六、用十五也。即以此作十圆图，而五在中，已尽其妙。大衍以十乘五，以五乘十，而是矣。河图五十五，虚其中宫之五者，亦适合也。(《图象几表一》)

依他之见，世间的一切数皆本于天地之数一至十。五居十数之中，为生数之终。五与十相加得十五，故洛书纵向、横向、斜向三数之和皆为十五，《周易》古经所谓"用九""用六"亦为十五。五与十相乘为大衍之数五十，河图数五十有五虚其中宫之五亦得五十。在此基础上，王宣又提出了"金火易位"之说：

> 盖图既已成，当除十而不用矣。寄王于四，虽无五而五存。正位居体，故建极焉。建极以克制为生，以扶阳

为经。苟非金火易位，何能左旋相克耶？一水、三木、五土皆阳，二火、四金为阴，《启蒙》所谓阳不易位而阴易位也。成数虽阳，盖亦生之阴也。于是以阳居四正位，以阴居四隅位，而成洛书矣。阴易位而隅置者，圣人扶阳抑阴，即所以用阴，此千古不易之道也。（《图象几表一》）

"金火易位"，是指河图十数去掉中间之十分居四方，而后二七之火与四九之金互换位置，阳数不动居四正，阴数移位居四隅，便形成洛书。此一变化过程正反映出圣人"扶阳抑阴"之意。由此可见，王宣图书学的显著特色，是着眼于数之五行方位来阐明河图与洛书的内在关联。这一思想又被方孔炤和方以智吸纳。《时论》所谓的"密衍"，即是对此说的发挥。方以智说："全书析衍诸图烦矣。……图书体用之分合，终未剔醒也。此岂天地必如此剖合次第乎？理寓象数，衍而历之，易燎然耳。故因邵子小衍，以虚舟子法衍之曰密衍。"（《图象几表一》）在此基础上，方氏父子详尽阐发了"中五太极""五行环生环克"和"火金易位"等图书学思想。

（一）中五太极说

方孔炤曰："中五用三，藏一旋四，此易之准也。""五藏四中，四用半为二，二即藏三。"（《凡例》）方以智解之曰："中五即中一也，可以藏一而旋四，用三矣。可用三于一矣，或纵或横，即三矣。或四用半，即两矣。有此无此，亦两矣。""两即藏三，谓对错之中藏一，而三为错综之端矣。"(《图象几表一》) 这是说，河图中五数排列纵横皆三。中一居中，连接纵横四数，故"中五即中一"。中一既是纵三之中，亦是横三之中。"中五用三"，藏一为四，四取其半为二。纵横二、中有一，故"二即藏三"。

那么，中五是如何构成河图的呢？方氏父子认为，生数一二三四五之和为十五，此十五之数乃是构成河图的基本框架，象征春夏秋冬四象，用白点表示。然"有阳即有阴，"阴阳交织，故在十五个白点外再加十五个黑点：冬春阴在外、阳在内；夏秋阳在外、阴在内。而后再加五，即具五行之成数。按照方以智的理解，河图分五个层次，第一层是中五连心，第二层是随中五之地十，第三层是一二三四，第四层为六七八九，第五层是中一。洛书则分三个层次，如下图所示：

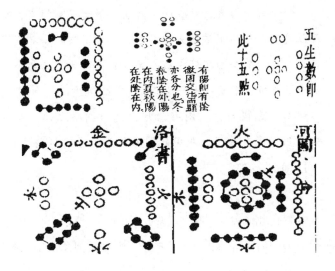

　　在方氏父子的理解中，河图洛书是内含数理、和谐有序的结构图式。其每一部分各有其功用，而最重要者莫过于中五。各部分构成皆与中五相关，五居中而统领主宰各个部分，以象太极。"五之前一二三四五，之后六七八九，皆成四象，何以前为位，而后为数也，盖以五居中象太极。"（《图象几表一》）方以智有时把河图洛书之整体视为"大一"即太极，而中五是图书的核心，故中五为太极。中一又居中五之间，则亦可谓中一为太极。他说：

　　　　北方之一，乃小一也。邵子曰'一非数也'。合全图全书谓之大一，即名太极。不落中旁，不离中旁，而先儒以中之五十指之，正以莫非太极之中，历然中统旁之表也。（《图象几表一》）

　　　　邵子言小衍者，示五而万备矣。愚者言前衍者，举一而五具矣。一亦不举而五亦具矣，万亦具矣。知之则全图皆太极也。知全图之皆太极，又当知中之十五为极，十五以中五为极，中五以中一为极。（同上）

　　　　本以太极为体、图书为用，究以图书立体，而以太极为用。止有善用，即用此图书卦爻伦常时位之体用也。（同上）

　　方以智在此区分了"大一"与"小一"。所谓"小一"，是指河图洛书中居于北方的一；"大一"则是指河图洛书之整体。

太极不离图象，即有即无，即体即用，故河图洛书皆可视为太极。图书中宫十五之数以"一"为核心，此"一"居中，统领全图，当属"大一"之太极。从本原上说，太极为体、图书为用；从图书构成上看，图书立太极，即中五和中一之太极为用。依此观之，则太极与图书互为体用。

（二）河图"环生对克"和洛书"环克对生"

方氏父子把河图洛书的差别概括为"环生对克"与"环克对生"。"河图环生"，是指河图相邻之数五行相生，即一六水生三八木、三八木生二七火、二七火生五十土、五十土生四九金、四九金生一六水；"河图对克"，是指河图相对之数五行相克，即四九金克三八木、一六水克二七火；"洛书环克"，是指洛书四正位及中位之数五行相克，一水克七火、七火克九金、九金克三木、三木克五土、五土克一水；"洛书对生"，是指洛书相对之数五行相生，九金生一水、三木生七火。对此，方孔炤曾作图示之：

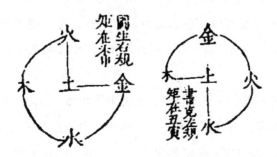

他说："图生右旋规之，矩在未申；书克左旋规之，矩在丑寅。"(《图象几表一》)规为圆，矩为方。河图五行相生，规始于右而在左，矩在未申之位；洛书五行相克，规始于左而在右，矩在丑寅之位。方氏认为，此一规矩图式本于自然，符示天地阴阳变化之理："春夏为阳用，秋冬为阴用"，"矩曲之用，天地自然之微乎"。(《图象几表一》)

此外，王宣还曾对洛书九数关系予以如下解说："中五合北一为六，故左旋西北得六，北一合六为七，故西方得七。西七合西南二为九，故正南得九。九合东南四为十三，除十算三，故正东为三。三合东北八为十一，除十算一，故正北得一。"(《图象几表一》)与此有别，方孔炤提供了另外一种解释：

> 隅何以生之耶！盖十年而得之。以五合北一例之，五合西七为十二，除十得西南二；以五合南九为十四，除十得东南四；以五合东三为八，故东北得八。又合八一六七为二十二，除二十得得西南二；合六七二九为二十四，除二十得东南四；合二九四三为十八，除十得东北八；合四三八一为十六，除十得西北六。(《图象几表一》)

由此可见，王宣论洛书乃是着眼于相邻三数之关系，不论四正、四隅。方孔炤则是一面将四正与中五相加得出四隅，一面又从相邻四数之和中推出四隅。这不仅凸显了中五在洛书中的重要地位，同时也反映了方氏以四正为本、四隅为用的洛书观。

（三）金火易位

河图洛书皆本于天地之数一至十，故二者可以互通。方孔炤指出："图书一理，皆易道也。九畴应书九宫，又何尝非图之中五四运乎。"《系传》举五十有五，人以为河图也，岂知除十为洛书，何尝不具洛书之用乎！乘除圆方不出一二三四五六七八九十而已矣。"（《图象几表一》）前文已言，王宣曾以"金火易位"说证明了二者之间的互变关系。在此基础上，方氏父子进一步分析了金火在五行中的作用及其易位的原因。方孔炤曰：

> 天下之道，必相制乃可用，制杀之道，先起金方，金火不易位，则永不相制矣。所以但易金火者，正阳以用阴也。五行惟金火之性独烈，水木不变，而金火通变。盖金入于火，不别于火。火能炼金，乃别其金。……西南之间坤土本位，而离兑二阴用事之地，故变动从此始。（《图象几表一》）

方以智曰：

> 凡生则始水，而用则首金，如人以精始而下地即有

声，此一理也。火有相火，金曰燥金，火为土寄位所郁，故以相火足之，金为燥金，分火体也，此一理也。南方西方，阴而用阳，暑即藏寒，为万物之用地，成地坤土居间，故易位在此。以一岁言之，为四时之中间，此一理也。（《图象几表一》）

金为气母，在天为星，在地为石。……五行以气为主，是天地之生数。水为首，而五行之成序，金为首也。金以石为体，而以火为用者也。金能生水，而又能出火。……火之体，全无而用有也，金之体半自天半自地也。火由木而见形，依土而附质。遇水而作声，无体寄体者也。金得火气燥坚土中，又得火制，足以制物，故曰火以用无而传神，金以凝有而用精。乾刚居西北六，以南位用离之九。金火易位，其旨微。（同上）

在他们看来，易位的关键在于金火相通。五行之中，水木属性不变，即不论相生相克，水仍为水，木仍是木。金火则不同。西南坤土将金火联结在一起，从而使之具有了通变性：火有旺火，金有燥金。火化为土，土又生金。金入火中，燥热而分火体。火炼金，又不同于金。"金以石为体，以火为用"，"金能生水，而又能出火"。这就解释了金火能够易位的原因。事实上，方氏更为推崇火的作用。《图象几表》"五行尊火为宗说"一节指出，火不仅能生土，还能生金、生水、生木："金非火不能生成，水非火不能能升降，木非火不能发荣。"火

"是阳转阴风之燥气，必知其所以然之公理，而适用于中节当然之理，则能转气而不为气所转"。相应地，河图因金火易位而变洛书，亦涵具着生物成物之意。这无疑是对王宣思想的超越。

（四）河洛与太极两仪四象八卦

宋代以降，学者大多笃信刘牧之说，即圣人是根据河图洛书画卦作《易》。对此，方氏父子并未否认。但与此同时，他们反对那种"拘拘以图配卦"（《图象几表一》）的复杂论证，而引吴澄"伏羲观河洛奇偶数画八卦"的观点，倡导以"撮其概约之通论"的方法来说明河洛与八卦的内在联系。其说曰：

> 先儒谓虚其中之五与十，太极象也。四周奇数二十，偶数二十，两仪象也。中五四布，即四象本位也。北为太阳生位，东为少阳行位，南为太阴生位，西为少阴行位，正对者也。化用则东南，用少，西北用太，细分之则一二三四，四象用位也，六七八九，四象用数也。（《图象几表一》）

按《周易本义》卷首小横图之四象次序，一为老阳、二为少阴、三为少阳、四为老阴；以筮数言之，六为老阴、七为少阳、八为少阴、九为老阳。河图排列以一六共宗、四九为友，故二老互藏；二七为朋、三八同道，故二少互藏。同时，一与

九、三与七、四与六、二与八相连，相加皆得十，故四象与本位互藏。河图四象所示四正四隅合为八方，配入八卦，即是先天八卦图。方氏引朱子《启蒙》曰："析四方之合，以乾坤坎离居四寔，兑震巽艮补四虚，则先天八卦是也。"(《图象几表一》)

我们知道，自先天学问世以来，学者们对于"顺逆"的理解一直未获定论。方以智认为："按一二三四，天地之阳，故顺数。六七八九，天地之阴，故逆数。犹之自左而右，则坤第一，而艮二、坎三、巽四、震五、离六、兑七、乾八，逆数也。自右而左，则乾第一，兑二、离三、震四、巽五、坎六、艮七、坤八，顺数也。"(《图象几表一》)方以智此间将"顺"解作自右而左、将"逆"解为自左而右的说法，不失为一家之言。

更重要的是，先天八卦与河图数理完全吻合。先天八卦次序是乾一、兑二、离三、震四、巽五、坎六、艮七、坤八。观先天八卦序号在河图中所居位置可见，乾一极于九，河图九在西，则乾居西；兑二始于一，河图一在北，则兑居北；离三始于二，河图二在南，则离居南；震四极于八，河图八在东，则震居东；巽五极于七，河图七在南，则巽居南；坎六始于三，河图三在东，则坎在东；艮七始于四，河图四在西，则艮在西；坤八极于六，河图六在北，则坤居北。一九为太阳、二八为少阴、三七为少阳、四六为太阴。先天八卦一二三四属天卦，为顺数。六七八九属地卦，为逆数。图示如下：

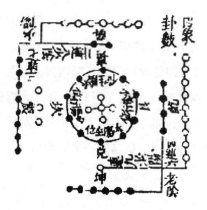

再以河图数观先天八卦。河图一六为水，一是天太阳，为乾。六是地太阴，为坤。故先天图乾南坤北为水。二七为火，二是天少阳，为离。七是地少阴，为坎。故离东坎西为火。三八为木，三是地太阳，为巽。八是天太阴，为震。四九为金，四是少阳艮，九是天少阳兑。"四正皆水火，四隅皆金木"（《图象几表一》），依此排出先天八卦图如下：

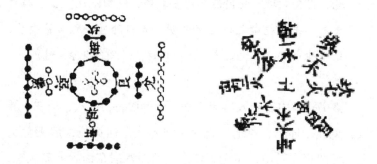

方氏父子认为，河图数与先天八卦相配，既符合太极生两仪四象八卦之说，又契合日月运行、四时更替之理。方孔炤

曰："一用于二，必分阴阳。中五四旋，必分太少。四正为象之主，四偏从之。阳仪乾离顺数得一二，而阴仪坤坎回数得六七。图布四方，则乾坤坎离四正卦当南北之极。巽震二长在东，艮兑二少在西，则四隅卦当日月出入之腰轮焉。表以四时，春夏秋冬正用，而冬为不用之用，故乾坤主于北，坎离济于南。"（《图象几表一》）他还讨论了河图洛书与后天八卦的对应关系：

> 坎水济于七火，而先天位西对三，故以七予后天之兑；离用二火，以热天一之水，而先天位东，故以八连后天之震。中明本于中刚，故后天乾以一予坎，而坤以六奉乾。乾藏用九于六，而以九予用二之离，离既居九，而以二奉坤养矣。坤连四之艮，则予以巽，巽以三让震，震以八予艮，而震春兑秋遂主二分之用，故外包焉。用巽对乾，用艮对坤，此内运所以合乾坤，补四维也。盖震与兑夹离，先天乾命之以继离之明，故曰外包。巽与艮夹坎，先天坤命之以习坎之体，故曰内运。（《图象几表一》）

洛书除去中五纳入后天八卦，可得坎一、艮八、震三、巽四、离九、坤二、兑七、乾六。河图坎七居火位，后天兑为七。河图离二居南，而先天位东。河图八居东，后天震位东，"故以八连后天之震"。后天坎一，河图乾一坤六居之，"而坤以六奉乾"。后天九居南，河图离二居之。因乾藏九用六，先天坤六，"二奉坤养"。坤连艮四，后天四为巽，故"予以巽"。河图巽三，后天震三，故"巽以三让震"。河图震八，后天艮八，故"震以八予艮"。河图震兑主春分秋分，居外而外包。河图巽对乾、艮对坤，故内运合乾坤，在后天图为四维卦。河图"震与兑夹离"，先天离居东，"先天乾命之以继离之明，故曰外包"。河图"巽与艮夹坎"，先天坎居西，"先天坤命之以习坎之体，故曰内运。"

　　方以智还进一步解释了先天八卦与后天八卦的关系。九在西，兑为西，故先天九为兑、后天九为离；先天震八，后天艮八，"震艮同八，男之始终，卦反对也"；先天坎七，后天兑七，"坎兑同七，共西北之水泽也"；先天艮四，后天巽四，"巽艮同四，先后上下之偏维也"；先天巽三、后天巽四，"巽震同三，二长共东及南之木也"；先天离二，后天坤二。先天乾一，后天坎一。乾坤坎离，"四正飞伏"，即乾坤、坎离、震巽、艮兑互为飞伏。

五、"尽后天即先天"

（一）方圆卦爻总一太极

　　经过朱熹的大力表彰，邵雍创立的先天易学随即成为宋明易学史的重要论题。通观《周易时论合编》可见，方氏父子曾对先天之学多有讨论。不过，他们对"太极""两仪"的理解与邵雍、朱熹等人有所不同。方氏父子认为，"太极""两仪"
绝不仅仅是说一画未具生出一阴一阳，即小横图的下两层。在
"加一倍法"的卦爻推演过程中，三画、四画、五画、六画甚
至无穷画皆可视为"太极""两仪"。概言之，"极"与"仪"
乃是相对的。凡生者即为太极，被生者即是两仪。依此观之，
被生而又生他者即仪即极。方孔炤曰：

> 自太极而两仪，仪为极，则四象为仪；四象为极，则
> 八卦为仪；八卦为极，则十六卦为仪；十六卦为极，则
> 三十二卦为仪；三十二卦为极，则六十四卦为仪。一阴一
> 阳之谓道，皆仪即皆极也。以重仪为四画，重象为五画。
> 姑以称谓便人指耳。(《图象几表二》)

后世批判邵氏先天学的一个重要论据，就在于四画卦、五
画卦不曾见于《周易》，于理不合。在此问题上，方氏同意吴
澄的观点，把四画称为"重仪"，五画称为"重象"，从而肯
定了四画、五画之卦的意义。他还进一步探讨了阴阳两仪的
积数：

> 积数乾三十六，兑一百，离百六十四，震二百二十八，
> 阳仪共伍百二十八。巽二百九十二，坎三百五十六，艮
> 四百二十，坤四百八十四，阴仪共一千五百五十二。合积
> 两千〇八十。(《图象几表二》)

先天八卦中，乾一兑二离三震四为阳仪，巽五坎六艮七坤八为阴仪。从太极到六十四卦，阳仪数为：太极 1、两仪 1、四象 2、八卦 4、重仪 8、重象 16、六十四卦 32，共 64。同理，阴仪数亦 64。先天六十四卦中属乾八卦即乾至泰共二十六阳爻，故积数始于三十六。自兑二至坤七积数递加六十四，即"以三十六为始，而七加六十四"，则兑 100、离 164、震 228，阳仪数合计为 36＋64＋164＋228＝528。巽 292、坎 356、艮 420、坤 484，阴仪数合计为 292＋356＋420＋484＝1 552。阴阳仪数之和为 528＋1 552＝2 080。

方氏父子指出，不仅六十四卦圆图体现了"天地定位，山泽通气，雷风相薄，水火不相射，八卦相错"的对待思想，方图亦然。"邵子曰：'图皆自中起。'方图中起震巽之一阴一阳，然后有坎离艮兑之二阴二阳，后成乾坤之三阴三阳，其序皆自内而外。内四卦四震四巽相配，而近有雷风相薄之象。震巽之外十二卦，纵横坎离，有水火不相射之象。坎离之外二十卦，纵横艮兑，有山泽通气之象。艮兑之外二十八卦，纵横乾坤。有天地定位之象。四而十二，而二十，而二十八，皆有隔八相生之妙。""圆用于方，圆图亦方，圆之四四也，故方圆从中起。中何见乎？起于初阴初阳之震巽恒益也。生受天地之中者，人得全灵。坎离得天地之中，环中十二卦，故以象人。此十二卦，以八坎八离之中气，用四震四巽之初气者也。物得其偏。艮兑得天地之究，环坎离为二十卦，故以象物。此二十卦以十二艮十二兑资四震四巽以受，始得四坎四离以用中，合内外共四十卦，当图书四周之全数者也。大围乾坤藏二十八卦，是天地之气包之也。……或以四介分之，西北之十六为天，以阳仪所生也；东南之十六为地，以阴仪所生也；东北之十六为物，西南之十六为人。"（《图象几表二》）方图自内而外分为四层。第一层震巽恒益四卦为天地之中，第二层坎离既济未济等十二卦象人，第三层艮兑损咸二十卦得天地之究，第四层乾坤否泰二十八卦如天地之气包之。方图东北、西北、东南、西南四方各十六卦，乾坤泰否四角相交也为十六卦。由内而外，震巽、离坎、兑艮、乾坤、益恒、既济未济、损咸、泰否皆体现了对待旁通。"邵子曰'天地定位，泰否反其类；山泽通气，损咸见义；雷风相薄，恒益起意；水火不相射，既济未济。四象相交，成十六事'，此方图之义也。"（同上）

　　方氏父子着重探讨了先天方圆合一图。一方面，方圆图阴阳均衡、顺逆交错，体现了宇宙至理。"半顺半逆而阳逆阴中，阴逆阳中，已示全顺全逆矣。就象数以为征，而至理森然，即其浑然，此张子所以叹天秩天序乎，方圆卦爻总一太极。"（《图象几表二》）另一方面，方圆二图排列悬殊，各自有其不同之理。圆图象天，方图象地，"圆图阳生子中，顺而左旋，象天也；方图阳生寅丑间，逆而右旋。象地也"。（同上）圆图涵具着阴阳对待交错之理："圆图乾坤在中，天地定位。后以风泽之相错者附天，以山雷之相错者附地，终以水火不相射。以水火之相错者，交贯于左右也。"（同上）方图则体现了阴阳消长流行之理："方图震巽在中，雷动风散后，长之以水火之既未济；收之以山泽之咸损，终之以乾坤之君藏。"圆图半顺半逆，方图全顺。此前，"朱子以起附者阳生为顺，起姤者阴生为逆"，即从复至乾之阳息阴消为顺、从姤至坤之阳消阴息为逆。同理，"横图由坤至姤，阴尽阳生至乾，谓顺可也；从乾全消至复，阳尽阴生至坤，谓逆可也"（同上）。在此问题上，方氏不取朱子之说。他们认为，就阴阳消长而言，阴行阴中、阳行阳中皆顺，即圆图自一阳复至六阳乾、自一阴姤至六阴坤同为顺；阳行阴中、阴行阳中皆逆，即自六阳乾至一阳复、六阴坤至一阴姤同为逆，此即"圆图总顺总逆"（同上）。从圆方图所示季节时令观之，"复以圆图之冬至，转为方图之春分；姤以圆图之夏至，转为方图之秋分"。这种差别，恰恰反映出圆方图的内在联系及其四时互含互藏、递相转换之意。"春藏于冬，冬藏于秋，秋藏于夏，夏藏于春。"（同上）表现在六十四卦排列上，"其在圆图，中孚归妹在东，小过渐在西，其在方图，中孚归妹在北，小过渐在南。圆图随颐在北，大过蛊在南。方图颐蛊在东，大过随在西，皆自然相对相次者也。"显然，方氏此说是对邵雍、朱熹相关思想的解读与阐发。方氏说："邵子曰：圆图'其阳在南，其阴在北'，方图'其阳在北，其阴在南'。此尤造化之妙处，天地万物之理，尽在其中矣。"（同上）朱熹曾云："此图圆布者，乾尽午中，坤尽子中，离尽卯中，坎尽酉中。阳生于子中，极于午中；阴生于午中，极于子中。其阳在南，其阴在北。方布者，乾始于西北，坤尽于东南。其阳在北，其阴在南。此二者，阴阳对待之数。圆于外者为阳，方于中者为阴。圆者动而为天，方者静而为地者也。"
(《周易本义》)

此外，方氏父子还吸收了黄道周的易学思想，主张太
极生两仪、八卦、六十四卦乃至十二画卦之积数皆合乎历
律之数："《启蒙》已有十二画之说，焦氏四千九十六林，即
其法也。《象正》谓一卦具四千九十六，即十八变所积之
二十六万二千一百四十四也。凡爻具三变，以初爻二爻当地之
六画。三爻四爻当人之六画，五爻六爻当天之六画。此即黄钟
律亥分六万五千五百三十六，而四之也。律历损益，尽此通几
而约为六爻，故虽至赜，理自易简。"(《图象几表二》)并且认
为，先天六十四卦的阴阳消长本于日月运行规律："天用地凝，
水火以为日月，而一阴一阳之道昭然穆然，实则天惟有时，时
惟有寒暑，一寒一暑，则日用月之所为也。""盈绕一日为望，
故当乾；晦绕一日为朔，故当坤。"(同上)因此，他们也认同
东汉魏伯阳《周易参同契》发明的"月体纳甲说"："纳甲本以
父母包六子，而亦可以月行循先天。""震巽得初画，坎离得中
画，艮兑得究画，父母包之。""若以月宿之次言之，则晦正当
坤，以渐生明近艮，上弦在坎，望正当乾，以渐生魄，近兑，
下弦在离。"(同上)

（二）先天之学亦后天

方氏父子认为，《易》虽有先后天之分，但二者其实并无
二致。这一思想可能曾受王宣"先天无可说，声臭即后天，有

易而后天即先天矣"（卷一）之说的影响。方孔炤说："本自易知简能者，先天也；善用其知能者，后天也。先在后中，止有善用，故易示人善用之方。""先天不能不后天，纯不能不杂居。"（卷十二）先天之学纯粹，是本；后天之学杂居，是用。一方面，后天本于先天，是先天之用。另一方面，先天之学唯有在后天之学中方能体现。在这个意义说，先天即是后天："后天之学固后天，先天之学亦后天也。止尽后天，即是先天，无先无后，无容辞矣。"（同上）基于此，他对先天八卦与后天八卦的关系进行了讨论：

> 天地之理本自如此，先后并用，圣人随时发明，其制度行事自然符合。……先天即横图也，惟震巽之相连于中，先天八卦折而可对起焉。故先天乾连兑，而后天兑终乾始，乾即继兑。先天坤连艮，而后天坤冲艮为岁限，即先天之震冲巽也，故后天出震齐巽，巽即继震，其补横图之中用，兼方图之中起乎。坎离之中，先后皆宗之，一东西，一南北，其机一也，其极一也。（《图象几表三》）

表面上看，先天八卦与后天八卦之方位截然不同：乾兑先天相继，后天终始；坤艮先天相连，后天相冲；震巽先天相冲，后天相连；坎离先天居东西，后天居南北。不过，二者又全然相通："先天四正居四方、四偏居四隅，而以纯正主南北，以正之用中者主东西焉。后天以二正之用中者主南北，以二偏者主东西，而震巽乃六子之初终也。八卦本六卦，以乾坤坎离四正不易，而四偏颠倒，止二卦耳。故以巽艮二偏夹卯震之开，而以乾坤二统正者夹酉兑之收。艮巽即震兑之位，乾坤即艮巽之位，四偏合为二全而主正以用偏焉，重此出入之门也。先天乾合三女于南，而以中者主东；坤合三男于北，而以中者主西，其介在乎寅申，而坎离以东西平分。后天乾统三男于西北，坤合三女于西南，其介在乎巳亥，而震兑以东西平分，重此出入之门也。"（《图象几表三》）推之于六十四卦亦然："先天内而因后天得有、孚、丰、颐、升、困、遁、比，立其体也；后天内而因先天得同、过、噬、小、观、节、畜、师，流其用也。邵子以乾坤坎离不用也，其始也，乾金用之，而坎离半用之，以兑巽艮震半用也；其究也，全用之。何也？乾坤者日月之所急，坎离者日月之所缓也。十二辟之为宫也，乾占其四，兑震占其二，阳气上行，而离不与焉；坤占其四，巽艮占二，阴气下行，而坎不与焉。后天于是乎取离居天，取坎居地，运其缓以调其急，故曰六十子半而二老不用也。"（同上）

（三）后天卦气之润法

所谓"后天卦气润法"，实质上是一种基于《周易》今本卦序的六十四卦卦气说。简言之，方氏将干支纳入《易》卦，以首卦乾配甲子、坤配乙丑、屯配丙寅……依此类推，第六十卦节配癸亥，至此为一甲子。此六十卦一爻主一日，三百六十爻符示一年三百六十日。方氏说："乾配甲而起于子，坤配乙而起于丑，故六十四卦上经乾起于甲子，泰甲戌，噬嗑甲申，至三十卦一百八十日而三甲尽。下经咸起甲午，损甲辰，震甲寅，至节癸亥而终，亦三十卦一百八十日而年一周。所以京焦用以值日。'天地节''革而四时成'是也。"（《图象几表二》）余下中孚、小过、既济、未济四卦象征日月之行，一爻主十五日，合为一年四时、二十四气、七十二候："孚、过、既、未有交周之义焉。……月当黄道为正交，出黄道外六度为半交，复当黄道中为中交，复入黄道内六度为半交，是为四象限……退天一周有奇，终而复始，此月行之取于四卦也。冬至日行一度强，出赤道外二十四度弱；夏至日行一度弱，入赤道内二十四度强，此日行之取于四卦也。故夏至则月出中孚入小过，冬至则日出中孚入小过，二分既未济居焉，此其革于四十九，节于六十，而余四象为置闰之统也。""节后继以中孚、小过、既未济者，所以先坎离震兑四卦，应子午卯酉为春夏秋冬四时，两之以为八节，是为分至启闭，每爻值十五日，以应七十二候。"（同上）由此出发，方氏对西汉孟喜、京房、《易纬》所主张的"六日七分"说和易卦排序表示了明确反对："先儒言卦起中孚，非也。中孚复起于甲子耳。乾为十一月之卦而起甲子，节为十月之卦而得癸亥，由是知上经三十卦是阳生于子而终于巳，下经三十卦是阴生于午而终于亥，至中孚而阳气复生于子，故亦为十一月之卦。自乾起甲子，至节六十卦而终，是四其河图十五之数为三百六十爻，爻当一日，而为六十卦一年之候也。中孚起甲子，至未济四卦而终，是四其六子之数，凡二十四爻而爻当一气，为二十四气，应一年之候也。"（同上）

此外，方以智又以京房易学的纳甲纳支说为基础，建立了八纯卦与二十四气的逐一对应关系。他说："以纳甲分卦，以爻支应二十四气。乾内卦起甲子，外卦起壬午，子午与震同。坤内卦起乙未，外卦起癸丑，丑未与巽同。此八卦为六卦，卦初爻与四爻当两气首。每爻一候，六卦则十二气也。"（《图象几表五》）乾震纳支相同，故内卦用震、外卦用乾，即震初九与乾九四两爻各主两节气，以示"无非乾君"。坤初、巽四同纳未，坤四、巽初同纳丑，则用巽不用坤，以示"无非坤所藏"。余下坎、离、艮、兑四卦，每卦皆取初四两爻各主两节气。具言之，震初九纳子，主惊蛰、白露；巽初六纳丑，主雨水、处暑；坎初六纳寅，主立春、立秋；离初九纳卯，主大暑、大寒；艮初六纳辰，主小暑、小寒；兑初九纳巳，主夏至、冬至；乾九四纳午，主芒种、大雪；巽六四纳未，主小满、小雪；坎六四纳申，主立夏、立冬；离九四纳酉，主谷雨、霜降；艮六四纳戌，主清明、寒露；兑九四纳亥，主春分、秋分。不难发觉，方以智的八纯卦气说明显是源于京房易学的六子卦气说。在具体配法上，二者相差无几。所不同者，仅在于方氏对乾坤两卦的主导意义有所突出，并将京氏用以对应芒种、大雪的震卦九四换作乾卦九四而已。

六、蓍道全用其半的蓍数观

纵观易学史，探求大衍筮法的相关细节历来是易学研究的重要论题之一。北宋邵雍认为，大衍之数五十，取一不用，挂一之后则为四十八策。四十八除以四为十二。十二分别减去三、四、五、六即为九、八、七、六。方氏说："蓍之用数，挂一以象三。其余四十八，则一卦之策也。四其十二为四十八也。十二去三而用九，四三十二所去之策也，四九三十六所用之策也，以当乾之三十六阳爻也；十二去五而用七，四五二十所去之策也，四七二十八所用之策也，以当兑离之二十八阳爻也；十二去六而用六，四六二十四所去之策也，四六二十四所用之策也，以当坤之二十四阴爻也；十二去四而用八，四四十六所去之策也，四八三十二所用之策也，以当艮坎之二十四爻，并上卦之八阴，为三十二爻也。"（《图象几表四》）朱子则指出，大衍有"挂扐"和"过揲"两种方法。其之所以推崇前者，乃是因挂扐法"以寡御众"，符合河洛之数。在此问题上，方氏父子吸取了邵雍和朱熹的相关思想，认为大衍筮法中涵具着奇偶、虚实、三两、消息、进退之理。方孔炤说：

圣人之裁成即生成也。奇者，倚之而得实。偶者，倚之而得虚。进者，倚之而得长。退者，倚之而得消。倚也者，损益而已矣。其法不外乎参天两地。参，犹鼎立也。两，犹权平也。鼎载物用其全，权称物用其半。蓍之为道，全也。而半限焉。……挂扐之数，太阳十二，少阴十六，少阳二十，太阴二十四，是七十二也。过揲之数，太阳三十六，少阴三十二，少阳二十八，太阴二十四，皆视太阳以递减而得一百二十者也。象宫变共得二百五十六，以三乘之得七百六十八，此大衍历所由本也。围全用半，贵以方用圆也。太阳纯全，故十二者，凡十二见，用其三，不用其一，则悬其三奇之一，而得九也，九生三十六矣。太阴纯半，故二十四者，凡四见，八存其四，四用其二，悬其三偶之二而得六也，六生二十四矣。少阴两奇一偶为十六者，凡二十八见，则悬其两奇之一、一偶之二，而得八也，八生三十二矣。少阳两偶一奇，为二十者，凡二十见，则悬其两偶之二、一奇之一，而得七也，七生二十八矣。(《图象几表四》)

在方孔炤看来，大衍之数取一、挂一之后的蓍草策数四十八，不仅与十二存在着密切关系，而且与归奇余扐之数亦相通。具体地说，蓍策总数四十八如鼎载物，是参和全；用数则如权称物，为两为半。他说："参，犹鼎立也。两，犹权平也。鼎载物用其全，权称物用其半。蓍之为道，全也，而半限焉。"继而，他在朱熹成说的基础上，进一步解说了"挂扐法"与"过揲法"的关系。"挂扐法"着眼于揲之以四的余数，八为多、四为少，三变挂扐数之和或十二、或十六、或二十、或二十四。由挂扐数可定一爻，"太阳十二，少阴十六，少阳二十，太阴二十四"。"过揲法"则着眼于揲之以四的整数，三变之和或三十六、或三十二、或二十八、或二十四。由过揲数可定一爻，"太阳三十六，少阴三十二，少阳二十八，太阴二十四"。由此可知，过揲法与挂扐法互通，挂扐数与过揲数之和必为四十八。在此基础上，方氏又接续了邵雍的思路，进一步分析 12 与挂扐数和过揲数的关系。具言之，挂扐数 12 定一爻太阳，三变皆 4。4 去 1 用 3，$12-3=9$，$9\times4=36$。此即"太阳纯全，故十二者，凡十二见，用其三，不用其一，则悬其三奇之一而得九也，九生三十六矣"；挂扐数 24 定一爻太阴，三变皆 8，$8=4+4$，4 取其半为 2，$12-2\times3=6$，$6\times4=24$。此即"太阴纯半，故二十四者，凡四见，八存其四，四用其二，悬其三偶之二而得六也，六生二十四矣"；挂扐数 16 定一爻少阴，三变两 4 一 8。4 去 1 不用，8 存 4 用 2，$12-(1+1+2)=8$，$8\times4=32$，此即"少阴两奇一偶，为十六者，凡二十八见，则悬其两奇之一、一偶之二而得八也，八生三十二矣"；挂扐数 20 定一爻少阳，三变两 8 一 4。8 存 4 用 2，4 去 1 不用，$12-(2+2+1)=7$，$7\times4=28$。此即"少阳两偶一奇，为二十者，凡二十见，则悬其两偶之二、一奇之一而得七，七生二十八也"。他还指出，蓍数之间的计算转换，象征着奇偶虚实相倚而变以及阴阳进退此消彼长。过揲数二十四、二十八、三十二、三十六"自阴而进阳"，"是坤之乾挂扐减、过揲增也"(《图象几表四》)。挂扐数十二、十六、二十、二十四"自阳而退阴也","是乾之坤挂扐增、过揲减也。此所谓进长退消也"(同上)。

依方氏之见,天地之数的核心在于五和六。就五行而言,五是生数之终,六是成数之始。他说:"六者,天地生成之谓也。五者,参天两地之谓也。"(《图象几表四》)就大衍之数和用数而言,天地之数五十有五,减五即为五十,行蓍"以五行运于中"。"大偶而言则五十,小奇而言则五也。"(同上)五乘十亦为大衍之数五十。取一而用四十九,则是五十五去六,即"六来一去"。以有无言之,一是无,四十九是有,有生于无,故"大衍五十用四十九者,入有去无之谓也"。若以奇偶盈虚言之,"日往则月来,昼极则夜进,盈于此则虚于彼,盈于小必虚于大。""天地之数五十有五,奇偶小大,具言之耳。若举大而去小,盈奇而虚偶,则小奇之五、大偶之一,皆盈而不用。"(同上)就策而言,乾坤策数皆得于六。乾之策三十六,乘以六爻而为二百一十六。坤之策二十四,乘以六爻而为一百四十四。"三天两地,举生成而六之也。三六而又二之,故三十六策为乾。二六而又二之,故二十四策为坤。三其二十四,与二其三十六,皆得七十二焉。三其七十二,乾策也。二其七十二,坤策也。"(同上)不仅如此,《周易》卦数爻爻莫不与六相关。方以智说:

> 子明曰:象以数五,参天两地。先三十而六之,得

一百八十，又二而六之，得一十有二，合百九十二。盖
三十者，五其六也。十二者，二其六也。共四十二，用七
其六，于四十八策中，余六焉。百九十二者，三十二其六
也。全爻六十四其六也。九则四十二，其九则乃余六也，
益知六为三两之会。(《图象几表四》)

《周易》三百八十四爻，阴阳各有一百九十二。方氏认
为，192 是由 6 的倍数相加得来，即 $5 \times 6 = 30$，$30 \times 6 = 180$，
$2 \times 6 = 12$，$180 + 12 = 192$。又，$30 + 12 = 42$，42 既是 6 的倍数，
又等于策数 48 减 6。384 也是 6 的倍数，$64 \times 6 = 384$。

那么，为何 6 的意义如此重大？方以智指出，其原因
在于"六为三两之会"。"十数以内惟六会参两，故易止用六
爻，兼三才而两之，则参两也。"(《图象几表八》) $6 = 3 \times 2$，
三为天数、二为地数，是以六便具有了三天两地的意蕴。在
他看来，天地之数一至十皆与天三、地二关联紧密。圆径一
周三，方径一围四。三起于一，二二得四，五是二三之和，六
是二三之积，两二一三之和为七，二四如八、三三见九，可
知"十数之中，无非参两矣"(同上)。既然河图、洛书皆源于
天地之数，则其势必涵具了参两之数、天地之理。对此，他
以洛书为例加以说明："天三合九，地二合六。圆一围三而用
全，方一围四而用半。此本说也。……因悟天地间无非参两
也。参两者，所以用九六也。九六为十五，十五为三伍，三
伍归一伍，五即一也。……参两实用，见于洛书，前此三千

年，未有发明者，故列其概云：中统四生四成之河图，既变中应四正四隅之洛书。则一极三而为九，三九二十七，其二十七为八十一。极畎秭无出一三九七者，此以四正之阳，参天也。两一为二，两二为四，两四为八，两八为十六，两十六为三十二，两三十二为六十四，极畎秭无出于二四八六者，此以四隅之阴，两地也。"（同上）尤有进者，易学中所涉及的数，几乎全部可以由天三和地二推出。例如，$12=3\times4=3\times5-3=2\times5+2=(2\times9)\times2/3=(3\times6)\times2/3$。"阴阳正用十二，三四相乘也，三五损三而二五益二也。本于参两之会，六而兼之，九不会而会于二九，即三六也，即十八变与十二会之三分损益也。"（同上）又如，他说："两其三、参其二为六爻，而天下之变尽矣，由两其六、参其四之时法十二而推之，两其十二为二十四，而参其八亦二十四也。此四六合节而二十五之天数藏一也。参其十二为三十六，两其十八亦三十六也。此四九、六六之合而环宫主阳者也。两其老阴之二十四为四十八，而参其十六亦四十八也。此六其八而四其十二之合也。两其老阳之三十六为七十二，而参其二十四亦七十二也，是八其九而六其十二之合也。"（《图象几表八》）

七、方氏父子易学的特色及其贡献

明末，心学日益暴露出玄远、空虚的弊端，遭到来自心学阵营内外的批判，开始式微。方氏父子承袭了家学传统，以图书之学为重点，深刻反思检讨宋易，全面诠释象数之学，力图从象数角度维护和重塑朱子之学。程颐言理，"不信诸图"，其易学失在象数。朱熹易学则以象数为主，言先天后天之学兼河图洛书，旨在补救易学偏向义理之弊，调和象数和义理。这也是他撰《周易本义》和《易学启蒙》的动因。方氏父子撰《周易时论合编》，汇集已有易学研究资料，重在阐发先天河洛之学。他们提出"图书一理"、"尽后天即先天"等观点，融合河洛之学与先天之学，进一步发展了朱子图书之学和先天之学。他们提出易"寓卦策象数以为体"和"合理象数为费隐一贯"的观点，也符合朱熹易学本义。朱熹曾明确说过："《易》本为卜筮之书，后人以为止于卜筮；至于王弼用老庄解，后人便只以为理，而不以为卜筮，亦非。"（《朱子语类》卷六十六）方氏父子完全赞同这种观点，如方以智说："世有泥象数而不知通者，固也。专言理而扫象数者，亦固也。"并批评当时人狭隘地理解朱熹的"《周易》本为卜筮之书"的观点是"是自未悟全易也。"

方氏易学第二个特点是通过易学解释，反对心学和佛学，提倡平实之学。明末王阳明心学流行，遭到不少学者的严厉批判。黄绾出自王学，而提倡艮止之学，反对禅学化的虚空之心体。王艮及泰州学派，主张"百姓日用即道"的平实之学。东林党人顾宪成、高攀龙对于心学无善无恶心之体，进行了批评。受其影响，方氏父子也加入了抨击王学的思潮中。他们以易学反对王阳明等人的心学。如王阳明晚年提出"无善无恶心之体、有善有恶意之动、知善知恶是良知、为善去恶是格物"
四句教，弟子王龙溪发展此说提出"无心之心、无意之意、无
知之知、无物之物"之"四无"说。方氏父子在注《易》时批
判阳明后学提出的"四无说"。认为"四无说"不明象数，不
切实际，任意杜撰，空谈理论，于社会毫无用处。方孔炤说：

> 象数条理，不可胶柱，将欲避之，逃洸洋耶。生此
> 天地中土之时位，君民政教，皆赖士风，世即出世，惟有
> 在世言世，观会通以行典礼，制数度以议德行。不能博约
> 明察，何由知圣人财成天地而时措宜民哉。以畏难暗便之
> 情，袭偏上末流之说，为粪除之黄叶所訑，颠颐迷浚，动
> 扫考亭，杜撰狂谈掩其固陋，废群开物成务之实法，朝野
> 识学，均何赖焉，是人牛浪死耳。(《图象几表七》)

"黄叶"，典出《大涅磐经》。说的是婴儿啼哭，父母以杨
树黄叶为金送予婴儿，止其其啼哭。这里指佛学之虚无。方
氏把心学理论的这种偏失，归咎于佛家，即受到佛学诱惑。如
他注《系辞》"生生之谓易"云："近日死标四无者，执统坏辨
非无妄之眚乎。易统而辨，即辨是统，无体藏用者也。儒为
黄叶所訑，而仿作死语耶。标性善者，生机也。标四无者，死
语也。下学藏上，死语即是生机。"注《系辞》"引而伸之触类
而长之"曰："明谓天地间之万理万事毕于象数，睹闻即不睹
闻，诚一极深研几而造化在手矣。苟且拨学，逃于无理无事之

黄叶。以荒忽绐人，而人甘为所绐，坐负天地，浪死人牛，岂不哀哉。"注《系辞》"默而成之不言而信存乎德行"云："近有尸祝无意者，睹尽意而亦欲攒眉；有尸祝四无者，览一善字而若犯其讳，非谀坑乎。"鉴于此，他视易学乃日用半实之学。注《系辞》"鼓之舞之以尽神"曰："浅者不知圣人之神明默成，深者自以为知圣人之神明默成。然终不知日用饮食之无非事业也，无非象也，无非乾坤也，无非道器也，无非赜动也，无非通变也，即无非神明默成也。"

会通儒道释是方氏父子易学第三个特点。

虽然方氏父子公开批判阳明后学和佛学，反对虚无主义，但是并未彻底否定心学和佛学。相反，他们认为佛学、儒家及道家并非水火不容。如方以智认为《易》与道家、佛家一理，道学、佛学中有易理，易学有道学与佛学。三者互含互诠，一致而不殊，其实是一理。方以智说："《庄子》者，《易》之风也，《中庸》之魂也，禅之先机也。"(《一贯问答》)因此，在他们的易学中融会了儒道释之学。他们用佛学话语和思维方式及道家的齐一思想解《易》。如提出即无即有、即费即隐、象数即义理，强调二者之间的联系，而又抹杀之间差别，有庄子"齐物"的倾向。同时，他们借用《中庸》微显费隐概念及其阳明后学相关理论解释太极内涵。方孔炤指出："微之显者，常无常有。费而隐者，即有即无。"又如他们的易学虽然批判心学流入空虚，但却又接受了心学基本观点，多处引王阳明言论解《易》。如他们提出："天地之心，即吾心矣。""象也，理也，心也，一也。"并把易学视为心学："全易皆心学也，天下皆心学也。"其心学色彩十分明显。

同时，他们反对佛学之虚无，但常用佛教之话语解释易学。如以"不落有无"解释太极，如方孔炤说："因贯一不落有无者，号曰太极。"此"不落有无"即是佛家语。

除此之外，折中汉宋易学也是方氏父子易学一个特点。明代以宋学为官学，排斥汉学。自明中后期以来，出现了折中汉宋之倾向。即在尊奉程朱理学前提下，崇尚汉学学风、重视文字训诂和考辨。方氏父子在《周易时论合编》中吸收了汉代的纳甲、飞伏、卦气等象数之学。同时，重视文字训诂。如方以智把"易"训为"阳"。

总之，方氏父子易学出于汉宋易学而调和汉宋易学；由象数而义理，又融合象数与义理；批判佛学和心学之流弊，而涵摄心学与佛学。可以说方氏易学是对明以前易学尤其象数之学的一次大会通、大总结。对于方氏易学之贡献，时人皆有评论。方以智指出：

> 自晋以后，右王左郑，而李鼎祚集之，依然皮傅钩钿也。至康节乃明河洛之原，考亭表之。学《易》家，或凿象数以言占，或废象数而言理，岂观其通而知时义者哉。一有天地，无非象数也。大无外，细无间，以此为征，不者洸洋矣。观玩环中，原其始终，古今一呼吸也。杂而不越，旁行而不流，此《时论》所以折衷诸家者乎！（《后跋》）

李溦林指出：

> 桐山方氏四世精《易》，潜夫先生研极数十年，明此
> 一在二中、寂历同时之旨。邵、周、程、朱是为正铎，而
> 理寓象数，中旁皆通。近代王阳明、焦弱侯、管东溟、郝
> 楚望、孙淇澳、高景逸、黄石斋、倪鸿宝诸先生之说，万
> 派朝宗矣。一切生成，天然秩叙，元会呼吸，律历征几，
> 通志成务，体用神明，兼该悉备，实造化人事之橐钥，百
> 家九流之指归也。(《周易时论合编序》)

方以智站在易学史的角度指出《时论》不偏废易学任何一
派，而是折中诸家，而李溦林亦指出《时论》融通百家而归于
一。其论可谓公允矣。

就哲学角度而言，方氏父子在太极、虚空、理气、理象、
道器等问题上，秉承前人的观点，发展和丰富了宋明理学，建
立了独特的本体论体系。如朱伯崑所言："他们以象数之学为
骨干，分别吸收理学派和气学派两家的观点，从而在易学哲学
史上建立起一套本体论的体系。由于受自然科学知识影响较
多，他们提出'太极在有极中'的命题，主张理寓于气，道寓
于器，理寓于象数，有极之上无太极，以象数之学的体系，论
证本体即在现象中，从而在易学哲学史上作出了新的贡献。"[①]

_____

① 朱伯崑《易学哲学史》第三卷，华夏出版社，1995 年，第 348 页。

第二编

清初的易学辨伪思潮

概　述

　　清代是易学研究蓬勃发展的时代，也是易学研究的转型期。自春秋时期孔子整理《周易》古经、《易传》十篇，开启以义理为主、兼顾象数训诂的解《易》路径之后，《周易》一书即被纳入学术视野，彻底实现了由卜筮之书到儒家经典的话语转换。尔后，在西汉天人感应的宏观文化思潮下，易学与天文、历法等自然科学知识的融合愈发紧密，从而形成了长于言天的象数之学。及至东汉，象数学又与文字训诂相结合，并成为解释《周易》的主流方法。然而，由于东汉经师笃守着圣人"观象系辞"的信念，夸大了象数在《周易》文本形成过程中的作用，以致其《易》注繁琐牵强、支离破碎的弊病暴露无遗，遂最终激发了魏晋玄学易的崛起。王弼等人一洗汉易象数之弊，融合儒道，辨名析理，以清新简洁的语言和深邃理性的思维重构易学。此后，义理解《易》便一跃占据魏晋尤其是唐代易学的主导地位。宋代以降，理学家为了扭转儒学的颓势、抗击佛老的形上学理论，纷纷以《周易》为学术根基，通过创造性的重释而建构起深邃博大的理学体系。程颐秉承王弼易学传统，彰明儒理。朱熹则以求实为旨，主张《易》本卜筮之书，同时阐发图书先天之学，补程氏之未尽处。随着程朱理学被尊奉为官方学说，其易学思想亦成为绝对主导。然而，与汉唐经师不同，宋明学者并不逐一训解《周易》经传之字词本义，而是希望透过文意开掘出圣人之意和大道至理。为了建构思想体系，他们解释经典时不惜妄加删改、断章取义、刻意曲解。例如，河图洛书、先天之学虽然回答了易学起源的问题，但其相去《周易》原典实已不啻天渊。因此，反思检讨以往易学即成为学术发展之必然趋势。而清代易学，正是在对此前易学的解构中形成、确立并渐次展开的。

满清入关后，清廷仍然借鉴了前朝的文化政策，定程朱于一尊。因而在易学领域，程朱易学仍然占据统治地位。顺治帝命傅以渐编修《易经通注》，力辟明代《周易大全》"繁冗芜陋"，"刊去舛讹，补其缺漏"，颁之学宫。康熙"服膺朱子之书，而悦心研虑"，命牛钮撰《日讲易经解义》，又命李光地编《周易折中》，冠以《程传》、次以《本义》，兼采汉宋二百余家《易》注，发明程朱，大兴宋易。孙奇逢、陈梦雷、魏荔彤、张烈、张英、刁包、胡煦等人，或全面解释程朱易学、或部分修正之，以建构其义理易学体系。孙奇逢一面继承程朱，发明义理、切近人事，一面又对心学易有所吸收，提出"圣心之易"。其释《易》不求一字一词皆有确解，而是"由《象传》通一卦之旨，由一卦通六十四卦之义"，且少言图书；张烈以朱熹《周易本义》为宗，作《读易日钞》，用"因象设事，就事陈理"的方法阐发《周易》义理；李光地的《周易通论》和《周易观象》长于谈义，亦兼证易象，"在宋易中，可谓融会贯通，卓然成一家之说"（《四库全书总目·周易通论》），"其大旨虽与程朱二家颇有出入，而理足相明，有异同，而无背触也"（《四库全书总目·周易观象》）。陈梦雷的《周易浅述》以朱子《本义》为主，融通《周易正义》《东坡易传》《周易大全》和来知德的《周易集注》，对诸家未及或不同之处，皆阐发以己意。其易学对朱子易学有所发展，既切人事，亦能明象；清初易学大家胡煦撰《周易函书约存》《周易函书约注》等书，一则建立了以多种易图为基本内容的象数之学，从而较为圆通地注释了《易经》卦爻辞，一则在象数学的视域之下，通过阐述天、道、性等概念重新构建了义理体系，深化了程朱所代表的宋代易学。总之，因乎清初官学的确立，以程朱为代表的宋易随即成为易学研究的显学。然而，程朱易学全盛之际，也是其衰败之时。无训诂支撑的义理之学，缺乏文本依据的图书之学存在的弊端，日益显露。

就在清初程朱易学一统天下之时，以检讨宋易图书之学、明代官学易为主要内容的辨伪思潮正在兴起，逐渐成为清代易学研究的主流。这种反宋复古的辨伪思潮被梁启超比喻为欧洲的文艺复兴。他说："启蒙者，对于旧思想初起反动之期也。旧思潮经全胜之后，如果之极熟而致烂，如血之凝固而成瘀，则反动不得不起。""'清代思潮'果何物耶？简单言之，则对于宋明理学之一大反动，而以'复古'为其职志者也。其动机及其内容，皆与欧洲之'文艺复兴'绝相类。"①梁氏所说的旧思想，指宋明理学，尤其是空谈心性的心学。就易学而言，主要指明代以《周易大全》为代表的官方易学和宋明理学中涉及的图书之学。所谓复古，是指从文本出发，恢复以训诂学为内容的汉学。易学是指恢复汉易古音和反思汉易象数之学。事实上，这种辨伪思潮在清代之前已萌芽。北宋欧阳修的《易童子问》质疑《文言》《系辞》为孔子所作，已开辨伪之先河。明代中后期杨慎等人推崇汉唐古注，以汉学训诂、考辨方法研究易学，直指朱子《易学启蒙》以《易传》释先天、后天、太极诸图的做法乃是颠倒源流。清初学者的辨伪风潮正是承接杨慎等人而起。他们以《周易》文本为标尺，对两宋以来流行的图书、先天之学进行了全面检讨。顾炎武、毛奇龄、黄宗羲、黄宗炎、胡渭等人相继著书立说，以图书之学源自道教、宋以前不见于易学文本、自身体系相互抵触等为核心论据，认定宋易的图书学和先天学乃是后起之伪学。与顾炎武同时的王夫之虽然隐居山林，并未直接参与清初辨伪工作，却以宏大的学术视野和卓越的哲学思辨，自觉、全面、系统地总结了汉宋易学的得失利弊。

清初易学辨伪开启了三大转变：一是由批判明代官学易转向批判宋易象数学。顾炎武的批判重心在于《周易大全》，兼及陈、邵之图书。他认为，《大全》割裂朱子《本义》，与《周

① 梁启超《清代学术概论》，上海古籍出版社，1998年，第2—3页。

易》经传和孔门易学相悖，继而主张恢复程朱之书以存《易》。进而，他把批判对象转向了宋易中图书之学。提出"希夷之图、康节之书，道家之易也"（《日知录》卷一）。毛奇龄、黄宗羲、胡渭继之，全面清算图书之学。朱彝尊作《太极图授受考》、毛奇龄作《太极图说遗议》、黄宗炎作《图学辩惑》，重点驳斥了周敦颐的太极图。他们以大量文献资料为据，提出《太极图》不是周敦颐原创，而是出自道教。黄宗羲作《易学象数论》、胡渭作《易图明辨》，把矛头直指邵雍先后天之学、刘牧、朱熹的河洛之学。他们认为先后天之学与图书之学是后起之伪学，是对易学文本的误读，其实质是道教之说，而非儒家易学。二是由回归文本转向回归汉易。顾炎武、黄宗羲、胡渭等人从文本出发，不仅对宋易象数大加挞伐，对汉易经说也进行了研究。如顾炎武从"知音""考文"始，撰《音学五书》。该书先列《易音》，力图通过读音识字，揭示易学文本之义。同时，他承认《易》文本固有之象，如八卦之象，又如《易传》有"旁通"（覆卦）与"反对"（反覆而发生的爻位变换）。然后，他又转入汉易研究，反对汉儒以"象外生象"。如他认为："荀爽、虞翻之徒，穿凿附会，象外生象。以'同声相应'为震巽，'同气相求'为艮兑，'水流湿、火就燥'为坎离。'云从龙'则曰乾为龙，'风从虎'则曰坤为虎，《十翼》之中无语不求其象，而《易》之大指荒矣。"（《日知录》卷一）黄宗羲立足于易学文本，承认"圣人以象示人，有八卦之象，六画之象，象形之象，爻位之象，反对之象，方位之象，互体之象，七者而象穷矣"。认为除此之外的其他易象皆属伪象："后儒之为伪象者，纳甲也，动爻也，卦变也，先天也，四者杂而七者晦矣。"他认为汉儒"月体纳甲乱其序，于五行不符"，卦气非伏羲、文王所创，"于象于名两无当"，卦变"以反对为义"，"非以此卦生彼卦"。毛奇龄在力辟宋易象数的同时，又通过检讨汉易，提出五易说：《易》有五易：谓变易、交易、转易、对易、移易。"（《仲氏易》卷一）并以汉易卦变说为基础，建立了"推移说"。三是由奢谈义理转向少言义理。王夫之反对汉易"不要诸理"，指责晋唐易学流于"老庄虚无之旨"、程颐"纯乎理事"、朱熹"专言象占"，"辟京房、陈抟日者黄冠之图说"，兼收并蓄，重建以张载为核心的义理之学；黄宗羲、胡渭检讨和反思汉代象数易学，重点批判宋易图书之学，却并未由此开出义理之学。黄宗炎由"图学非古"的观点出发，辨宋易图书之伪。他从卦画卦名"确乎一体"、"卦画者文字之根原"的象辞观和"无象斯无理"的象理观出发，以"即象见理"的方法"求性命之理"。但其易学研究重点仍是批判宋代图书之学、倡导文字学与象学。

对于清初辨伪之学在汉学易兴起过程的作用，清人有不同的见解。江藩在撰《国朝经师经义目录》时提出清初辨伪思潮"不宗汉学"。他指出："国初老儒，亦有攻王弼之《注》、击陈抟之《图》者。如黄宗羲之《易学象数论》，虽辟陈抟、康节之学，而以纳甲动爻为伪象，又称王辅嗣注简当无孚义。黄宗炎之《周易象辞》《图书辨惑》，亦力辟宋人图书之说，可谓不遗余力矣。然不宗汉学。皆非笃信之士。惟毛奇龄《仲氏易》《推易始末》《春秋占筮书》《易小帖》四书，皆宗旧旨，不杂芜辞。"[1] 因此，江氏于《国朝经师经义目录》除了胡渭《易图明辨》外，不录辨伪时期其他著作，在《汉学师承记》中也只列胡渭，不为其他学者列传，仅于书末列顾炎武和黄宗羲。显然，他并不重视清初辨伪之学与汉学之间的关系。梁启超与之不同，他高度关注清初辨伪之学，用"破"与"立"说明清初辨伪之学与乾嘉汉学的关系。他说："反动者，凡以求新思潮也。然建设必先之以破坏，故此时期之重要任务，其精力皆用于破坏，而建设盖有所未遑。所谓为遑者，非阁置之谓。其建设之主要精神，在此期间必已孕育。如史家所谓'开国规模'者然。虽然，其条理为确立，其研究方法正在间错实验中，弃取未定，故此时期之著作，恒驳而不纯，但在淆乱粗糙之中，自有一种元气淋漓之象。"[2] 在梁氏看来，通过清算宋易和反思汉易，易学辨伪思潮孕育了汉学易。其论可谓精辟！

从易学发展看，如梁氏所言，易学辨伪思潮确为汉学易兴起的前奏。顾炎武、黄宗羲、胡渭等人从文本出发，考镜源流、明辨是非，对回复文本和探求经典本义有很大贡献。如他们对于图书之学的批判，为清代乾嘉时期易学和经学研究扫

---

[1] ［清］江藩《国朝经师经义目录》，见徐洪兴编校《汉学师承记（外二种）》，中西书局，2012 年，第 152 页。

[2] 梁启超《清代学术概论》，上海古籍出版社，1998 年，第 3 页。

除了障碍。如梁启超所言："所谓'无极''太极'，所谓《河图》《洛书》，实组织'宋学'之主要根核，宋儒言理、言气、言数、言命、言心、言性，无不从此衍出。……渭之此书，以《易》还诸羲文周孔，以图还诸陈、邵，并不为过情之抨击，而宋学已受'致命伤'。"[①]"东樵破坏之功，过于建设。他所以能在学术界占重要位置者，以此"[②]。清初学者在辨伪时所倡导的训诂学和考据方法朴实而严谨，为清中期乾嘉易学的形成奠定了基础。如钱穆说："治音韵为通经之錀，而通经为明道之资，明道即所以救世，亭林之意如是。乾嘉考证学，即本此推演以考文、知音之功夫为明道，诚可得亭林宗传。"[③]不仅清初以顾炎武为代表的倡导的文字训诂对于乾嘉学者有重要的影响，而他们清初在清算宋易图书之学和其他宋学所表现出的考据方法，也深深影响了乾嘉学者。同时，清初学者开始涉足于对汉易的反思与检讨，并就汉易提出了自己的看法，也对乾嘉时期汉易研究兴起起到了推波助澜的作用。如毛奇龄汉学易研究对于乾嘉汉学易有重要的影响："西河有天才而好立异，故其书往往有独到处。有《河图洛书原舛编》《太极图说遗议》，辨图书之伪在胡东樵《易图明辨》前，有《仲氏易》……这部书驳杂的地方很多，但提倡汉儒——荀爽、虞翻诸人的易学，总算由他开创。后来的惠定宇之《易汉学》，却受他的

---

① 梁启超《清代学术概论》，上海古籍出版社，1998 年，第 15 页。
② 梁启超《中国近三百年学术史》，山西古籍出版社，2001 年，第 74 页。
③ 钱穆《中国近三百年学术史》（一），九州出版社，2011 年，第 146 页。

影响。"①

当然，清初致力于辨伪的学者对象数之学多有评议，却大多未能建构义理体系，故学界往往以辨伪思潮之失视之。然而，一旦我们把清初辨伪思潮的兴起与义理之学的繁盛联系起来，便可知晓清初学者少言义理的原因乃是当时程朱之说已然成为显学，不谈义理并非易学辨伪之失，而是基于学术纠偏之目的。

① 梁启超《中国近三百年学术史》，山西古籍出版社，2001 年，第 169 页。

第一章　顾炎武的易学辨伪与音韵方法

顾炎武（1613—1682），原名绛，字忠清，明亡后改名炎武，字宁人，亦自署蒋山佣，江苏昆山人。因故居旁有亭林湖，学者尊称亭林先生。他一生嫉恶如仇，反对宦官擅权，批判科举制度。清兵入关后积极投身于反清复明斗争，起义失败，遂开始漫长的逃亡生涯，遍游华北。顾氏阅历深广，学问渊博，于经史百家、音韵训诂、金石考古、方志舆地、国家典制、郡邑掌故、天文仪象乃至水利河漕、兵农田赋、经济贸易等方面皆有精湛造诣，是清代学术的开创者之一。在经学上，他继承明季学者的反理学思潮，注重实证，辨别源流，审核名实，不仅痛斥心学流弊，且在天道、理气、道器、知行、天理人欲诸多范畴上显示出迥异于程朱的为学旨趣；其音韵学亦成绩斐然。他考订古音，离析《唐韵》，撰作《音学五书》，在阐明音学源流和分析古韵部目上有承前启后之功，被誉为古音学之奠基者。顾炎武并无易学专著，其易学思想散存于《日知录》和《音学五书·易音》之中。

一、《连山》《归藏》非《易》，
重卦不始于文王

在易学史上，学者多据《周礼》"太卜掌三易之法，一曰《连山》，二曰《归藏》，三曰《周易》"一语，将《连山》《归藏》《周易》并称为"三易"。对此，顾炎武不以为然。在他看来，唯有《周易》可称为"易"，"《连山》《归藏》非《易》也"。原因在于，"夫子言包羲氏始画八卦，不言作易，而曰'易之兴也，其于中古乎'，又曰'易之兴也，其当殷之末世，周之盛德邪，当文王与纣之事邪'，是文王所作之辞始名为《易》"（《日知录》卷一）。由此可知，《易》专指《周易》，并不包括《连山》《归藏》。依此标准，《左传》筮例凡引《周易》文辞者方可称《易》，引文未见于《周易》者则不是《易》。如《左传》僖公十五年条载，秦伯伐晋，卜徒父筮之曰吉。其卦遇《蛊》，曰："千乘三去，三去之余，获其雄狐。"又如，成公十六年晋楚战于鄢陵，公筮之，史曰吉。其卦遇《复》，曰："南国蹙，射其元王，中厥目。"顾炎武指出，此二例"皆不用《周易》，而别有引据之辞，即所谓三易之法也"（《日知录》卷一）。基于此，他对《周官·大卜》的"三易"说作出了另一番解释。他认为，"三易"是"后人因易之名以名之也。犹之墨子书言周之春秋、燕之春秋、宋之春秋、齐之春秋。周、燕、齐、宋之史，非必皆春秋也。而云春秋者，因鲁史之名以名之也"（同上）。换言之，《连山》《归藏》不是易，是后人随《周易》书名而称之。

平心而论，顾炎武通过辨析《连山》《归藏》《周易》名称之不同来指明三者内容之差异，无可非议。然而，他对《周礼》所谓"三易"的解释却难以令人信服。事实上，"易"在古代是筮占的通称，如郑玄注"三易"之"易"曰："易者，揲蓍变易之数，可占者也。"也就是说，凡以蓍草为工具的筮占方法皆可称"易"。尽管《连山》《归藏》以七八占，《周易》以九六占，但三者在以蓍草占算这一点上并无区别。因此，将《连山》《归藏》称为"易"实无不妥。

在易学史上，"重卦起于何人"的问题亦众说纷纭。《周易正义·卷首》曾列出四种观点：伏羲重卦、神农重卦、夏启重卦、文王重卦。其中，又以第四种观点即文王重卦说影响最大。对此，顾炎武表示明确反对。他指出，文王之前已有六画卦，故重卦绝非始于文王。其证据有二：其一，《周礼》曰："大卜掌三易之法，其经卦皆八，其别皆六十有四。"其二，"考之《左传》襄公九年，穆姜迁于东宫，筮之，遇《艮》之《随》。姜曰：'是于《周易》曰："随，元亨利贞，无咎。"'"顾炎武说："独言是于《周易》，则知夏商皆有此卦，而重八卦为六十四者，不始于文王矣。"（《日知录》卷一）时至今日，数字卦和《归藏》六画卦的出土已然否定了文王重卦说，证明了顾氏此论确有见地。

二、卦爻外无别象，汉儒穿凿
附会象外生象

在易学史上，郑玄、虞翻等人基于《易传》的"观象系辞"说，笃信《周易》象辞之间存在着严格的对应关系。他们相继发明创设了一系列象数体例。正是这种"以象生象""象外生象"的做法，造成了汉易牵强繁琐的弊病。对此，顾炎武进行了严厉批评。他认为，圣人系辞、作《传》所根据的象只有《周易》卦爻，"卦爻外无别象"：

> 圣人设卦观象而系之辞，若文王、周公是已，夫子作《传》，《传》中更无别象。其所言卦之本象，若天地雷风水火山泽之外，惟'颐中有物'本之卦名，'有飞鸟之象'本之卦辞。而夫子未尝增设一象也。（《日知录》卷一）

依顾炎武的理解，《周易》经传中的象主要是指"天、地、雷、风、水、火、山、泽"等八卦之象。唯"颐中有物"和"飞鸟之象"需要特别说明。《象·噬嗑》"颐中有物曰噬嗑"本来是讲卦象的，即《噬嗑》☲本于《颐》卦☶。《颐》☶初上为阳、中间皆阴，阳实阴虚，有口颐之象。在《颐》☶中加一阳爻，则为《噬嗑》☲，即《颐》和《噬嗑》卦名本于卦象。然而，《颐》《噬嗑》上下二体并无口颐和颐中有物之象，故顾炎武以为《噬嗑》"颐中有物"非是讲卦象，而是从"噬嗑"卦名而来，即"颐"字训"口颐"、"噬嗑"是口咬合之义；《小过》䷽中间二阳，上下各有二阴，内刚外柔，似飞鸟展翅之象，但《小过》上震下艮，震、艮尢鸟象，故顾炎武认为《彖·小过》"有飞鸟之象焉"乃是基于卦辞"飞鸟遗之音"及爻辞"飞鸟以凶""飞鸟离之"。

　　就卦象而言，顾炎武主张《序卦》和《杂卦》中有旁通卦和反对卦。他说："《序卦》《杂卦》皆旁通之说，先儒疑以为非夫子之言。然《否》之'大往小来'承《泰》之'小往大来'也，《解》之'利西南'承《蹇》之'利西南、不利东北'也，是文王已有相受之义也。《益》之六二即《损》之六五也，其辞皆曰'十朋之龟'。《姤》之九四即《夬》之九三也，其辞皆曰'臀无肤'。《未济》之九四即《既济》之九三也，其辞皆曰'伐鬼方'，是周公已有反对之义也。"（《日知录》卷一）从中可见，他所谓的"旁通"不同于虞翻，实指虞翻之"反对"，亦即孔颖达之"覆卦"。而其所谓"反对"，是指因两卦反覆而发生的爻位变换。由"卦爻外无别象"一语可以推知，顾炎武认为旁通、反对皆属《周易》卦爻固有之象。

　　基于"卦爻外无别象"的论断，顾炎武对汉儒"象外生象"的做法多有批评：

　　　　荀爽、虞翻之徒，穿凿附会，象外生象。以"同声相应"为震巽，"同气相求"为艮兑，"水流湿、火就燥"

为坎离，"云从龙"则曰乾为龙，"风从虎"则曰坤为虎，《十翼》之中无语不求其象，而《易》之大指荒矣。岂知圣人立言取譬，固与后之文人同其体例，何尝屑屑于象哉。（《日知录》卷一）

在顾氏看来，虞翻相信《易传》一字一句皆依象而立的观点是由于不了解圣人"立言取譬"，不"屑屑于象"，从而远离了《易》之大旨。在这一点上，他非常赞赏王弼和程颐的义理解《易》方法："王弼之注，虽涉于玄虚，然已一扫易学之榛芜，而开之大路矣。不有程子，大义何由而明乎。"（《日知录》卷一）

顾炎武也明确反对汉儒的注经体例。他说："《易》之互体卦变、《诗》之叶韵、《春秋》之例日月，经说之缭绕破碎于俗儒者多矣。"在卦变的问题上，他赞同程颐的乾坤卦变说，而不取汉易卦变之例："卦变之说不始于孔子，周公系《损》之六三已言之矣，曰：'三人行，则损一人。一人行则得其友。'是六子之变皆出于乾坤，无所谓自《复》《姤》《临》《遁》而来者，当从《程传》。"（《日知录》卷一）此外，顾炎武虽承认春秋时期已有互体，但否认《易传》有互体之例。他说："凡卦爻二至四、三至五两体交互各成一卦，先儒谓之互体，其说已见于《左氏》庄公二十二年：'陈侯筮遇观之否，曰："风为天于土上，山也。"'注：'自二至四有艮象，艮为山是也，四爻变故。'然夫子未尝及之。后人以'杂物撰德'之语当之，非也。其所论'二与四、三与五同功而异位'特就两爻相

较言之，初何尝有互体之说。"（同上）因此，他也不认为朱
熹《周易本义》采用了互体之法："朱子《本义》不取互体之
说，惟《大壮》五六云'卦体似兑，有羊象焉'，不言互而言
似。似者，合两爻为一爻，则似之也。然此又创先儒所未有，
不如言互体矣，《大壮》自三至五成兑，兑为羊，故爻辞并言
羊。"（同上）按照顾炎武的理解，朱熹注文中的"似兑"是指
"合两爻为一爻"，即初二、三四、五上各为一爻，则《大壮》
䷡成兑。但他同时指出，此种解释乃是朱子自创，而互体早
已有之，故《本义》此解不如以互体释之。综上，在互体问题
上，顾炎武一面承认互体，一面又认为《易传》不言互体。这
种看法的实质，是在对互体说给予一定程度认肯的同时，又反
对互体在注经中的过度运用。

三、希夷之图、康节之书，道家之《易》也

据朱震《汉上易传》记载，宋代兴起的图书之学与道教
颇有渊源："陈抟以先天图传种放，放传穆修，修传李之才，
之才传邵雍。放以河图、洛书传李溉，溉传许坚，坚传范谔
昌，谔昌传刘牧。修以太极图传周敦颐，敦颐传程颢、程颐。"
（《汉上易传表》）刘牧的河洛之学、邵雍的先天之学经过朱子
的弘扬，更是成为宋明易学中的显学。凡言《易》者，无不将
其源头上溯至河图、洛书。然而，顾炎武基于儒学立场对图
书、先天诸说进行了冷静的反思。他说：

圣人之所以学《易》者，不过"庸言""庸行"之间，而不在乎图书象数也。今之穿凿图象以自为能者，畔也。（《日知录》卷一）

若"天一地二""易有太极"二章，皆言数之所起，亦赞《易》之所不可遗，而未尝专以象数教人为学也，是故"出入以度，无有师保，如临父母"，文王、周公、孔子之易也。希夷之图、康节之书，道家之易也。自二子之学兴，而空疏之人、迂怪之士，举窜迹于其中以为《易》，而其《易》为方术之书，于圣人寡过反身之学去之远矣。（同上）

数往者顺，造化人事之迹，有常而可验，顺以考之于前也。知来者逆，变化云为之动，日新而无穷，逆以推之于后也。圣人神以知来，知以藏往，作为《易》书，以前民用。所设者未然之占，所期者未至之事，是以谓之逆数。……已然者为往，往则有顺之之义焉；未然者为来，来则有逆之之义焉。若如邵子之说，则是羲、文之《易》已判而为二，而又以震、离、兑、乾为数已生之卦，巽、坎、艮、坤为推未生之卦，殆不免强孔子之书以就己之说矣。（同上）

顾炎武对待图书之学的态度，透显出强烈的实学精神。在他看来，图书之学穿凿附会，有违于儒学宏旨。他又分析了邵雍等人解释《易传》文本的失误之处。例如，《系辞》所云天地之数、太极生八卦等处皆言易数，非是"专以象数教人为学"，更非专指图书。又如，《说卦》"数往者顺，知来者逆"当以义理解之。"数往者"是说既往之事可考可验，"知来者"是指推知未来发生之事。"已然者为往，往则有顺之之义焉；未然者为来，来则有逆之之义焉。"邵雍则以己意强为之解，即按先天圆图乾一、兑二、离三、震四、巽五、坎六、艮七、坤八的次序，"以震、离、兑、乾为数已生之卦，巽、坎、艮、坤为推未生之卦"。如此一来，"羲、文之《易》已判而为二"（《日知录》卷一）。

在此基础上，顾炎武明确区分了儒家易与道家易。儒家易是"文王、周公、孔子之易也"；"希夷之图、康节之书，道家之易也"。前者是"寡过反身之学"，乃易学之正宗。后者多言方术，"空疏之人、迂怪之士，举窜迹于其中"（《日知录》卷一）。故二者绝不应等量齐观。

四、复程朱之书以存《易》

顾炎武反对朱熹倡导的图书之学，却不反对朱熹订正的《周易》文本。相反，他对《周易本义》给予很高的评价，明确主张"复程朱之书以存《易》"（《日知录》卷一）。显然，这一观点是针对长期以来《周易》文本编次混乱的状况而发的。

顾炎武论述了《周易》文本的演化历程。文王、周公作《周易》古经上下篇，孔子作《易传》十篇。西汉时期，《周易》被列为官方经学，上下经及十翼合为《易经》十二篇。然而，费氏《易》一脉分传附经之举，致使《周易》文本原貌不在，后世愈发经传不分："自汉以来，为费直、郑玄、王弼所乱，取孔子之言逐条附于卦爻之下，程正叔《传》因之。"（《日知录》卷一）有鉴于此，朱熹《周易本义》据吕祖谦《古周易》而厘定之，"乃复孔氏之旧云"。可惜的是，"洪武初，颁五经天下儒学，而《易》兼用程朱二氏，亦各自为书。永乐中修《大全》，乃取朱子卷次割裂附之《程传》之后，而朱子所定之古文仍复淆乱"（同上）。因此，顾炎武对明代《周易大全》予以猛烈的批判：

> 《大全》之本乃朝廷所颁，不敢辄改，遂即监版传义之本刊去《程传》，而以程之次序为朱之次序，相传且二百年矣。惜乎，朱子定正之书竟不得见于世，岂非此经之不幸也夫。（《日知录》卷一）
>
> 秦以焚书而五经亡，本朝以取士而五经亡。今之为科举之学者，大率皆帖括熟烂之言，不能通知大义者也。而《易》《春秋》尤为缪盩，以《彖传》合《大象》，以《大象》合爻，以爻合《小象》，二必臣，五必君，阴卦必云小人，阳卦必云君子，于是此一经者为拾渖之书，而《易》亡矣。（同上）

在顾氏看来，明代易学研究步入歧途与《周易》版本混乱关联紧密。针对汉儒分传附经的做法，朱子《本义》已然拨乱反正，可明代官学易竟然割裂《本义》分附《程传》，致使经传原貌被再度破坏，这才阻碍了明代儒者对《周易》的理解。不仅如此，《周易大全》专取胡一桂、胡炳文、董真卿、董楷等人之说而排斥别家，乃是以偏概全。在他看来，包括《周易大全》在内的三部《大全》"无非窃盗而已"，纯粹是对前人成说的因袭拼凑。"上欺朝廷，下诳士子"，最终造成了"人士尽弃宋元以来所传之实学，上下相蒙，以饕禄利而莫之问"的局面。以此作为科考书目选拔人才，不仅误人子弟，也对经学伤害极大。"自宋之末造以至有明之初年，经术人才于斯为盛。自八股行而古学弃，《大全》出而经说亡。"（《日知录》卷十八）"呜呼！经学之废，实自此始，后之君子欲扫而更之，亦难乎其为力矣。"（同上）显见，顾炎武由批判明代官学著作《周易大全》的版本和内容入手，进而抨击了明代的科举制度。既然《周易大全》危害甚大，则恢复朱子《本义》理应成为易学研究的首要任务。正是基于此一识见，顾炎武才提出了"复程朱之书以存《易》"的口号。

五、"知音""考文"的易学方法

顾炎武经学研究的主要贡献，在于其"以经治经"和"以音韵通经"的方法以及由此形成的考据之学。其中，用音韵方法解释经典是其经学研究的突出特点。需要说明的是，顾炎武以音解经的学术方法，是迎合经学发展要求而形成的。我们知道，汉代经学有今古文之分。东汉以后，古文经行而今文经亡。自唐代始，今文渐兴而古文遂泯，经学研究"疑经惑传"、随意改经、曲解经义等风气，在宋代更是愈演愈烈。在顾炎武看来，之所以如此，乃是因学者不通音韵，不知音学经历二变，未晓古音与今音之不同。"三代《六经》之音，失其传也久矣，其文之存于世者，多后人所不能通。以其不能通，而辄以今世之音改之，于是乎有改经之病。始自唐明皇改《尚书》，而后人往往效之。……至于近日锓本盛行，而凡先秦以下之率臆径改，不复言其旧为某，则古人之音亡而文亦亡，此尤可叹者也。"（《答李子德书》，《亭林文集》卷四）不通音韵而随意改经，正是经学研究之大病。"嗟夫！学者读圣人之经与古人之作，而不能通其音。不知今人之音不同乎古也，而改古人之文以就之，可不谓之大惑乎？"（同上）以《周易》为例："《易·渐》上九：'鸿渐于陆，其羽可用为仪'。范夸昌改'陆'为逵，朱子谓以韵读之良是。而不知古人读为俄，不与逵为韵也。《小过》上六：'弗遇过之，飞鸟离之。'朱子存其二说，谓仍当作'弗过遇之'，而不知古读离为罗，正与过为韵也。《杂卦传》：'晋，昼也；明夷，诛也。'孙奕改'诛'为'昧'，而不知古人读'昼'为注，正与'诛'为韵也。"（同上）有鉴于此，顾炎武将识字审音视为理解经义的前提条件："读九经自考文始，考文自知音始。以至诸子百家之书，亦莫不然。"（同上）

为了让时人熟悉古音及古音、今音之分，从而更好地理解古代典籍，顾炎武撰《音学五书》。该书先列《诗本音》《易音》，次列《唐韵正》，再列《古音表》《韵补正》。依此次第，"学者读之，则必先《唐韵正》而次及《诗》《易》二书，明乎其所以变，而后三百五篇与卦爻象象之可读也"。其中，顾炎武的音韵解《易》方法，详见于《易音》。他相信，文王作《易》辞"用音止此。所以然者，《易》之体不同于《诗》，必欲连比象占，牵合上下，以就其音"。

《易音》对《易》辞古音辨析极精，进而由古音通达文意。如《小畜》九三"舆说辐，夫妻反目"之"辐"，顾氏曰："《子夏传》、马融、郑玄、虞翻并作'舆说輹'，今从之。按辐字，《诗·伐檀》与侧、直、亿、特、食韵，《正月》与载、意韵，《荀子》引《逸诗》与塞、息韵。目字，《左传》宣二年与腹、复韵，成十六年与蹴韵，《老子》与腹韵，不可以强合也。作'輹'为是。《说文》：'輹，轴缚也。'《左传》僖十五年：'车脱其輹'。注：'輹，车下缚也。'《正义》曰：'《子夏易传》云：輹，车下伏兔也。今人谓之车屐。形如伏兔，以绳缚于轴，因名缚也。'熊朋来《五经说》曰：'輹，谓轐上伏兔。《考工记》：轐人为轐，自伏兔至轨七寸，即此輹也。'故《大畜》九二亦云：'舆说輹'，而《大壮》九四云'壮于大舆之輹'。"（《易音》）又如《贲》卦之"贲"，前人多有争议。陆德明《释文》云："李轨：府汾反。傅氏云：贲，古斑字，文章貌。郑云：变也，文饰之貌。王肃：符文反。云：有文饰，黄白色。"顾炎武以音韵证之曰："今按六四'贲''皤''翰'三字似同为一韵，犹《屯》六二之'屯''邅''班'三字亦同为一韵也，当从王肃音为定。"（同上）《贲》"如皤"之"皤"，陆德明《释文》云："董遇音槃，云：'马作足横行曰皤。'郑玄、陆绩本作蹯，音烦。"顾炎武辨之曰："今按此句与下'翰如'为韵，当从郑、陆为是。今皤字入八戈韵。汉蔡邕《述行赋》'棘马蹯而不进兮，心鬱悒而愤思'即此字。"（同上）

顾氏对《易传》音韵亦有讨论。例如，《彖·乾》"大哉乾元"之"元"，元韵；"万物资始乃统天"之"天"，"一先"韵；"云行雨施，品物流形"之"形"，青韵；"大明终始，六位时成"之"成"，清韵；"时乘六龙以御天"之"天"，韵同上；"乾道变化，各正性命"之"命"，"古音弥齐反，见《诗蝃蝀》"；"保合太和，乃利贞"之"贞"，清韵；"首出庶物，万国咸宁"之"宁"，青韵。他还归纳了《易传》的总体音韵特点："按：真、谆、臻不与耕、清、青相通，然古人于耕、清、青韵中字往往读入真、谆、臻韵者，当繇方音之不同，未可以为据也。《诗》三百五篇并无此音，孔子传《易》：于《屯》曰'虽盘桓，志行正也；以贵下贱，大得民也'，于《观》曰'观国之光，尚宾也；观我生，观民也；观其生，志未平也'，是'平''正'皆从'民'字读矣。于《革》曰'天地革而四时成，汤武革命，顺乎天而应乎人'，于《兑》曰'说以利贞，是以顺乎天而应乎人'，于《节》曰'天地节而四时成，节以制度，不伤财，不害民'，于《系辞传》曰'君不密则失臣，臣不密则失身，几事不密则害成'，是'成''贞'皆从'人''民''臣'字读矣。而

《乾·彖传》'形''成''贞''宁'皆从'天'读，《文言》
'正''精''情''平'皆从'天'读，《讼·彖传》'成''正'
皆从'渊'读，《大畜·彖传》'正'从'贤''天'读，今吴
人读耕、清、青皆作真音，以此知五方之音，虽圣人有不能改
者。"(《易音》)

　　客观地讲，顾炎武倡导的以音求义，的确是易学研究不可
或缺的方法。其价值在于，通过古音韵可以校勘文本、解释文
本，恢复经典的本来意义，纠正前人随意改经的陋习。面对历
代争讼的疑难卦爻辞时，此法尤显重要。因此，后世易学家多
将其奉为圭臬。不过，《周易》经传毕竟不同于《诗经》，并非
全以音韵而作。因此，一味追求以音解《易》，必有偏颇之处。
如四库馆臣所言："《易》之本书则如周秦诸子之书，或韵或不
韵，本无定体，其韵或杂方音，亦不能尽求其读，故象辞爻辞
不韵者、多韵者亦间有，《十翼》则韵者固多，而不韵者亦错
出其间。……炎武于不可韵者，如《乾》之九二、九四中隔一
爻，谓'义相承则韵相承'之类，未免穿凿。又如六十四卦象
辞，惟四卦有韵，殆出偶合。标以为例，亦未免附会。然其考
核精确者，则于古音亦多有神，固可存为旁证焉。"

六、顾炎武易学的价值及影响

　　顾炎武易学的显著特点在于其复古精神和辨伪精神。所谓
复古，是指回归《周易》原典；所谓辨伪，是指以《周易》文

本和儒家学说为依据检讨审视历代易学。凡与《周易》文本和儒家解释相契者，即是易学本义。如八卦之象、旁通之象、反对之象、程颐卦变说及朱子《周易本义》之文本编次，皆应肯定；反之，则为"穿凿附会"之学，如汉易"象外之象"，宋易图书、先天之说，明代《周易大全》，必须力辟其非。应当承认，顾炎武对易学的辨伪未必尽合《周易》本意，但确有正本清源、拨乱反正之功。其彰显的求实精神和考据方法，开创了清初崭新的易学风尚。

明清易代后，清廷为了巩固新政权、稳定社会秩序，相继推出了一系列官学著作。就易学而言，顺治、康熙二帝的"御纂"《易经通注》《日讲易经解义》《周易折中》，仍然延续了宋明义理易学的传统，定程朱于一尊。值此之际，顾炎武、黄宗羲等明朝遗民却在追寻明朝覆灭原因的过程中普遍意识到宋明理学末流空谈心性对现实政治的消极意义。于是，他们共同掀起了一场儒学重整运动。其中，顾炎武居功甚伟。他以音韵、考据的质朴治学方法一扫晚明空疏之风，且对清初乃至乾嘉学者影响深远。如清初黄宗羲、黄宗炎、毛奇龄、胡渭等人的易学辨伪，黄宗羲、万斯同、全祖望的史学考辩，阎若璩的《尚书》研究，万斯大的三《礼》之辩，又如乾嘉时期以惠栋为首的吴派汉学"识字审音"的治学方法，戴震领军的皖派汉学"古训明则古经明"的为学主张，都在很大程度上得益于顾炎武的启发。正因乎此，顾炎武被后人誉为清学的"开山始祖"。江藩的《国朝汉学师承记》对顾炎武有如下评价：

有明一代，囿于性理，汩于制义，无一人知读古经注疏者。自梨洲起而振其颓波，亭林继之，于是承学之士知习古经义矣。①

梨洲乃蕺山之学，矫良知之弊，以实践为主。亭林乃文清之裔，辨陆王之非，以朱子为宗。故两家之学皆深入宋儒之室，但以汉学为不可废耳。②

二君以瑰异之质，负经世之才，思见用于当世，垂勋名于来叶，读书论道，重在大端，疏于末节，岂若抱残守缺之俗儒、寻章摘句之世士也哉！然黄氏辟图书之谬，知《尚书》古文之伪；顾氏审古韵之微，补《左传》杜注之遗。……国朝诸儒究六经奥旨，与两汉同风，二君实启之。③

汪喜孙跋也有类似评语："至若经史词章金石之学，贯穿勃穴，靡不通擅，则顾宁人导之于前，钱晓征及先君子继之于后，可谓千古一时也。"④徐世昌亦云："亭林之学实事求是，不分汉、宋门户，经世致用，规模闳峻，为有清一代学术渊源所自出。后之承学者因其端以引申之，各成专家。而兢兢以世道

———————

① ［清］江藩《汉学师承记》，收于徐洪兴编校：《汉学师承记（外二种）》，北京三联书店，1998年，第132页。
② ［清］江藩《汉学师承记》，第133页。
③ ［清］江藩《汉学师承记》，第133页。
④ ［清］江藩《汉学师承记》，第134页。

人心为本，论学论治，莫能外焉，此其学之所以大也。"[1]梁启超更是称顾炎武为清学"黎明运动"第一人[2]，对清儒经学有筚路蓝缕之功[3]。这些评价虽然着眼于顾氏经学的整体，但同样适用于其易学研究。在清初程朱易学占主流的背景下，顾炎武敢于逆势而动，提倡以古音求古义，并用考据方法反对宋易图书、先天之学，表现出极大的勇气，实无愧于"清学第一人"的赞誉。

然而，必须强调的是，尽管顾炎武对清代考据学的形成作出了不可磨灭的贡献，但他一面力辟图书、先天学之非，一面又推崇朱熹，故其易学辨伪与黄宗羲、毛奇龄、胡渭等人有所不同。确切地说，他对宋易象数学的批判并不彻底，尚有一定程度的保留。更重要的是，顾炎武提倡复古尊经，却对汉代易学颇为反感。这足以说明，其易学虽对乾嘉易学不无影响，但其复古的目标在于还原《周易》经传，绝非像惠栋、张惠言等人一样以恢复汉易为归。今天看来，顾炎武的某些具体观点尚有讨论余地，但他对清代易学的巨大贡献却是不容置疑的。

---

① 徐世昌《清儒学案》卷六《亭林学案》，人民出版社，2010年，第176页。
② 梁启超《清代学术概论》，上海古籍出版社，1998年，第9页。
③ 梁启超《中国近三百年学术史》，山西古籍出版社，2001年，第56页。

第二章　毛奇龄的"移易说"
　　　　与易学辨伪

　　毛奇龄（1623—1713）[1]，字大可，一字齐于，本名甡，号秋晴，浙江萧山人。祖籍河南，世居城厢镇西河沿，学者称西河先生。生于明末，明亡后藏身城南山，筑土室，读书其中。顺治二年（1645）参加抗清活动，后改名王士方，亡命浪游。康熙十八年（1679）以原名复出，受荐参与博学鸿儒科，试列二等，授翰林院检讨，充《明史》纂修官。康熙二十四年任会试同考官。在馆七年，因病告归，遂不复仕。后居杭州，以著述授徒为业。先后结识施闰章、阎若璩、姚际恒、朱彝尊等人，与之论学。李塨、陆邦烈、盛唐、王锡、章大来、邵廷采皆师从之。

　　毛奇龄"淹贯群书"，擅诗文史学，通音韵乐律，其鸣世则在经学。著作甚多，《四库全书》及存目共收录六十三种，后人辑有《毛西河先生全集》。毛氏曾受刘宗周影响，从陆王入门，后反对宋学，且对前人多有非议。其治经学注重训诂，

---

[1]　毛奇龄卒年尚有争议，一说卒于康熙五十五年（1716）。

"说经贵有据"，好为辩驳，多标新立异，"他人所已言者，必力反其词"（《清史稿·毛奇龄传》），如《经问》专攻当时学术权威顾炎武、阎若璩、胡渭三人；《诗传诗说驳议》驳斥丰坊伪造《子贡诗传》《申培诗说》；阎若璩作《尚书古文疏证》，确证《古文尚书》及孔传之伪。毛奇龄则作《古文尚书冤词》八卷，力辩其为真。毛氏所著《春秋毛氏传》《春秋简书刊误》《春秋属辞比事记》等，条例明晰，考据精核，多有先儒未及处。音律著作有《竟山乐录》，以及为讨好皇帝所撰的《圣谕乐本解说》《皇言定声录》。

　　毛奇龄精于易学，著有《仲氏易》《推易始末》《易小帖》《河图洛书原舛编》《春秋占筮书》《易韵》等书。其中，《仲氏易》三十卷是其易学代表作。该书将《周易》大旨概括为变易、交易、转易、对易、移易五义，颇具新意；《推易始末》四卷，是毛奇龄综核卦变的著作；《易小帖》五卷为易学杂说，由门人编辑成书，凡一百四十三条；《河图洛书原舛编》一卷，排击异学，考辨宋代以来的河图、洛书之非；《太极图说遗议》一卷，力辨周敦颐《太极图》并《说》源于释道二教；《春秋占筮书》三卷，取《春秋内外传》与汉晋以下言占筮者类列成书，以推三代之筮法。然而，因其纵横博辩，肆为排击，语多过激，曾谓"元明以来无学人，学人之绝，盖于斯三百年矣"，时人忌之，后人亦多贬之。其著作流传、影响有限，盖因乎此。

一、移易说

《周易》之"易"当作何解？历代学者众说纷纭。《易传》曰"生生之谓易"，把"易"解释为生生不息、大化流行。汉代《易纬·乾凿度》提出"三易"说："易者，易也，变易也，不易也。"《乾坤凿度》又增补一"日月为易"说："易名有四义，本日月相衔。又易者，交易，易定。"东汉郑玄则在《乾凿度》的基础上赋以新解："易之为名也，一言而函三义。易简一也，变易二也，不易三也。"宋代以降，胡瑗、程颐等人尤重"变易"一义，南宋朱熹又据先天图点出"变易""交易"之旨："易有两义：一是变易，便是流行底；一是交易，便是对待底。"（《朱子语类》卷六十五）毛奇龄在整合前人思想的基础上，提出了"五易"说：

> 《易》有五易，谓变易、交易、转易、对易、移易，而实有不易之理该乎其中。①
>
> 《易》有五易，世第知两易，而不知三易。故但可言"易"，而不可以言"周易"。夫所谓"两易"者何也？一曰"变易"，谓阳变阴，阴变阳也；一曰"交易"，谓阴交乎阳，阳交乎阴也。此两易者，前儒能言之，然此只伏羲

---

① ［清］毛奇龄《仲氏易》，上海古籍出版社，1990年，第12页。

氏之《易》也。是何也？则以画卦用变易，重卦用交易也。画卦、重卦，伏羲之事也。若夫三易，则一曰"反易"，谓相其顺逆、审其向背而反见之；一曰"对易"，谓比其阴阳、絜其刚柔而对观之；一曰"移易"，谓审其分聚、计其往来而推移而上下之。此三易者，自汉魏迄今，多未之著，而《周易》之所为《易》，实本诸此。是何也？则以序卦用转易，分经用对易，演《易》系词用移易也。夫序卦分经者，文王之为《易》也；演《易》系词者，则亦文王之为《易》，而或云周公之为《易》也。夫文王、周公之为《易》则正《周易》也，今既说《周易》而曾不知周之为《易》也，而可乎？[1]

所谓"变易"，是指阴阳互变，如乾变坤，坎变离；所谓"交易"，是指阴阳相交，如乾坤交为《泰》《否》，坎离交为《既济》《未济》；"转易"又称"反易"，其实就是虞翻的"反对"、孔颖达的"覆卦"、来知德的"综卦"，如《屯》䷂转为《蒙》䷃、《咸》䷞转为《恒》䷟；所谓"对易"，是说一组反易卦与另一组反易卦相对，如上经《需》䷄《讼》䷅反易，下经《晋》䷢《明夷》䷣反易，此两组反易卦相对，以地对天，以水对火。又如，上经《同人》䷌《大有》䷍反易，下经《夬》䷪《姤》䷫反易，五阳对五阳，一阴对一阴。此为"对

---

① ［清］毛奇龄《仲氏易》，上海古籍出版社，1990年，第2—3页。

易"；所谓"移易"，是指阴阳爻类聚而推移。如《泰》䷊为阴阳类聚之卦，移三爻为上爻，即三阳往而上阴来，则成《损》卦䷨。又如《否》䷋为阳阴类聚之卦，移四爻为初爻，即四阳来而初阴往，则成《益》䷩卦。毛氏特别强调，"移易"说不同于朱子的卦变说。朱子卦变是以筮占为用，移易则以注经为用："若诸卦变，则皆从两卦递变而顺逆相接，以变占，不以推演矣。此取推前演爻辞，不取变后占象数者。"①

毛奇龄认为，伏羲画卦用"变易"、重卦用"交易"，故"变易""交易"为伏羲易。对此，前人多有论及。然而，"反易""对易""移易"是文王易则少有人知。也就是说，发现文王"序卦用转易，分经用对易，演《易》系词用移易"，是毛氏的独到之见。而在"反易""对易""移易"三者中，"移易"是文王"独其系辞，则于序卦分篇之外，又特创一法"，是《周易》成书的关键。他说："《周易》者，移易之书也。虽易例有三，一曰倒易，叙卦用之；一曰对易，分篇者用之，而必以移易一例为演易属辞之用。"②因此，毛奇龄重点探讨了"移易"的内涵：

> 阳与阳聚，阴与阴聚，无所间错者，而乃从而分移之，移阳于阴，亦移阴于阳。《大传》所谓"乾坤成列"，

---

① ［清］毛奇龄《仲氏易》，上海古籍出版社，1990年，第3页。

② ［清］毛奇龄《推易始末》，见于郑万耕点校《毛奇龄易著四种》，中华书局，2010年，第3页。

则阴阳聚也。其所谓"分阴分阳",则从而分之者也。所谓"刚柔相推",则移之也。推者移也。而总以二语概之曰:"方以类聚,物以群分",然后推移之旨全焉。[①]

吾欲演《易》,则必使《易》之为义行于辞间,取六十四卦之已成者,相其阴阳之各萃与夫阴阳之相间者,而两判之。其各萃者,则谓之聚。谓阴与阴聚,阳与阳聚也,以中无间之者也。其相间者则谓之分,谓分阴于阳,分阳于阴也。若因其已聚而分之者也,而于是就已成之聚与已成之分者,而为之移易焉。[②]

他以《系辞》"乾坤成列""刚柔相推""方以类聚,物以群分"为据,认为《周易》六十四卦的卦画由阴阳之聚分构成。聚,指阴阳不杂。分,指阴阳杂居。依此,六十四卦可分为聚卦和分易卦两大类。阴阳相聚的卦是聚卦,阴阳杂居的卦是分易卦。聚卦是母卦,分易卦由聚卦阴阳推移而成。具言之,根据六爻阴阳分布的不同特点,易卦又可分为"聚卦""半聚卦""子母聚卦""分易卦"四类:

"聚卦"是"阴阳各聚于一方以待移"[③]之卦,共有十二

① [清]毛奇龄《推易始末》,见于郑万耕点校《毛奇龄易著四种》,中华书局,2010年,第4—5页。

② [清]毛奇龄《推易始末》,见于郑万耕点校《毛奇龄易著四种》,中华书局,2010年,第10—11页。

③ [清]毛奇龄《推易始末》,见于郑万耕点校《毛奇龄易著四种》,中华书局,2010年,第14页。

个：六阳之《乾》和六阴之《坤》，一阳五阴之《剥》《复》，二阳四阴之《观》《临》，三阴三阳之《否》《泰》，四阳二阴之《遁》《大壮》，五阳一阴之《姤》《夬》，亦即汉儒所谓"十二辟卦"。其中，《乾》《坤》阴阳聚而成列，无可移易，故为不易之卦。其余十卦为待移之卦，即真正的聚卦实有十卦。

"半聚卦"又名"环聚卦"，其特征是阳聚分阴聚、阴聚分阳聚："阳聚于中，则阴两分；阴聚于中，则阳两分。只半聚而半实分焉。……其又曰环聚，则以所分者，初与上可环接也。"[①]例如，《小过》☷二阳聚于中，分上下二阴；《中孚》☵二阴聚于中，分上下二阳。毛奇龄解释说："《中孚》，二阴间四阳；《小过》，二阳间四阴，皆非聚卦。然二阳聚者，不能移之为《小过》；四阳聚者，不能移之为《中孚》，则亦聚矣。盖上下环转，原一聚例。"[②]

"子母聚卦"亦称"子母易卦"。此类卦既可由它卦推移而来，又可易为它卦。毛奇龄说："子母十卦，皆以相环为聚母，然仍为子者，以皆有所来耳。"[③]"谓本卦为他卦所移为子，然又可移之作他卦之母者也。《大传》所云'分阴分阳，迭用刚柔'是也。"[④]依此观之，"子母聚卦"说的根据在于《系辞》"分阴

①　［清］毛奇龄《推易始末》，见于郑万耕点校《毛奇龄易著四种》，中华书局，2010年，第14页。

②　［清］毛奇龄《仲氏易》，上海古籍出版社，1990年，第238页。

③　［清］毛奇龄《仲氏易》，上海古籍出版社，1990年，第238页。

④　［清］毛奇龄《仲氏易》，上海古籍出版社，1990年，第15页。

分阳，迭用刚柔"一语。其特点是以阴阳相环为聚。"聚"，则可为它卦之母，故称"子母聚卦"。凡十卦：二阳四阴者有三，《颐》《萃》《升》，三阳三阴者有四，《咸》《恒》《损》《益》，四阳二阴有三，《大过》《无妄》《大畜》。此十卦中，《咸》《恒》与《损》《益》两组恰互为子母卦。

"分易卦"又称"分推卦"，是由"聚卦""半聚卦""子母聚卦"推移而成的卦。毛氏说："谓移所聚而易其画，则阴阳俱分。《大传》所云'物以群分'是也。第聚卦与易，分卦受易。与易者，每一卦可易四卦，至九卦止。受易者，则每一卦可易二卦，至四卦止。往来推移，神明存焉。《大传》所云'往来不穷谓之通'，又曰'刚柔相推而生变化'，此之谓也。"[1]分易卦具体推演如下：

"聚卦"一阳五阴之《剥》《复》、一阴五阳之《姤》《夬》各移四卦，凡十六卦。

剥䷖

上依次移二、三、四、五成师䷆、谦䷎、豫䷏、比䷇。

复䷗

初依次移二、三、四、五成师䷆、谦䷎、豫䷏、比䷇。

姤䷫

二、三、四、五依次移初成同人䷌、履䷉、小畜䷈、大有䷍。

---

① ［清］毛奇龄《仲氏易》，上海古籍出版社，1990年，第15页。

夬䷪

二、三、四、五依次移上成同人䷌、履䷉、小畜䷈、大有䷍。

二阳四阴之《观》《临》《小过》各移八卦，凡二十四卦。

观䷓

五依次移初、二、三、四成颐䷚、蒙䷃、艮䷳、晋䷢。

上依次移初、二、三、四成屯䷂、坎䷜、蹇䷦、萃䷬。

临䷒

初依次移三、四、五、上成升䷭、解䷧、坎䷜、蒙䷃。

二依次移三、四、五、上成明夷䷣、震䷲、屯䷂、颐䷚。

小过䷽

三依次移初、二、五、上成震䷲、解䷧、萃䷬、晋䷢。

四依次移初、二、五、上成明夷䷣、升䷭、蹇䷦、艮䷳。

"子母卦"《颐》《萃》《升》每卦可移六卦，凡十八卦。

颐䷚

初依次移二、三、四成蒙䷃、艮䷳、晋䷢。

上依次移三、四、五成明夷䷣、震䷲、屯䷂。

萃䷬

四依次移初、二、三成屯䷂、坎䷜、蹇䷦。

五依次移初、二、上成震䷲、解䷧、晋䷢。

升䷭

二依次移初、五、上成明夷䷣、蹇䷦、艮䷳。

三依次移四、五、上成解䷧、坎䷜、蒙䷃。

《否》《泰》每卦可移九卦，凡十八卦。

否䷋

四依次移初、二、三成益䷩、涣䷺、渐䷴。

五依次移初、二、三成噬嗑䷔、未济䷿、旅䷷。

上依次移初、二、三成随䷐、困䷮、咸䷞。

泰䷊

初依次移四、五、上成恒䷟、井䷯、蛊䷑。

二依次移四、五、上成丰䷶、既济䷾、贲䷕。

三依次移四、五、上成归妹䷵、节䷻、损䷨。

"子母卦"《咸》《恒》《损》《益》每卦可移八卦，凡三十二卦。

咸䷞三、四、五移分别成随䷐、困䷮、既济䷾、井䷯、渐䷴、丰䷶、恒䷟、旅䷷。

恒䷟二、三、四移分别成丰䷶、咸䷞、旅䷷、归妹䷵、困䷮、未济䷿、井䷯、蛊䷑。

损䷨初、二、上移分别成蛊、未济䷿、涣䷺、贲䷕、噬嗑䷔、益䷩、归妹䷵、节䷻。

益䷩初、五、上移分别成涣䷺、渐䷴、损䷨、贲䷕、噬嗑䷔、节䷻、既济䷾、随䷐。

《遯》《大壮》《中孚》每卦可移八卦，凡二十四卦。

遯䷠三、四、五、上分别移初、二成无妄䷘、讼䷅、家人䷤、巽䷸、离䷝、鼎䷱、革䷰、大过䷛。

大壮䷡初、二、三、四分别移五、上成大过䷛、鼎䷱、革䷰、离䷝、兑䷹、睽䷥、需䷄、大畜䷙。

中孚䷼初、二、五、上分别移三、四成巽䷸、讼䷅、家人䷤、无妄䷘、大畜䷙、睽䷥、需䷄、兑䷹。

"子母卦"《大过》《无妄》《大畜》每卦可移六卦，凡十八卦。

大过䷛二移初成革䷰，三移初成兑䷹，三移上成讼䷅，四移初成需䷄，四移上成巽䷸，五移上成鼎䷱。

无妄䷘初移二成讼䷅，四移三成家人䷤，五移二成睽䷥，五移三成离䷝，上移二成兑䷹，上移三成革䷰。

大畜䷙初移四成鼎䷱，初移五成巽䷸，二移四成离䷝，二移五成家人䷤，三移四成睽䷥，上移五成需䷄。

综上，六十四卦按"移易说"可分类如下：

主易之卦二：乾、坤。

聚卦、半聚卦十二：泰、否、临、观、剥、复、大壮、中孚、姤、夬、中孚、小过，上下经各六卦。

子母聚卦十：咸、恒、损、益、萃、升、颐、无妄、大畜、大过。

分易卦四十：一阳五阴四卦，师、比、谦、豫。

一阴五阳四卦：小畜、同人、大有、履。

二阳四阴九卦：屯、蒙、坎、晋、明夷、蹇、解、震、艮。

二阴四阳九卦：需、讼、离、家人、睽、革、鼎、巽、兑。

三阳三阴七卦：随、噬嗑、困、渐、旅、涣、未济。

三阴三阳七卦：蛊、贲、井、归妹、丰、节、既济。

以数量言之，推移之主卦即不易聚卦有十四卦：乾、坤、

泰、否、临、观、剥、复、大壮、中孚、姤、夬、中孚、小
过。推移卦又可分为两易卦、三易卦、四易卦。两易卦，是指
一卦可由两卦推移而来，共十八卦：师、比、小畜、履、同
人、大有、谦、豫、无妄、大畜、颐、大过、咸、恒、损、
益、萃、升。三易卦指一卦可由三卦推移而来，共十四卦：
随、蛊、噬嗑、贲、困、井、渐、归妹、丰、旅、涣、节、既
济、未济。四易卦，指一卦可由四卦推移而来，共十八卦：
屯、蒙、需、讼、坎、离、晋、明夷、家人、睽、蹇、解、
革、鼎、震、艮、巽、兑。

　　毛奇龄强调，"移易"是文王系辞"特创一法"，孔子作
《易传》又重申之。"在羲画之时，未尝先画聚而后画分也。即
序卦之时，亦未尝序聚先而序分后也。而文以为吾演卦演爻则
必从其已聚之卦而移而易之，而然后系之以辞，故其分卦之为
象，则必与聚卦之所移有相发者。分爻之为象，则必与聚爻
之所移有相应者。"[1]为了证明"移易"为《周易》所固有，毛
氏又以经文证之。他认为，文王"观象系辞"多取聚卦："演
《易》属辞概有十例：曰名，曰象，曰方位，曰次第顺逆，曰
大小体，曰互体，曰时，曰气，曰数目，曰乘承敌应。而第在
当时，抽辞比旨，多取成卦之聚画。"

　　首先，卦名有因移易而定者，"是当其命卦名时固早已豫
启其例"[2]。例如，《损》上艮下兑，"艮兑名《损》，山泽无所为

① ［清］毛奇龄《仲氏易》，上海古籍出版社，1990 年，第 11 页。
② ［清］毛奇龄《推易始末》，见于郑万耕点校《毛奇龄易著四种》，中华
　　书局，2010 年，第 5 页。

损也"。《损》䷨卦之名，是因其由《泰》䷊卦三爻移上而来，故有"减损"之义；《益》上巽下震，"巽震名《益》，风雷何以有益也"，实因《益》䷩由《否》䷋四爻移初而成，有"增益"之义；《萃》上兑为泽、下坤为地，"泽高于地则不聚，而反名聚"。"萃"为"聚"义，是因《观》䷓上移四成《萃》䷬，"阳而不间则犹有聚"；《升》上坤为地、下巽为风，"风入地下则不升，而反名升"，是因为《小过》䷽四阳移二成《升》䷭，"柔而上行则亦名升"。

其次，卦爻辞有取移易而系者。例如，《蒙》䷃为《临》䷒初九移上而来，故象辞曰"初筮"；《比》䷇为《剥》䷖《复》䷗两卦所移，属两易卦。"原者，再也"，故称"原筮"；《临》䷒二移至五成《屯》䷂，《屯》六二与《临》九二阴阳对易，有"婚媾"之象；子母卦《升》䷭九三移上成《蒙》䷃，蒙六三不能与上九相配，有"勿取女"之象[1]；《讼》卦䷅六三为《大过》䷛上六所移，而今将《讼》上，故'食旧德'，《象传》所云'从上吉也'"；《比》䷇九五为《剥》䷖上所移，而今处五后且在《剥》为阳，故称'夫'，《象传》所云'无首'以此"；《履》上乾为天，下兑为泽，"天难入泽，安有'其旋'。《履》䷉上九为《夬》䷪之三阳所移，苟仍返为阳，则纯乾矣，故曰'其旋元吉'。不然上天下泽，无所旋返"；"《小畜》䷈初九本《姤》䷫四所移，今初四相畜不过，还其所相易

---

① ［清］毛奇龄《仲氏易》，上海古籍出版社，1990年，第11页。

者，故曰'复自道'，不然五阳一阴有何复道。"①

最后，《易传》"刚柔""上下""往来"之辞本于移易。例如，《彖·随》"刚来而下柔"，言《随》由《否》上九移三、《咸》九三移初而来；《彖·咸》"柔上而刚下"，言《咸》由《否》六三移上而来；《彖·无妄》"刚自外来而为主于内"，言《无妄》初九系《遁》三移初，为内震之主；《彖·贲》"柔来而文刚""分刚上而文柔"，言《贲》为三易卦，即由《泰》《损》《益》移易而成。《泰》二刚与上柔移，上柔来二；《损》九二与六三移，三柔之二，是谓"柔来而文刚"。《益》九五与六三移，是刚在上位者文三之柔。②

从易学史的角度审视，"移易"的实质无非是说因爻之推移变化而使一卦变成另一卦。无论从内容还是从注经运用来看，移易说与卦变说皆无本质区别，似为卦变说的翻版而已。关于这一点，毛氏亦直言不讳："移易一例，文周倡之，夫子早发明之，而汉初田何受《易》，传及孟喜，有外黄令焦延寿者，实始嬗移易之学。……夫《易林》本以六十四卦变之至四千九十有六，是占变之词与六十四卦、三百八十四爻本词不同，意必焦氏当时卦变之外，另有推易，而后儒不知，混之为一。……乃东汉儒臣自马融、郑玄外，凡说《易》家如宋衷、

---

① ［清］毛奇龄《推易始末》，见于郑万耕点校《毛奇龄易著四种》，中华书局，2010年，第5—6页。
② ［清］毛奇龄《推易始末》，见于郑万耕点校《毛奇龄易著四种》，中华书局，2010年，第6页。

干宝、虞翻、荀爽、陆绩、侯果、蜀才、卢氏以及蔡景君、伏曼容诸儒，各守师承以立说。……延及赵宋，则仅晓王学而不识汉学。程颐作传，专斥诸卦变，而考其为传，周章难明，其万不通处，亦终不能不仍取卦变而杂补之。《损》之'损下益上'，则曰'下之成兑，由三变。上之成艮，由上变也'；《渐》之'得位得中'，则曰'艮巽之交在中二爻，巽四交三，以阳而易阴；艮三交四，以阴而易阳也'，是即移易也。是以陈抟之徒不闻正学，反能摭京焦余唾推作卦变，取移易、倒易二义杂组之，以为变卦反对之图，而南宋朱汉上震曾录其图于《易传·丛说》之中。至朱文公熹又谓：'汉上易变只变三爻，则似于《象传》不能尽通。'于是又别为之图。自一阴一阳起至五阴五阳止，分作五部，庶几尽变，而爻止一移，卦无三易。……元儒朱升作十辟卦变并六子卦变，而明儒来氏知德即以反对作变易，何元子楷专以乾坤为往来，虽名例稍殊而意不甚远。"[①]至于推易之说，毛氏说："虽发自仲氏，而诸儒实先启之。西京以后，六季以前，必有早为是说者，而汉学中衰，遂致沦没。"[②]于是，他以移易说为尺度检讨、考辨了易学史上的种种卦变说，旨在证明此说不仅有《易传》的理论根据，亦与历代卦变说有相合之处，即所谓"从列代论变一线相沿者，稍参订之，

---

① ［清］毛奇龄《推易始末》，见于郑万耕点校《毛奇龄易著四种》，中华书局，2010年，第6—8页。
② ［清］毛奇龄《推易始末》，见于郑万耕点校《毛奇龄易著四种》，中华书局，2010年，第54页。

以求合于仲氏之旨"。①

当然，毛奇龄的移易说绝不是对前人理论的全盘照搬或
简单修正，而是从其全新的象数易学视域出发，通过解读《周
易》经传发现的卦爻排列规律。概言之，移易说与以往卦变理
论的不同之处约有如下数端：

其一，理论依据不同。尽管移易与卦变皆本自《易传》的
阴阳之变，但二者对生卦和被生卦的界定不同。卦变说以阴
阳消息为前提，故以乾坤为本、以十辟卦为生卦之母；移易说
则以《系辞》"乾坤成列""刚柔相推""方以类聚，物以群分"
为据，依阴阳爻排列区分聚卦与分卦。

其二，以往卦变说大多偏于某一方面，"或主旁通，或主
正变，或以乾坤为父母，或以泰否为胚胎，或兼宗六子，或专
本十辟，而罣十漏一，依彼失此，初未尝不与推移相合，究之
守一则不能相通，遍易则无所自主，补苴傅会，未免牵强"。②
与一卦只能由特定某卦变来的汉易卦变说不同，移易说主张一
卦可由多卦变来，这就为灵活解释《周易》象辞的对应关系提
供了极大便利。

其三，汉易乾坤生十辟、辟卦生杂卦的卦变理论本来是
层次分明、前后贯通的圆融体系。然而，当其无法契合注经需

① ［清］毛奇龄《推易始末》，见于郑万耕点校《毛奇龄易著四种》，中华
书局，2010年，第54页。
② ［清］毛奇龄《推易始末》，见于郑万耕点校《毛奇龄易著四种》，中华
书局，2010年，第6—7页。

要时，汉儒便迫不得已打破成规而多言变例。尽管朱熹在一定程度上克服了汉易卦变说的弊端，可又疏于注经之用。"因于作《本义》时，凡一十九卦，惟讼晋二卦与图相同，而余即多立变法，全与图异。"①明儒来知德以综卦取代卦变，"然仍多不合，盖推易、倒易截然两事，而欲强溷而一之，宜其舛也"。②就此而言，毛氏的移易说不仅在体系建构上圆融贯通，而且在注经时也能保证前后一致。这无疑是对前人卦变理论的超越。

二、清算图书之学

（一）宋儒"河图""洛书""未得实据，仅成虚说"

毛奇龄在《河图洛书原舛编》中考察了河图、洛书的产生及演化。他指出，河图、洛书之名"自古有之"，但语焉不详。"大抵图为规画，书为简册，无非皆典籍之类。第未尝实指为是何规画，是何简册。而其所以出之者，则又未知谁将之，谁取之也。"因此，汉人对河图、洛书的解释也不尽相同，或以为指书册，或以为河图为画八卦之依据、洛书为叙九畴之依据，或以为图文即卦、书文即畴。毛氏说："在汉诸儒彼我相传，其参差不过如此。""《易纬》妄推其说，亦不过指之为文

① ［清］毛奇龄《推易始末》，见于郑万耕点校《毛奇龄易著四种》，中华书局，2010年，第7页。
② ［清］毛奇龄《推易始末》，见于郑万耕点校《毛奇龄易著四种》，中华书局，2010年，第49页。

字之类，如《河图要元篇》可验也。""此皆谶纬之学，杂以方术，不足以信者。"

及至宋代，图书之学大兴，学者多以陈抟所传之黑白点图为河图、洛书。毛奇龄详细考察其学术渊源后指出，十数之"河图"乃是依据郑玄《易》注"五行生成数"一段而作。郑注"天地之数五十有五"曰："天一生水在北，地二生火在南，天三生木在东，地四生金在西，天五生土在中。然而阳无耦，阴无配，未相成也。于是地六成水于北，与天一并；天七成火于南，与地二并；地八成水于东，与天三并；天九成金于西，与地四并；地十成土于中，与天五并，而大衍之数成焉。"该说虽与河图十数相合，但郑玄并未据此作图，亦即陈抟河图实为窃取郑玄《易》注而来：

> 抟之所为图，即"大衍"之所为注也。然而大衍之注之断非河图者，则以河图之注之别有在也。……则此所为注，非即抟之所为图乎？康成但有注而无图，而抟窃之以为图。康成之注即可图，亦非河图，而抟窃之以为河图，其根其柢，其曲其里，明白显著，可谓极快。[1]

后世学者之所以对十数河图信以为真，原因有二："其天生地成，地生天成，或北或南，为水为火，能方能圆，有单有

---

① ［清］毛奇龄《河图洛书原舛编》，见于郑万耕点校《毛奇龄易著四种》，中华书局，2010年，第78页。

复，按之可为形，指之可为象，则河图有之，'大衍'不得而有之也。而孰知大衍之数其为形为象，原自如此，而人初不知，其长夜一。一则魏晋以后，俗尚王学而郑学稍废。……此在刘、邵言《易》时皆未之见。今拴得其说而不言所自，或亦转得之他人，而并其所自，而亦不之知，皆未可定，则冥冥矣，其长夜二。"[1]

九数"洛书"则源于九宫之说。九宫的相关记载，见于《管子·幼官》《吕氏春秋·十二纪》《礼记·月令》《黄帝内经·灵枢经》《大戴礼记·明堂》《易纬·乾凿度》及郑玄注等。其中，《易纬》郑玄注及《大戴礼记》更已明言九数。因此，毛奇龄认为："今之洛书，则《易纬》家所谓'太乙下九宫法'也。……其在《乾凿度》下篇有以一阴一阳合为十五之说，遂创为'太乙下九宫法'，取阴阳卦数，以行九宫。"具言之，"以坎之在北也，坎数一，则履一也。坤之在南也，坤数九，则戴九也。震位东，数三，则为左三。巽位西，数七，则为右七；离二西南，兑四东南，则二为右肩，四为左肩。乾六西北，艮八东北，则六为右足，八为左足。中央无卦偶，为太乙之所息，则其数五为太乙之数，而太乙四周，不复再息于中央，而上升紫宫，则太乙之数亦止于五数而无十数焉。惟无十，则中宫得合八卦而可定为九。惟无十，则四正四维从衡延袤，皆可减三分之十而定为十五。所谓创太乙下九

---

① ［清］毛奇龄《河图洛书原舛编》，见于郑万耕点校《毛奇龄易著四种》，中华书局，2010 年，第 79 页。

宫之法，以合之阴阳十五之数，其说凿凿。乃当时儒生间取其数为形家之用，如张衡入奏，曾以律历、卦候、九宫、风角并称有验，而未尝曰此洛书之文。即《大戴·明堂篇》亦以二九四七五三六一八为明堂九室之制，而未尝曰此洛书之数。"是无论九宫行卦，其为法在有卦之后，必不可以坎离水火漫加之羲皇未经画卦之前，而即以是图断之。……若犹是汉魏有之，则汉魏间人从无曰世尚有图书者，且从无曰此出自图出自书者，而以为此图此书，不亦冤乎！"①

宋易河图、洛书之说不但由窃取汉人而来，且宋元陈抟、刘牧、程大昌、朱熹、雷思齐、张理等人各执一说，相互抵牾之处甚多。对此，毛奇龄分析道："夫图、书非他，神圣之事也。岂有神圣之事而一人授之，一二人受之，授者无凭，受之者无据，而或四或五，或方或圆，或羲或禹，或卦或范，彼此可以争，先后可以易，一室两家，茫无定准？其为不足道亦可见矣。"究其根本，"彼言图书者亦只以上古亡文，骤出自晚近，而其所以出之者，则又方外异氏，无足取重，即既出之后，又且同室戈矛，早示人以间隙之端，自贻败漏。况乎龙文龟甲亦微与？点注勾画，抱臬兀于心，则不得不多为授受之人，以冥合诸龟龙之迹，而不谓愈支愈劣，愈饰愈露。授受之人既不能出一姓氏，而龟龙之迹则又牵强附会，而终竟不合。

---

① ［清］毛奇龄《河图洛书原舛编》，见于郑万耕点校《毛奇龄易著四种》，中华书局，2010年，第81页。

然而，自明迄今耐之者多，争之者亦不少，而未得实据，仅成虚说"。

（二）伏羲先天图"伏羲画卦次第如是不可通"

在《仲氏易》中，毛奇龄对先天图进行了批判。他说："夫世信以为伏羲画卦，如陈氏所授先天之说，由两而四、而八、而十六、而三十二、而六十四，为画卦之终始乎？夫两仪四象者，生卦之序也，非画卦之序也。因而重之者，以三重三，非谓二可重一、四可重二、八可重四也。故就其成卦而观之，则由二而四、由四而八、由八而至六十四，未为不可。而就其画卦而观之，则不然。夫伏羲但画八卦耳，何曾画六十四卦乎？"[①] 在他看来，先天图有八点错误：

一、画繁；二、四五无名；三、三六无住法；四、不因；五、父子母女并生；六、子先母、女先男、少先长；七、卦位不合；八、卦数杜撰无据。据此八误，而以为伏羲画卦次第如是，不可通矣。[②]

"画繁"，是指画卦复杂而不合理，"自一画为阳，二画为阴，三一为乾，三二为坤，而其画已毕，未有画至六十四卦

① ［清］毛奇龄《仲氏易》，上海古籍出版社，1990 年，第 3—4 页。
② ［清］毛奇龄《仲氏易》，上海古籍出版社，1990 年，第 4 页。

者。今图取巧，便但以黑为阴、白为阳耳，此非羲画法也。若羲画原法，则黑皆两画，是六十四卦在阳有一百九十二画，在阴有三百八十四画，太不惮烦矣。此非自然因重之数也，其误一也"；"四五无名"，是说"加一倍"过程中的四画、五画者于理不通。"连翩加画，则何以三画有名，四画、五画只空画更无名也。"若称四画者为四象，则八卦生四象，"四象分四画，为太阳、少阴、少阳、太阴，今增至十六画，又增至三十二画，则可名十六象、三十二象乎？抑仍名四象乎？若仍名四象，则八卦又生四象矣，其误二也"；"三六无住法"，谓先天图中三画、六画与四画、五画一样连续不止，无法凸显八卦与六十四卦，"惟只有三画，并无四画五画之加，故三画而止，便可名之为八卦。……且何以见画之当止于三，当止于六也，其误三也"；"不因"，指先天图与《系辞》所云"八卦成列""因而重之"不符。"乾坤成列，始画八卦；八卦成列，始作重卦，故曰'因而重之'。因者，因成列之卦也。若一连画去，何所因乎，其误四也"；"父子母女并生"，是说先天图中父母、子女一同生成，有悖于《说卦传》"父母六子"说。"乾父坤母合生六子，此系词明言次第也。今八卦并生，其误五也"；先天八卦数，坤八而兑二，即"子先母"，兑二而震四，即"女先男"，兑二、离三、巽五，即"少先长"。"六子俱先坤，兑离先震，巽先坎，兑又先离，离又先巽，于一索再索之叙俱失尽矣，羲画次第必不如是，其误六也"；先天方位以《说卦》"雷风相薄，水火不相射"为证，认为震巽、坎离相对。然"薄，迫也，近也"，故"雷风相薄"实指震巽相近而非相对。"射者，相对发也"，故"水火不相射"是指坎离不对立，此即"卦位不合"。"卦数杜撰无据"，是说"卦原无数，但以大衍之数推之，则乾西北卦，正当地六相成之数，故曰乾六。坤西南卦，正当天九相成之数，故曰坤九。今无故而有乾一兑二离三震四之数，此何据乎，其误八也"。总之，先天图与《易传》无甚关联，"实本魏氏《参同契》'乾坤运轴，坎离匡郭'之图，而妄名先天"（《仲氏易》）

　　至于伏羲六十四卦图，虽号称以"易有太极，是生两仪，两仪生四象，四象生八卦"一语为据，但毛奇龄受其子启发反复审读《系辞》后，认为此段是"申言揲筮"而非画卦之意。他说："此为揲筮三致意也。夫只一揲筮而本乾坤，而全民用至于如是，是故未揲之先，合五十之数聚而不分，有大中之道焉。《说文》：'极，中也。屋极，谓之中。言不分于一隅也。'崔憬云'舍一著为太极'是也。而于是分之为二以象两，则是太极生两仪也。李氏《易解》云'只四十九数而未分为太极，分之为阴阳'是也。而于是揲之以四以象四时，则是两仪生四象也。虞翻谓'四象即四时'是也。而于是一扐再扐、再变三变而八卦成焉，则是四象生八卦也。"[1] 他从《系辞》文意出发，否定了伏羲画卦式的理解。他说："旧以太极、两仪泛指天地，则于易有太极，易有四象、两仪有不合：一、谓是伏羲画

---

[1] ［清］毛奇龄《仲氏易》，上海古籍出版社，1990年，第270页。

卦时，则画卦是作卦，不是生卦。《系词》凡言生，如生变化、
生吉凶、生情伪、生利害，皆是筮卦，非画卦也；二、伏羲画
卦是由乾而坤，而八纯，而因重以至六十四。此夫子本辞自言
之，并无由一而二、而三、而四之法。三、‘太极’只中而不
分之义，而为图为说，聚讼不决，此必不可为训者。四、四
象从来无解。五、且后文明云‘易有四象，所以示也’，与下
‘所以示’‘所以断’同。若指画卦言，则阴阳老少，但画时取
资之象，谓可以示世、告世、断吉凶乎。”①

（三）《太极图》“实本之二氏之所传”，“总出于《参同契》”

毛奇龄在《太极图说遗议》中对周敦颐的《太极图》进行
了深入的考辨。他说：

> 太极无所为图也。况其所为图者，虽出自周子濂溪，
> 为赵宋儒门之首，而实本之二氏之所传。《太极图》一传
> 自陈抟，一传自僧寿涯。或云：“陈抟师麻衣。”麻衣即寿
> 涯也。则时稍相去，濂溪或不能从学，然其说则从来有
> 之。乃其所传者，则又窃取魏伯阳《参同契》中“水火匡
> 廓”与“三五至精”两图而合为一图。②

---

① ［清］毛奇龄《仲氏易》，上海古籍出版社，1990 年，第 270—271 页。
② ［清］毛奇龄《太极图说遗议》，见于郑万耕点校《毛奇龄易著四种》，
中华书局，2010 年，第 95—96 页。

　　或云：其图在隋、唐之间，有道士作《真元品》者，先窃其图入品中，为《太极先天之图》，此即抟之窃之所自始。且其称名有"无极"二字，在唐玄宗《序》中。初亦疑之，及观其图，则适与南宋绍兴间朱内翰震所进图合。①

　　则必隋、唐先有其图，而抟又从而转窃之，然且分图为二：一曰先天，一曰太极。其在当时，传太极者，颇知所自，悉不以其图为然。故宋元间人，凡言《易》家辄自为一图，而钩深抉隐、穿凿变怪之害生焉。②

　　毛奇龄认为，朱震所进《太极图》为周子原图，该图源于道教。隋唐间有道士作《上方大洞真元妙经品》，将魏伯阳《周易参同契》"水火匡廓"和"三五至精"两图合而为一，加以改制，名为《太极先天之图》。毛氏说："唐玄宗时，则实有《上方大洞真元妙经品》，为《太极图》之所自始。而玄宗敕赐入藏，且御制以序。"尔后，陈抟剽窃此图，分别绘制先天图、太极图，而周氏《太极图》即本于后者。

　　另外，佛教亦以此图解说佛理。周敦颐曾师事润州霍林寺僧人寿涯，故毛奇龄推断，佛教乃是周子《太极图》的又一

---

① ［清］毛奇龄《太极图说遗议》，见于郑万耕点校《毛奇龄易著四种》，中华书局，2010年，第100页。
② ［清］毛奇龄《太极图说遗议》，见于郑万耕点校《毛奇龄易著四种》，中华书局，2010年，第104页。

渊源。他说："旧说《太极图》，但据一时所见，便尔草草。如纪、顾诸名言，皆超隽有余趣，自惭脱漏，不能遍举，且有要领俱失处，不止于此。明知是图本于二氏，然仅仅以希夷、寿涯当之。昨见黄山中洲和尚，有《太极本于禅宗说》。其所为《太极图》，即唐僧圭峰之《十重图》也。……此在陈抟授图之前已行世者。是抟所为图，一本于《道藏·真元品》，一本于圭峰《禅源诠集》，而总出于《参同契》，是真赃实据，凿凿要领。今第知《真元品》而不知《禅源诠集》，是举裯失襈，究竟脱漏。"（《西河集》卷十八《复冯山公论〈太极图说〉〈古文尚书冤词〉书》）

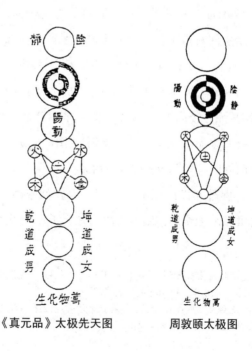

《真元品》太极先天图　　周敦颐太极图

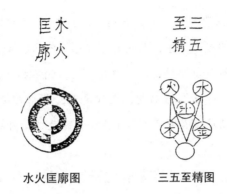

水火匡廓图　　　　　三五至精图

三、毛奇龄易学的功过是非

毛奇龄在整合以往卦变说的基础上提出移易说，揭示了阴阳聚分的思想，进一步阐明《周易》象辞关系，无疑是对象数易学的发展、丰富。诚如四库馆臣所云："其言甚辨，虽不免牵合附会、以词求胜之失，而大致引据古人，不同于冥心臆测，纯用空言，遂谓能契画前之易者，是亦可备一家之说也。"（《四库全书总目·仲氏易》）同时，他运用考据方法对图书之学进行了全面的检讨，以大量论据证明了河图、洛书并非伏羲时代的产物及《周易》之源，而是宋人基于汉人成说的再度创造。这种考辨工作，不但在一定程度上剥去了图书之学的神秘面纱，还原了其真实面貌，更使宋明易学遭受了沉重打击，促进了易学研究的转型。阮元曾云：

　　国朝经学盛兴，检讨首出于东林、蕺山空文讲学之余，以经学自任，大声疾呼，而一时之实学顿起。当是时，充宗起于浙东，朏明起于浙西，宁人、百诗起于江淮之间。检讨以博辨之才，睥睨一切，论不相下，而道实相成。迄今学者日益昌明，大江南北，著书授徒之家数十，视检讨而精核者固多，谓非检讨开始之功，则不可。[①]

梁启超虽对毛奇龄的立异、独断、狂妄有所批评，但也给予了较高的评价：

若论清学界最初之革命者，尚有毛奇龄其人。所著《河图原舛篇》《太极图说遗议》等，皆在胡渭前，后此所治诸学，彼亦多引其绪。但其言古音则诋顾炎武，言《尚书》则诋阎若璩，故汉学家祧之不宗焉。……平心而论，毛氏在启蒙期，不失为一冲锋陷阵之猛将。[②]

西河有天才而好立异，故其书往往有独到处。有《河图洛书原舛编》《太极图说遗议》，辨图书之伪在胡东樵《易图明辨》前，有《仲氏易》……这部书驳杂的地方很多，但提倡汉儒荀爽、虞翻诸人的易学，总算由他开创。后来的惠定宇之《易汉学》，却受他的影响。[③]

① ［清］阮元《毛西河检讨全集后序》，《揅经室集二集》，《四部丛刊》本。
② 梁启超《清代学术概论》，上海古籍出版社，1998 年，第 15—16 页。
③ 梁启超《中国近三百年学术史》，山西古籍出版社，2001 年，第 169 页。

不仅如此，朝鲜易学家丁若镛也受到了毛奇龄的深刻影响，其《周易四笺》《易学绪言》以聚卦、分卦解释推移说，显然与毛氏易学关联紧密。

不过，毛奇龄的经学研究也存在许多问题。清人全祖望曾作《萧山毛检讨别传》和《毛氏纠谬》，指责他"信口臆说""不考古而妄言"，是非倒置，"贸然印证而不知是非"[1]，甚至多有编造典故、师承之举。江藩批评道："毛奇龄《仲氏易》《推易始末》《春秋占筮书》《易小帖》四书颇宗旧旨，不杂芜词，但以变易、交易为伏羲之易，反易、对易之外，又增移易为文王、周公之易，牵合附会，不顾义理，务求词胜而已。"[2]总体而言，上述批评比较中肯。"移易"并非《周易》固有，以此解《易》确有难通之处。同时，其易学辨伪所用论据亦有不实之嫌。他将古代河图、洛书认作典籍，无所依据；其所谓先天图"八误"之中，不免有牵强无力之论；周子《太极图》源于佛道二教之说，更是缺乏坚实的证据支撑，故今人多有质疑。[3]更重要的是，毛奇龄把儒家易学奉为正宗，因其相信《太极图》与佛道二教有关，便彻底否定其学理价值，只能归结为门户之见。正如朱伯崑先生所指出："毛奇龄对图书之学和周氏图说的批评，重视考证其思想资料及其观点的历史渊

---

① ［清］全祖望《萧山毛检讨别传》，见朱铸禹汇校集注《全祖望集汇校集注》，上海古籍出版社，2000 年，第 985—989 页。

② ［清］江藩《国朝经师经义目录》，见徐洪兴编校《汉学师承记（外二种）》，北京三联书店，1998 年，第 163 页。

③ 参见李申《易图考》，北京大学出版社，2001 年，第 22—41 页；郭彧《易图讲座》，华夏出版社，2007 年，第 66—77、84—86 页。

源，以此证明图书之学出于道教和佛家，进而否定其为儒家学说。此种治学态度，虽然揭露了宋易中的象数之学同二氏特别是道教系统易学的联系，但由此否定其在易学史和哲学史上的地位，特别是在理论思维方面的贡献，显然是一种门户之见。"[①]

---

① 朱伯崑《易学哲学史》(第四卷)，北京：华夏出版社，1995年，第275页。

第三章　黄宗羲的象数学与辨伪学

　　黄宗羲（1610—1695），字太冲，号南雷，晚年自称梨洲老人，浙江余姚人。曾自述生平曰："初锢之为党人，继指之为游侠，终厕之于儒林。"其父黄尊素，东林党人，因弹劾魏忠贤被削职归籍，不久下狱，受酷刑而死。崇祯元年（1628），十九岁的黄宗羲"袖长锥，草疏，入都讼冤"，击杀仇人，哭祭于诏狱中门，浩气震动内外，崇祯帝叹其为"忠臣孤子"。归乡后发愤读书，"愤科举之学锢人，思所以变之。既，尽发家藏书读之，不足，则钞之同里世学楼钮氏、澹生堂祁氏，南中则千顷堂黄氏、绛云楼钱氏，且建续钞堂于南雷，以承东林之绪"（《清史稿》卷四百八十）。崇祯十一年（1638），联合一百四十人公布《南都防乱公揭》，抨击魏党余孽阮大铖的祸国殃民之罪。崇祯十七年（1644）明朝灭亡，马士英、阮大铖等立福王于南京，黄宗羲遂遭迫害入狱。清顺治二年（1645），清军南下，福王政权崩溃，鲁王朱以海监国。黄宗羲招募里中子弟数百人组成"世忠营"，在余姚举兵抗清达数年之久，鲁王政权授以监察御史兼职方郎之职。复国活动失败后，漂泊海上。顺治十年（1653）始返回故里，课徒授业，著述以终，接连拒绝康熙帝两次征召及主持明史修纂之邀，至死不仕清廷。

　　黄宗羲幼年从学于其父，后尊父命师从刘宗周。多才博学，于经史、天文、地理、算术、律历、释道、诗文无不涉猎，而史学尤精。与顾炎武、王夫之并称为"明末清初三大家"，与弟黄宗炎、黄宗会号称"浙东三黄"，又与顾炎武、方以智、王夫之、朱舜水并称为"清初五大师"。著述五十多种、三百余卷，主要作品有《明儒学案》《宋元学案》《明夷待访录》《孟子师说》《葬制或问》《破邪论》《思旧录》《易学象数论》《明文海》《行朝录》《今水经》《大统历推法》《四明山志》等。亲自编定《南雷文案》，后删订为《南雷文定》《文约》等。其中，《易学象数论》从《周易》文本出发，对汉代象数易学和宋代的图书之学进行了详尽考辨和深刻检讨，认定其"非经文所有"，"与《易》本了无干涉"，而赞王弼、程颐之易学"理到语精"，"有廓清之功"，故以"摘发传注之讹，复还经文之旧"为志（《易学象数论自序》）。四库馆臣概括该书内容称："前三卷论河图、洛书、先天方位、纳甲、纳音、月建、卦气、卦变、互卦、筮法、占法，而附以所著之《原象》为内篇，皆象也。后三卷论《太玄》、《乾凿度》、《元苞》、《潜虚》、《洞极》、《洪范》数、《皇极》数，以及六壬、太乙、遁甲，为外篇，皆数也。大旨谓圣人以象示人，有八卦之象、六爻之象、象形之象、爻位之象、反对之象、方位之象、互体之象，七者备而象穷矣。后儒之为伪象者，纳甲也，动爻也，卦变也，先天也，四者杂而七者晦矣。"（《四库全书总目》）

一、论图书之学

黄宗羲根据《系辞》"仰观俯察"一段，断定"河图""洛书"皆是古代地理图。他说："'天垂象见吉凶，圣人象之'者，仰观于天也。'河出图，洛出书，圣人则之'者，俯察于地也。谓之图者，山川险易、南北高深，如后世之图经是也。谓之书者，风土刚柔、户口扼塞，如夏之禹贡、周之职方是也。谓之河洛者，河洛为天下之中，凡四方所上图书，皆以河洛系其名也。"他指出，汉儒从未称天地十数和九宫数为河图、洛书："孔安国、刘歆皆以八卦为河图、《洪范》本文为洛书。郑玄依纬书则云：'河图有九篇，洛书有六篇。'自唐以前皆祖其说，无有异同"。一六、二七、三八、四九、五十分居五方之说，扬雄、《乾坤凿度》、虞翻、《黄帝内经》"皆以为天地之数，初未尝以此为河图也"。戴九履一之图，《乾凿度》、张衡、魏伯阳"皆以为九宫之数，初未尝以此为洛书也"。黄氏总结说："至宋而方士牵强扭合，儒者又从缘饰以为授受之秘，而汉唐以来之议论一切抹煞矣。"

在此基础上，黄宗羲对宋代以来的图书之学展开了全面批判。首先，他分析了宋儒关于图书的分歧。刘牧、李觏、张行成、朱震等人主张河九洛十，朱熹、蔡元定则主河十洛九。朱熹提供了两点论据：其一，证之邵子所说"盖圆者河图之数，方者洛书之文"；其二，证之关子明所说"河图之文，七前六后，八左九右。洛书之文，九前一后，三左七右，四前左，二前右，八后左，六后右"。黄宗羲则引魏了翁之说，断定邵氏方圆之象非指九十之数。若以象观之，九为圆、十为方。"偶者为方为阴，奇者为圆为阳，十偶而九奇"，故朱子的第一项论据不能成立。第二点理由同样不足为据，"关子明伪书也，不可为证"。或云"关氏之书者非伪，后人之托夫关氏也"，且《大戴礼记·明堂》有"二九四七五三六一八"，郑玄注云"法龟文也"。黄宗羲考之《艺文志》曰："郑玄注《小戴礼》，未尝注《大戴礼》。""郑氏明言河图九篇、洛书六篇，岂又以九宫为洛书，自背其说哉？"综上可知，"在宋以前二数未尝有图书之名，安得谓此九彼十？"

其次，黄宗羲分析了天地数与河洛数的异同："就二数通之于《易》，则十者有天一至地十之《系》可据，九者并无明文。此朱子争十为河图之意长于长民也。"他认为，天地之数见于《系辞》，为《易》所固有。至于五行生成数及其方位，则与《易》无涉："自一至十之数，《易》之所有也；自一至十之方位，《易》之所无也。一三五七九之合于天，二四六八十之合于地，《易》之所有也；一六合，二七合，三八合，四九合，五十合，《易》之所无也。天地之数，《易》之所有也；水火木金土之生成，《易》之所无也。""知天一至地十之数于五行无与矣，是故言五行天生地成可也，言地生天成不可也。言奇数属天、偶数属地可也，言某行属奇数、某行属偶数不可也"。

复次，黄宗羲辨析了河洛数与八卦的关系。在易学史上，唐代崔憬首以天地之数配卦，即天三配艮、天五配坎、天七配震、天九配乾、地二配兑、地十配离、地八配巽、地六配坤，一四无配而虚之；北宋刘牧则以河图四十五数释八卦方位："五行成数者，水数六、金数九、火数七、木数八也。水居坎而生乾，金居兑而生坤，火居离而生巽，木居震而生艮，已居四正而生乾坤艮巽，共成八卦也。"(《易数钩隐图》)意谓天地之数一二三四各加五而为六七八九，是为四象，水六为坎居北、金九为兑居西、火七为离居南、木八为震居东，尔后六九七八各减三而得三画之乾、六画之坤、四画之巽、五画之艮且分居四隅；南宋朱熹则言河图虚中五、十为太极，奇数二十、偶数二十为两仪，一二三四变为六七八九为四象，析四方之合为乾坤离坎、补四隅之空为兑震巽艮，为八卦。对上述三家所言，黄宗羲逐一予以批评："同此一数而三家所指不同。如此配卦之论始于崔憬，憬但言其数，不言其位。乾坤震巽数有可据，其附会者坎离艮兑耳。长民兼位数而言，六为水而坎属之，七为火而离属之，八为木而震属之，九为金而兑属之。以四卦之五行迁就其位数，未为不可，至于乾坤艮巽则不可通矣。朱子主先天之说，以乾南坤北者，伏羲之卦位也；离南坎北者，文王之卦位也。河图出于宓戏，其时尚无离南坎北之位，硬以乾南坤北配之，则更无一合者矣。"

最后，黄宗羲还批评了张理对《龙图序》的误读。《龙图序》见于《宋文鉴》，相传为陈抟所作，有河图十数之论。"朱子辨刘牧九为河图之非，不取此为证，以其为假书也。"元人张理则以"三陈九德"比附之，遂有龙图三变之说。第一变是龙图天地未合之数，即天数二十五、地数三十两图。第二变是龙图天地已合之位。天数图变为一居上、二居下、三居右、四居左，五居中，地数图变为一五居下、二五居上、三五居左、四五居右、五五居中。第三变是龙图天地生成之数，天数图左旋后与地数图合而为一即成十数河图。黄宗羲认为，张理的上述推演有明显的错误："张理注以第一图为未合之位，第二图为已合之位，盖不知序言'后既合也'为第三图。又以'天一居上为道之宗'一语，误解在南为上，于是第二图上位置一于南、置二于北、置四于东、置三于西。以之合于下位，则二六居下、一七居上、四八居左、三九居右，不可通矣。"按照黄宗羲理解，《龙图序》第一变是龙图天地未合之数，此与张理无异。第二变是五行生成图，即五行生数一居下、二居上、三居左、四居右、五居中，五行成数六居下、七居上、八居左、九居右，此与张理不同。第三图是将二变两图合为河图："已合之位，即今之所谓河图是也。自未合至已合，其图有三，亦犹九卦之三陈也。"

值得注意的是，尽管黄宗羲指责河图、洛书出于宋人伪造，但对图书之学仍有一定程度的保留。例如，他在解释《龙图序》时承认河图为伏羲画卦的依据，并试图澄清后人的误读，"正之以复希夷之旧"。

二、论先天图

黄宗羲对先天图的看法与毛奇龄有相同之处，亦对毛说有所补充，大体可归纳为如下几点：

第一，邵雍所谓老少阴阳四象与《系辞》"阳卦多阴，阴卦多阳"之说矛盾，乾一、兑二、离三、震四、巽五、坎六、艮七、坤八的次序亦与《说卦》不符："康节均二卦为一象，乾离坎坤于四象之位得矣。兑之为老阳，震之为少阴，巽之为少阳，艮之为老阴，无乃杂而越乎？《易》言'阳卦多阴，阴卦多阳'，震艮之为阳卦，巽兑之为阴卦，可无疑矣。反而置之，明背经文，而学者不以为非，何也？至于八卦次序，乾、坤、震、巽、坎、离、艮、兑，其在《说卦》者亦可据矣，而易为乾一、兑二、离三、震四、巽五、坎六、艮七、坤八，以缘饰图之左阴右阳，学者信经文乎？信传注乎？"

第二，"加一倍法"是对《系辞》"易有太极，是生两仪，两仪生四象，四象生八卦"的误读。依黄宗羲之见，太极生两仪是指一阴一阳。六十四卦三百八十四爻，阴阳爻各一百九十二，此即一阴一阳。"以三百八十四画为两仪，非以两画为两仪也。"两仪生四象，是指由阴阳构成的三画卦分为老阳、老阴、少阳、少阴，"乾为老阳，坤为老阴，震、坎、艮为少阳，巽、离、兑为少阴"，"三画八卦即四象也"。黄宗羲证之曰："今观《象传》必发明二卦之德，则象之为三画八卦明矣。是故四象之中，以一卦为一象者，乾坤是也。以三卦为一象者，震、坎、艮与巽、离、兑是也"。按照黄宗羲的理解，太极、两仪、四象、八卦的表现形式虽有不同，但实为一有机整体。八卦可分为两仪、四象，它们通过两仪、四象而表现出来；两仪、四象则是八卦的两仪、四象，没有八卦就没有两仪、四象。"由是言之，太极、两仪、四象、八卦，因全体而见。盖细推八卦之中，皆有两仪四象之理；而两仪四象初不画于卦之外也。"而《系辞》此段的"生"字，实为生生不息之意。"其言生者，即生生谓易之生，非次第而生之谓"。邵雍以"加一倍法"解之，遂距《易传》不啻天渊。"康节加一倍之法从此章而得，实非此章之旨。又何待生十六、生三十二，而后出经文之外也。"邵雍自谓"补羲皇之阙，亦谓之先天"，殊不知其误即在于此。《系辞》"观象制器"章说明伏羲时已有六十四卦，"包牺氏始作八卦，其下文自《益》至《夬》所取之十卦已在其中，则八卦之该六十四亦明"。邵雍"不知此章于六十四卦已自全俱，补之反为重出"。事实上，《系辞》"因而重之"绝非此意，"生十六、生三十二、生六十四，是积累而后成者，岂可谓之重乎？"故"据易之生两、生四、生八而后知横图之非也"。

第三，先天八卦方位与《说卦》不合。黄宗羲认为，《说卦》"帝出乎震"一节明言八卦方位，下文"动万物者莫疾乎雷，挠万物者莫疾乎风，燥万物者莫熯乎火，说万物者莫说乎泽，润万物者莫润乎水，终万物始万物者莫盛乎艮"一段亦可

证离南坎北，而非离东坎西。由此可见，黄宗羲深信后天方位
为《易》之本意，画卦时既已有之，则其并非始于文王。"离
南坎北之位见于经文，而卦爻所指之方，亦与之相合，是亦可
以无疑矣。盖画卦之时，即有此方位，《易》不始于文王，则
方位亦不始于文王，故不当云文王八卦方位也。乃康节必欲
言文王因先天乾南坤北之位改而为此。"至于"天地定位"一
节，则与先天方位无关。所谓"天地定位"，是指天居于上、
地位于下；"山泽通气"，是指山泽相资而通气；"雷风相薄"，
是说震正东、巽东南，方位相近而合，故有相薄之意，"远之
则不能薄矣"；"水火不相射"，是说南方炎、北方寒，冬冷夏
热。邵雍不明乎此，而据《说卦》"天地定位"一节作先天八
卦方位图，其谬可想而知。黄氏说："夫卦之方位已见'帝出
乎震'一章，康节舍其明明可据者，而于未尝言方位者，重
出之以为先天，是谓非所据而据焉。"基于此，黄宗羲针对朱
熹"巽为何齐万物；坤为西南，东北方无地；乾居西北，如何
阴阳相薄；兑不属金，居西方肃杀之地为何万物之所说；离
南坎北，离坎不应该在南北"（《朱子语类》卷七十七）的疑
惑进行了回答："凡此数说有何不可晓？巽当春夏之交，万物
毕出，故谓之齐。观北地少雨，得风则生气郁然可验也。夏
秋之交，土之所位，故坤位之，非言地也。若如此致难，则
先天方位巽在西南，何不疑东北无风耶？其余七卦，莫不皆
然。乾主立冬以后、冬至以前，故阴阳相薄。观《说卦》，乾
之为寒为冰，非西北何以置之。万物告成于秋，如何不说。朱

子注'元亨利贞'之'利'曰：'利者，生物之遂，物各得宜，不相妨害。于时为秋，于人为义，而得其分之和。'非说乎？顾未尝以肃杀为嫌也。然则朱子所以致疑者，由先天之说先入于中，故曰主张太过也。夫气化周流不息，无时不用。若以时过为不用，则春秋不用者子午，冬夏不用者卯酉，安在四正之皆为用位也？必以西南、西北为不用之位，则夏秋之交，秋冬之交，气化岂其或息乎？康节又曰：'乾坤纵而六子横，《易》之本也。震兑横而六卦纵，《易》之用也。'由前之说，则后自坎、离以外皆横也。由后之说，则前自坎、离以外皆纵也。图同而说异，不自知其迁就与？是故离南坎北之位，本无可疑，自康节以为从先天改出，牵前曳后，始不胜其支离。朱子求其所以改之之故而不可得，遂至不信经文，吁可怪也。"

此外，黄宗羲还根据朱震《汉上易传》所载图书传承之说推断邵雍之图本于陈抟，故"凡先天四图，其说非尽出自邵子也"。"天根月窟"说则是道教性命双修之学，与《易》无涉："盖康节之意，所谓天根者，性也；所谓月窟者，命也。性命双修，老氏之学，其理为《易》所无，故其数与《易》无与也。"

三、论易象

黄宗羲基于义理易学立场，在清算宋图书之学的同时，也对汉代象数易学的种种体例进行了评析。

（一）月体纳甲乱其序，于五行不符

对于魏伯阳和虞翻的月体纳甲说，易学史上褒贬不一。朱震据虞氏易作纳甲图，并把纳甲列为取象五法之一。项安世、丁易东、吴澄等人亦取之注经。与此相反，王弼、程颐等人不谈纳甲。朱熹虽称纳甲不可诋毁，却并不以《易》例视之。俞琰也认为纳甲与经文不符，"惟术家用之，于《易》无预焉"。①

黄宗羲在详细考察了纳甲说的渊源之后，重点引证了宋人赵汝楳和元人朱升的观点。赵汝楳曰："昼夜有长短，昼短日没于申，则月合于申、望于寅。昼长则日没于戌，则月合于戌、望于辰。十二月间，三日之月未必昼见庚，十五日之月未必昼见甲。合朔有先后，则上下弦未必尽在八日、二十三日，望晦未必尽在十五、三十日。震巽位于西，兑艮位于南，乾坤位于东，与《大传》之卦易位，兑画阳过阴，艮画阴过阳，不能均平，与上下弦月体相符。"朱升曰："以乾三画纯阳为望，以坤三画纯阴为晦，其明魄消长当以五夜当一画，则震当为初五夜之月而非生明，兑当为初十夜之月而非上弦，望后巽艮亦然，此月之明魄与卦画不类也。地之方位甲庚相对，既以望夕之月为乾而出甲，则初生之月不见于庚矣。上下弦之昏旦，同见于南方之中，亦初无上弦见丁、下弦见丙之异也。况月之行天，一岁十二月，其昏旦出见之地，夜夜推移，无定位

---

① ［宋］俞琰《读易举要》卷三，收入《景印文渊阁四库全书》第 21 册，台湾商务印书馆，1986 年。

可指，来月所纳之甲，非今月所纳之甲矣。"概言之，赵汝楳、朱升的批判主要有三方面：其一，因乎昼夜长短不同，各月月体位置不固定，与纳甲方位不符；其二，兑艮卦画阴阳不均，与上下弦月相不符；其三，乾坤凡六画，平分每月三十日，则每爻主五夜，震应为初五，兑应为初十，巽应为二十，艮应为二十五，此与纳甲不同。

黄宗羲进一步从天干与卦爻顺序、五行属性等方面批驳了月体纳甲说。他说："某以为坎为月，则月者八卦中之一也，八卦纳甲而专属之月，可乎？同此八卦，或取象于昏，或取象于旦，亦非自然之法象也。故沈存中不主月象，谓是天地胎育之理，乾纳甲壬，坤纳乙癸者，上下包之也。六子包于腹中，其次第震巽宜纳丙丁，艮兑宜纳庚辛，今反是者，卦自下生，先初爻，次中爻，末上爻，是以长下而少上也。某又不然。甲乙至壬癸乃先后之次第，非上下之次第也。震巽庚辛、艮兑丙丁，是乱其先后矣。不得以爻为解。以方位言之，乾金、坤土、震木、巽木、坎水、离火、艮土、兑金，在《说卦》可证。今乾纳甲壬，坤纳乙癸，其为木耶？水耶？震巽之为金，坎离之为土，艮兑之为火，将安所适从耶？若置之不论，则又无庸于纳矣。"这是说，天干次序是甲乙丙丁戊己庚辛壬癸，八卦次序则是乾坤父母、震巽长男长女、坎离中男中女、艮兑少男少女，二者不能相合。从五行属性看，天干甲乙木、丙丁火、戊己土、庚辛金、壬癸水，而乾纳甲壬、坤纳乙癸、震纳庚、巽纳辛、坎纳戊、离纳己、艮纳丙、兑纳丁，其五行亦相悖。

　　黄宗羲还对纳甲筮法提出了质疑。在他看来，纳甲筮法配入天干却不用之，是轻重倒置："然观其所用五行，惟十二辰，而十干无与焉。卦为体，爻为用；干为主，辰为客。有用而无体，舍主而用客，则是失轻重之伦也。假如生在卦，克在爻，自当去爻而从卦，干则凶，支则吉，岂得昧大而见小？纳甲之说，将古有其名而无其实与？抑传之者失其真与？不然乾初爻止当云子为水，不必配为甲子。坤初爻止当云未为土，不必配为乙未。既配以甲乙，自当用其五行矣。"且纳甲筮法将八纯卦之四十八爻纳入天干地支，然后以八卦为基础装卦，相较六十一甲子数缺少十二干支。"今以四十八爻而纳六十甲，所余之十二甲，将焉置之？岂卦不足以包五行耶？"

（二）卦气非伏羲、文王所创，"于象于名两无当"

　　卦气说是汉代乃至后世易学家把握天道、解说《周易》的重要方法，其实质是一种自然哲学。黄宗羲对西汉孟喜和《易纬》的卦气说进行了简要说明："以坎震离兑主二十四气，其余六十卦起自中孚卦。有六爻，爻主一日，凡主三百六十日余五日四分日之一，每日分为八十分，五日得四百分，四分日之一得二十分，积四百二十分。均于六十卦，六七四十二，每卦得六日七分。又于六十卦之中，别置复、临、泰、大壮、夬、乾、姤、遯、否、观、剥、坤十二以为辟卦，每爻各主一侯。自复至乾为息卦，曰太阳。自姤至坤为消卦，曰太阴。息卦所属者，曰少阳。消卦所属者，曰少阴。"

在此基础上，他以孔颖达《正义》为例，说明卦气与历法不合，"于象于名两无当"。如《象·复》"反复其道，七日来复"孔疏曰："剥卦阳气之尽，在于九月之末。十月纯坤用事，坤卦之尽，则复卦阳来。坤卦有六日七分，举成数，故言七日。"王昭素曾驳之曰："坤卦之尽，复卦阳来，则十月之节终一阳便来，不得到冬至之日矣。据其节终尚去冬至十五日，则卦之七日之义，难用《易纬》之数。"对此，黄宗羲分析道："某以为昭素驳之是矣。然昭素未悉卦气之法，不能针其痼疾也。以十二辟卦言之，剥之至复，所隔惟坤六爻，其一爻当一候，一候得五日五分六分分之五，六爻得三十日三十五分，非七日也。以六十卦言之，一卦六日七分，剥之至复，中隔艮、既济、噬嗑、大过、坤、未济、蹇、颐、中孚九卦，计五十四日六十三分，非一卦也。孔氏牵合两者，故其说不能合《易》之'七日来复'。取卦之反易为义，反剥为复，所历七爻，以一日为一爻，故曰反复其道，反复即反覆也，与卦何与？即使孔氏之疏能合卦气，则《易》之辞无乃为卦气图说乎？为卦气之法者，宓戏耶？文王耶？先儒之议卦气者，谓冬至不起于中孚，而起于复。中孚为大雪之终，气至冬至而始尽，故系于冬至之下。中孚之于冬至，于象于名，两无当也。然观《太玄》之辞曰'阳气藏于黄宫，信无不在其中'，则中孚之直冬至者，顾以其名耳。《太玄》之释卦序，自辟卦之外，无不以其名为义也，又何独疑于中孚乎？所谓六日七分者，六日既尽，七分便为来日之始，非必取足八十分而自为一日也。赵汝楳乃以余算归之一卦，于是有一卦直七日者，失其意矣。叶氏则以七分为之气盈，六十卦余五日二十分，若积余以置闰者，是一卦直六日，且并焦、京之学失其传也。"

黄宗羲进一步分析了易学史上孟喜六日七分、焦延寿卦主一日、京房卦主六月、魏伯阳《周易参同契》两卦直一日、邵雍先天卦气、史绳祖卦气起中孚、张理方图卦气等种种卦气理论产生的原因。他说："诸家之不同如此，盖初无一定之理，各以意之所见为之，是故六日七分之外，有一卦直一日者，有两卦直一日者，一爻直一日者，四爻三分强直一日者。总卦与日之大数，而后分配其小数，或多或少，不顾其果否如是也。"事实上，《周易》卦序本无时序节气之意，汉宋卦气诸说皆属无中生有，因而无所谓是非优劣。黄氏说："其卦之排比，惟《序卦》可据，《序卦》之义于时日不可强通。故汉儒别求其义于卦名，而有中孚之起。然扬雄氏所传之卦义，未免穿凿附会，未尝为《易》之笃论也。宋儒始一变其说，以奇偶之升降消长为言，而于经文四时可据之方位，一切反之。然则宋儒之画、汉儒之义，犹二五之为十也，孰分其优劣哉。"

（三）卦变"以反对为义"，"非以此卦生彼卦"

一般说来，卦变是指一卦中阴阳两爻互易而使一卦变为另一卦的学说。在此问题上，黄宗羲不赞同汉儒以卦变升降解释《彖传》"往来""上下"的做法，而是吸收了朱震、来知德的思想，以"反对"即"综卦"定义"卦变"。换言之，如《无妄》《大畜》互变、《丰》《旅》互变，即是卦变。他说：

> 卦变之说，由《泰》《否》二卦象辞"小往大来""大往小来"而见之，而夫子《象传》所以发明卦义者，于是为多，顾《易》中一大节目也。上经三十卦，反对之为十二卦。下经三十四卦，反对之为十六卦。乾、坤、颐、大过、坎、离、中孚、小过不可反对，则反其奇偶以相配。卦之体两相反，爻亦随卦而变，顾有于此则吉，于彼则凶；于彼则当位，于此则不当位。从反对中明此往来倚伏之理，所谓两端之执也。行有无妄之守，反有天衢之用，时有"丰亨"之遇，反有"羁旅"之凶，是之谓卦变，非以此卦生彼卦也，又非以此爻换彼爻也。(《易学象数论》卷二《卦变一》)

《周易》上经三十卦中，乾、坤、颐、大过、坎、离六卦之反对仍为自身，即虞翻所谓"反覆不衰"，其余二十四卦为十二组反对卦。下经三十四卦中，中孚、小过两卦不可反对，其余三十二卦则为十六组反对卦。但黄宗羲认为，从阴变阳、阳变阴即阴阳互变的角度看，六爻阴阳相反的旁通两卦亦涵具着反对之意，故"反覆不衰"之卦虽为"反对之穷"，"而反其奇偶以配之，又未尝不暗相反对于其间"。并且，因同一爻在反对两卦中居位有所不同，故在此卦当位则吉，在彼卦不当位则凶。

据此，黄宗羲考察了易学史上的卦变说。"古之言卦变者莫备于虞仲翔，后人不过踵事增华耳"。于是，他以一阴一阳、二阴二阳、三阴三阳、四阴四阳之卦为纲目，详细分析了虞氏卦变的规则与变例：

> 一阴一阳之卦各六，皆自复、姤而变；二阴二阳之卦各九，皆自临、遯而变；三阴三阳之卦各十，皆自否、泰而变；四阴四阳之卦各九，皆自大壮、观而变。中孚、小过为变例之卦，乾、坤为生卦之原，皆不在数中。其法以两爻相易，主变之卦，动者止一爻。四阴四阳即二阴二阳之卦也。其变不收于临、遯之下者，以用临、遯生卦，则主变者须二爻皆动，而后余卦可尽，不得不别起观、壮。有四阴四阳，而不用五阴五阳之夬剥者，以五阴五阳之卦已尽于姤、复，无所俟乎此也。中孚、小过为变例之卦，何也？中孚从二阴之卦，则遯之二阴皆易位；从四阳之卦，则大壮三四一时俱上。小过从二阳之卦，则临之二阳皆易位；从四阴之卦，则观三四一时俱上。所谓主变之卦以一爻升降者，至此而穷，故变例也。犹反对之卦，至乾、坤、坎、离、颐、大过、中孚、小过而亦穷也。虞氏之卦变脉络分明如此。（《易学象数论》卷二《卦变二》）

黄宗羲指出，虞翻卦变"其见于李鼎祚易解中者，语焉不详"。宋人朱震所定虞氏卦变前后抵牾，"遂有此然彼否之异，无怪赵汝楳谓其错杂无统也"。不过,虞氏卦变本身确有缺陷。其一,"四阴四阳与二阴二阳毕竟相错,不能不有重出之卦,此八卦者(重于大壮者为大过、鼎、革、离,重于观者为颐、屯、蒙、坎)其主变属之临、遯乎?属之大壮、观乎?抑兼属之乎?其说有时而穷也"。其二,"以《彖传》证之,如无妄之刚自外来(遯之初三相易,皆在内卦,非外来),晋之柔进上行(观之四五相易,皆在上卦),睽之柔进上行(大壮三上相易,柔为下行),蹇往得中(观三上相易,不为得中)皆不能合此,虞氏之短也。"

黄宗羲对北宋李之才的卦变图亦有评论。在他看来,其《变卦反对图》"可谓独得其真",《六十四卦相生图》以五阴一阳、五阳一阴、四阴二阳、四阳二阴、三阴三阳、三阳三阴为纲,也在一定程度上克服了虞氏卦变的问题,"可以无虞氏重出之失矣",但毕竟"择焉而不精也"。原因在于,"临、遯自第二变以后,主变之卦两爻皆动,在《彖传》亦莫知适从,又不如虞氏动以一爻之有定法也"。至于苏轼、程颐的乾坤卦变说,"非创论也",实由荀爽、蜀才之说而来。如蜀才多言"此本乾卦""此本坤卦",荀爽则言:《谦》是乾来之坤"。然而,此种卦变说于"三阴三阳之卦,此往彼来,显然可见。其他则来者不知何来,往者不知何往,如《无妄》刚自外来,外卦之乾未尝损一刚也,而云自外而来,不已背乎"?朱熹曾说:"程子专以乾坤言卦变,然只是上下两体皆变者可通,若只一体变者则不通。"黄宗羲认为,朱子所言"盖已深中其病矣",

"然较之虞氏而下凿空为说者，某以为独优也"。

黄宗羲重点批判了朱熹的卦变图。首先，《周易本义》曾用卦变体例解说讼、随、蛊、噬嗑、贲、无妄、晋、睽、蹇、解、升、渐、涣等十九卦。黄宗羲认为，六十四卦皆言变，"证之《彖》辞亦非止十九卦也"。"朱子自言其卦变也"，未能领会到卦变的本意即是"反对"。事实上，"朱子所谓十九卦之《彖》辞皆以反对为义者也"，"朱子十九卦以外亦皆以反对为义者也"。这就注定了《本义》卦变必有牵强难通处："《易》之上下往来，皆以一爻升降为言，既有重出，则每卦必有二来，从其一则必舍其一，以《彖传》附会之，有一合必有一不合，就其所谓一来者尚有两爻俱动，并其二来则动者四爻矣。"再者，朱熹卦变图重复繁琐："朱子卦变图一阴一阳之卦各六，来自复姤；二阴二阳之卦各十有五，来自临遯；三阴三阳之卦各二十，来自否泰；四阴四阳之卦各十有五，来自大壮观；五阴五阳之卦各六，来自夬剥。一阴一阳与五阴五阳相重出，二阴二阳与四阴四阳相重出，泰与否相重出。除乾坤之外，其为卦百二十有四，盖已不胜其烦矣。"最后，朱熹卦变图与《易》辞注文前后矛盾。卦变图有主变之卦，注经时却弃而不用，有一卦自一卦变，有一卦自多卦变。"朱子虽为此图，亦自知其决不可用，所释十九卦《彖》辞，尽舍主变之卦，以两爻相比者互换为变。讼则自遯（二三相换）……涣则自渐（二三相换）。凡十九卦，而主变者二十有七，或来自一卦，或来自两卦三卦，多寡不伦，绝无义例。"并且，"此十九卦中，朱子之所举者亦有未尽"。如讼自无妄、自巽，随自既济，蛊自未济，噬嗑自未济、自贲、自随，贲自蛊、自噬嗑，无妄自家人，大畜自睽，咸自困，恒自井，晋自艮、自萃，睽自大畜、自兑，蹇自坎、自萃、自艮，解自震、自小过、自坎，升自明夷，鼎自离、自大过，渐自否，涣自益、自未济。黄氏批评朱熹："其可以附会《彖》辞者，从而取之。其不可以附会《彖》辞者，从而置之。朱子云'某之说却觉得有自然气象者'，安在也？"《易》所谓往来上下者，自内之外谓往，自外之内谓来，上者上卦也，下者下卦也。今两爻互换，同在内卦而谓之往，同在外卦而谓之来，同在上卦而曰下，同在下卦而曰上，即欲附会之，而有所不能矣。是朱子之卦变，两者俱为无当。宜乎，其说之不能归一也。"

此外，黄宗羲还批评朱升"一阳在内体自复变，一阳在外体自剥变，一阴在内体自姤变，一阴在外体自夬变，二阳在内体自临变，二阳在外体自观变，二阴在内体自遯变，二阴在外体自大壮变，二阳在内体、一阳在外体自泰变，二阴在内体、一阴在外体自否变，二阴二阳卦其专在内外体者自临观遯壮而变，其分在内外两体者自六子卦而变。十辟卦所变者一爻升降，六子卦所变者两爻升降，自三阴三阳而外主变之卦多、所生之卦少"的卦变理论"头绪纷纭"，不可信从；又批评来知德"以反对者为综，奇偶相反者为错"，于乾、坤、颐、大过、坎、离、中孚、小过之外"取反对者，而亦复错之"，乃是"不知奇偶相反之中暗寓反对，非别出一义也"。

（四）互体相传必有自，证之经文，不可以臆弃

黄宗羲认为，互体见于春秋时期，可以经文证之，不应轻易否定："夫春秋之说经者去圣人未远，其相传必有自，苟非证之经文而见其违背，未尝可以臆弃矣"。换言之，互体为《易》所固有，以此解《易》顺理成章。如《师》二三四互震，震为长子，故云"长子"。《蹇》二三四互坎，外卦亦坎，坎为险，故言"重险"。"苟非互体，终不可通，象之无虚设亦明矣"。因此，他批评王弼"不知《易》中之象无一字虚设。牛马既为乾坤之物，则有牛马必有乾坤，求之二体而无者，求之互体而有矣。若弃互体，是圣人有虚设之象也"。或云："《遯》无坤，六二称牛。《明夷》无乾，六二称马。以互体求之，亦无乾坤，诚如辅嗣有虚设之牛马也"，他解释道：《遯》之称牛以艮，艮刚在上，犹牛革在外，称牛革，不称牛也。《明夷》之称马，以互体之坎，坎于马为美脊，为亟心，马之壮者也。"

黄宗羲还对易学史上的互体说进行了全面考察。如南宋朱震解《易》取一卦互体两卦，两互卦又各伏一卦。林栗据其"六画之卦为太极，上下二体为两仪，合二互体为四象，又颠倒看二体及互体通为八卦"的思想作《包体图》。戴师愈认为，一卦"有正、有伏、有互、有参"。本卦为"正卦"，正卦阴阳互变为"伏卦"，二三四、三四五为"互卦"，互体构成别卦为"参卦"。"如《需》卦乾下坎上，是正；乾变为坤，坎变为离，是伏；自二至四为兑，自三至五为离，是互；互体兑下

离上为《睽》，是参。本卦是《需》，凡八卦也。"元代吴澄作《先天互体图》，相邻两卦互出一卦，则六十四卦互出三十二卦。因《先天图》左方三十二卦所互十六卦与右方三十二卦所互十六卦相同，故三十二实为十六卦。同理，左右互体三十二卦又各互出十六卦，且左八卦与右八卦相同，故十六卦实为八卦。此八卦中去其重复，则为乾、坤、既济、未济四卦，即所谓"以先天圆图互体立卦，左右各二卦互一卦，六十四卦互成十六卦，又以十六卦互之，成四卦而止"。黄宗羲强调，尽管上述诸家"伪说滋蔓，互卦之稂莠也"，但"若因此而并去互卦，无乃惩噎而废食乎？"

需要特别值出的是，黄宗羲在梳理考辨了易学史上的种种取象体例之后，确立了《周易》的七种正象："圣人以象示人，有八卦之象，六画之象，象形之象，爻位之象，反对之象，方位之象，互体之象，七者而象穷矣。"除此之外的其他易象皆属伪象："后儒之为伪象者，纳甲也，动爻也，卦变也，先天也，四者杂而七者晦矣。吾观圣人之系辞，六爻必有总象，以为之纲纪，而后一爻有一爻之分象，以为之脉络。学《易》者详分象而略总象，则象先之旨亦晦矣。刘长民《钩深索隐图》每谈总象，又杂四者而为言，以是不免穿凿附会之病。羲故别著之以为象学。"基于这一识见，黄宗羲对《周易》六十四卦卦象进行了详细解说，且对天文、历法、农学、人伦等内容多有涉及。

综上可见，黄宗羲对待汉宋易象的态度有所不同。总体而言，他对汉儒比较宽容，虽然否定纳甲、卦气，但承认互体，亦部分肯定了虞翻卦变说的贡献。其批判的重点在于宋儒象学，尤其是朱熹易学。这种扬汉抑宋的倾向无疑对清代汉学易的复兴产生了一定程度的影响。但另一方面，黄宗羲的象学研究，本意是从事实出发，以考辨方法达到正本清源的目的，故其与乾嘉易学又存在本质的不同，并对认识、纠正汉易之偏失不无裨益。

四、论蓍数占法

由于《系辞》"大衍"章的记载比较简略，大衍筮法的具体细节历来存在争议。对此，黄宗羲详细表达了自己的看法：五十策蓍草用四十九策，信手中分以象两仪。从左或右（孔颖达取左，朱熹取右）中随取一策置于案上，以象三才，不必置于手指之间。揲之以四以象四时，先取左手之策，"四数之余，不一则二，不三则四，谓之残奇"。扐是指间扐物之处，归此残奇于扐，以象闰月。闰者，月之余日。奇者，揲之余策。次取右手之策，四四数之，与前之正策合并。其余策左三则右一、左二则右二、左一则右三、左四则右四，亦归之于扐，是为再扐，犹再闰也。四十八策分两，除残奇外，每手正策大约以二十为率，四策一岁，则二十策为五岁也，故象五岁再闰。"非必真如五岁之中有两闰，以齐气朔也。"此为第一变。后二变重复前一变，即"别置余策，取见存正策"，挂一、分二、揲四、归奇。三变之后，正策或三十六、或三十二、或

二十八、或二十四。以四除之，得九则为老阳，得六则为老
阴，得七则为少阳，得八则为少阴。老变少不变，始成一爻，
故十八有变成六爻。

黄宗羲指出，虞翻、孔颖达、朱熹等人弃正策而用余策奇
偶以定阴阳，其法虽简，"释经文者则多不合"。第一，《系辞》
云"乾之策二百一十有六，坤之策百四十有四"，是说乾每爻 36
策、坤每爻 24 策。若用余策奇偶定阴阳，则与"揲四"无关，
"今弃正策而就余策，是背经文也"。第二，"有于余策多少分八
卦之象者，夫三变方成一爻，一爻之中，但有老少之可分。今
于一爻而指其孰为乾震坎艮、孰为坤巽离兑，是六变而可以成
卦矣。古人何不惮烦而为此十八变乎"。第三，成卦之法"在阴
阳不在老少"，"爻之变不变在老少"，即因阴阳、老少定卦爻。

后两变是否挂一，是易学史上长期争论的问题。宋人郭雍
取余策法，认为后两变不挂一对结果并无影响。朱熹则作《蓍
卦考误》反对之，指出三变皆挂的结果老阳十二、老阴四、少
阴二十八、少阳二十。若不挂一，则老阳、少阴皆二十七，少
阳九，老阴一，阴阳老少太过不均，故后两变皆须挂一。其他
学者亦各持己见。例如，宋庄绰、张辕之法主三变皆挂一，揲
左不揲右。第一揲余一、二足满五，余三、四足满九，第二、
第三揲余一、二足满四，余三、四足满八；元张理从程颐、张
载之说，认为后二变无须挂一；明季本怀疑《系辞》"大衍之
数五十，其用四十有九"的"九"字当为"八"字之误。用
四十八策分二、挂一、揲四、归奇，左一右必二、左二右必

一、左三右必四、左四右必三，三变皆同。黄宗羲认为，诸家行蓍皆有问题，"庄绰之余三足九，张理之余二承六，皆不可通"，"季本则明改经文无所依据"。他以历法知识为依据，是郭而非朱，赞同后两变不挂一的观点。具言之，大衍之数四十九，以四数为一月，则四十八为十二月，余一为四分之一月，积四岁而成一闰月。但历法中的闰月并非四分之一月即七日半所积，而是一年余十二日，五年积六十日，即五岁再闰。依此观之，合蓍为一年，三变为一挂，十八变为六挂，即所谓"十有八变，凡六挂而策道穷，十有八岁，凡六闰而气朔齐"。以一年策数论之，乾之策二百一十六，坤之策一百四十四，乾坤之策三百六十，正合一年日数三百六十。乾坤十二爻有十二挂策，为一月之闰数，合一年余十二日。由此可证，首变挂一、后两变不挂一与历法相合。

　　黄宗羲进一步考察了占法。他首先列举了具有代表性的三种占法，即朱熹占法、王氏占法、丰南禺占法，并逐一加以分析。概言之，朱子占法，是一爻变以本卦变爻辞占。二爻变以本卦两变爻辞占，以上爻为主。三爻变且初爻不变者以本卦卦辞占，初爻变者以之卦卦辞占。四爻变以之卦两不变爻辞占，以下爻为主。五爻变以之卦不变爻辞占。六爻变除乾坤互变用两用辞占外，皆用之卦卦辞占；王氏之法，是一爻变以本卦爻为贞、之卦爻为悔，二爻兼用。二爻变以初变爻为贞，次变爻为悔，作两节消息之。三爻变以先变爻为贞，后二变为悔。四爻、五爻、六爻变，皆以先变爻为贞，后变爻为悔，作四五六节消息之。六爻皆不变则占彖辞，彖辞为七八不变者设也；丰南禺占法，则是六画以内为贞、以外为悔，三画以下为贞、以上为悔，即六画决之于外卦、三画决之于上爻。如初二两爻变，则以二决之。内卦三爻皆变，则以三决之。若内三爻皆静，则外卦依内卦之例。若两变爻或三变爻分布在内外卦，皆以最上一爻决之。如二四两爻变，则决之以四、参之以二，"所谓二与四同功而异位也"。若三四五三爻变，则决之以五、参之以三，"所谓三与五同功而异位也"。若五爻变，"则皆以上爻决之，而参之以初"。六爻皆变，则乾坤占二用，其余占之卦贞悔。六爻皆静，则占本卦贞悔。黄宗羲认为，《周易》占变，故用九六而不用七八。朱子却用七八，"以之卦不变爻占者，失其意矣"，且"以占辞平分于爻象者，非矣"（卷二《占法》）。至于王氏、丰氏之法，虽以变者为占，但牵强杂乱。"王氏之法，所谓四五六节消息者，则亦杂而无纪。丰氏之法，所谓'二四同功''三五同功''初上本末'者，亦强以辞入于占，不可为例"（同上）。

进而，黄宗羲以《左传》筮例为据申明了自己的筮占观：一爻变者，"既占本卦变爻，亦占之卦对爻。盖未有有'贞'而无'悔'者"（同上）。如《左传》晋献公筮嫁伯姬，遇《归妹》之《睽》，即其例；二爻变者，以下爻为贞、上爻为悔；三爻、四爻、五爻变，皆以变末一爻为主，本卦为贞、之卦为悔。如晋筮立成公遇《乾》之《否》，三爻变曰"配而不终，君三出焉"，乾三言"终日"，否三言"包羞"，故"配而不终"。朱熹《启蒙》则以晋重耳之贞《屯》悔《豫》、司空季子占"利建侯"为据，用两卦卦辞占，"不知凡所遇之卦，不论一爻变至六爻变，象辞无不可引用，何独以三爻变专之？"（同上）《左传》孔成子筮立君遇《屯》之《比》为一爻变，而用《屯》卦卦辞占。穆姜遇《艮》之《随》为五爻变，亦用《随》卦卦辞占。郭璞筮驴鼠遇《遯》之《蛊》，又为晋王筮遇《豫》之《睽》，皆三爻变而不用卦辞；六爻变，皆以上爻为主，两卦为贞悔；六爻不变，则以初为贞、以上为悔。

五、论其他象数

狭义的象数，专指与义理相对的易学研究方法。广义的象数，则包括与易学相关的应用之术。黄宗羲所使用的"象数"一词，即属后者。其《象学象数论》一书，对《太玄》《乾凿度》《元包》《潜虚》《洞极》《洪范皇极》等占验著作及六壬、太乙、遁甲等术数方法皆有论及。

汉代扬雄受卦气"六日七分"说之启发，整合历法、易学而作《太玄》。《太玄》两赞当一日，七百二十九赞当一岁三百六十四日半，但与岁实三百六十五又四分之一日相差四分之三日，故又立踦、嬴二赞补之。黄宗羲指出，《太玄》之两赞当一日存有误差，补之以踦、嬴不仅"失所以立赞之意"，且与历法仍有不合。"今以二赞仅寄其名，余皆浑于七百二十九赞之中，此则不可谓之合于历也。"究其根本，"六日七分"乃后起之说，非《易》之本意。扬雄法之，以《太玄》合历，失之更远。黄氏说："是故子云之短，不在局历以失《玄》，在不能牵《玄》以入历也。"

黄宗羲对《易纬》多有批评。其一，《易纬》以"求所直部岁""求主岁之卦""求世轨""求厄数轨意""求五德终始"等五种占术推步历史，但与史实不能尽合。如"天元至文王受命之岁，二百七十五万九千二百八十五岁入戊午部。二十九年伐崇侯，作灵台，改正朔。戊午部之岁为庚子，二十九年则戊辰也。以武王伐纣十三祀推之，时岁在己卯，则文王受命为丁卯，伐崇改朔乃是受命后一年之事。郑康成谓'受命后五年为此'，非也"。郑玄以甲寅为天元之岁，伐崇侯虎是戊午年。黄宗羲批评道："戊午年文王尚在羑里，岂能伐崇哉？""伐崇二十八年，其为戊午部，而非戊午年，明矣，不得甲寅为天元岁首也"。其二，《易纬》轨运测验之法，以阴阳爻之得位失位论帝王之德。黄宗羲认为，这种以运数定吉凶的方法"自相违背，不审于理"。自古天下未有七百年不易其姓者，帝王治天下应"允执其中"，未闻以过刚、过柔迎合卦气者。"水旱兵饥，十年内外不能不遇，而以六百年、七百年为期，是乱日少而治日多也"。由此可知，"小道可观，致远恐泥，其斯之谓与！"第三，《乾凿度》爻辰"惟乾、坤、泰、否、中孚、小过六卦不同，此是作者故为更张，自乱其义"，郑玄"注泰卦当贞于戌、否卦当贞于亥，抑又不知所据矣"。

至于《元包》《潜虚》《洞极》《洪范数》等术数著作，黄氏以为皆不能无病。《元包》祖京氏八宫，"但更其次序，先阴而后阳，则《归藏》之旨也"。"其书因卦两体，诂以僻字，义实庸浅，何以用著而好事者为之张皇也"；司马光基于"太虚生气"的思想而作《潜虚》，"堕老氏有生于无之说"，其内容模仿《太玄》，"《玄》以准《易》，《虚》以准《玄》，亦犹文章递相模仿，无关大道"；关子明《洞极》乃伪书无疑，"独怪朱子既知其伪而又引以证图十书九"；蔡沈作《洪范皇极》，"以数而论，《虚》之与《范》，无所优劣；以辞而论，《虚》有《易林》《太玄》之遗，《范》无闻焉，乃后世进《范》而退《虚》，岂知言者哉！"邵雍《皇极经世》"总括古今之历学尽归于《易》，奈《易》之于历本不相通，硬相牵合，所以其说愈烦，其法愈巧，终成一部鹘突历书而不可用也"。

　　客观地说，黄宗羲在一定程度上确实切中了各种术数典籍的问题所在。正因乎此，《易学象数论》为后世学者广泛引用，成为研究数术的必读之书。

六、黄宗羲易学的地位及其影响

　　黄宗羲基于儒家立场，以其渊博的知识和深邃的思辨，对象数学及各种数术进行了全面系统的总结与检讨。《易学象数论》一书概括之详细、分析之深入、演算之准确、批评之尖锐可谓空前绝后，为后世学者争相称颂。四库馆臣说："盖《易》至京房、焦延寿而流为方术，至宋陈抟而歧入道家，学者失其初旨，弥推衍而轇轕弥增。宗羲病其末派之支离，先纠其本原之依托。……以订数学之失，其持论皆有依据。盖宗羲究心象数，故一一洞晓其始末，而得其瑕疵，非但据理空谈、不能中其要害者比也。"（《四库全书总目·易学象数论》）从学术史的角度审视，黄宗羲与毛奇龄、胡渭等人立足事实，详细考辨，深刻揭露了图书、先天之学并非《周易》本义的事实，从而开启了清初的易学辨伪思潮，更为整个清代学术奠定了基础。四库馆臣评价《易学象数论》说："其宏纲巨目，辨论精详，与胡渭《图书辨惑》均可谓有功易道者。"（《四库全书总目·易学象数论》）梁启超亦云："其《易学象数论》与胡渭《易图明辨》相互发明，其《授书随笔》则答阎若璩问也，故阎胡之学皆受宗羲影响。"[1]

当然，黄宗羲的易学辨伪也存在一些问题。例如，一面批评河图、洛书为宋人伪造，一面承认图、书与《周易》存在关联，显然前后矛盾；据文王方位图反对伏羲方位图，以反对取代卦变，理据稍显不足，难以令人信服；严守儒家立场，将有道教渊源的易学派别及一切术数皆视为末流，无疑是一种深峻的门户之见。从解释学言之，学术思想贵在创造，图书之学固然不符合《周易》原始文本，但它却是宋人解释易学文本的一种新形式，以一种独特的方式复活了汉代象数之学，故其意义不可全部抹杀。

---

[1] 梁启超《清代学术概论》，上海古籍出版社，1998 年，第 16 页。

第四章　黄宗炎的文字解《易》
与易学辨伪

　　黄宗炎（1616—1686），字晦木，号立溪，学者称为"鹧鸪先生"，浙江余姚人，黄尊素之子，黄宗羲之弟。崇祯中以明经贡太学，明亡后潜心学《易》，"于象纬、律吕、轨革、壬遁之学，皆有密授"①。早年从父亲黄尊素授朱熹《周易本义》句读，"未能省大义"。又从兄黄宗羲读王弼《周易注》和《程氏易传》，"无所得于心"。问学于刘宗周，"虽夫子谆谆训诲，未能有所启发"。后与陆文虎读郝敬《九经解》而有所得，"融会贯通，一洗前人训诂之习"（《周易寻门余论序》）。易学著作有《周易象辞》《周易寻门余论》《图学辩惑》等。其中，《周易象辞》二十一卷是解经著作，"力辟陈抟之学，故其解释爻象，一以义理为主"，"于《易》之字义，多引篆文以释之"；《周易寻门余论》二卷是读《易》笔记，涉及取象系辞、易学传承、经传分合、文字训诂、图书之学与卦变等内容，诋斥

---

① ［清］全祖望《鹧鸪先生神道表》，见朱铸禹汇校集注《全祖望汇校集注》，上海古籍出版社，2000年，第248页。

宋儒，"兼排释氏之说，未免曼衍于《易》外"；《图学辩惑》一卷，考辨河图洛书、先后天图、太极图，揭示图书之学非《易》固有，而是出自道家的炼丹养生之术。

一、"求性命之理""卜筮乃余事"的 《易》书观

《周易》古经本为卜筮之书。儒家自孔子以来在承认《周易》卜筮功能的大前提下，以独特的儒学视野，通过解读《周易》象辞，开显出以阴阳为轴心的博大精深的易道。由此，易学沿着学理、筮占两种截然不同的路数发展。两汉经师在以象数解经的同时，深化完善了其筮占功能。魏晋以来，王弼等人在解构汉代易学的基础上融合儒道，从而形成了有别于汉易的易学理论和研究方法，深刻影响了唐宋以后的易学发展。及至南宋，朱熹以其高度的学术自觉，洞察到宋易精于义理、疏于象数之弊，以恢复《周易》原貌为宗旨，点出《易》本为卜筮之书。由于明清两代定朱学于一尊，朱子《易》说遂成为易学之主流。处在清初的黄宗炎，着眼于《周易》的产生及功用，重新审视《周易》的性质，主张圣人作《易》是在深知幽明之理的前提下发挥聪明才智的结果。他说："圣人心通神明，而后生为蓍筮也"，而非"得神明之幽助而生蓍草"。其九六之数本于天地奇偶之数，卦爻生成"实根本于道德义理性命之所以然也"。因此，《周易》是穷理尽性知命之书，绝非专就卜筮而

言。他说:

> 穷理之至，则人物之本性亦不外乎此理。性盖理之精
> 微者也。尽性而逢其原，则天人授受之际，至此可窥，庶
> 乎知命矣。盖由人而达天也。理得性复，以至知命，圣人
> 作《易》之功用如是，教人学《易》亦必如是，则区区
> 蓍数，又其假途者与？(《周易象辞》卷二十，以下简称
> 《象辞》)

> 作《易》圣人括于六位之内，使人凭借而可求性命
> 之理，本如是也。……既成六画之卦，分初、三、五为
> 阳，二、四、上为阴，迭用各爻以加之，或柔居于阴，柔
> 居于阳，或刚居于阴，刚居于阳，往来错杂于六位之间
> 而成文章，分则一定不可移易，迭则变化莫能执者，三
> 才之道尽矣，其性命之理尽矣。专言卜筮恐未足以当此。
> (同上)

依黄氏之见，《周易》有卜筮功能毋庸置疑，但卜筮并非
《周易》的全部，而仅仅是其中一小部分，即所谓"卜筮乃其
余事也"(《象辞》卷十八)。究其根本，《周易》是一部反映
阴阳三才之道、万物性命之理的著作，"专言卜筮恐未足以当
此"。用《易》也不是仅仅用《周易》预知未来事项，而应该
尽三才之道、穷性命之理。因此，黄宗炎反对用《周易》卜筮
占问，强调穷理尽性、辩明事理才是最有效的易占。他通过辨

析利害与时势、吉凶与事理的关系，说明易占的核心在于把握
客观事物之理和发展时势：

> 凡民知有利害，而不知利害之所由生；莫不欲趋吉避
> 凶，而不能择吉凶之所感兆。利害生于时，得其时、乘其
> 势则利，反是则害。吉凶兆于事，事当于理，不趋而吉，
> 事悖于理，虽避亦凶。君子审其时，循其理，则吉凶利害
> 如视诸掌，枯茎朽壳非君子之所尚。（《周易寻门余论》卷
> 上，以下简称《余论》）

黄宗炎把民众不能趋利避害的原因归结为不明利害吉凶所
产生的根源。事实上，利害因时，得时、顺势则为利，反之则
为害。真正的"占"，即把握吉凶利害的关键，在于把握时势
和事理，而非龟壳与蓍草。那么，如何把握时势与事理呢？黄
宗炎又提出"教人占者，教人学《易》也"的思想。他说：

> 占不止于蓍龟。凡《易》之卦爻象象，圣人挈以示
> 人。人身之动静语默，当时时与之契合，无地非占，无事
> 非占。玩辞玩占，岂枯茎朽壳之谓？易自为易，人自为
> 人，终相间隔，其占之之法，舍学无他途也。教人占者，
> 教人学易也。（《余论》卷上）

黄宗炎把《周易》占问区分为卜筮占和事理占。事理占

优于卜筮占，因为《周易》一准天地自然之道，是穷理尽性之书。易占则是"纵观其全体之象而历玩其二篇之辞"，因循时势，审时度理。倘能时时处处依易理行事，则利害吉凶即在掌控之中。"当动作之际，确然有所法则，观其一事之变，而详玩其在我之占，君子动静无非易矣"（《象辞》卷十八），而那种借助于"枯茎朽壳"的卜筮显然已成为多余。就此而言，教人占，其实就是教人学《易》。

为了说明易占在事理而不在卜筮，黄宗炎以日常饮食起居等生活经验详细解释了"吉""凶""悔""吝""厉""咎""无咎""占"等《易》辞的真实意义。在他看来，《周易》的这些断语反映的是对待自然事理的态度：顺应天地变化行事，事事合理，必然得吉，反之则凶。"吾人自鸡鸣而起，以至向晦晏息，其立心行已，居处执事，能一一合理，是之谓吉。多所拂戾，是之谓凶。"（《余论》卷下）背理而后自觉，是为"悔"；不敢正视事理，行事畏缩狭隘，便是"吝"；在客观事物面前"动静不安，前后顾虑"，是为"厉"；内心产生错误念头，"应于物有过不及，失所宜然，俱谓之咎"；自知违背事理而能自己改正，不至于铸成大错，是为"无咎"。总之，所谓易占并不是用蓍龟占问，而是在日常生活中把《周易》文辞作为座右铭，时刻提醒自己，使行为符合易理而无丝毫违背，即"就日用饮食之常，无时无刻不般旋于此数者之内，圣人系之以辞，使人随地随事检束提醒，此即占也"。因此，"以端策拂龟为占，则放佚之时多矣，非学《易》之旨，故知以《易》为卜筮

之书者恐有未然"。(《余论》卷下)

　　黄宗炎倡导用易理占而不用卜筮占，其剑锋直指朱熹《易》本为卜筮之书的论断。他说："朱元晦奉为伏羲嫡嗣，推为卜筮之用，是欲返为稗纬而有弗及也。有明颁之学校，莫敢非议，使四圣重遭一厄，而《易》几乎息矣。"(《余论》卷上)客观地说，黄宗炎重易理、轻卜筮的倾向，尽管有违于《周易》古经的基本性质，但与帛书《易传》所载孔子"观其德义"即幽赞达数与德、德占重于筮占的解释思路并无二致。正是为了探求《周易》义理，黄宗炎确立了"推原象书"的文字法、"即象见理"的取象法、"回归原典"的辨伪法。

二、卦画卦名"确乎一体"的象辞观与 "推原象书"的文字解《易》法

　　《周易》与其他经典的不同之处在于，它有一套由阴阳符号构成的卦爻象系统。古代易学家认为，卦象是圣人仰观俯察天地万物而作，是对客观事物的外在表现形式和内在特性的模拟仿效，因而反映了事物的特征、属性和变化规律。黄宗炎则从文字学角度解释了"象"的意义：

　　　　象，像其长鼻头足之形，古文作𧰼，不便结构，小篆改从纵体。象之为物最巨，其性最狂，而甚易驯扰，善能想像人意，故谐其声而为像。假借其字，则竟用象，犹言

测度其形状也。古字不加偏旁，故直作象，非指其兽而称之也。（《余论》卷上）

"象"为象形字，本义指大象这种动物，因其易被驯服，善解人意，故作"像"。《周易》用"象"而不加人字偏旁，是假借用法，取其模仿之意。在此基础上，黄宗炎表达了对象辞关系问题的独到见解。他认为，卦爻象符号本身乃是早期象形文字，后世文字则源于卦爻符号：

> 卦画者，文字之根原；文字者，卦画之支流也。八卦者，六书之指事、象形。六十四卦者，六书之声意转借也。（《图学辩惑》）

"六书"，是东汉许慎归纳的六种造字条例，即指事、象形、形声、会意、转注、假借，《汉书·艺文志》则作象形、象事、象意、象声、转注、假借。二者名称有异，其意大致相同。汉人认为，文字是依六书之法造成。黄宗炎则把《周易》符号视为最早的文字，并以六书解之，即八卦符号是象形、指事字，六十四卦是声意假借字，卦画与卦名"确乎一体"：

> 羲皇六画与文王卦名，确乎一体，或取形象，或取画象，或取上下二体交错之象。其文字与卦画，俨然画一，不容移易。学者于此得其会通，六爻无不迎刃矣。谓三画

卦为独体之文，六画卦即合体之字。(《余论》卷上)

《周易》卦名或取形象，或取画象，或取上下三画交错之象。三画是独体字，六画是合体字。如 ䷲ 为雷，䷲ 为靁。䷜ 为水，䷝ 为流。䷳ 为山，䷳ 为岫。䷭ 为木，䷭ 为林。䷝ 为火，䷝ 为炎。对许多不可通者，黄宗炎也试图加以解释。他认为，"《说卦》观象，固不可以例求也"，如 ䷝讼实为"雨"字，䷝大有实为"昊"字，䷲蛊实为"岚"字，鼎、家人、涣、井诸卦亦属此类。此外，他还用篆字解释"象""象""吉""凶""悔""咎""厉""占""筮"等字，力图还原其在《周易》中的本来意义。在此基础上，黄宗炎又分析了《周易》文字与卦画关联紧密的原因："古《易》文字之中参用卦画，如'乾坤其易之门''乾坤其易之蕴''乾阳物，坤阴物''帝出乎震'及'乾索''坤索'等章，细绎其义，俱是☰☷☳☶☵☴☲☱。后人转展翻写，日趋便易，悉代以今文，意虽可通，反费周折，终不若卦画之简当而明显。愚按，先秦之书凡引用《易》文必连卦画，尚存古《易》之遗意，今于《易》文反弃之，亦授受者之一失。"(《余论》卷下)需要指出的是，把《周易》符号视作文字并非黄宗炎的发明，《易纬·乾坤凿度》已有八卦文字说。但与《易纬》不同的是，黄宗炎凭借丰富的文字学知识进一步论证了六十四卦与文字的关系，这显然是对《易纬》的发展。更重要的是，他由此出发，确立了文字解《易》方法：

　　《易》为文字之祖，于六经之中，尤宜先讲六书。夫
不知字义而读他经，所失犹有二三，以之读《易》，十不
得其二三矣。(《余论》卷上)

　　既然《周易》符号是早期文字，则唯有掌握小学知识，了
解文字构成及其本来意义，才可以理解《周易》："古者文字不
若后世之浩繁，入小学而习六书，以至精御至简，故经传之中
无往而不妙合。""六书明，六经如指掌。"(《象辞》卷九) 反
之，若不通文字学、不明六书字义，则无法阐明六经的意义：
"小学之不讲，其误于经术也如此。"(《象辞》十四) 因此，文
字解释法便成为黄宗炎最为重视的易学研究方法之一。

　　事实上，黄宗炎之所以崇尚文字解释法，是因为篆文近
古，用之解释《周易》更能接近本义。由于字形、字义几经演
化，后世学者在解读《周易》和其他经典时，往往使用后来的
字义，导致无法获得经典的真实意义，从而造成误读。因此，
他试图寻找一种更为确凿的解释方法，即从古文字入手，用
六书分析字形，确定字义、句意，纠正后世以俗字解《易》导
致的问题。他说："欲明六书之道于天下，非尽削俗字不可。"
(《象辞》卷二) 当然，这种文字解《易》方法，并非止步于字
词训诂，而是在通解《周易》字词的基础上进一步探讨其义
理："羲皇制为文字，命为音声，即三画、六画已开书契之事。
文王因其法象，演其义理，而文字声音以广以备，其造端于
《易》者甚多。"(《余论》卷上) "豢象之世，文字简严，其用

也斩截而不可混淆，必求其故，始得文、周立象之微旨，故推原篆书，以穷斯理。"（《余论》卷下）

三、"无象斯无理"的象理观与 "即象见理"方法

易象原本是由数字逐渐演化而成的、记录早期筮占活动的符号。在《周易》文本形成的过程中，它又因具有高度的抽象性而成为系辞的重要根据。因此，历代易学家非常重视《易》象，并据此解释《周易》。黄宗炎秉承了这一传统，视象为《周易》之根本，提出了"有象斯有理，无象则无理"的命题：

> 圣人立象俱是实有此事，非虚空说理者比也。……夫有其理乃有其象，无其象斯无其理矣，天下岂有理外之象、象外之理哉？即有好言象者，类多求之牛、马、手、足以强合乎乾、坤、震、巽，舍其大义之所在而专务于细琐，则将焉用此区区者为哉？（《余论》卷上）
>
> 至理无形，凡见于卦画、爻象，已落于形矣。因形而不局于形，能求其所以然之故，则形达于上而谓之道；因形而泥于形，执卦画爻象而不知其本，虽乾坤之功用，亦不过一法象尔，则形达于下而谓之器。道者，四通八达，莫有穷尽；器者，一定不移，莫可通方。（《象辞》卷十八）

　　黄宗炎所谓的"象"，不仅包括八卦之象和六画之象，也包括由八卦、六画引申而来的"象外之象"。如《颐》初上两阳有齿之象，中间四阴有舌之象，"齿刚舌柔，舌又柔之象也。此象外之象，所当潜窥者"（《象辞》卷九）。又如《益》卦并无坎兑，却言"涉川"，黄氏说："风雷交作，必有雨以应之，此象外之象，以其非本卦之所有。"其所谓"理"，是指不可见而又不可穷尽的道。理非虚空，必寓于象，故"无象外之理"。无理则象无所用，故"无理外之象"。在他看来，象理二者相即不离乃是四圣易学的一贯传统，后世学者不明就里，分而为二，才产生了种种乖张错谬："后儒之言象与羲、文、周、孔不同者，无他，羲、文、周、孔之理象无分，而后儒之理象有分也。"（《余论》卷上）

　　黄宗炎的象理关系论，与其理气、道器关系论关联紧密："详绎理之字义，理与气同生合一，又何疑乎？以谓理在气先，此理悬空，何所附丽？"（《象辞》卷二）但论其先后，则是先有气而后有理，气对理具有决定作用："夫理之云理者，谓玉虽至坚，无可从入，而其中自有文理，为纵横之质也，是先有气、有质，而后有理；气质未具，理将焉附？"（《余论》卷下）就道器言之，"圣人示人，道不离器，即器即道；器不遗道，非道无器"（《象辞》卷十八），故应"即器见象""即象见道"。他说：

　　　　《易》不必离象，即象以见易道；未尝遗器，即器以见象。故《易》以象示人，象非真也，像其似是而已。
（《象辞》卷十九）

"器"有广义和狭义之分。广义的"器"，是指一切客观存在的有形事物。狭义的"器"，则特指生产工具、生活方式和文明制度等。黄宗炎以《系辞》"观象制器"章为据，认为狭义的器是圣人参照易象发明创造出来的，故器可以显象，"即器以见象"；易象又是对天地万物的模拟仿效，内涵万物之理，"因形而不局于形，能求其所以然之故"，则能"即象以见易道"。

基于此，黄宗炎对割裂象理、偏于一边的两种易学倾向皆有批评。一方面，执于象者，"因形而泥于形，执卦画爻象而不知其本"，"舍其大义之所在而专务于细琐"。如汉儒一专于象，致使义理晦而不显。王弼"见象占之牵强拘泥，有乖于圣教，始一切扫除，畅以义理，天下之耳目焕然一新，圣道为之复睹"（《余论》卷下）。在黄宗炎看来，王弼"义苟应健，何必乾乃为马。爻苟合顺，何必坤乃为牛"一语和程颐"理无形也，故假象以显义"之论，"真足以解胶固执滞之束缚，而汉儒之失亦可救矣"。他以为，朱熹"汉儒求之《说卦》而不得，则遂相与创为互体、变卦、五行、纳甲、飞伏之法，参伍以求，而幸其偶合，其说虽详，然不可通者终不可通。其可通者，又皆傅会穿凿而非有自然之势"的批评，亦是"发蒙振聩之论，泥象者可以出暗室就光天矣"（《余论》卷上）。

另一方面，离经弃象而空谈义理的作法同样不可取。黄氏说："圣人俱从象中探讨，不徒以虚理。概世者学人崇尚玄空，俱弃而不讲，深可惜也。"（《象辞》卷三）所谓"崇尚玄空"，是指分象理为二，进而弃象言理。其表现形式有二：一是脱离《周易》文本，参以道家、道教之说，如王弼以老庄解《易》。宋儒虽诋其"崇尚虚无，杂述异端曲说"，自己却"去圣日远，师承尽废，拾黄冠之余唾，分为理数二家"（《余论》卷下），"实则以虚无阐老庄之剩语，而功过与辅嗣霄壤"；二是随意曲解或空发议论，如陆九渊"六经注我"即属此类，黄宗炎称之为"乱经"，而将援引佛道解《易》视为"弃经"。二者相较，"乱经"危害更甚。原因在于："弃经不用，或可望于来兹。乱经莫辨，虽孟子复生，亦不能觉其数百年沉锢之俗习矣。……弃经心死也，至于乱经则举天下后世之人相率而心死也"（《余论》卷上）。

四、"图学非古"的观点与
回归原典的辨伪方法

黄宗炎对图书之学的态度与同时代的黄宗羲、毛奇龄、胡渭等人相近，其所撰《图学辩惑》称：

> 《易》有图学，非古也。注疏犹是魏、晋、唐所定之书，绝无言及于此者。有宋图学三派，出自陈图南，以为

养生驭气之术，托诸大《易》，假借其乾坤水火之名，自
申其说，如《参同契》《悟真篇》之类，与《易》之为道，
截然无所关合。儒者得之，始则推墨附儒，卒之因假即
真，奉螟蛉为高曾，甘自屈其祖祢。

所谓"图学三派"，是指刘牧的河图洛书、邵雍的先后天
图和周敦颐的太极图。黄宗炎对此展开详尽考辨之后，认定
三者皆源于陈抟，是道教阐明养生炼丹之术的图式，不合《周
易》本旨，故应摒弃。以下逐一论之。

（一）河图洛书"非有卦画理数实可指证者"

黄宗炎对河图、洛书的认识与黄宗羲相同，认为"河图、
洛书乃地理方册，载山川之险夷、壤赋之高下，与五等、六等
班爵授禄之制度"（《图学辩惑》）。汉儒把河图、洛书神化为龙
马负图、神龟载书，言其为天降神符、祥瑞，在黄宗炎看来，
"特因儒者好为神奇，愈作怪妄，愈失真实矣"（同上）。事实
上，所谓龙马负图、神龟负书，不过是汉儒依据《周易》和
《尚书》等典籍捏造出来的："乾六爻皆龙，又乾象为马，故云
'龙马负图'。九畴稽疑，'龟从，蓍从，卿士从，庶民从，斯
谓之大同'，故云'神龟负书'。其立论则荒诞而不可执，其取
义则恍忽而无当大道。儒者纷纷聚讼，强赘《易》《范》，真捏
目生花辩别青红者也"。（同上）

黄宗炎驳斥了图书之学的立论根据。他指出，《系辞》"天

地之数"一节是"言奇耦之数，未尝有上下左右中之位置也"，
"未尝有一六、二七、三八、四九、五十之配合也"，"未尝有
生数、成数及五行之所属也"，"以此为河图，绝无证据也"。
元儒吴澄河图出自龙马旋毛数的观点，更是"生吞活剥，附会
而成，虽极聪明才辩之士，其不可通者，终难强解"。龙马旋
毛与羲画八卦"毫无关涉"（《图学辩惑》）。至于《洪范》，本
是言治天下之九经大法。九畴"即井田九百之意"，与洛书九
数排列毫无关系："盖治天下之大法有此九条，安取乎'戴九
履一，左三右七，二四为肩，六八为足'也？"（同上）

　　黄宗炎进一步分析了河图、洛书的道教渊源。依他之见，
河图、洛书以天地之数为基本元素，杂以五行生成，实质是将
道教的丹道修炼理论与《周易》的相关思想融合的产物，绝非
《周易》固有之意；河洛"以五居中"说，亦与道教"守中"
之意一脉相承："图书也者，守中与虚中也。老子之中非虚不
能守，非守不能虚，是以图书可以经纬表里，是以图书可以互
易也。""老氏守中之义，即所谓黄庭也，金丹也，与《易》仅
假借之而已，非有卦画理数实可指证者。"（《图学辩惑》）就应
用而言，河图、洛书与医卜类似，是借助干支五行化合之理而
形成的应用方技，如洛书流为地理相宅之用："日者以九宫变
动，最忌五黄之位，指为飞土，指为龟甲空亡，神煞所住之
处，则从此而转辗失真者与。""然执其道而求之，往往有验与
不验，盖亦小道可观者也。"（同上）

（二）先天八卦方位、六十四卦方圆横图无理无用

黄宗炎又对邵雍、朱熹等人的先天易学进行了批判。首先，他据《易》卦文字说，否定了伏羲但作图画不立文字的观点："伏羲欲以文字教天下、传后世，创为奇偶之画，使天地雷风水火山泽八象之在两间者，焕然移于方册之上，正所谓文字也。"（《图学辩惑》）他以为，那种认为伏羲"不立语言文字，使人静观以悟其神妙"，至文王、周公、孔子系辞作传方有文字的看法显然割裂了四圣之《易》的内在联系，不符合历史事实："人至三圣，恐无可复加矣，何独于演《易》赞《易》不识向上精微，仅从中半说起，自戾于伏羲作《易》之大道乎？"（同上）

其次，《周易》乃经世致用之学，先天图式则无理无用。文周古经、孔子《易传》，内可修身养性，外可治国平天下，"试平心静观文象、周爻、孔翼，治乱圣狂，经国修身，吉凶悔吝，揭日月于中天，无论智愚贤不肖，俱可持可效，循道而行。外之则治国平天下，致斯世于雍熙；内之则穷神知化，尽性以至于命"（《图学辩惑》）。所谓先天之学，"后此二三千年，去古愈远，注经解传，汗牛充栋，乃忽遇夫'天根月窟'，与伏羲揖逊于一堂，印心于密室，就使事事合符，吾尚未敢信其必然"。更重要的是，先天诸图既无理、又无用。黄宗炎说：

陈邵先天方位，变乱无稽，徒取对待。横图乾一兑二

离三震四巽五坎六艮七坤八，奇耦叠加，有何义理？有何
次序？又屈而圆之，矫揉造作，卦义无取，时令不合；又
交股而方之，装凑安排，若织锦回文，全昧大道，帝王之
修齐治平安在？圣贤之知天知人安在？庸众之趋吉避凶安
在？（《图学辩惑》）

黄宗炎具体分析了先天八卦图、六十四卦横图、六十四卦
方圆图的种种弊病。在他看来，《说卦》"天地定位"一章，实
为论说天地自然之理及事物相通、相克、消息往来之意，非言
八卦方位"必取于对峙"。先天方位图"变乱无稽"而言乾南
坤北方位者，"实养生家之大旨"。

他同毛奇龄、黄宗羲等人一样，认为六十四卦是由八卦
相重而得："乾坤六子以一卦为主，各以八卦加之，得三画即
成六画，得八卦即有六十四卦。"先天横图"加一倍法"，显然
与《易传》"八卦相重"的说法矛盾。《周易》只有三画卦和六
画卦，绝无四画、五画之象即十六、三十二卦之次第。"加一
倍法"不仅无法对《周易》无四画、五画之象作出合理说明，
更不见八卦之法象："圣人不因天地高厚而定乾坤，无取雷动
风入而成震巽，坎陷离丽未有水火之象，艮止兑说不见山泽之
形"，"天地不能自有其身，雷风水火山泽不能自完其性"。且
先天横图尽失人伦尊卑先后之序："父与少女、中女、长男同
时而产，母与少男、中男、长女同时而育"，"无三画为卦之
限，无内外贞悔之序"。（《图学辩惑》）不仅如此，先天横图不

能符合客观自然。依他之见，天地生物之后，万物即以各自特性发展，“未见有父母子孙牵连一体者”。而先天横图却以两仪之上各加一奇一偶为阴阳老少四象，“是父母男女子孙并归一身，不可判别”（同上）。再依次叠加而至八卦、十六卦、三十二卦、六十四卦，则是合七世子孙于“首腹四肢之内”。由此可见，先天横图既无次序也无义理。

横图中分，屈而圆之即成圆图。朱熹认为圆图涵具卦气之意，所谓“乾生子中尽午中，坤生午中尽子中，离尽卯中，坎尽酉中”。而在黄宗炎看来，卦气仅见于《复》卦《象传》“至日闭关”一语，“姤为夏至，未见明训，未敢信为必然”，其他消息卦更“不免按图索骥，近于颛愚”，“俱含糊而不言其故”。即便有“种种巧中”，也不过小智而已。事实上，宋儒以卦气论圆图，破绽处处可见。如复卦一阳始生，值子半冬至，历十六卦至临为十二月，值卯半春分，又历八卦至泰为正月，已是巳初立夏，又历四卦至大壮为二月，已是巳半小满。大有、夬两卦为三月，值午初芒种，至乾一卦为四月，值午半夏至。右半圈从姤至坤与此类同。姤经十六卦至遁为六月，值酉半秋分，历八卦至否为七月，值亥初立冬，又历四卦至观为八月，已是亥半小雪，又历两卦至剥为九月，已是子初大雪，坤一卦为十月，值子半冬至。显见诸卦所示月份与所在位置、所值节气不相符合，可知先天圆图“矫揉造作，卦义无取，时令不合”（《图学辩惑》）。

宋明易学家多以邵雍“天地定位，否泰反类，山泽通气，损咸见义，雷风相薄，恒益起意，水火相射，既济未济。四象相交，成十六事，八卦相错，为六十四"一段解说先天方图。对此，黄宗炎有如下反驳：其一，此说偷换概念。如"四象相交"之"四象"本指阴阳老少之二画，此处则指六画之卦，前后矛盾。其二，"十六事"之说虽"稍有可观"，但《易》卦阴阳爻数均衡，皆为一百九十二画，无需刻意编排，以他说释之；其三，《周易》神通变化，方图"仅取否、泰、咸、恒、损、益、二济为纲领"，故"见其自隘矣"；其四，此说既云言八卦相荡成六十四卦，则当"纵横杂揉，左右逢源"，而非"鳞次猬排，胶固不可通方"。黄氏总结道："信斯罗列，其义理安居？象数奚在？"（《图学辩惑》）

（三）太极图"强三为一"，"义理不胜指摘"

黄宗炎在接受了毛奇龄相关思想的基础上，对《太极图》的渊源进行了更为细致的考辨。他说，"太极图"本名"无极图"，创自汉代河上公，魏伯阳得之著《参同契》，钟离权得之授吕洞宾。因吕洞宾与陈抟同隐华山，陈抟得吕洞宾传授后遂刻于华山石壁。另外，麻衣道人又授先天图于陈抟。陈抟将二图授种放，种放授穆修与僧寿涯。穆修以先天图授李之才，李之才授邵古，邵古授邵雍。周敦颐得无极图于穆修，又得"先天地"之偈于寿涯。

与毛奇龄不同的是，黄宗炎将太极图溯源至河上公，以此说明其内容本是道教方士的修炼之术。他对比道教《无极图》

与周子《太极图》之后得出结论："茂叔得此图于穆修，又得"先天地"之偈于寿涯，乃颠倒其序，更易其名，以附于大《易》，指为儒者之秘传，其称号虽若正大光明，而义理不胜指摘矣。"（《图学辩惑》）

《无极图》与《太极图》的结构、画法完全相同，所不同者在于，《无极图》读图自下而上，《太极图》读图自上而下。除顺序、名称的改变之外，周敦颐也对图中文字加以修改，如"炼神还虚，复归无极"改为"无极而太极"、"取坎填离"改为"阳动阴静"、"五气朝元"改为"五行各一性"、"炼精化气，炼气化神"改为"乾道成男，坤道成女"、"玄牝之门"改为"万物化生"。

为了说明周子《太极图》与《周易》无关，黄宗炎严格区分了《易传》与周敦颐的"太极"概念："盖夫子之言太极专以明《易》也，茂叔之言太极则空中之造化也，两者本不同道。"孔子言太极，"不过赞《易》有至极之理，非别有太极而欲上乎羲文也"。周敦颐以老证之，遂在"太极"上又加"无极"，而为"无极而太极"。朱子推波助澜，"又从而分析辩解之，则更杂以释"。黄宗炎明确主张，方士之修炼、老氏之虚无、大《易》之正道，三者不啻天渊，不可混同。周敦颐所改《太极图》名称虽与《周易》相符，义理却难以相通："此图则未免牵强，又欲合以大《易》，则更不伦矣。"其弊在于"强三为一"，即把老子、道教、易学混而为一："但缀说于图，合二途为一门，其病生矣！又惧老氏非孔孟之正道，不可以传来学，借大《易》以申其意，混二术而总冒以儒，其病更甚矣！"（《图学辩惑》）至于朱熹所作说解，更是混同老子、道教、佛学、易学，"强四为一"，又失周敦颐本意。

黄宗炎从儒道释三教之别出发，证明了《太极图》并非易学。然而，因为太极是理学体系的逻辑起点和核心范畴，《太极图》更是宋儒解说宇宙本体、心性工夫的基础图式，故黄宗炎对太极图的批判势必会触犯理学开山周敦颐和集大成者朱熹的权威地位。不过，黄宗炎出于捍卫儒学正统的目的，甘愿成为众矢之的。他说："愚二十年学《易》，稍窥《十翼》藩篱，确知《易》、老之不可混称，确知老之不同于释，灼见儒、释、老之不可冒昧影响，然后敢明言此图之非《易》，而且有老与仙与释之淆乱。不揣固陋，一一而是正之如此。吾知见者必将怒目裂眦以定予非圣之罪，然而莫之避者，何也？圣人之大道非一人所可私，亦非阿党所能据，千秋万世必有明之者矣。时贤之罪予也，何伤？"（《图学辩惑·太极图说辩》）

综上可见，黄宗炎易学辨伪的根本依据在于《周易》原典。凡是未见于《周易》文本或与其本义不合的学说，黄氏皆以伪学视之。因此，汉易的五行、卦变、谶纬和宋易的图书、先天、太极诸说以及援引佛道的易学理论皆须摒弃。对黄宗炎而言，易学辨伪的最终目的在于回归经传，这才是易学研究的正途："读《十翼》正所以明显象爻辞象，明显象爻辞象正所以追测卦画之古文古字也。"（《图学辩惑自序》）他说："自夫子赞《易》后，三圣不显之精微始昭然于旦昼，后之学者方得阶《十翼》而窥卦象，求夫子即所以求三圣也。……欲舍《十翼》而求三圣，是犹舍测算而求日月星辰，舍布帛菽粟而求温饱，斯则必不得之数也。"（《周易寻门余论》卷上）一言以蔽之，黄宗炎的回归原典，并非要突出《周易》古经的卜筮功用，而是以弘扬《易传》所蕴含的先圣之精神为最终期许。

五、黄宗炎易学的价值

黄宗炎是清初易学辨伪思潮中最富见解的一位易学家。他受黄宗羲影响，并广泛吸收了他人之说，以《周易》经传为准绳，对汉宋易学进行了更为深入的反思检讨。凡符合《周易》本义的思想就予以肯定，反之则否定。其批判重点在于宋易的图书、先天、太极诸说，并指出其与道教养生术的渊源。尤其是他对《太极图》的考辨，引证详博，辨析细致，较毛奇龄有过之而无不及。对此，梁启超评价道："黄晦木宗炎著《图书辨惑》，把濂溪《太极图说》的娘家——即陈抟自称从累代道士传来的《无极图》——找出来了。"[1] 尽管清初辨伪思潮并非始于黄宗炎，但其发展鼎盛实与黄氏推波助澜不无关联。

更重要的是，黄宗炎并未止步于检讨批判前人成说，而是以重建儒学义理为终极目标，旗帜鲜明地提出了"求性命之

---

[1] 梁启超《中国近三百年学术史》，山西古籍出版社，2001年，第175页。

理""卜筮乃余事"等重要易学命题。虽然其观点、结论未必无懈可击，但他能从辨伪之学中开出富于思想性的易学建树，无疑具有很高的学术价值。这一点，正是顾炎武、黄宗羲、胡渭等学者所望尘莫及的。此外，其卦画文字说以及取象、辨伪等易学方法，也对清中期的汉易复兴产生了重要启发。

第五章　胡渭的辨伪之学

胡渭（1633—1714），初名渭生，字朏明，号东樵，浙江德清人。年十二，父亲胡公角去世，胡渭随母入山谷避难，笃志于学，虽遭颠沛，发奋不辍。十五岁为县学生，屡赴乡试不中，遂入太学，笃志经义，尤精舆地之学。曾在大学士冯溥家开馆授徒。康熙二十一年（1682），与万斯同、阎若璩等人编撰《资治通鉴后编》。康熙二十五年（1686）参与编纂《大清一统志》，遂结识大批学者，博览群书，学问益进。康熙三十八年（1699）携所撰《禹贡锥指》《易图明辨》赴京访友，请万斯同为《易图明辨》作序，被赞为"当代儒宗"。康熙帝读《禹贡锥指》后亦大加赞赏，康熙四十四年南巡时召见胡渭，下诏嘉奖，书"耆年笃学"四字赐之。

胡渭的代表作有《禹贡锥指》《洪范正论》《大学翼真》《易图明辨》等①。尽管他在清初易学辨伪诸家中年龄最小，但《易图明辨》之深度与影响毫不逊色。四库馆臣评曰："毛奇龄

---

① 胡渭生平事迹参见夏定域《德清胡朏明先生年谱》，见刘保贞《〈易图明辨〉导读》附录，齐鲁书社，2004 年。

作《图书原舛编》，黄宗羲作《易学象数论》，黄宗炎作《图书辨惑》，争之尤力，然皆各据所见，抵其罅隙，尚未能穷溯本末，一一抉所自来。渭此书卷一辨河图、洛书，卷二辨五行、九宫，卷三辨《周易参同》、先天太极，卷四辨龙图、易数钩隐图，卷五辨《启蒙》图书，卷六、卷七辨先天古易，卷八辨后天之学，卷九辨卦变，卷十辨象数流弊，皆引据旧文，互相参证，以箝依托者之口，使学者知图书之说虽言之有故，执之成理，乃修炼、术数二家旁分易学之支流，而非作《易》之根柢。"（《四库全书总目·易图明辨》）该书开宗明义，提出"《易》无所用图"的核心论点：

> 唯《易》则无所用图。六十四卦二体六爻之画，即其图矣。白黑之点，九十之数，方圆之体，复姤之变，何为哉？其卦之次序、方位，则乾坤三索、出震齐巽二章尽之矣。图，可也，安得有先天、后天之别？河图之象，自古无传，从何拟议？洛书之文，见于《洪范》，奚关卦爻？五行、九宫初不为《易》而设，《参同契》、先天太极特借《易》以明丹道，而后人或指为河图，或指为洛书，妄矣。妄之中又有妄焉，则刘牧所宗之龙图，蔡元定所宗之《关子明易》是也，此皆伪书。九十之是非，又何足校乎？故凡为《易》图以附益经之所无者，皆可废也。就邵子四图论之，则横图义不可通，而圆图别有至理，何则？以其为丹道之所寓也。……故吾谓先天之图与圣人之《易》，离之则双美，合

之则两伤。伊川不列于经首，固所以尊圣人，亦所以全陈、
邵也。观吾书者，如以为西山之戎首、紫阳之罪人，则
五百年来有先我而当之者矣，吾其可未减也夫。①

为了证明上述论点，胡渭列举了大量证据，从多方面加以
论证。

一、古太极图不可以为伏羲之河图

太极与太极图是表达易学起源和世界本体的概念与图式，
理清其来龙去脉，有着重要意义。今本《系辞》虽然提出了
"太极"概念，但未作解释，于是后世学者众说纷纭，有以太
极为太一、北辰者，如马融、虞翻；有主阴阳未分之气者，如
郑玄、孔颖达；有以无言之者，如王弼、韩康伯；有以天理论
之者，如朱熹。据李申先生考证，除周敦颐《太极图》外，宋
元时期林至、陈致虚、李道纯、俞琰、张理等人所传太极图多
为圆形。值得注意的是，林至《易裨传》不仅以空心圆表示太
极，还以太极分阴阳、阴阳分四象、四象分八卦等图表示阴阳
二分与交合之意，应为阴阳鱼太极图之雏形。至元明时期，赵
㧑谦《六书本义》之"天地自然图"、章潢《图书编》之"古
太极图"、来知德《周易集注》之"圆图"，已是阴阳鱼太极

---

① ［清］胡渭《易图明辨》，中华书局，2008 年，第 1 页。

图。① 元人袁桷作有《谢仲直易三图序》，记载了相关易图的流传情况，即武夷君授彭翁，彭翁授谢枋得，谢枋得授吴蟾。又，朱熹曾派蔡元定入蜀而得三图，但朱子未能亲见。在此问题上，胡渭对袁桷所言确信不疑："清容，博雅君子也。君子之言，信而有征，故首著之。季通所得三图，一为先天太极图无疑矣，其二盖九宫图与五行生成图，而希夷未尝名之曰洛书。故或言'洛书，朱子不得见也'。"（《易图明辨》卷三《先天太极》）

胡渭认为，由阴阳鱼太极图与《参同契》之月体纳甲吻合，可知其源于道教。"蔡氏所得之三图，清容不言其形象，未知何如。据古则所传，以为蔡氏之所得，盖三图之中，此居其一，名曰先天图，亦曰太极图。取《参同契》之月体纳甲、二用、三五与九宫八卦混而一之者也。……后人谓之天地自然之图，又谓之太极真图。其环中为太极，两边白黑回互，白为阳，黑为阴，阴盛于北而阳起薄之，故邵子曰'震始交阴而阳生'。自震而离而兑以至于乾，而阳斯盛焉。震东北，白一分，黑二分，是为一奇二偶。兑东南，白二分，黑一分，是为二奇一偶。乾正南，全白，是为三奇纯阳。离正东，取西之白中黑点，为二奇含一偶，故云对过阴在中也。阳盛于南而阴来迎之，故邵子曰'巽始消阳而阴生'。自巽而坎而艮，以至于坤，而阴斯盛焉。巽西南，黑一分，白二分，是为一偶二奇。艮西北，黑二分，白一分，是为二偶一奇。坤正北，全黑，是为三

---

① 参见李申《易图考》，北京大学出版社，2001 年，第 65—112 页。

偶纯阴。坎正西，取东之黑中白点，为二偶含一奇，故云对过阳在中也。坎离为日月，升降于乾坤之间，而无定位，纳甲寄中宫之戊己，故东西交易与六卦异也。"（《易图明辨》卷三《先天太极》）然而，胡渭并不赞同将阴阳鱼太极图称为伏羲河图的做法。原因在于，"其自然而然之妙，非窃窥造化阴阳之秘者，亦不能为也，但不可指以为伏羲之河图耳"（同上）。

胡渭又从道教传承的角度证明了蔡元定所得先天太极图实为道教之学。他说，魏伯阳《参同契》是炼丹之书毋庸置疑，陈抟之学源于《参同契》亦有案可稽。陈抟曾授先天图："先天图虽丹家修炼之诀，然亦必得其人而传之，非其人则不传也。故宋初唯种放、穆修受希夷之学，而他无闻焉。其后穆修授李之才，之才授邵雍，而天下始知有象数之学，即上所列二图是也，亦曰太极图，或谓之河图。希夷之所授受，尽于此矣。"（《易图明辨》卷三《先天太极》）而蔡元定所得太极图，即从属于陈抟之先天图。"自种放之后，儒者受此图皆有所变通恢廓，而非复希夷之旧。唯蜀之隐者得其本真，私相授受，以为丹家之要诀，篾叟酱翁之徒是也。"（同上）蔡元定得三图秘而不传，"及元末明初复见于世，虽无当于圣人之《易》而源出《参同》，犹胜龙图之怪诞。彼疑清容、二赵之言为不足信者，得吾说而思之，夫亦可涣然释矣"（同上）。也就是说，胡渭相信赵㧑谦的"天地自然之图"和赵仲全的"古太极图"即是蔡元定入蜀所得之图。

客观地说，尽管胡渭投入了极大精力来收集资料并予以梳理分析，但其论据并不充分，论证亦带有明显的揣测性质。如阴阳鱼太极图为陈抟所传、邵雍从陈抟受太极图、青城山隐者得其本真、朱熹嘱蔡元定入川寻图、元末明初阴阳太极图即蔡元定所得之图等说法，皆无实据支撑，不足以令人信服。[①]

二、河图之象自古无传，洛书之文
见于《洪范》

同黄宗羲、黄宗炎、毛奇龄等人一样，胡渭以《周易》经传为依据，对图书之学予以严厉批评。其观点可以概括为以下四方面：

（一）伏羲作《易》之本不专在图书

胡渭认为，刘牧等人将《系辞》"河出图，洛出书"理解为伏羲根据河图、洛书画卦，纯粹是一种误读。因为《系辞》明言伏羲"仰观俯察"而作八卦，"因而重之"为六十四卦。他说："羲皇仰观而得天道，俯观而得地道，中观于两间之万物而得人道，三才之道默成于心，故立八卦以象之，因而重之遂为六十四，所谓兼三才而两之也。言八卦，则六十四卦在其中矣。"（《易图明辨》卷一《河图洛书》）"观象制器"章涉及《益》《噬嗑》等六画卦，则"因重之卦可知也"。由此可知，《系辞》虽言"河出图，洛出书，圣人则之"，但图书并非画卦

---

① 参见李申《易图考》，北京大学出版社，2001 年，第 88—92 页。

的唯一根据，不过是"仰观俯察中之一事"而已。所以，"后
世专以图书为作《易》之由，非也"。

由此出发，他批评了宋明学者无图书则无《易》的看法：
"河图、洛书特推原当时《易》《范》所由作。今欲明《易》，
八卦具在，焉用河图？欲明《范》，九章具在，焉用洛书？宋
人崇尚图书，自以为补苴罅漏，张皇幽渺，若非此则无以明
《易》《范》，遂成千古笑柄。"（《易图明辨》卷一《河图洛书》）
胡渭更将矛头直指朱熹："自朱子《本义》始，《易学启蒙》属
蔡季通起稿，则又首'本图书'，次'原卦画'，遂觉《易》之
作全由图书，而舍图书无以见《易》矣。学者溺于所闻，不务
观象玩辞，而唯汲汲于图书，岂非易道之一厄乎？"（同上）

（二）天地之数不得为河图

程颐、朱熹等许多学者认为今本《系辞》"天地之数"一
节为错简，当置于"大衍"章之前。胡渭指出，依此观之，天
地之数乃大衍筮数之本，而与五行、五方、河图无涉："凡此类
无一不以蓍言，而此章尤为明白。举'天地之数'正为'大衍
之数'张本。其曰'五位'者，即五奇五偶，非指天数之中五。
一三五七九同为奇，二四六八十同为偶，是谓'五位相得'。一
与二、三与四、五与六、七与八、九与十，一奇一偶，两两为
配，是谓'各有合'。于五行、五方曷与焉？于天地生成曷与
焉？于河图、洛书又曷与焉？"（《易图明辨》卷一《河图洛
书》）他说："五位相得而各有合，果为伏羲所则河图之象，夫

子何难一言以明之，曰此河图也？"（同上）孔子从未明言天地之数即河图，《易传》亦未对河图、洛书作出解说，"河图之象不传，故《周易》古经及注疏未有列图书于其前者"。"若夫天地之数，夫子未尝指为河图，故自汉魏以迄隋唐言河图者，或以为九宫，或以为九篇，未有指五十五数为河图者。《乾凿度》《参同契》虽皆以九宫为河图，而终不敢摹一象名之曰河图，以附于其书。陈抟生于五季，去古弥远，何从得其本真而绘图以授人乎？"且"天地之数"与"河出图，洛出书"两段"文势语脉遥遥隔绝"，"又安见此河图者，即前五十有五之数邪"？总之，筮数"于画卦全无交涉"。将"五位相得各有合"解作"五行相合"是后人妄为，绝非《易传》本意："若夫一六、二七、三八、四九、五十之相合而为天地生成之数、水火木金之象，此后世五行家言，岂《易》之所有哉？"（《易图明辨》卷一《河图洛书》）

（三）五行生成数非河图、非大衍

朱熹曾以河图解大衍之数："大衍之数五十，盖以河图中宫天五乘地十而得之，至用以筮，则又止用四十有九，盖皆出于理势之自然，而非人之知力所能损益也。"胡渭对此不以为然。在他看来，大衍之数五十本于小衍五，而非得自河图中五与中十相乘。同时期的毛奇龄曾对郑玄注与河图十数的关系予以详细分析："抟之所为图，即大衍之所为注也。然而大衍之注之断非河图者，则以河图之注之别有在也。……则此所为注，非即抟之所为图乎？康成但有注而无图，而抟窃之以为图。康成之注即可图亦非河图，而抟窃之以为河图，其根其柢，其曲其里，明白显著，可谓极快。"（《河图洛书原舛编》）这是说，郑玄未作十数图，注"河出图"一段时亦未引用"大衍之数"注文，可知其并未将大衍之数与河图联系在一起。至于窃取郑注而画河图，乃是陈抟所为。胡渭格外认同毛奇龄"数不得为图，衍不得为画"的论断，赞此两句曰"真千古格言"。但他认为，毛氏之失在于未能区分天地之数与大衍之数、《周易》与《洪范》，亦未辨明郑注之误："大衍之数出于天地之数，而非即天地之数。盖天地之数，《易》与《范》共之……大衍之数则唯《易》有之，《范》不得而有之也。"（《易图明辨》卷一《河图洛书》）郑玄"大衍"注取《汉书·五行志》，《五行志》则据刘向父子《五行传》所言五行数，"意主《洪范》，初不为《易》而设"，"终于大衍无涉也"。"蓍无五行、无方位、无生成、无配耦也。""大抵五行主《洪范》则附以《春秋》而不及'大衍'，《律历》主'大衍'则附以《春秋》而不及《洪范》。考厥源流，区以别矣。"（同上）因此，据刘向父子五行数说所作之图，可称为"天地生成图"或"五行生成图"，却不可以"大衍图"称之。总之，"天地之数终不得为河图者，则以大传无明文，而五十有五但可以生蓍，不可以画卦也。毛公惟知数不得为图，而不知大衍之数与天地之数不可混而为一。惟知衍不得为画，而不知郑注乃刘氏《洪范》五行之数，非伏羲大衍、四营之数也"（同上）。胡渭更是一语道破了毛氏之失的症结所在：“毛公恶宋太过，故其立言往往刻于宋而宽于汉。”

（四）河图象也，洛书文字也

既然黑白点构成的河图、洛书是后人伪造，那么《系辞》“河出图，洛出书”一语当如何解之？在此问题上，胡渭接受了宋人张浚的观点：“天欲雨，山川必先云气。况《易》之兴也，岂无先至之祥乎？是以圣人必终之以‘河出图，洛出书’而又‘则之’者，其则皇天以兴其《易》者乎，又况‘河图不出，吾已矣’，夫孔子尝有是叹。”（《易图明辨》卷一《河图洛书》）胡渭以又传文证之曰：“紫岩以图书为《易》兴先至之祥，正与夫子凤鸟、河图并举之意相合。《大传》曰：‘《易》之兴也，其于中古乎。’又曰：‘当殷之末世，周之盛德。’然则二圣系辞亦当有先至之祥。”（同上）他还相信，不但伏羲画卦前有此祥瑞，凡圣人或有德之君临世皆有图书之兆：“河洛者，地之中也。圣人兴必出图书，伏羲则之以画卦，文王、周公则之以系象爻，而开物成务之道备矣。上三者无时不有，图书则旷世而一出，故末言之。观下文系辞与四象并举，则此实该三圣之事，不必专主伏羲，亦不必谓洛书禹时所出，于《易》无与也。”（同上）在详细考察了《汉书》之《武帝纪》《五行志》《沟洫志》等文献后，胡渭说：

由是观之，历代有道之君，皆受图书，非独羲、禹时出也。河图，象也，故则之以画卦。洛书，文字也，故

则之以系辞。河图非必八卦，洛书不尽九畴也。(《易图明辨》卷一《河图洛书》)

这里，他一面承认河图、洛书与八卦、九畴之间的联系，即八卦、九畴本于河图、洛书而作；一面又断言河图不是八卦，洛书并非九畴。他说："羲皇受河图而始作八卦，文王演之，其书名《易》，不名河图；大禹第洛书为九畴，箕子演之，其书名《洪范》，不名洛书，其义一也。盖河图、洛书乃《易》《洪范》所由作，非即《易》《洪范》也。"(《易图明辨》卷一《河图洛书》)这一说法，显然是对孔安国"河图则八卦是也，洛书则九畴是也"之说的否定。

胡渭也不赞同扬雄、刘歆、张衡等人河图洛书并出于伏羲时代的观点。扬雄《核灵赋》曰："大《易》之始，河序龙马，洛贡龟书。"刘歆说："虙牺氏继天而王，受河图，则而画之，八卦是也。禹治洪水，赐雒书，法而陈之，《洪范》是也。"张衡《东京赋》曰："龙图授羲，龟书畀姒。"对此，胡渭批评道："盖伏羲受河图，经无明文，即无以验洛书之果不出也。……伏羲时未有书名，洛之所出安得称书？子云亦未深考耳。"(《易图明辨》卷一《河图洛书》)既然圣人明君临世皆有图书之兆，则河图、洛书绝非伏羲一人所受，"河图不止羲受，洛书亦不止禹受，故夫子并举以赞《易》"。

郑玄《易》注曾以图谶释河图、洛书："河龙图发，洛龟书成。河图有九篇，洛书有六篇。"邢昺引《中候》文，把河图、洛书解作龙马、神龟身上的"赤文绿字""列宿斗正之度""帝王录纪兴亡之数"。胡渭认为，图谶之学起自战国，盛于秦汉，"康成号一代儒宗，不能违众而独立，乃据此以注《易》。信如所言，则伏羲画卦之本变为录纪兴亡之数，而河图亦是文字，洛书且非九畴矣。妖妄不经，莫甚于此。故《参同契》之流得乘隙而起，以九宫之数纵横十五者，冒河图之名，而稍近于理，世莫能辨"（《易图明辨》卷一《河图洛书》）。此伪说"窜入吾《易》""乱圣真""欺来学"，实乃郑玄之过。

胡渭也不赞同时人黄宗羲、毛奇龄的看法。黄宗羲认为河图、洛书是古代地理图，胡渭反驳说："伏羲之世，风俗淳厚，岂有山川险易之图？结绳而治，岂有户口阨塞之书？且举河洛以该四方，未免曲说，改'出'为'上'，尤觉难通矣。"（《易图明辨》卷一《河图洛书》）毛奇龄据郑注，主张"大抵图为规画，书为简册，无非典籍之类"。胡渭批评道："康成引以释经，侮圣已甚，后儒不能锄而去之，而反为之灌溉滋长焉，其何以息邪而闲道乎？"（同上）

需要特别强调的是，胡渭只是否定了宋人所造的黑白点构成的河图、洛书。至于图书的存在，他认为是真实无妄、不容置疑的。因此，他对欧阳修以河图、洛书为虚妄之说的观点提出了批评。既然《系辞》明言"河出图，洛出书"，则不能因后世伪说来否定孔子："以象爻无河图之文而疑八卦非感河图而作，以《洪范》无洛书之文而疑九畴非法洛书而陈。然则夫子所谓'圣人则之'者，果何所则而何所作邪？""然河图、

洛书三语实出于夫子，又不可如欧公辈斥之以妖妄，故不得不一核其源流。"（《易图明辨》卷一《河图洛书》）

三、先天之图与圣人之《易》离之则双美，合之则两伤

批判邵雍、朱熹的先天学，是清初易学辨伪的主要论题之一。概言之，胡渭对先天学的批判可以归纳为四个方面，以下逐一详论。

（一）论伏羲八卦次序图、六十四卦次序图

朱熹《周易本义》卷首列有《伏羲八卦次序图》即"小横图"，并附以解说："《系辞传》曰：'易有太极，是生两仪，两仪生四象，四象生八卦。'邵子曰：'一分为二，二分为四，四分为八也。'《说卦传》曰：'易，逆数也。'邵子曰：'乾一，兑二，离三，震四，巽五，坎六，艮七，坤八。'"《易学启蒙》则更为详细地说明了八卦的形成与次序："太极之判，始生一奇一偶而为一画者二，是为两仪。其数则阳一而阴二。……两仪之上各生一奇一偶而为二画者四，是谓四象。其位则太阳一、少阴二、少阳三、太阴四。其数则太阳九、少阴八、少阳七、太阴六。……四象之上各生一奇一偶而为三画者八，于是三才略具而有八卦之名矣。其位则乾一、兑二、离三、震四、巽五、坎六、艮七、坤八。"

　　对此，胡渭展开了四点批驳。其一，他采纳毛奇龄、李塨师徒的观点，指出"易有太极"一节"本言揲蓍之序，与画卦无涉"（《易图明辨》卷六《先天古易上》），"此节与图书无涉，且与画卦亦无涉，而先天八卦次序之谬，因以见云"（《易图明辨》卷一《河图洛书》）。邵雍、朱熹以"加一倍法"解之，实属误读。在此问题上，胡渭曾大量援引毛、李之说，如毛氏云"此节言画卦有不合"，"汉儒多以四象为四时，然不解揲筮"，宋儒"谓老阳、少阳、老阴、少阴为四象"，"考阴阳老少仍是揲蓍所用，与画卦不同"。胡渭则曰："四象，余旧主东坡、汉上之说，乾坤为老阳老阴，三男三女为少阳少阴。盖以四象即八卦，八卦即六十四卦也。岁庚辰客京师，因金素公得交于李君，晨夕过从，间以此说就正李君，曰：'八卦原该六十四卦，但经明曰四象生八卦，今乃以四象即八卦，是八卦生八卦矣，似难通也。'因出《讯易书》并《仲氏易》以示余，余参酌其说而为之解。"（同上）不过，胡渭并不是简单照搬毛氏师徒的观点，而是进一步提出了自己的见解。在他看来，《讯易》之解良是"，但"犹未惬当"，如"两"如何为"一"所生、"四"如何为"两"所生等问题，毛氏师徒并未详言。有鉴于此，胡渭循毛奇龄的思路，对太极、两仪、四象、八卦的生成进行了探讨："窃意所谓太极者，一而已矣。命筮之初奇偶未形，即是太极。迨夫四营而成易，合挂扐之策置之于格，或五或四则为奇，或九或八则为偶，是谓太极生两仪。至于三变而成爻，画之于版，三奇为口曰老阳，三偶为×曰老阴，一奇二偶为—曰少阳，一偶二奇为--曰少阴，是谓两仪生四象。至于九变而为三画之小成，十八变而得二体之贞悔，是谓四象生八卦。"（同上）简言之，"太极"是奇偶未分，"两仪"是一变挂扐之策或奇或偶，"四象"是三变所得阴阳老少，"八卦"是十八变成六画之卦。如此一来，"太极、两仪、四象之递生，其为揲蓍之序，益洞然而无疑矣"（同上）。而画卦之序与揲蓍之序完全不同："按横图逐爻渐生之法，唯揲蓍三变而成爻，十八变而成卦。自初而二、而三、而四、而五、而上，六爻次第得之，诚有然者。然两仪主一变，言但分奇偶，而初画则兼三变。三变之余，或老或少，各视其所得之九六七八以为名，则初画便当为四象，不可谓两仪。四象三画皆有，独以中画为四象，尤不可也。"（《易图明辨》卷六《先天古易上》）

其二，胡渭赞同黄曰中对横图阴阳爻画长短不一的批评："信如康节所图，则初画最长，中画半之，终画又半之，吾不知伏羲既作此象，将截为八段，以示人乎？将连者仍连，而听人之自为识别乎？""揆诸事情，决无是理。鲲溟之辩良足解颐，吾不知季通何以极赞其妙，而朱子舍己从之也。"(《易图明辨》卷六《先天古易上》)

其三，先天横图割裂了母子联系。太极、两仪、四象、八卦层层包含，有如母子，小横图则以初画为两仪、中画为四象、上画为八卦。胡渭说："两仪、四象、八卦皆子在母外，初画为仪，中画为象，终画为卦，而太极一画更居其先，是犹一岁之外别有寒暑，寒暑之外别有四时，四时之外别有八节也。其谬不已甚乎！"(《易图明辨》卷六《先天古易上》)

其四，《周易》原本先象后数，先天横图却是由数生象。胡渭说："卦，象也。蓍，数也。《左传》韩简曰：'物生而后有象，象而后有滋，滋而后有数。'盖数即象之分限节度处，生于象，而不可以生象。康节加一倍法欲以数生卦，非也。"(《易图明辨》卷六《先天古易上》)

同样，胡渭也批评了由《伏羲八卦次序图》即"小横图"推演而来的《伏羲六十四卦次序图》即"大横图"。他指出，《系辞》《说卦》皆已明言六十四卦因八卦相重而得，邵雍、朱熹、蔡元定等人却视而不见，偏以"加一倍法"解之："按夫子曰'重'曰'兼'，明是倍三为六，非逐爻渐生之谓。《本义》犹从旧解，云'"因而重之"谓各因一卦而以八卦次第加之为六十四'，又云'三画已具，三才重之，故六'，至图说则与邵义并存，而以邵为善。及蔡氏草《启蒙》则专主《观物外篇》，而显背经文亦有所不顾矣。"(《易图明辨》卷七《先天古

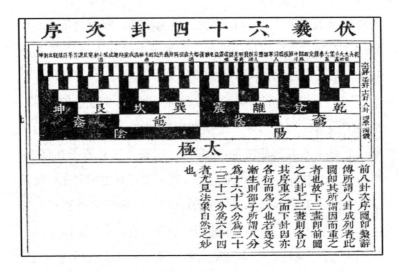

易下》）究其根本，小横图的错误已然注定了大横图的舛谬："康节先天之学，其病根全在小横图。八卦之次序既乖，则其论方位亦误，六十四卦之次序方位更不待言矣，而吾窃有怪于《启蒙》之说也。数用加一倍法，可以推之百千万亿而无穷。"（同上）

更严重的是，顺着"加一倍法"的思路，阴阳爻画可以屋上架屋、无限叠加，甚至超越六画之卦，失却易学的本来意义："若《易》卦则六画而止，其变而之他亦不过六画，即如《焦氏易林》每一卦变为六十四，至四千九十六，其本卦仍自为本卦，之卦别自为之卦，曷尝屋上架屋，于六画之上复自七画，递加至十二画乎？而且云：'自十二画上，又累至二十四画，引而伸之，未知其所终极，足以见易道之无穷也。'夫易道无穷，而卦画则有穷。季通之稿荒谬至此，朱子曾不一是正，何欤？"（《易图明辨》卷七《先天古易下》）胡渭认为毛奇龄所指出的"八误"可谓确论："仲氏八误之辩剖析无遗，总由伏羲六十四卦次序元无可考，任意为之，所以来后人之弹射也。冠诸经首，不愈彰邵子之过乎？"（同上）

值得注意的是，胡渭把大小横图的错误一概归诸蔡元定，而对朱子有所回护。他曾广泛征引文献来证明朱子原本对先天学持有怀疑态度，后来在蔡元定的坚持下才被迫接受："朱子初亦疑之，谓伏羲至淳厚，未必如此巧推排，而蔡季通坚执不移，故《本义》屈伊川而伸康节。……季通笃信邵学，不啻如孔孟。朱子方以为老友，不在弟子之列，往往曲从其言。至《启蒙》则属季通起稿，其《原卦画》一篇，敷畅邵学尤为详备，而其说遂牢不可破矣。"（《易图明辨》卷六《先天古易上》）

（二）论伏羲八卦方位图

在易学史上，邵雍据《说卦》所云"天地定位，山泽通气，雷风相薄，水火不相射"定先天八卦方位，朱子《本义》又将图式列于卷首。但在胡渭看来，先天方位实与《说卦》无关。他认为，"天地定位"一节有两层意思：一是八卦对待

伏羲八卦方位

而相通，"天地定位，言乾坤自为匹也；山泽通气，言艮兑自为匹也；雷风相薄，言震巽自为匹也；水火不相射，言坎离自为匹也"，"山泽之气不但二者自相通，而且与天地、雷风、水火之气互相通矣，雷风水火亦然"。二是"八卦相错是为六十四卦，而占筮之法生焉"。"数往者顺"，即"卦之德方以知"，"知以藏往"。"知来者逆"，即"知来乃揲蓍求卦之事"，"蓍之德圆而神"，"神以知来"。无论如何，此章"未见其为先天之方位"，"与八方之位无涉"。胡渭说："康节则专精于数，故往往以蓍数为卦象，与经旨背。至于据横图从中折取，以自震至乾为顺数已生之卦，自巽至坤为逆推未生之卦，然则'易逆数也'，岂专用巽坎艮坤而不用乾兑离震乎？就其言解之，已有不可得通者矣。"（《易图明辨》卷六《先天古易上》）

邵雍、朱熹还阐发了先天圆图的阴阳消长及卦气之意。如《观物外篇》曰："震始交阴而阳生，巽始消阳而阴生，兑阳长也，艮阴长也，震兑在天之阴也，巽艮在地之阳也，故震兑上阴而下阳，巽艮上阳而下阴。……乾坤定上下之位，离坎列左右之门，天地之所阖辟，日月之所出入，是以春夏秋冬、晦朔弦望、昼夜长短、行度盈缩，莫不由乎此矣。"《易学启蒙》更以四时节气阐发之："圆图之左方，自震之初为冬至，离兑之中为春分，以至于乾之末而交夏至焉，皆进而得其已生之卦，犹自今日而追数昨日也，故曰数往者顺。其右方，自巽之初为夏至，坎艮之中为秋分，以至于坤之末而交冬至焉，皆进而得其未生之卦，犹自今日而逆计来日也，故曰知来者逆。"胡渭认为，这种对先天图阴阳消长和卦气的论述与《参同契》的月体纳甲说相合，即源出道教，绝非《易》之本义。他在比较《观物外篇》与《参同契》的相关思想之后认为："'震始交阴而阳生'，谓震与坤接而一阳生于下。三日夕，月出庚纳震，一阳之气也，即《参同契》所谓'三日出为爽，震庚受西方'也。'巽始消阳而阴生'，谓巽与乾接而一阴生于下。十六日旦，月退辛纳巽，一阴之气也，即《参同契》所谓'十六转就绪，巽辛见平明'也。自震一阳进，而纳兑之二阳，至乾三阳而满，此望前三候明生魄死之月象也。自巽一阴退，而纳艮之二阴，至坤三阴而灭，此望后三候魄生明死之月象也。"由此可知，先天方位实本自《参同契》之月体纳甲，"以一月中月体之消长言之，乾南坤北之方位是也"（《易图明辨》卷六《先天古易上》）。

胡渭指出，熊朋来《五经说》已点明《参同契》与先天图之关联，如其云"姑就《参同契》言之，则先后天图已在其中"（《易图明辨》卷六《先天古易上》）。吴乔《他石录》外篇《儒辨》一文则不仅发现了先天图与《参同契》相类，更断言朱子《本义》混淆了儒家易与道教易："考亭于丹道有所见，是以手注魏伯阳之《参同契》，见邵子之图，欣然会心，入之《本义》，而不计丹道可以倚《易》，《易》不为丹道作也，《本义》之混滥者多矣。"（同上）胡渭十分赞同熊、吴二人所言，认为他们揭示了邵雍先天图的本质所在：

乾南坤北、离东坎西之图，朱子虽知其出于《参同契》而不欲尽言。至熊与可始发其隐。……渭按："丹道可以倚《易》，《易》不为丹道作。"又云："《易》道无所不包，而离于文王处忧患，孔子无大过，即非吾儒之《易》"，此真千古格言。方技家既借'天地定位'四句撰为此图，下文'顺逆'亦自有其说，邵子已生、未生之解，大非。（《易图明辨》卷六《先天古易上》）

有鉴于此，胡渭严格区分了道教与儒门之易学，并把先天图归为道教易："先天八卦方位，丹家用之最亲切而有味。其所谓易者，坎离也，与儒学不同。故解此章之顺逆亦自有其义，孔子之意在蓍卦，丹家之意在水火。"（《易图明辨》卷六《先天古易上》）更有甚者，胡渭说："邵子小横图用加一倍法，以为伏羲八卦之次序，误矣。而又推之于方位，以自震至乾为顺，自巽至坤为逆，且喻之以左旋右行。夫天之与日月五星也，左则俱左，右则俱右，岂有左右各半之理乎？既失丹家之旨，又非孔子之义，无一而可者也。"（同上）

（三）论伏羲六十四卦方圆图

与"小横图"中间截断并扭转可拼成"小圆图"一样，"大横图"中间截断并首尾相接则为《伏羲六十四卦方位图》即"大圆图"。"大横图"自右向左每八卦为一组，自下而上列为八行，又得先天六十四卦方图。将此方图置于圆图之内，即

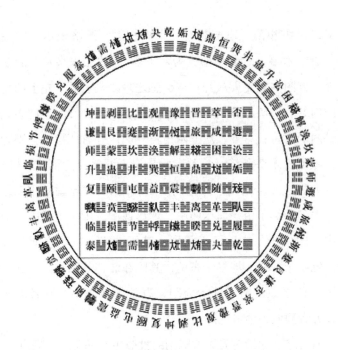

为六十四卦方圆图。尽管《皇极经世》与《周易本义》未载方圆合一图，但书中不无解图之语。例如，《观物外篇》曾就圆图而论六十四卦根于《乾》《坤》、生于《姤》《复》："夫《易》根于《乾》《坤》，而生于《姤》《复》。盖刚交柔而为《复》，柔交刚而为《姤》，自兹而无穷矣。"又曰："《复》至《乾》凡百一十有二阳，《姤》至《坤》凡八十阳；《姤》至《坤》凡百一十有二阴，《复》至《乾》凡八十阴。"《伊川击壤集》亦曾以先天圆图言"天根""月窟"："乾遇巽时观月窟，地逢雷处见天根，天根月窟闲来往，三十六宫都是春。"方图则如邵雍《大易吟》所云："天地定位，否泰反类；山泽通气，损咸见义；风雷相薄，恒益起意；水火相射，既济未济。四象相交，成十六事。八卦相荡，为六十四。"按照朱熹及其后学的解释，方图内涵先天八卦对待交感之理。其右下、左上两角自外而内共有四层，分别是乾坤、兑艮、离坎、震巽，此为先天八卦两两对待；右上、左下两角自外而内亦有四层，分别为否泰、咸损、未济既济、恒益，此为先天八卦交感而成。《周易本义》更进一步阐发了方圆图的卦气之义："此图圆布者，乾尽午中，坤尽子中，离尽卯中，坎尽酉中。阳生于子中，极于午中；阴生于午中，极于子中。其阳在南，其阴在北。方布者，乾始于西北，坤尽于东南，其阳在北，其阴在南。此二者阴阳对待之数，圆于外者为阳，方于中者为阴，圆者动而为天，方者静而为地者也。"

概言之，胡渭对先天方圆图的批驳主要基于三点理由：

第一，《易传》既言六十四卦由八卦相重而得，则邵雍姤复生卦之说显然于理不通，"姤复同在六十四卦中，岂能生诸卦乎？"将圆图分为左右两截，"左阳右阴，则又极其造作，而非法象自然之妙矣"（《易图明辨》卷七《先天古易下》）。

第二，圆图源于丹道，与汉易卦气说不符。方图十六卦之事，绝与卦气无关。在胡渭看来，方圆图"既非乾坤三索之序，别卦又失文王所演之旧"，不过是"邵子之巧推排"，"《易》无此卦位也"，亦无此次序。朱熹用"京、焦分卦直日之遗法"即卦气说附会之，但因"次序方位参错不齐"，故始终牵强难通——汉易"六日七分"主卦气起中孚，圆图卦气则起于复姤；汉易卦气以坎离震兑四正卦之二十四爻分主二十四气，圆图卦气则以乾坤坎离即先天四正主二十四气；汉易以十二辟卦对应一年十二月，但辟卦在圆图中分布不均，且以临、遯主卯、酉二分。由此可知，圆图之根源不在卦气，而在丹道。胡渭说："邵子大圆图，则但如《参同契》以六十卦象一月升降往来之气，非真有分卦直日之事也。……盖此图惟明丹道，不主占候，固不必一一求合于卦气也。其极数知来之学，全在加一倍法，与此图无涉。"至于方图，本意在彰明先天八卦对待交感之理，绝与卦气无涉，张理以卦气论之更是荒谬至极："至于方图则内外叠作四层，意在明十六卦两隅尖射之巧妙，难用分卦直日法。而张仲纯亦仿圆图之例，起复姤终乾坤，以定十二辟之卦气，其舛谬不更甚乎。"（《易图明辨》卷七《先天古易下》）平心而论，胡渭此间所云汉宋卦气说之差异颇值得参考，但以汉易卦气说为标尺来否定宋易卦气说则毫无理据，令人难以接受。

第三，六十四卦圆图及"天根月窟"说同"小圆图"一样，实为《参同契》月体纳甲之翻版。胡渭说："天根月窟即《参同》纳甲之说。天阳也，月阴也。以八卦言之，月三日生明于庚，纳震一阳之气。庚当乾终巽始，故曰'乾遇巽时观月窟'。震一阳始交于甲，纳乾初九之气。甲当坤终震始，故曰'地逢雷处见天根'也。以六十四卦言之，纯乾遇巽之一阴是为姤，于月为生魄，阳消阴息自此始，故谓之月窟，即'乾尽午中而阴生'之谓也。纯坤遇震之一阳是谓复，于月为合朔，阴消阳息自此始，故谓之天根，即'坤尽子中而阳生'之谓也。三十六宫，朱子之义较长，盖人身之天根在尾闾，月窟在泥丸。修炼之法，夜子以心神注气海，谓之生药；子后则自尾闾进火以达于泥丸，午中则自泥丸还元以讫于尾闾。从复姤用功而诸卦皆到，上下往来，终而复始，和气满腔，盎然流溢，故曰'三十六宫都是春'也。邵子虽不事修炼，而其理固已洞彻，丹家秘宝和盘托出矣。"（《易图明辨》卷七《先天古易下》）胡渭还大段引用俞琰的《易外别传》来证明《参同契》乃修炼之术，故以《参同契》为学理根基而作的先天图必属道教易无疑："按：石涧精于《参同契》者也，不徒心解之，且身试之，故知先天图为老氏之《易》，而非圣人之《易》。著书以阐其幽，名之曰《易外别传》，以为丹家所依托，非《易》之本义。自有先天图以来，知其妙而不使之混于《易》中者，唯石涧一人。"基于上述种种理由，胡渭把邵雍视为与魏伯阳、陈抟等人一脉相承的道家传人："魏伯阳，丹经王也。希夷、康节，乃其嫡派正传，所言皆老氏之《易》也。"（同上）

（四）论先天与后天

在易学史上，邵雍首创先天易学体系，并刻意与后天易学相区别。他说，先天易为伏羲所作，只有各种图式而未有文字，后天易则是文王所作的《周易》一书。朱子对此尊信不移，其《答袁机仲书》曰："自初未有画时说到六画满处者，邵子所谓先天之学也。卦成之后各因一义推说，邵子所谓后天之学也。"他又说："据邵氏说，先天者，伏羲所画之《易》也。后天者，文王所演之《易》也。"先天学的要义在于"加一倍法"，即主张伏羲画卦自下而上，先画一阳爻、一阴爻，是为两仪；两仪之上各加一阳爻、一阴爻，是为四象；四象之上又各加一阳爻、一阴爻，是为八卦。以此类推，八卦之上复加一阳一阴得四画者十六，四画之上又加一阳一阴得五画者三十二，五画之上再加一阳一阴而为六画者六十四。

对此，胡渭深表质疑。他认为，《易传》只说伏羲"仰观俯察"而作八卦，并未言及如何画卦，怎能断定伏羲画卦是逐爻生出，而非连画三爻？如何知道"乾坤生六子"不是伏羲所作，而是文王所为？他说："伏羲胸罗造化，全体太极，仰观俯察，近取远取，三才之道，了了于心目之间，便一连扫出三画，有何不可？而必一生二、二生四、四生八，作巧推排计邪？一连扫出者为私意杜撰补接，然则逐爻生出者，岂反非杜撰补接邪？孔子之传无一语推本伏羲者则已，既有推本伏羲者，则何以知两仪、四象为伏羲之所画，而乾坤三索为文王之所演邪？……知彼逐爻生出之为谬，则知一连扫出三画，而交易以成六子者，真伏羲之《易》而非文王之《易》矣。晓人自解，无庸辞费也。"(《易图明辨》卷八《后天之学》)依他之见，邵雍、朱熹等人的先天、后天之分毫无理据，文王易即是伏羲易。后天图并非出于文王，伏羲时已有之。此图以文王、后天名之乃邵雍所为："乾坤三索之次序，出震齐巽之方位，伏羲之《易》本是如此。而邵子独以为文王之《易》，名之曰后天，以尊先天之学。序位皆是，而其名则非。"（同上）平心而论，胡渭不信伏羲按"加一倍法"画卦，却相信"乾坤生六子"为伏羲所作，不过是以一种信念否定另一种信念，不能令人信服。

除先后天诸图外，胡渭还对卦变问题进行了探讨。他赞同黄宗羲的观点，以"反对"定义"卦变"："六十四卦两两相比，无不反对。其阴阳相背者，八卦虽无变体，亦反对也。反对实文王演卦之一义，《象传》本此以释经，刚柔之往来上下一览而得，不可谓孔子之说非文王之说也。"（《易图明辨》卷九《卦变》）也就是说，卦变即指反对，其余种种卦变之说皆不能与《易传》尽合："凡《象传》之'刚柔''往来''上下''内外'皆主卦变而言，可知矣。然诸儒概以一爻言之，故唯三阴三阳之卦可通，而二阴二阳之卦则不可通。《无妄》'刚自外来'、《升》'柔以时升'之类是也。唯以反对言之，则无不可通。"（同上）

以此为标准，胡渭逐一检讨了宋代以来的各种卦变理论。其一，他肯定李之才的反对卦变图，而否定其相生图："李挺之言卦变，莫善于反对，莫不善于相生。反对者，经之所有。相生者，经之所无也。"（《易图明辨》卷九《卦变》）他指出，《六十四卦相生图》或一爻动、或二爻动、或三爻动，并无一定之规："夫姤复以一爻主变犹有定法，若遯临否泰则两爻俱动，或独升，或同升，主变者非一，纷然而无统纪矣。"更重要的是，别卦相生有悖于《易传》的"八卦相重"说：

"且六子纯卦，亦不过因而重之，今乃谓《震》《坎》《艮》生于《临》，《巽》《离》《兑》生于《遯》，有是理乎？甚矣，此图之为赘肬也。"胡渭据此推测，李之才的相生图纯属个人臆造，不仅与《象传》不合，亦与道教无关："窃疑穆修受学于希夷，唯有反对图，而相生则李氏以意为之。""按《参同契》云'乾坤者，《易》之门户，众卦之父母'，是众卦皆生于乾坤也。李、邵为先天之学，而其卦图乃以《复》《姤》《临》《遯》《壮》《观》皆为生卦之母，则是显背伯阳矣，希夷之传岂若是乎？既失《参同》之旨，又非《象传》之意，东谷讥之，有以也。"（同上）

其二，他以为，邵雍的大小父母说不仅与《易传》"八卦相重"存在矛盾，其理论自身亦无章法可言："然《姤》《复》以一爻升降，其踪迹犹可寻求；《遯》《临》《否》《泰》则两三爻递为升降，而《否》《泰》、二《济》未免重出，益杂乱而无章矣。《乾》《坤》虽诸卦所自出，第以《象传》证之，则唯三阴三阳者可通，而二阴二阳者不可通。"（《易图明辨》卷九《卦变》）同时，"康节以文王所演为后天，则卦变似非先天之学"，但大小父母说中又有先天对待思想，"'乾坤大父母，姤复小父母'，则又圆图'阳生子中，阴生午中'之精义也。乃知卦变亦希夷所传，均属先天之学"（同上）。

其三，他以为，俞琰《先天六十四卦直图》本《参同契》及"天根月窟"说而作，是一幅以反对为核心的卦变图。它既无邵雍大小父母说之失，又胜李之才两图，故应予以肯定：

"唯石涧直图上乾下坤，而坎离居中，正得'乾坤为鼎器，坎离为药物'之意。又据邵子'天根月窟'之说，自坤中一阳生而升至五阳，遂为六阳之纯乾。自乾中一阴生而降至五阴，遂为六阴之纯坤。一升一降，上下往来，与伯阳之义脗合。且诸卦皆生于乾坤，无姤复小父母之疵。而四阴二阳与坎并列，四阳二阴与离并列，亦皆井然有条理，无重出之病，胜李氏二图远甚。……此图既非六十四卦之次序，又非六十四卦之方位，正可作卦变图耳。异哉！石涧能于三百余岁后，绍闻知之统，使呼吸上下往来之象一望瞭然，真希夷先天之学，而邵子之所不及图者也。"(《易图明辨》卷九《卦变》)

其四，关于朱子卦变图，胡渭赞同黄宗羲的批评："按邵子言：'重卦不易者八，反复者二十八，以三十六变而为六十四。'卦变之义，数言尽之矣，据此以释《彖传》亦足矣。李挺之相生图已伤烦碎，况朱子之所定乎？梨洲一一指摘，无微不彰。"(《易图明辨》卷九《卦变》)但他又指出，黄宗羲对《本义》以卦变释十九卦《彖传》的批评尚不彻底："但朱子专取十九卦者，第就《彖传》所谓'刚柔''往来''上下''内外'者而求之，其他则未暇及。梨洲续举诸卦中，唯《损》《益》二卦似不当遗，何也？《彖传》曰'损刚益柔'，又曰'损下益上，其道上行'，又曰'损上益下，自上下下'，则'刚柔''上下'之义备矣。正可与十九卦并举，何独遗之？其他只言'刚柔'而不言'往来''上下'，则其义即本卦可见，不必求之卦变，固不在此例。然朱子欲以卦变附先天之后，当仍用李氏反对图，犹不失希夷本指。今乃据相生图以更定其法，烦碎甚于李氏。而及其释经也，则又舍反对之卦，而泛泛焉以两爻相比者互换为变，往来上下迄无定法，亦安用此图为也？"（同上）

四、胡渭易学辨伪的意义

综上可见，胡渭的易学辨伪全面汇集了毛奇龄、黄宗羲等人的成果，对其论点、论据和论证方法皆有吸收。如他认为《周易》本无图，凡易图皆出于对传文的误读；河图洛书、先天之学源于道教，与《周易》本旨无关，这些论证与毛奇龄、黄宗羲等人并无二致。此外，天地数、大衍数及郑玄注非指河图，《系辞》"易有太极"一章言著策而非画卦，先天图有八误等论述，乃是直接引毛奇龄之说。先天圆图及天根月窟说本自《参同契》，卦气与《周易》不符，卦变即反对等思想，则是完全接受了黄宗羲的观点。

当然，胡渭的易学辨伪自有其独到之处。首先，他提出了许多异于前人的见解。例如，在河图、洛书的问题上，他主张"河图，象也""洛书，文字也"，反对毛奇龄的典籍说和黄宗羲的地图说。他一面承认伏羲受河图，一面又相信"历代有道之君皆受图书，非独羲、禹时出也"。在"易有太极"一节的理解上，胡渭与毛奇龄虽皆主"言著"，但二人的解读颇为不同。毛氏依大衍筮法解太极、两仪、四象、八卦，胡渭则以"太极"为奇偶未分之一,"两仪"为一变挂扐之策或奇或偶,"四象"为三变得阴阳老少,"八卦"为十八变而得六画之卦。在卦变的问题上,他赞同黄宗羲的反对说,但又指出黄宗羲对朱子的批评不够彻底。此外,胡渭还对毛、黄并未论及的阴阳太极图加以详细考辨。其次,毛奇龄、黄宗羲对图书、先天之学的批判往往以单一问题为线索,胡渭的易学辨伪则能从文本诠释、学术源流等多个角度,纵横反复,展开批判。具言之,《易图明辨》一书先从魏伯阳《参同契》、陈抟《龙图序》、刘牧《易数钩隐图》、朱熹《易学启蒙》等典籍入手,层层深入,分析易图产生的根源及其传承系统,进而证明易图源于道教。又以《周易》文本为根据,指出河图、洛书、先后天诸图一概与经传本意不符,绝非《周易》固有之义。就此而言,胡渭对宋易象数学的批判相较同时期的毛奇龄、黄宗羲等人更为全面、彻底,堪称清初易学辨伪的集大成者。正如四库馆臣所言:"国朝毛奇龄作《图书原舛编》,黄宗羲作《易学象数论》,黄宗炎作《图书辨惑》,争之尤力,然皆各据所见,抵其罅隙,尚未能穷溯本末,一一抉所自来。渭此书……皆引据旧文,互相参证,以箝依托者之口,使学者知图书之说虽言之有故,执之成理,乃修炼、术数二家旁分易学之支流,而非作《易》之根柢。"

胡渭易学的意义与毛奇龄、黄宗羲相类,即以《周易》文本为据,还原了图书、先天之学的本来面貌,从而启发学者重新思考《易》之起源。尤为可贵的是,胡渭敢于公开挑战居于官学地位的朱子易学，并对朱学乃至整个宋学予以沉重打击，其勇气值得肯定。从学术史的角度审视，胡渭及同时代学者之辨伪考据的学术意义并不局限在解决几个特定的易学问题，而是使易学从朱学的既定框架中解放出来，从而极大地开阔了易学的视野，在一定意义上为清代中后期的易学转型奠定了基础。对此，梁启超先生曾有如下评论：“所谓‘无极’‘太极’，所谓《河图》《洛书》，实组织‘宋学’之主要根核。宋儒言理、言气、言数、言命、言心、言性，无不从此衍出。……渭之此书，以《易》还诸羲、文、周、孔，以图还诸陈、邵，并不为过情之抨击，而宋学已受致命伤。”① 他还说：“东樵破坏之功，过于建设。他所以能在学术界占重要位置者，以此。”②

　　然而，必须指出，胡渭所运用的许多证据未必可靠，有时并不足以支撑其论点，毫无论据、主观臆测的情形亦时有发生。同时，他因过分强调宋易图书、先天之说的消极意义而一概抹杀其价值，并以儒家立场彻底否定道教易在易学发展史上的积极作用，不能不说是有局限性的。

---

① 梁启超《清代学术概论》，上海古籍出版社，1998 年，第 15 页。
② 梁启超《中国近三百年学术史》，山西古籍出版社，2001 年，第 74 页。

第三编

汉易象数学的复兴与重建

概　述

　　清代乾嘉时期，汉学易研究兴盛。如前所言，自魏晋王弼扫象之后，象数易开始式微，汉末，京氏有书无师。至南北朝，汉易大部分亡佚，唯有郑玄易尚存，立为北朝之官学，与南学王弼易抗衡。陆德明云："永嘉之乱，施氏、梁氏之易亡，孟、京、费之易无传者，唯郑康成、辅嗣所注行于世。"（《经典释文序录》）隋唐，南学取代北学。唯一能与王弼易学抗衡的郑玄易失去合法地位。幸有李鼎祚撰《周易集解》保存了汉易一些珍贵资料，汉易尚存一息之气。而至宋代，易学发生了范式转换，一反汉学易传统，不用训诂与象数，不讲师法家法。解《易》则以义理为主，虽然深奥，却好臆造，不免流入无根之游谈，言象数者多涉图书之学，背离了圣人之意，汉学易成为绝学。曾一度流行的郑玄易也佚失。《周易集解》《经典释文》及以疏解王弼《易》为宗旨的《周易正义》多引郑氏易，郑氏《易注》在唐代犹存。宋《崇文书目》只载一卷，存《文言》《序卦》《说卦》《杂卦》四篇。《中兴书目》则未录，故郑易亡于南北宋之间。惠栋对于汉易亡佚情况有所描述：

六经定于孔子，毁于秦火，传于汉。汉学之亡久矣。独《诗》《礼》二经犹存毛郑两家。《春秋》为杜氏所乱。《尚书》为伪孔氏所乱。《易经》为王氏所乱。杜氏虽有更定，大较同于贾、服。伪孔氏则杂采马、王之说。汉学虽亡而未尽亡也。惟王辅嗣以假象说《易》，根本黄老，而汉经师之义荡然无复有存者矣。故宋人赵紫芝有诗云："辅嗣《易》行无汉学，元晖诗变有唐风。"盖实录也。（《易汉学原序》）

四库馆臣指出：

自王弼《易》行，汉学遂绝。宋元儒者类以意见揣测，去古寝远。中间言象数者又岐为图书之说，其书愈衍愈繁，而未必皆四圣之本旨。故说经之家莫多于《易》与《春秋》，而《易》尤丛杂。（《周易述提要》）

按照清人的理解，汉学易失传主要表现为：汉代易学文献亡佚，汉学易师法家法失传，近古的汉代经义无存，训诂与象数方法也弃而不用。汉学易失传的主要原因是王弼玄学易与宋《易》盛行。如惠栋指出："魏晋以来，王弼、韩康伯之辈始改师法，而《易》之大义乖矣。"（《周易述》卷二《泰》）又如江藩指出："经术一坏于东西晋之清淡，再坏于南北宋之道学，元宋以来，此道益晦。"（《汉学师承记》卷一）由于汉代

《周易》"经师之义荡然无复有存者",说《易》者"丛杂"多歧义,偏离圣人之意,故回归文本、复兴汉学易成为学术发展之必然。换言之,乾嘉时期惠栋等人复兴汉学易的原因,是因为失传的汉易近古,存圣人之意。惠栋说:"栋四世咸通汉学,以汉犹近古,去圣未远故也。《诗》《礼》毛郑,《公羊》何休,传注具存,《尚书》《左传》伪孔氏全采马、王,杜元凯根本贾、服,唯《周易》一经,汉学全非。"(《松崖笔记》卷一《上制军尹元长先生书》)而汉儒治《易》象数兼训诂,是通晓包括《易》在内的经典意义的必要方法:"汉人通经有家法,故有五经师。训诂之学,皆师所口授,其后乃著竹帛,所以汉经师之说立于学官,与经并行。五经出于屋壁,多古字古言,非经师不能辨。经之义存乎训,识字审音,乃知其义,是故诂训不可改也,经师不可废也。"(《周易述》卷十六《系辞》上)

乾嘉时期,统治者从政治需要出发,接受了清初以来的辨伪之学,并倡导实学,是汉学易兴起的历史原因。清初康熙帝推崇朱子之学,易学以朱子易学为官学。然至乾隆时,一方面承袭先皇传统,尊崇朱子之学,另一方面倡导汉学。如乾隆帝提出研习宋学当参照汉学。在易学方面,他说:"学《易》者不深味乎圣人之辞,则无以探夫分爻立卦之本,然而体观变玩占之实用,后儒之偏主一说,以为言者,非知《易》者也。"(《周易述义序》)此所谓"探夫分爻立卦之本",即指汉代象数之学。傅恒等人奉诏编撰《周易述义》,以汉易"象数之学则去古未远,授受具有端绪"为由,言互体与变爻,"则取象多从古义"，完全迎合乾隆帝之意。

　　为了实现"人才昌"、"赞治化"、"宏远猷"之政治诉求，乾隆帝极力倡导精研笃实之汉学。以此出发，他嘉奖汉学，精心选拔潜心汉学之士，"收明经致用之效"。乾隆帝推行的系列文化措施，促进了当时学术风气从推崇程朱之学转向崇尚汉学。

　　由于清代帝王之提倡，以考辨、训诂为主要内容的汉学开始复兴，形成了以惠栋为代表的吴派和以戴震为代表的皖派。如江藩所言："至本朝，三惠之学，盛于吴中；江永、戴震诸君，继起于歙。从此汉学昌明，千载沉霾，一朝复旦。"①按照皮锡瑞的说法，乾嘉时期的经学家主要做了三项工作："一曰辑佚书"，如余箫客、王谟、孙星衍、马国翰等；"一曰精校勘"，如戴震、卢文弨、丁杰、阮元等；"一曰通小学"，如段玉裁、王念孙、王引之、桂馥、郝懿行等。②其实，除了皮氏所说的三项工作外，还有一种最为重要的工作是用训诂学和考据方法对于经典的诠释。如惠栋撰《周易述》、李道平撰《周易集解纂疏》对于《周易集解》的诠释，戴震撰《孟子字义疏证》、焦循撰《孟子正义》对于《孟子》的诠释，孙星衍撰《尚书今古文注疏》对《尚书》的诠释，孙希旦作《礼记集解》对《礼记》的诠释等。这些注释具有很重要的学术价值，是不容忽

---

① ［清］江藩《汉学师承记》，见徐洪兴编校《汉学师承记（外二种）》，北京三联书店，1998 年，第 8 页。
② 见［清］皮锡瑞《经学历史》，台北艺文印书馆，2004 年，第 363—365 页。

视的。

乾嘉时学者尚古人、重汉学、识文字、通训诂、精校勘、善考证，故其学问被称为"朴学"，以别于宋学。梁启超对朴学特征做了概括："一、凡立一义，必凭证据。无证据而以臆度者，在所必摈。二、选择证据，以古为尚。以汉唐证据难宋明，不以宋明证据难汉唐；据汉魏可以难唐，据汉可以难魏晋，据先秦、西汉可以难东汉。以经证经，可以难一切传记。三、孤证不为定说。其无反证者姑存之，得有续证则渐信之，遇有力之反证则弃之。四、隐匿证据或曲解证据，皆认为不德。五、最喜罗列事项之同类者，为比较的研究，而求得其公则。六、凡采用旧说，必明引之，剿说认为大不德。七、所见不合，则相辩诘，虽弟子驳难本师，亦所不避，受之者从不以为忤。八、辩诘以本问题为范围，词旨务笃实温厚。虽不肯枉自己意见，同时亦尊重别人意见。有盛气凌轹，或支离牵涉，或影射讥笑者，认为不德。九、喜专治一业，为'窄而深'的研究。十、文体贵朴实简洁，最忌言有枝叶。"[①]梁氏之说不能谓不全面。

就易学而言，乾嘉时期学者，主要以李鼎祚《周易集解》为研究对象展开研究。自王弼易学兴起之后，汉易式微，汉人易说大部分遗失，而幸有唐李鼎祚撰《周易集解》保存汉易珍贵资料，故梳理和研究李氏《周易集解》成为清儒复兴汉易的

---

① 梁启超《清代学术概论》，上海古籍出版社，1998 年，第 47 页。

前提。章太炎指出："清人说《周易》，多摭李鼎祚《集解》，推衍其例，则郑、荀、虞之义大备。"①故此时期的易学研究的内容之一是汉代易书辑佚和校勘。这是指对唐代李鼎祚《周易集解》所录四十余家《易》注进行全面整理，以人为纲，加以归纳分类，并全面收集《集解》之外散见的汉易材料，将之辑佚成册，力图再现佚失的汉代易学典籍。如惠栋的《易汉学》《增补郑氏周易》，张惠言的《易义别录》《周易郑氏注》《周易郑荀义》，李富孙《易解剩义》等及后来的孙堂《汉魏二十一家易注》、马国翰《玉函山房辑佚书》、黄奭《黄氏逸书考》等皆属此类著作。

同时，编制易学书目、汇辑校勘历代易著也是乾嘉时易学研究的重要内容。如朱彝尊《经义考》著录易类书 1 904 部②；卢见曾为表彰汉学而刻印《雅雨堂丛书》，该书收有《郑玄周易》《李氏周易解》《易纬乾凿度》《周易述》等书；纪昀等人撰修《四库全书》，收易学书籍 158 种，存目 500 余种；阮元作《周易注疏校勘记》，其撰修之《皇清经解》收易学著作 16 部（147 卷，约 124.5 万字）。这些资料整理工作，无疑对汉易的保存和传承意义重大。

此时期易学研究内容之二是全面疏解汉易。

吴派惠栋四世家传汉易，其《周易述》一书运用象数、训

---

① 章太炎《汉学论》，见章太炎、刘师培等撰《中国近三百年学术史论》，上海古籍出版社，2012 年，第 48 页。
② 见周玉山《易学文献原论》（二），《周易研究》，1994 年第 1 期。

诂之法"发挥汉儒之学，以荀爽、虞翻为主，郑玄、宋咸、干宝诸家之说，融会其义，自为注而自疏之"（《四库全书总目·周易述》），"为一时之绝学"（柯劭忞语），从而使易汉学"粲然复明"。惜惠栋撰《周易述》未竟而卒，此书缺《鼎》至《未济》十五卦及《杂卦》《序卦》。其后学江藩、李林松分别秉承惠氏家法补作《周易述补》，依原书体例赓续其书。常州张惠言继起，独宗虞翻一家，撰《周易虞氏义》《周易虞氏消息》等书，探赜索隐，旁通其义，对于虞翻《易注》做了详细诠解，号称虞氏易之专家。后复有胡祥麟作《虞氏易消息图》申明张惠言之虞氏学，方申作《虞氏易象汇编》述虞氏易象。李道平撰《周易集解纂疏》，大量吸收惠、张等人的汉易研究成果，逐一疏解《集解》所辑汉魏诸家，"于虞氏之隐辞奥义，阐发详尽，俾读者可一览而知其门径，他家之说，亦随文诠释，句疏字节，家法了然"（《续修四库全书总目提要》）。

此时期易学研究内容之三是重建汉易。

汉学家一面解构汉宋易学尤其是汉易成说，一面延续东汉重象数兼训诂的易学传统来建立具有汉学特色的全新易学体系。其代表人物非扬州焦循莫属。他在反思汉宋易学，尤其是反思汉学卦变、卦气、纳甲等象数之学的基础上，融易学、音韵、训诂、天算数学于一炉，发明"旁通""时行""相错"诸例通解《周易》经传，被时人称为"石破天惊""凿破混沌"。安徽旌德姚配中撰《周易姚氏学》，以郑玄易学为宗，兼取汉代荀爽、虞翻与《易纬》之说，建立了立基于"元"的易学体系。此外，高邮王念孙、王引之父子远绍两汉训诂明经之传统，近承清初顾炎武的治学之方，专以文字训诂解经。在易学上，王氏父子出于汉易而不囿于汉易，以"诸说并列、则求其是""以己意逆经义""证以成训"的原则研究易学，反对墨守汉儒旧说，排斥汉易象数（除卦气外），建立了一整套以训诂为核心方法的易学解释学。其间多有前人未发之论，影响极大，随即成为后学治经的典范。朱骏声、李富孙、宋翔凤继之而起，以训诂治《易》遂风行天下。

此时期易学研究内容之四，是继续检讨清算宋易图书之学。清算宋易是清初易学研究的重点。以惠栋和张惠言为代表的易学家，秉承清初辨伪传统，继续检讨和清算宋易中图书之学，故此时期辨伪之学是清初辨伪之学的余音。虽然此时期辨伪之学有一定的进展，但是总体上未超越清初辨伪之学。

清代朴学易以汉代易学为研究对象，注重象数与训诂，其主要内容是对汉易的梳理、解读和阐发。但是，相较汉易，清代朴学易又有其独特之处。刘师培比较汉清两代经学后指出，"（清人）治汉学者未必尽用汉儒之说，即用汉儒之说，亦未必用以治汉儒所治之书。是则所谓汉学者，不过用汉儒之训故以说经，及用汉儒注书之条例以治群书耳"[①]。这一论断也适用于清代易学。究其根本，清代汉学易以求是、求古为宗旨，以文献事实为根据，运用训诂考据方法清算宋易象数学，并整理、

---

① ［清］刘师培《近代汉学变迁论》，见《清儒得失论》，吉林出版集团，2017 年，第 241 页。

解释汉代易学。就文字训诂和象数方法而言，清易较之汉易，亦不无推进。这一点，在焦循等人的易学研究中表现得格外明显。因此，清代易学不能简单地视为汉易复兴。其特殊贡献有二：一是纠正了易学解释脱离文本繁衍滋生及忽略训诂、偏重义理的倾向，重塑严谨笃实的学风，并运用考证方法检讨宋代以来流行的图书、先天之学，捍卫了《周易》文本的权威性和合法性，辨清了易学源流，对探讨易学文本的形成和揭示其本义有着重大的意义；二是整理辑佚汉代易学文献，最大限度地再现了失传已久的汉代象数易学，使之得以承传延续，并以象数、训诂方法建立了一整套《周易》解释学范式。必须指出，立足文本，运用训诂考据和象数方法，是易学解释的重要环节和必由之路，也是易学研究者应当掌握的基本方法。可我们必须认识到，易学和经学研究绝不能盲目秉承汉学，亦须采纳宋学之长。既要精于象数训诂，又要开显义理。依此观之，乾嘉易学长于训诂、疏于义理，是一弊；拘执古义、乏于创新，又是一弊。梁启超先生曾用"功罪参半"评价乾嘉易学，不可谓不中肯："笃守家法，令所谓'汉学'者壁垒森固，旗帜鲜明，此其功也；胶固、盲从、褊狭、好排斥异己，以致启蒙时代之怀疑的精神、批评的态度，几夭阏焉，此其罪也。"[1]清末民初的杭辛斋在比较汉宋易学的基础上，对汉学易之长短优劣作了精辟概括："自来言《易》者，不出乎汉宋二派，各有专长，

---

① 梁启超《清代学术概论》，上海古籍出版社，1998 年，第 33 页。

亦皆有所蔽。汉学重名物，重训诂，一字一义，辨析异同，不惮参伍考订，以求其本之所自、意之所当，且尊家法，恪守师承，各守范围，不敢移易尺寸，严正精确，良足为说经之模范。然其蔽在墨守故训，取糟粕而遗其精华。"①

以解释学的视野观之，乾嘉学者的易学解释方法类似于"独断型诠释学"②，宋代义理易特别是心学易类似于"探究型诠释学"③。前者将文本意义视为绝对、唯一、不变的，其解释的目的是客观地重构、复制作者的意图，从而更好地接近、把握文本的意义。然而，固守和传承《周易》经传的本义固然重要，却绝非易学研究的终极目标。事实上，通过对《周易》文本的创造性诠释以赋予文本新的意义，深入开掘内中的圣人之意和天人之道，重新构建具有时代意义的理论体系，乃是易学研究的终极追求。伽达默尔指出："每个时代都必须按照它自己的方式来理解历史流传下来的本文④，因为这本文是属于整个传统的一部分，而每一时代则对这整个传统有一种实际的兴趣，并试图在这传统中理解自身。当某个本文对解释者产生兴趣时，该本文的真实意义并不依赖于作者及其最初的读者所表现的偶

① ［清］杭辛斋《学易笔谈·初集》，天津古籍出版社，1988年，第38页。

② 洪汉鼎主编《理解与解释：诠释学经典文选》，《编者引言：何谓诠释学》，东方出版社，2006年，第14页。

③ 洪汉鼎主编《理解与解释：诠释学经典文选》，《编者引言：何谓诠释学》，第14页。

④ "本文"，有的译本译为"文本"。

然性。至少这种意义不是完全从这里得到的。因为这种意义总是同时由解释者的历史处境所规定的，因而也是由整个客观的历史进程所规定的。"① 理解和解释的意义在于创新，创新是文本与解释者视域融合的过程。在这个意义上讲，易学和经学的发展即是对经典文本不断重释、不断创新的过程。历史上的每个易学体系都是迎合时代需求而形成的，它反映了那个时代的学者对易学的独特理解。其存在价值与合理性，就在于为易学发展提供了新的方法、思路和观点，并对当时的社会问题有所观照，或直接或间接地为这些问题的解决提供理论指导。焦循在反思吴、皖两派早期汉学的过程中，对此已有觉察："近世考据之家，唯汉儒是师，宋之说经弃之如粪，亦非也。自我而上溯之，汉古也，宋亦古也。自经而下衡之，宋后也，汉亦后也。自经论经，自汉论汉，自宋论宋，且自魏晋六朝论魏晋六朝，自李唐五代论李唐五代，自元论元，自明论明，且自郑论郑，自朱论朱。各得其意而以我之精神气血临之，斯可也。"② 正因如此，我们绝不可轻易否定任何一种学说存在的价值。

---

① （德）伽达默尔著，洪汉鼎译《真理与方法》，上海译文出版社，2007年，第380页。
② ［清］焦循《里堂家训》卷下，《传砚斋丛书》本。

第一章　惠栋"粲然复明"的易汉学

惠栋（1679—1758），江苏元和（今江苏吴县）人。家族"四世传经，咸通古义"。曾祖父惠有声（1608—1677），原名尔节，字律和，号朴庵，治《易》以李鼎祚《周易集解》为准绳，治《春秋》以《左传》杜预注未备而扶贾、服之学，融会汉唐诸说，详为笺注，作《左氏春秋补注》一卷，今已不存。祖父惠周惕（1641—1697），名恕，字而行，又字元龙，自号砚溪，世称红豆先生。少传家学，著有《易传》二卷、《春秋问》五卷、《三礼问》六卷、《诗说》三卷、《砚溪文集》二卷、《诗集》七卷、《遗稿》二卷。父惠士奇（1671—1741），字天牧，一字仲孺，晚号半农，吴派学术之奠基者，著《易说》《礼说》《春秋说》《大学说》《交食举隅》《琴笛理数考》《红豆斋小草》《咏史乐府》《半农先生集》等书。治《易》推崇汉学训诂与象数，多引郑玄、荀爽、虞翻诸家，反对王弼、孔颖达等人的义理之学。他说："训诂之学莫精于汉，至后世而益乱矣，孰能正之。""后儒不讲小学，故误信王注，其害如此。《易》无达例，故曰不可为典要。俗儒拘守旧例，未可与言《易》也。《易》言象不言例，例随象变。"（《易说》）

惠栋，字定宇，一字松崖。乡人称惠周惕为"老红豆先生"、惠士奇为"红豆先生"、惠栋为"小红豆先生"。幼承庭训，笃志向学，凡经史诸子、百家杂说及释道二藏，无不遍览。二十岁时补元和县学诸生，遍通群经。善于甄别古书真伪，"得一善本，倾囊弗惜，或借读手抄，校勘精审，于古书之真伪，了然若辨黑白"。乾隆十五年，陕甘总督尹继善、两江总督黄廷桂以"博通经史，学有渊源"推荐，但因会大学士九卿索所著作未遂。后应两淮盐运使卢见曾之聘，入幕卢府，并参与了卢氏主持的《雅雨堂丛书》之刊刻工作，为选书、校勘、整理付出了大量心血。其间，他与沈大成、戴震、王昶等名士交往，撰《周易述》，虽晚年抱病，仍著述不止。[①] 惠栋著作宏富，于《尚书》《诗经》三《礼》《春秋》《论语》《尔雅》皆有撰述。《清史稿》称："栋于诸经熟洽贯串，谓诂训古字古音，非经师不能辨，作《九经古义》二十二卷。尤邃于《易》，其撰《易汉学》八卷，掇拾孟喜、虞翻、荀爽绪论，以见大凡。其末篇附以己意，发明汉易之理，以辨正河图、洛书、先天、太极之学。《易例》二卷，乃镕铸旧说以发明《易》之本例，实为栋论《易》诸家发凡。其撰《周易述》二十三卷，以荀爽、虞翻为主，而参以郑康成、宋咸、干宝之说，约其旨为注，演其说为疏。书垂成而疾革，遂阙《革》至《未济》十五卦及《序卦》《杂卦》两传，虽为未善之书，然汉学之绝者千

---

① 关于惠栋入卢见曾幕府之事，详见曹江红《惠栋与卢见曾幕府研究》，《中国史研究》2012 年第 1 期。

有五百余年，至是而粲然复明。撰《明堂大道录》八卷、《禘
说》二卷，谓禘行于明堂，明堂法本于《易》。《古文尚书考》
二卷，辨郑康成所传之二十四篇为孔壁真古文，东晋晚出之
二十五篇为伪。又撰《后汉书补注》二十四卷、《王士祯精华
录训纂》二十四卷、《九曜斋笔记》、《松崖文钞》诸书。"（《清
史稿》卷四百八十一《惠栋传》）

一、扬汉抑宋的易学取向

以文字训诂和义理阐发为主要方法，通过注解、章句、纂
疏、考辨和阐述儒家经典而形成经学解释，是中国解释学的
主要形式。大体而言，古代经学可以分为汉代经学与宋代经学
两种类型。前者崇拜经学文本，神化圣人之言，杜绝主观臆
造，力图通过文字训诂等方法恢复和再现经典本义，以解释者
通合文本为解释目标。其得严谨笃实、纯而不杂，其失在泥古
拘谨、琐碎枝节，此为中国式的文本解释；后者强调解释者的
个人体悟，破除师说承传，力图透过文本解释阐发圣人的微言
大义，以希贤希圣为目标。其得深刻精微、贯通条达，其失在
疏于文字训诂、流于玄思游谈，是为中国式的哲学解释。此两
者各执一端、相互攻讦，遂有经学史上的汉宋之争。就易学而
言，以郑玄、荀爽、虞翻为代表的象数派以《易传》"观象系
辞"为据，相信《周易》象辞严整对应，故解《易》应指出文
辞的象数依据，并以训诂解释词义。魏晋王弼继起，一反汉代

易学，视象数为表达义理之工具，辨名析理，简明清淡，形成了与汉易风格截然不同的义理易学。自此，象数易学日趋衰微。陆德明说："永嘉之乱，施氏、梁氏之《易》亡，孟、京、费之《易》无传者，唯郑康成、王辅嗣所注行于世。"（《经典释文序录》）南北朝时，南学、北学分立对峙，南学宗王弼《易》，北学用郑氏《易》。隋唐定南学为官学，北学被并入南学。唐初《周易正义》推行以来，王弼、韩康伯、孔颖达一脉的义理易学更是一统天下。北宋以降，胡瑗、程颐等人秉承义理学风，以儒理解《易》，义理之学遂达至鼎盛。入清以来，易学研究又出现了新的局面。清廷为了革除明代官学著作《周易大全》的撮合拼凑、同异互存、繁冗芜陋之弊，相继推出了《易经通注》《日讲易经解义》《周易折中》三部"御纂"作品。与此同时，顾炎武、黄宗羲等人兴起了一股重实学、反宋学的思潮。他们严厉批判晚明空谈心性的学风，倡导复古尊经，并对包括汉宋易学在内的古代经学予以深刻反思。及至乾嘉时期，反思、总结清初辨伪思潮的成果，重新审视汉易象数与宋学义理，便成为当时易学界普遍关注的问题。

在此学术语境下，惠栋立足于经学视域，对汉宋之学进行了全面反思。他认为，汉宋经学各有千秋：

> 汉有经师，宋无经师，汉儒浅而有本，宋儒深而无本，有师与无师之异，浅者勿轻疑，深者勿轻信，此后学之责。（《九曜斋笔记》卷二《趋庭录》）

此间，惠栋从经师承传、有本无本、思想深浅三个角度比较了汉宋经学之异同。尽管汉宋学术各有所长、亦有所偏，但二者绝非水火不容。相反，能否兼取汉宋正是判别大儒的标准，如其所云："汉人经术，宋人理学，兼之者乃为大儒。"（《九曜斋笔记》卷二《汉宋》）

遗憾的是，从王弼到程朱，以心性为内容的义理之学愈发盛行，而汉代的训诂、象数之学亦随之式微。惠栋说："六经定于孔子，毁于秦，传于汉，汉学之亡久矣。独《诗》《礼》二经犹存毛、郑两家。《春秋》为杜氏所乱，《尚书》为伪孔氏所乱，《易经》为王氏所乱。杜氏虽有更定，大较同于贾、服，伪孔氏则杂采马、王之说，汉学虽亡而未尽亡也。惟王辅嗣以假象说《易》，根本黄老，而汉经师之义荡然无复有存者矣。故宋人赵紫芝有诗云：'辅嗣《易》行无汉学，玄晖诗变有唐风'，盖实录也。"（《易汉学》卷首）惠栋把汉学衰微的原因归于王弼："魏晋以来，王弼、韩康伯之辈始改师法，而《易》之大义乖矣。"（《周易述》卷二《泰》）有鉴于此，惠栋以其高度的学术使命感，秉承家学传统，扶微起废，把复兴汉易确立为自己的学术目标。他说：

> 栋曾王父朴庵先生尝闵汉易之不存也。取李氏《易解》所载者，参众说而为之传。天崇之际，遭乱散佚，以其说口授王父，王父授之先君，先君于是成《易说》六卷，又尝欲别撰汉经师说《易》之源流而未暇也。栋趋庭

之际，习闻余论，左右采获，成书七卷，自孟长卿以下五家之《易》，异流同源，其说略备。呜呼！先君无禄，即世三年矣。以栋之不才，何敢辄议著述，然以四世之学，上承先汉，存十一于千百，庶后之思汉学者，犹知取证，且使吾子孙无忘旧业云。（《易汉学》卷首）

惠氏家族之所以主张复兴汉学，乃是因其相信汉易近古，更为接近圣人本意。如其云："栋四世咸通汉学，以汉犹近古，去圣未远故也。《诗》《礼》毛郑，《公羊》何休，传注具存。《尚书》《左传》，伪孔氏全采马、王，杜元凯根本贾、服。唯《周易》一经，汉学全非。"（《松崖笔记》卷一《上制军尹元长先生书》）因此，惠栋试图恢复失传已久的汉学师法、家法，再现汉代经学。他指出：

汉人通经有家法，故有五经师。训诂之学，皆师所口授，其后乃著竹帛，所以汉经师之说立于学官，与经并行。五经出于屋壁，多古字古言，非经师不能辨，经之义存乎训，识字审音，乃知其义. 是故古训不可改也，经师不可废也。（《周易述》卷十六《系辞》上）

汉代经学通过师承传授，故有"师法"和"家法"。皮锡瑞曰："前汉重师法，后汉重家法。……师法者，溯其源；家法者，衍其流也。师法、家法所以分者，如《易》有施、孟、梁丘之学，是师法；施有张、彭之学，孟有翟、孟、白之学，梁丘有士孙、邓、衡之学，是家法。"① 其实，家法和师法并无严格界限，"两者本质上是一个意思，重家法就是重师法，譬如一个儒生当然要对他的直接授业经师表示尊重，这是家法，同时也是师法"②。汉代经学讲究师承，严格遵循师说解经，绝不可背离师法、家法随意发挥。"师之所传，弟之所受，一字毋敢出入；背师说即不用。师法之严如此。"③ 倘有背师说者，必会遭到同门排斥乃至整个社会的歧视。如孟喜"得《易》家候阴阳灾变书"，诈言其师田生传之，遭到同门梁丘贺的极力反对。是时，"博士缺，众人荐喜；上闻喜改师法，遂不用喜"（《汉书·儒林传》）。京氏受《易》于焦延寿，托之孟喜，孟喜弟子不认同，虽立博士，"辄复见废"。费直传古文《易》，"无有本师，而多反异"，故东汉初有人提出立费氏《易》博士时，立刻遭到范升等人的反对（《后汉书·范升列传》）。凡此种种，足以证明家法在东汉易学传授系统中的重要地位。而在惠栋看来，经师受训诂之学，可辨认古文字，故能理解经典中的圣贤之意，即所谓"识字审音，乃知其义"。当然，汉代的师法、家法不仅指文字训诂，亦指象数传承。他说："今幸东汉之《易》犹存，荀、虞之说具在，用申师法，以明大义，以

---

① ［清］皮锡瑞《经学历史》，中华书局，1981年，136页。
② 陈居渊《汉学更新运动研究——清代学术新论》，凤凰出版社，2013年，第118页。
③ ［清］皮锡瑞《经学历史》，中华书局，1981年，第77页。

溯微言，二千年绝学庶几未坠，其在兹乎！其在兹乎！"（《易例》卷上）"卦气之学，传自孟喜，盖周、秦以来遗法。京房传全用卦气，其后谷永、刘歆、荀爽、马融、黄复皆祖其学。秦燔《诗》《书》，而《易》以卜筮独存，故九宫、纳甲、卦气、爻辰诸学存焉。《尚书》遭毁，故《洪范》五行之说不传。惟略见于伏生书，刘更生传其学，其书皆亡，惜哉！《易乾凿度》亦用卦气。"（《九曜斋笔记》卷一）惠栋认为，汉易的卦气、九宫、纳甲、卦气、爻辰等象数体例，乃是经师口耳相传的古法。这就意味着，复兴汉学，必须以恢复汉代的师法、家法为前提。

与汉学不同，宋学以义理见长，其承传、发展了孔孟的心性之学固然无可非议，但其突出问题在于没有经师传授，因而疏于训诂、脱离文本，多有臆造之嫌。就此而言，宋学远不及汉学：

> 宋儒经学，不惟不及汉，且不及唐。以其臆说居多，而不好古也。（《九曜斋笔记》卷二）
> 宋儒谈心性，直接孔孟，汉以后皆不能及。若经学，则断推两汉。（同上）

"不好古"，是说宋人解经无师承家法，不尊重经学原典，随意改经。"臆说"，是说宋人不重训诂，任意发挥，曲解经义。所以，宋人解经"辞费""近鄙"，无法与汉儒媲美："训诂，汉儒其词约，其义古；宋人则辞费矣，文亦近鄙。"惠栋曾以"郢书燕说"喻之曰：

> 郢人有遗燕相国书者，夜书，火不明，因谓持烛者曰"举烛"，云而误书"举烛"，举烛非书意也。燕相受书而说之曰："举烛者，尚明也。尚明也者，举贤而任之。"燕相白王，大悦，国大治。治则治矣，非书意也。今世学者多似此类。家君曰："宋人不好古而好臆说，故其解经皆燕相之说书也。"（《九曜斋笔记》卷一《郢书燕说》）

"郢书燕说"出自《韩非子·外储》，大意是说：有人在楚国的郢都给燕相写信，因夜晚光线不够，便对持蜡烛的仆人说"举烛"，同时又在信中误写了"举烛"二字。然而，燕相见信后，将"举烛"理解为崇尚清明廉洁、任人唯贤，并告知燕王。燕王很高兴，予以施行。虽然燕国因此治理得很好，却不是信的本意。惠栋借此典故，揭露了时人解经的穿凿附会、曲解原义。其以误传误，正与"郢书燕说"相类。后来，阮元又沿用此喻，又补之以"郑玉周鼠"之喻："郑人谓玉未理者为璞，周人谓鼠未腊者为璞。周人曰：'欲贾璞乎？'郑贾曰：'欲之。'出其璞视之，乃鼠也。""夫误会举烛之义幸而治，误解鼠璞则大谬。由是言之，凡误解古书者，皆举烛鼠璞之类也。"（《经义述闻序》）由此可见，克服宋学"不好古""好臆说"的弊病，已然成为乾嘉学者的共识。

二、复兴易汉学之功

（一）"识得汉《易》源流，乃可用汉学解经"

王弼易学问世之后，汉易象数有如日薄西山。唐李鼎祚深感"后学之徒纷然淆乱，各修局见，莫辨源流"而撰作《周易集解》，"集虞翻、荀爽三十余家，刊辅嗣之野文，补康成之逸象"。然而，受编撰体例的局限，李氏《集解》不免遗漏，其所收诸家《易》说散见于《周易》经文之下，遂使师说、家法隐而不彰。有鉴于此，爬梳汉易源流、追考汉易遗说、还原汉易之貌，就成为惠栋易学研究的首要任务。其《易汉学》一书以人物为纲，分门别类，左右采获，掇拾孟喜、虞翻、荀爽等诸家《易》说，对汉易源流与家法、师法予以详细梳理。惠栋曰：

> 汉人传《易》，各有源流。余尝撰《易汉学》七卷，其说略备。识得汉《易》源流，乃可用汉学解经。否则如朱汉上之《易传》、毛西河之《仲氏易》，鲜不为识者所笑。（《九曜斋笔记》卷二）

汉易各有师法、家法。孟喜传田王孙易学，又得"《易》家候阴阳灾变书"而言卦气、灾异，为西汉四家之一；虞翻自称其家五世传孟氏易；费直以十翼解经，属古文易，未立官学；东汉荀爽传费直易；京房师从焦延寿，擅长阴阳灾异，发明八宫、世应、纳甲、飞伏诸例，从而建立了筮占的易学体系；晋人干宝留思京氏易，以京氏《易》例解经；郑玄从第五元先受京氏易，后又师从马融学古文易。总之，汉易传承虽有交叉，但其师法源流清晰可寻。惠栋作《易汉学》之用意，即在于廓清汉易源流与师法、家法。《四库全书总目》曰："《易汉学》八卷，国朝惠栋撰。是编乃追考汉儒易学，掇拾绪论，以见大凡。凡孟长卿《易》二卷；虞仲翔《易》一卷；京君明《易》二卷，干宝《易》附见；郑康成《易》一卷；荀慈明《易》一卷。……其以虞翻次孟喜者，以翻别传自称'五世传孟氏《易》'；以郑玄次京房者，以《后汉书》称'玄通京氏《易》'也；荀爽别为一卷，则费氏《易》之流派矣。……费氏学自陈元、郑众、马融、郑玄以下，递传以至王弼，是为今本。然《汉书》称'直长于卦筮，无章句，徒以《彖》、《象》、《系辞》十篇、《文言》解说上下经'。……与孟、京两家体例较异，合是三派，汉学之占法，亦约略尽此矣。夫《易》本为卜筮作，而汉儒多参以占候，未必尽合周、孔之法，然其时去古未远，要必有所受之。栋采辑遗闻，钩稽考证，使学者得略见汉儒之门径，于《易》亦不为无功矣。"

惠栋强调："识得汉《易》源流，乃可用于解经。"而在汉易诸家中，训诂、象数、义理兼重且融今古文于一体的郑玄易学，可谓魏晋以来汉易象数学之最强音。然唐代之后，郑氏易渐次失传，李鼎祚《周易集解》亦不取郑氏爻辰。宋代以降，郑易犹存《文言》《说卦》《序卦》《杂卦》四篇，载于《崇文总目》，朱震、晁说之俱引其说，至南宋四篇亦佚。王应麟始哀群籍而为《郑氏易》一卷，明人胡震亨刊其书以补李氏《集解》之遗漏。但王应麟所辑未注出处，且不乏遗漏。鉴于此，惠栋除于《易汉学》列《郑康成易》一篇之外，又汇辑郑玄易学资料而成《郑氏周易》三卷，补正王应麟之失。四库馆臣指出："初，王应麟辑郑玄《易注》一卷，其后人附刻《玉海》之末，虽残章断句，尚颇见汉学之崖略，于经籍颇为有功。然皆不著所出之书，又次序先后，间与经文不应，亦有遗漏未载者。栋因其旧本，重为补正。凡应麟书所已载者，一一考求原本，注其出自某书，明其信而有征，极为详核。其次序先后，亦悉从经文厘定。复搜采群籍，上经补二十八条，下经补十六条，《系辞传》补十四条，《说卦传》补二十二条，《序卦传》补七条，《杂卦传》补五条，移应麟所附《易赞》一篇于卷端，删去所引诸经正义论互卦者八条，而别据玄《周礼·太师》注作十二月爻辰图，据玄《月令》注作爻辰所值二十八宿图，附于卷末，以驳朱震《汉上易传》之误。虽因人成事，而考核精密，实胜原书。应麟固郑氏之功臣，栋之是编亦可谓王氏之功臣矣。"（《四库全书总目》）惠栋重新辑佚郑玄易注，反映出他对郑氏易的高度推崇。

（二）依汉易正易学文本，"以还圣经之旧"

汇辑资料、阐述源流，只是惠栋复兴汉易的第一步。接下来的工作，便是正定文本、恢复汉易原貌。由于时代变迁和文字演变，加之天灾人祸及人为篡改，易学文本在流传过程中多有异字、错简、衍文、脱字、错字等现象。这些问题，直接影响到解释者对文本的理解。因此，解释往往以校勘为前提。在历史上，刘向父子曾奉诏"校经传诸子诗赋"；东汉安帝命五经博士刘珍、马融校订五经及其他文献，"整齐脱误，是正文字"（《后汉书·文苑列传·刘珍传》）；东汉灵帝"诏诸儒正定五经，刊于石碑，用古文、篆、隶三体书法以相参检，树之学门，使天下咸取则焉（《后汉书·儒林列传序》）"；唐太宗令颜师古考定《五经》。但惠栋指出，颜师古正定、孔颖达使用的《周易》文本止于王弼一家，不用古字而多用俗字。相较而言，郑玄《易》本沿袭旧文，多存古字，笃守古音古义，不轻易改经，改之则必有所依。他说：

> 凡经字误者当仍其旧，作某字读若某，所以尊经也。汉时惟郑康成不轻改经文，后儒无及之者。如《易·大有九四·象》："明辨遭也。"郑注云："遭，读如'明星皙皙'。"《系辞》："言天下之至啧而不可恶也，言天下之至啧而不可乱也。"郑于下句注云："啧当为动。""劳而不伐，有功而不置。"郑云："置当为德。"晁氏曰："案德古文类置字，因相乱。""圣人之所以极深而研机也"，《范式碑》云"探啧研机"，是古《易》皆作"机"。郑云："机，当为几，几微也。"今王弼本直作郑所训字，失其本矣。

后儒谓郑氏好改字，吾未之敢信也。(《九经古义》卷二)

因此，惠栋秉承郑玄"仍其旧"的尊经之风，取唐陆德明《经典释文》所辑古音古义，校勘通行本《周易正义》。他说：

> 自唐人为《五经正义》，传《易》者止王弼一家，不特篇次紊乱，又多俗字。如"晋"当为"瞽"，"巽"当为"顨"，"姤"当为"遘"。《乾》"确乎其不可拔"、《系辞》"确然示人易"之"确"，皆当作"隺"。《坤》初六《象》"阴始凝也"，"凝"乃俗"冰"字，古"冰"字作"仌"。六二"乘马班如"当作"般"，古文班。"匪寇婚媾"之"婚媾"，当作"昏冓"。上六"泣血涟如"，"涟"本"澜"别字，当作"㦤"，或省文作"连"。《师·九二·象》"承天宠也"，当作"龙"，古文宠。九五"王用三驱"，当作"毆"，古文驱。《履》上九"视履考祥"，本作"详"，古祥字。……《释文》所载古文皆薛、虞、傅氏之说，必有据。依郑康成传，费直《易》多得古字。《说文》云："其称《易》，孟氏皆古文。"虞仲翔五世传孟氏《易》，故所采三家说为多。诸家异同，动盈数百，然此七十余字，皆卓然无疑，当改正者。(《九经古义》卷二)

同时，《周易正义》多有衍字、讹字及脱字。如《乾·文言》"不成乎名"衍"乎"字；《坤·文言》"坤至柔"，定本无"文言曰"三字;《屯·象》"君子以经纶",定本"纶"作"论";《蒙·象》"匪我求童蒙,童蒙来求我",脱"来"字;《需·初九·象》"利用恒无咎",定本"无咎"二字衍;《泰·九三·象》"无往不复",定本作"无平不陂";《谦》上六"征邑国"衍"邑"字;《剥》六三"剥之无咎"衍"之"字;《鼎·象》"圣人亨以享上帝",定本"上帝"二字衍;《系辞传》"莫大乎蓍龟",定本作"莫善";"鲜不及矣",定本"鲜"作"尠";"刳木为舟,剡木为楫","刳"当作"挎","剡"当作"掞";《说卦》"水火相逮",定本作"水火不相逮";《杂卦》"丰多故也",衍"也"字。

事实上,当时学者对这种依汉《易》文本改经的做法不无质疑。对此,惠栋辩解道:"某安敢涂改圣经,但据汉魏以来数十家传《易》字异者而折衷焉,思以还圣经之旧,存什一于千百耳。即如数十字之外,如《噬嗑》'明罚勅法',《释文》云:'勅,俗字,当作饬。'《系辞》'掘地为臼',掘当作阙。如此类者尚多,但汉《易》已亡,改之无据,是用阙疑,以竢来哲,某敢蹈借妄之咎乎!因赋一诗云:'汉玄穷《易》已多门,魏晋诸儒又触藩。若使当年传汉《易》,王韩俗字久无存。'用以祛守残之陋。"(《九经古义》卷二)尽管如此,惠氏此举仍然广受诟病。阮元曾说:"国朝之治《周易》者,未有过于征士惠栋者也。而其校刊《雅雨堂》、李鼎祚《周易集解》与自著《周易述》,其改字多有似是而非者。盖经典相沿已久之本,无庸突为擅易,况师说之不同,他书之引用,未便据以改久沿之本也。"①

　　惠栋还试图恢复《周易》文本的原始编次。虽然《易传》是对《周易》古经的解释，但二者成书年代不同，不可混而为一。因此，他同朱子一样主张《周易》经传分离。此外，他又引京房"讫乎西伯父子，研理穷通，上下囊括，推爻考象，配卦应世，加乎星宿，局于六十四所"之语为据，证明"纳甲、世应、游归、六神之说皆始于西伯父子"。惠栋相信，孔子赞《易》时已有《时训》，汉代"易家传先师之言"，皆用卦气占验，故惠氏《周易述》于古经部分皆注"世应""消息"，以示其易学文本一准古义。

（三）发凡起例，以象数方法解释汉易

　　汉易佚失，除文本散佚外，更重要的原因在于解释方法和范式的失传。因乎时代久远，学术语境变迁，李鼎祚《周易集解》中留存的汉易资料对大多数学者来说，已经无法完全理解。因此，惠栋汇聚众说、溯其源流，发凡起例，撰《易例》《易微言》，以解学者习汉易之惑。观《易例》可见，惠氏多言汉易象数之例，如升降、世应、飞伏、消息、两象易、半象、旁通等。《易微言》则多言义理，如中和、道、诚、仁、元、善、初、本、一等。虽然二书皆为未定之本，但仍有较高的价

---

① ［清］阮元《十三经注疏校勘记序》，《揅经室集》卷十一，中华书局，1993 年，第 253—254 页。

值，如四库馆臣所说："然栋于诸经深窥古义，其所捃摭大抵老师宿儒专门授受之微旨，一字一句具有渊源，苟汰其芜杂，存其菁英，因所录而排比参稽之，犹可以见圣人作《易》之大纲，汉代传经之崖略。"（《四库全书总目·易例》）

惠栋不仅彰明汉易体例，更以之解经。他注重虚与实、理与据相结合，由浅入深，既言易学体例，又释汉易之义。以《屯》卦虞注"坎二之初，六二乘刚五为上卦，故名屯"之疏文为例：

> 卦自坎来，故云坎二之初。之卦之说本诸《彖传》，详见于荀氏、虞氏、姚信、范长生、卢氏等注，而虞氏尤备。乾坤者，诸卦之祖。乾二五之坤成震、坎、艮，坤二五之乾成巽、离、兑，则六子皆自乾坤来也。复、临、泰、大壮、夬，乾息之卦；遘、遁、否、观、剥，坤消之卦。而临、观二阳四阴，大壮、遁四阳二阴，泰、否三阳三阴，又以例诸卦。自临来者四卦，明夷、解、升、震也。自遁来者五卦，讼、无妄、家人、革、巽也。自泰来者九卦，蛊、贲、恒、损、井、归妹、丰、节、既济也。自否来者九卦，随、噬嗑、咸、益、困、渐、旅、涣、未济也。自大壮来者五卦，需、大畜、睽、鼎、兑也。自观来者四卦，晋、蹇、萃、艮也。自乾、坤来而再见者，从爻例也。卦无剥、复、夬、遘之例，故师、同人、大有、谦从六子例，亦自乾坤来。小畜，需上变也。履，讼初变

也。豫自复来，乃两象易，非乾坤往来也。颐、小过，晋四之初、上之二也。大过、中孚，讼上之三、四之初也。此四卦与乾坤坎离反复不衰，故不不从临、观之例。师二升五成比；噬嗑上之三，折狱成丰；贲初之四，进退无恒，而成旅。皆据传为说，故亦从两象易之例。因《系辞》《象传》而复出者二，暌自无妄来，蹇自升来，皆二之五。此卦坎二之初，虞义也。案：当从四阴二阳临观之例。而云坎二之初者，因《象传》"刚柔始交"，乃乾始交坤成坎，故知自坎来也。屯，难也，规固不相通之义。卦二五得正而名屯者，以二乘初，刚五夺于上，不能相应，故二有屯如之难，五有屯膏之凶，名之日屯也。(《周易述》卷一)

惠栋此间详细论述了虞氏卦变的内容，即乾坤为卦变之祖，六子及十二辟卦本于乾坤，然后十辟卦变而生杂卦。如二阳四阴之卦本于临、观，二阴四阳之卦本于大壮、遁，三阴三阳之卦本于泰、否。他还分析了虞氏卦变中的特例。不难发觉，惠栋对特例的解释无非意在粉饰虞氏卦变前后抵触的问题。他认为，屯为二阳四阴之卦，本当"从四阴二阳临观之例"，虞氏却云"坎二之初"，乃是"因《象传》'刚柔始交'，乃乾始交坤成坎，故知自坎来也"。

惠栋解经的另一特征是不拘泥于一家一派，凡能成一家之言者皆取之，从而得以整体凸显汉易之大义。《周易述》"发挥汉儒之学，以荀爽、虞翻为主，而参以郑康成、宋咸、干宝诸家之说，皆融会其义，自为注而自疏之"。必须指出，"融会其义"是说"惠栋的易学研究虽然有严格的家法、师法的分疏，但阐发己说时，并未专主一家，而是力图贯通各家家法，熔为一炉"。① 如惠栋注《坤》"西南得朋，东北丧朋"时，曾兼取郑玄爻辰与虞翻纳甲：

> 爻辰者，谓乾坤十二爻所值之辰。乾贞于十一月子，间时而治六辰；坤贞于六月未，亦间时而治六辰。乾左行，坤右行。十一月子，乾初九也；十二月丑，坤六四也；正月寅，乾九二也；二月卯，坤六五也；三月辰，乾九三也；四月巳，坤上六也；五月午，乾九四也；六月未，坤初六也；七月申，乾九五也；八月酉，坤六二也；九月戌，乾上九也；十月亥，坤六三也。二卦十二爻而期一岁。郑氏说《易》专用爻辰十二律，取法于此焉。坤初六在未，未值西南，又坤之位，故"得朋"。六四在丑，丑值东北，阳位，故"丧朋"。……虞氏说经，独见其大，故兼采之，以广其义。虞以易道在天，八卦三爻已括大要，故以"得朋""丧朋"为阴阳消息之义。谓月三日之暮，震象出于庚方，至月八日二阳成兑，见于丁方。

---

① 陈居渊《简论惠栋标帜"汉学"的易学特色》，《周易研究》，2007年第4期。

生明于庚，上弦于丁，庚西丁南，故"西南得明"。谓兑
二阳同类为朋。又两口对，有朋友讲习之象，传曰"乃与
类行"是也。十五日乾体盈甲，十六日旦，消乾成巽在
辛，二十三日成艮在丙，二十九日消乙入坤，灭藏于癸。
乙东癸北，故"东北丧朋"。坤消乾丧于乙，故坤为丧也。
（《周易述》卷一）

　　惠栋曾专门作《十二月爻辰图》以明郑氏爻辰，又作《虞
氏八卦纳甲图》以明虞氏月体纳甲。其解"西南得朋，东北丧
朋"，即兼用此两家易例。

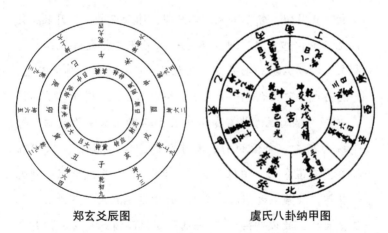

郑玄爻辰图　　　　　　　　　虞氏八卦纳甲图

　　又如，他以荀爽的升降说和干宝的消息说解《乾》卦九四
爻辞曰："荀氏易例：乾在二者，当上升坤五；在四者，当下
居坤初；在上者，居坤三。坤在五者，当下居乾二，在三者，
居乾上；在初者，居乾四。如是则爻皆得位。乾四当居初，

今以'或跃'为居五者。案，干宝注此经云：初九，复也；九二，临也；九三，泰也；九四，大壮也；九五，夬也；上九，乾也。坤初六，遘也；六二，遁也；六三，否也；六四，观也；六五，剥也；上六，坤也。消息十二卦，实乾坤十二爻。九四体大壮，经云：藩决不羸，壮于大举之腹，谓居五也。是四亦有居五之义矣。"（《周易述》卷一）

（四）"经之义存乎训，识字审音，乃知其义"

汉人解《易》，兼顾象数与训诂。言象数，是为了揭示系辞之依据；言训诂，是为了解释文字之古义。惠栋秉承汉易传统，倡导象数，亦不废文字训诂。他说：

> 训诂之学，皆师所口授，其后乃著竹帛，所以汉经师之说立于学官，与经并行。五经出于屋壁，多古字古言，非经师不能辨。经之义存乎训，识字审音，乃知其义. 是故古训不可改也，经师不可废也。（《九经古义原序》）

惠栋把文字训诂方法视为通达经义的关键。所谓"识字"，是指了解古今文字之流变，辨别异同，确定《周易》文本中的古文字原型。"审音"，是说掌握文字的读音，才能理解其义。显然，惠栋的"识字审音"与清初顾炎武提倡的"考文知音"一脉相承。不过，惠栋易学的"识字审音"并不是孤立的，而是与象数关联紧密，即先"识字审音"，训释文辞之意；而后以象数释之，揭示系辞依据。如其《损》初九"巳事"注曰："巳读为祀，祀为祭祀。巳读为祀者，古文省。故郑《诗谱》云：孟仲子，子思弟子。子思论诗，於穆不已。孟仲子曰：於穆不祀。知巳与祀通。故读为祀。祀，祭祀。巳下虞义也。《释诂》曰：祀，祭也。上为宗庙，经曰二簋可用享。谓二居五体观，以二簋享于宗庙。故祀谓祭祀。"（《周易述》卷六）

在文字训诂方面，惠栋也是兼收并蓄，广采众家。如释《贲》卦，取王肃义训初爻"贲其止"之"止"为脚趾，据《说文》训六二"贲其须"之"须"为面毛，取董遇说训"皤"为"马作足横行曰皤"，取郑玄说训"皤"为"马进退未定"，据《说文》训六五"丘园"之"丘"为"土之高"，取虞翻说训"丘"为半山，取薛、虞说训"戋戋"为"礼之多也"。（《周易述》卷三）其释一字、一辞，亦兼取诸家。例如，《萃》初六曰："一握为笑"。惠栋先从郑玄义，将"握"读为"夫三为屋之屋。三人为一屋，三屋为一井"。又云"虞翻读'一握'如字，与郑氏异也"，二说并列，不辨是非。（同上，卷六）又如，《观》初六曰："童观。"惠栋取虞翻之说，训"童观"为"小人之观"，又取马融之说训"童"为"独"。（同上，卷三）再如，《剥》六二曰："剥床以辨。"惠栋取虞翻义，训"辨"为指间。剥二为坤消至乾二，艮为指，二居艮中，故为指间。又取郑玄云"足上称辨"。（同上，卷四）

按照常理，符合文本原义的解释应只有一种，不可能有两种或更多。因此，易学家在注经时往往会选取自己认同的那种观点。惠栋则不同，凡是论之有据、可成一家之言者，皆取之并予以疏解。这不仅反映出惠栋崇拜汉易、不轻易否定的态度，更折射出他对《周易》文本的理解——文本意义即取象不是唯一的，而是多元的。但是，这一做法却招致了其他学者的非议。如王引之曾言："惠定宇先生考古虽勤，而识不高，心不细，见异于今者则从之，大都不论是非。"（《王文简公文集》卷四《与焦里堂先生书》）

尊重汉易绝不等于一味盲从。事实上，惠栋并不是像王引之说得那样"不论是非"。在许多问题上，他往往运用考辨方法，提出自己的见解。如将《明夷》六五"箕子于明夷"之"箕子"改为"其子"：

> 蜀才从古文作"其子"，今从之。其，古音亥，故读为"亥"。亦作"萁"。刘向曰："今《易》其子作荄兹"。荀爽据以为说，盖读"其子"为"荄兹"。古文作"其子"，"其"与"亥"，"子"与"兹"，字异而音义同。《淮南子》曰："爨萁燧火"。高诱注曰：萁音该备之该，该荄同物。故《三统历》曰"该阂于亥，孳萌于子"是也。五本坤也，坤终于亥，乾出于子，用晦而明，明不可息也。故曰"其子之明夷"。明夷反晋。晋，昼也。明夷，晦也。以十二辰言之，"七日来复"则当子。以十日言之，自暗复明则当旦。故昭五年《春秋传》卜楚邱论此卦，以为明夷当旦，亦此义也。五失位，三之五得正，故利贞。马融

俗儒，不识七十子传《易》之大义，以《象传》有"箕子"之文，遂以"箕子"当五。寻五为天位，箕子臣也，而当君位，乖于《易》例，逆孰大焉。(《周易述》卷五)

惠栋赞成蜀才之训，反对马融之说。他更联系汉代师法、家法之分，剖析了错误产生的原因："谬说流传，兆于西汉。西汉博士施仇读'其'为'箕'，时有孟喜之高弟蜀人赵宾述孟氏之学，斥言其谬，以为'箕子明夷'，阴阳气无'箕子'，'其子'者，万物方荄兹也。宾据古义以难诸儒，诸儒皆屈，于是施仇、梁丘贺咸共嫉之。仇、贺与喜同事田王孙，而贺先贵。又传子临从仇问，荐仇为博士。喜未贵而学独高，施、梁丘皆不及。喜所传卦气及易家侯阴阳阴阳灾异书，皆传自王孙，以授梁人焦延寿者。而梁丘恶之，谓无此事，引仇为证，且以此语闻于上，于是宣帝以喜为改师法，不用为博士，中梁丘之谮也。仇、贺嫉喜而并及宾。班固不通《易》，其作喜传亦用仇、贺之单词，皆非实录。刘向《别录》犹循孟学，故马融俗说，荀爽独知其非，复宾古义，读'其子'为'荄兹'。而晋人邹湛以为漫衍无经，致讥荀氏。但魏晋已后，经师道丧，王肃诋郑氏而禘郊之义乖，袁准毁蔡服而明堂之制亡，邹湛讥荀谞而《周易》之学晦。郢书燕说，一倡百和，何尤乎后世之纷纭矣。"此乃"识得汉《易》源流，乃可用于解经"的又一例证。

虞翻是两汉易学的集大成者。惠栋曾对虞氏赞赏有加：

"虞氏说经，独见其大，故兼采之以广其义。""虽大略本于经，然其授受必有所自，非若后世向壁虚造，漫无根据者也"。（《易汉学》卷三）故惠栋的易汉学研究以虞氏为主，掺杂他家之说，很少否定虞翻。然而，他在解释《复》卦"朋来无咎"时，却不从虞氏义，而是据京房之说将"朋"字改为"崩"："自上下者为崩，京氏义也。京《剥传》曰：小人剥庐，厥妖山崩。《复传》曰：崩来无咎，自上下者为崩。厥应大山之石颠而下。阳极于艮，艮为石、为山，剥之上九，消艮入坤，山崩之象。《春秋》僖十四年：沙鹿崩。《谷梁传》曰：高曰崩。故知崩自上而下也。自上而下者，非爻自上反初，乃消艮入坤出震耳。……虞氏作'朋来'。兑二阳同类，故为朋。在外曰往，在内曰来。初为卦主，故五阴从初。初得正，阳息在二成兑，故云初阳息正而成兑，'朋来无咎'也。乾成于上，坤消自初，故云乾成坤。灭藏于坤，从下反出体震，故反出于震。乾为道，阳即乾也。出震成乾，故复于道。虞以'朋来'为阳息兑，今知不然者，下云'七日来复'，则方及初阳，何得先言息二成兑？……虞氏非是，当从京氏作'崩来'也。"（《周易述》卷四）又如，虞翻训《咸》上六"辅颊"为"耳目之间"，《说文》则训"辅"为"颊"。惠栋认为："虞氏以权为辅，《说文》以辅为颊，皆非也。"（同上，卷五）《明夷·象》："箕子以之。"惠栋曰："虞氏从俗说，谓箕子谓五，臣居天位，失其义矣。"（同上，卷十）另一方面，惠栋曾力斥王弼之非以复兴汉易，如云："魏晋以来，王弼、韩康伯之辈始改师法，而《易》之大义乖矣。"（同上，卷二）但其注《易》时并未一概排斥王弼《易》说。如训《咸》九五"咸其脢"之"脢"即从王弼义："脢，心上之口，王弼义也。"（同上，卷五）解《家人·象》"女正位乎内，男正位乎外"取王弼注"内谓二，外谓五"。依此观之，惠栋虽然总体上崇尚汉易、反对王弼，但并未因此"不论是非"。这种求真精神应予肯定。

（五）以训诂象数明汉易之理

一般认为，汉易精于象数、训诂而疏于义理。对此，惠栋亦有所觉察。因此，他在疏解汉易时，除最大限度地彰显汉易的训诂与象数外，还力图从中阐发义理，克服汉易之陋。诚如钱穆先生所言："松崖治《易》，既主还复于汉儒，而汉易率主象数占验，少言义理，故松崖又为《易微言》，会纳先秦、两汉诸家与《易》辞相通者，依次列举，间出己见。其目为：元、体元、无、潜、隐、爱、微、三微、知微之显、几、虚、独、蜀独同义、始、素、深、初、本、至、要、约、极、一、致一、贯、一贯、忠恕之义、一贯之道、子、藏、心、养心。以上为上卷。道、远、玄、神、幽赞、幽明、妙、诚、仁、中、善、纯、辨精字义、易简、性命、性反之辨、三才、才、情、积、天地尚积、圣学尚积、王者尚积、孟子言积善、三五、乾元用九天下治义、大、理、人心道心、诚独之辨、生安之辨、精一之辨。以上为下卷。大抵上卷言天道，下卷言人道，所谓义理存乎故训，故训当本汉儒，而周、秦诸子可以为之旁证也。

当时吴派学者实欲以此夺宋儒讲义理之传统，松崖粗发其绪而未竟。"[①]例如，惠栋从文字训诂的角度，释"元"为初、为一、为元气、为道本、为万物之始：

> 乾初，谓初九也。初，始也。元，亦始也。何休注公羊曰："元者气也，天地之始。"故《传》曰："大哉乾元，万物资始。"《说文》曰："元从一，故《春秋》一年称元年。"《说文》又曰："唯初大始，道立于一，造分天地，化生万物。"董子对策曰："谓一为元者，视大始而欲正本。"是乾初为道本，故曰元也。（《周易述》卷一）

而后，惠栋又以易数释之曰："大衍之数虚一不用，谓此爻。""天地之数五十有五，虚五可衍；大衍之数五十，虚一而可用。一与五皆道之本也。一者，大也。五者，极也，故谓之太极。"（《易例》卷上）并引荀爽注云："乾初九潜龙勿用，故用四十九。初九，元也，即太极也。太极函三为一，故大衍之数虚一不用耳。"（同上）元即太极，太极即中："极，中也。""亟，古文極，中也。然则天地之心，即天地之中也。"（《易微言》）

再如，惠栋释"一"曰：

① 钱穆《中国近三百年学术史》（一），九州出版社，2010年，第351—352页。

一在《易》为太极，在爻为初。凡物皆有对，一者至善，不参以恶，参以恶则二矣。又为独，独者，至诚也。不诚则不能独，独者隐也，爱莫助之，故称独。

一，亦作"壹"，古壹字从壶吉。一之初，几也。几者，动之微，吉之先见者也。以此见性之初，有善而无恶。恶者，善之反，不与善对，故云无敌，亦曰独。君子慎独，无恶于志也。几有善而无恶。（《易微言》上）

惠栋将太极、初、善、独、诚、隐、几、微等概念串联在一起，无非旨在凸显太极、一、元作为天地之先、宇宙之本的超越性。他在解说"天地之始"时说："余谓圣人言太极、言太一、言元、言一，即天地之先也。"（《易例》卷上）他认为，"中"为"天下之大本""天地之太极"，言"中"必言"和"，即"天地位，万物育，中和之效也"。《易》乃效法天地而作，故《易》尚中和。"圣人体中和，赞化育，以天地万物为坎离"，则历法、君道、礼乐、诗皆尚中和。由此，天道得以过渡到人道。太极为道，道是物之本，理是"成物之文"即"分"，故道理相应而不混同。就人而言，则为天理、为礼。他说："理字之义，兼两之谓也。人之性禀于天性，必兼两。在天曰阴与阳，在地曰刚与柔，在人曰仁与义，兼三才而两之。故曰性命之理。《乐记》言天理，谓好与恶也。好近仁，恶近义，好恶得其正谓之天理，好恶失其正谓之灭天理。《大学》谓之拂人性。天命谓之性，性有阴阳、刚柔、仁义，故曰天理。"（《易微言》下）进而，再由天理推出人性："人生而静，天之性，感于物而动，性之容也，是之谓天理。"反之，"好恶无节于内，知诱于外，不能反躬，天理灭矣"（同上）。天理是对人行为的节制，故理即礼："礼者，因人之情，缘义之理，而为之节文者也，故礼者，谓有理也。"（同上）

综上可见，惠栋旁征博引，以训诂、考辨为主要方法，通过概念推演将易学的相关范畴有机连接起来，从而建构出宇宙本体论，进而落实下贯于人。此一论证方法虽与西方的"概念哲学"①类似，但与之不同的是，概念之间的解释、推演都有训诂考据乃至象数参与其中，从而确保其持之有故、言之成理。这种义理之学，显然与宋明儒者的义理学存在本质区别。

三、"说经无以伪乱真"的图书观

惠栋秉承了清初易学辨伪的传统，对宋易的图书、先天、太极诸说再次予以驳斥。他说：

> 说经无以伪乱真。舍河图、洛书、先天图，而后可以言《易》矣。舍十六字心传，而后可以言《书》矣。（《九

---

① 张世英先生将西方传统哲学称为"概念哲学"。见张世英《哲学导论》，"导言"，北京大学出版社，2012年，第5页。

曜斋笔记》卷二)

概言之，惠栋对宋易象数学的批判约有如下四端：

其一，辨析河图洛书。惠栋引宋代姚小彭的观点，指出李鼎祚《周易集解》尽载前儒《易》说，却无一语提及刘牧所据之关子明《易》说。他认为，《洞极经》乃后世阮逸伪造，不足为证。九宫之数"一北、九南、三东、七西、四东南、六西北、二西南、八东北、五居中，其方位与《说卦》同"，亦即《乾凿度》所谓"四正四维皆合于十五"，扬雄亦有"一六相守、二七为朋"之说。惠栋云："其说皆与河图合，然康成、仲翔未尝指此为河图，则造此图认为伏羲时所出者，妄也。"故河图、洛书看似有据，实则不然。惠栋非常赞赏毛奇龄对河图洛书的考辨："毛西河甡谓陈抟河图见郑康成大衍注……但当名之曰大衍图，非然则名之天地生成图，非然则名之五行生成图，而断断不得名之为河图"。"盖郑注'河出图'，并无此说也。注《书》亦然，今之洛书，则《易纬》家所谓太乙下九宫法也。二说颇得作伪人要领，详西河所撰《河图洛书原舛编》，西河言《易》舛讹甚多，惟此说可以不朽。"(《松崖笔记》卷三)

其二，否定邵雍、朱熹的"两仪四象"观。《系辞》曰："《易》有太极，是生两仪，两仪生四象，四象生八卦。"邵雍解之曰："一分为二，二分为四，四分为八也。"朱熹又云："太极者，其理也。两仪者，始为一画以分阴阳。四象者，次为二画以分太少。八卦者，次为三画而三才之象始备。"（《周易本义》卷三）对此，惠栋引其父惠士奇之说，主张四象为四时，不可谓阴阳太少："两仪，天地也；四象，四时也。四时有四正、有四维，震春、离夏、兑秋、坎冬为四正；巽东南、坤西南、乾西北、艮东北为四维。此四正四维，以时言之为四时，以象言之为四象，而八卦出于其中，不曰时而曰象者，八卦以象告也，阴阳太少可谓之仪，不可谓之象，宋儒遂以四象当之，误矣。"（《易汉学》卷八《辨两仪四象》）他认为，先有阴阳、后有太少的说法更是不能成立。若太极生两仪、两仪生四象，是阴阳叠加而生太少，阴阳非太少，如何生太少？"所谓阴仪阳仪者，非太非少，是何物耶？曰加曰分，乃邵《易》，非《周易》也。"（同上）依他之见，邵雍、朱熹的错误即在于"先有阴阳、后有太少"，并混淆了"分"与"生"："太少在阴阳之中，有阴阳即有太少，非先有阴阳，后有太少也。若云始为一画以分阴阳，次为二画以分太少，是阴阳生太少，有是理乎？谓阴阳分太少可，谓阴阳生太少不可。《易》言生不言分，父生子，子生孙，可谓之生，不可谓之分。邵子割裂太极，穿凿阴阳，一分为二，二分为四，四分为八，所谓加一倍法，朱子笃信，吾无取焉。"（同上）惠栋认为，程颐并不是不理解"加一倍法"，而是因其不符合经义而不取此法。"邵子一分为二、二分为四、四分为八之说，汉唐言《易》者不闻有此，程子非不能理会邵《易》，但以之解《周易》，恐其说之未必然也。且上蔡，程子之高弟也。邵子又程子之妻兄弟也。老浮图之授

受，上蔡犹知之，曾程子也而肯为异说所惑哉！"（同上）

其三，反对先后天之学。惠栋基于儒家立场，将邵氏先后天之学视为源于道教的异端之说。他指出，《说卦》"天地定位"一节讲的是"天地尊卑"之义而非方位。道教却主乾南坤北，明显与《说卦》"乾为寒、为冰，坤为土、为西南"的说法不符。他赞同父亲惠士奇的说法，认为先天即是阴阳未分、四象未形的太极，言先天即不可能有八卦生，即无先天八卦。言八卦即是后天，八卦"明明后天，安得指是先天哉"？"舍后天而别造先天之位，以周孔为不足学，而更问庖牺。甚矣！异端之为害也，不可以不辟。"在此基础上，惠栋又批判了宋人的纳甲图。他说："纳甲之法，乾坤列东，艮兑列南，震巽列西，坎离在中，别无所谓乾南坤北、离东坎西者。"因此，宋代纳甲盖源于"后世道家，亦非汉时之旧。汉学之亡，不独经术矣。"（《易汉学》卷八）

其四，考辨太极图。惠栋接续了清初毛奇龄、黄宗炎、胡渭、朱彝尊等人的观点，认为周敦颐的《太极图》是改造道教炼丹图而来。他引朱彝尊之说曰："自汉以来，诸儒言《易》莫有及太极图者，惟道家者流有《上方太洞真元妙经》，著太极三五之说，唐开元中明皇为制序。而东蜀卫琪注《玉清无极洞仙经》，衍有无极、太极诸图。陈抟居华山，曾以无极图刊诸石，为圜者四，位五行其中。自下而上，初一曰'玄牝之门'；次二曰'炼精化气，炼气化神'：次三五行定位，曰'五气朝元'；次四阴阳配合，曰'取坎填离'；最上曰"炼神还虚，复归无极"。故谓之《无极图》，乃方士修炼之术尔。相传受之吕岩，岩受之钟离权，权得其说于伯阳，伯阳闻其旨于河上公，在道家未尝诩为千圣不传之秘也。周元公取而转易之，亦为圜者四，位五行其中。自上而下，最上曰'无极而太极'；次二曰阴阳配配合，曰'阳动阴静'；次三五行定位，曰'五行各一其性'；次四曰'乾道成男，坤道成女'；最下曰'化生万物'。更名之《太极图》，仍不没无极之旨。由是诸儒推演其说。南轩张氏谓：'元公自得之妙，盖以手授二程先生者，自孟氏以来未之有也。'"（《易汉学》卷八）

综上，惠栋认为："道教莫盛于宋，故希夷之图、康节之《易》、元公之太极，皆出自道家。世之言《易》者，率以是三者为先河，而不自知其陷于虚无，而流于他道也。"（《易汉学》卷八）他引王应麟之言，称赞程颐"不言无极太极，是性道不可得闻之义"，"言《易》初不知有先天，言道初不知有无极，此所以不为异端所惑，卓然在邵、周之上也"（同上）。

四、惠栋易学的价值与影响

惠栋在汉易"近古""存古义"的观点支配下，秉承家学，以复兴汉易为旗帜，倾注一生精力，搜集爬梳汉易遗文，解读阐发汉代易说，全面地复活了失传已久的汉代易学。就文本言之，他在采用古文字的同时恢复了汉《易》编次，指出了《周易》通行本存在的问题；就易学源流言之，他辨析了汉代易学的产生、发展、传承系统及师法、家法；就方法言之，他以训诂、象数方法重新解释汉代易学，并推演其义理。

惠栋易学曾为时人和后世学者广泛赞誉。卢见曾在《周易述》序文中说：

> 吾友惠松崖先生说《易》，独好述汉氏。其言曰：《易》有五家，有汉《易》，有魏《易》，有晋《易》，有唐《易》，有宋《易》。惟汉《易》用师法，独得其传。……魏晋崇老氏，即以之说《易》，唐弃汉学而祖王韩，于是二千年之易学皆以老氏乱之。汉《易》推荀慈明、虞仲翔，其说略见于资州李鼎祚《集传》，并散见于六经、周秦诸书中。……及近日黄梨洲、毛大可，虽尝习李《传》，而于荀、虞二家之学，称说多讹。……今此编专以荀虞作主，而参以郑康成、宋仲子、干令升、九家诸说。盖以汉犹近古，从荀、虞以上溯朱子之源，而下祛王、韩异说之汩经者，其意岂不壮哉！（《周易述序》）

皖派著名学者戴震亦深受惠栋影响。惠栋去世后，戴震特作《题惠定宇先生授经图》纪念之。文中说道：

> 盖先生之学，直上追汉经师授受欲坠未坠埋蕴积久之业，而以授吴之贤俊后学，俾斯事逸而复兴。……松崖先生之为经也，欲学者事于汉经师之故训，以博稽三古

典章制度，由是推求理义，确有据依。彼歧故训、理义二之，是故训非以明理义，而故训胡为？理义不存乎典章制度，势必流入异学曲说而不自知，其亦远乎先生之教矣。①

"一代儒宗"钱大昕对惠氏亦十分敬佩，他说：

松崖征君《周易述》，摧陷廓清，独明绝学，谈汉学者无出其右矣。……大约经学要在以经证经，以先秦、两汉之书证经。其训诂则参之《说文》《方言》《释名》，而宋元以后无稽之言，置之不道。反覆推校，求其会通，故曰必通全经而后可通一经。若徒蒐采旧说，荟为一编，尚非第一义也。②

乃撰次《周易述》一编，专宗虞仲翔，参以荀、郑诸家之义，约其旨为注，演其说为疏。汉学之绝者千有五百余年，至是而灿然复章矣。……惠氏世守古学，而先生所得尤深，拟诸汉儒，当在何邵公、服子慎之间，马融、赵岐辈不能及也。③

---

① ［清］戴震《题惠定宇先生授经图》，见《戴震文集》卷十一，上海古籍出版社，2012年，第213—214页。

② ［清］钱大昕《与王德甫一》，见《潜研堂文集补编》。

③ ［清］钱大昕《惠栋先生传》，见《潜研堂文集》卷三十九。

惠氏后学江藩在《汉学师承记》中论述了《周易述》的价值与影响：

> （惠栋）年五十后，专心经术，尤邃于《易》，谓宣尼作《十翼》，其微言大义，七十子之徒相传，至汉犹有存者。自王弼兴而汉学亡，幸传其略于李鼎祚《集解》中。精研三十年，引伸触类，始得通贯其旨，乃撰《周易述》一编，专宗虞仲翔，参以荀、郑诸家之义，约其旨为注，演其说为疏，汉学之绝者千有五百余年，至是而粲然复章矣。
>
> 盖《易》自王辅嗣、韩康伯之书行，二千余年，无人发明汉时师说。及东吴惠氏起而导其源，疏其流，于是三圣之《易》昌明于世，岂非千秋复旦哉！

因《周易述》尚缺下经第四卷，即《革》至《既济》数卦及《序卦》《杂卦》注疏，故江藩、李林松皆遵循惠栋易学路数作《周易述补》，以弘扬惠氏之学。

孙星衍也对惠栋的易学予以高度评价：

> 孟氏之卦气，京氏之世应飞伏，荀氏之升降，汉魏已来，象数之学不可訾议也。经师家法，既绝于晋，自六朝至唐，诸儒悉守古经义，不敢騰其臆说。至宋而人人言《易》，繁而寡要，直以为卜筮之书，岂知言哉？近世惠征

君栋，作《周易述》《易例》《易汉学》诸书，实出于唐宋诸儒之上。[1]

今人李开先生曾将惠栋易学之功绩归结为四："惠栋易学居清儒之冠，前无俦匹，此其为功劳之一；立汉儒易学为考论《易经》本经本论准绳，显扬《易经》于千古幽眇之中，引脱《易》理于从来玄奥之外，此其为功劳之二；立准则金绳后著于铜墨，基本廓清清儒易学的原委的真相，此其为功劳之三；在考索和考论汉儒易学的过程中，梳理、缕述汉以后诸儒有用之说，如孔颖达、二程、朱熹等等，初步形成了一条易学学术史的线索，此其为功劳之四。"[2]

凡此种种，足以说明"惠栋的易学研究已成为清代经学研究的一个典范，具有转变当时学风与确立十八世纪经学研究方向的意义。乾嘉之际，汉学研究之所以蔚然成风，在一定程度上，是受惠栋易学思想的带动与影响。""乾嘉以后的易学研究，基本上是走上专门研究与恢复汉代象数易学的路子。如茹敦和的《周易象考》、丁杰的《周易郑注》、张惠言的《周易虞氏义》《周易虞氏消息》、李锐的《周易虞氏略例》、刘逢禄的《易虞氏变动表》《六爻发挥旁通表》、方申的《周易卦象集证》《诸家易象别录》等等，都体现了当时汉代的象数易学已成为

---

① ［清］孙星衍《周易集解》，《序》，成都古籍书店，1988年，第15页。
② 李开《惠栋评传》（上），南京大学出版社，2011年，第185页。

学界的热点"。① 虽然后世对汉易的理解存在一定分歧,"江藩、李林松、孙星衍、李道平、张惠言、焦循之间也不尽相同。江藩和李林松侧重在补惠栋未之《周易述》之缺。孙星衍、李道平则承惠栋遗绪阐扬李鼎祚《周易集解》,张惠言尤其推崇虞翻易,焦循则在尊汉易的基础上,另辟蹊径,创造出独具特色的易学。他们虽有不同,但究其本是接绪惠栋,阐扬汉易,进一步发扬光大由惠栋开启的复兴汉易之风,并逐渐形成一股易学思潮。"②

然而,受易学发展和当时学术状况所限,惠栋易学不免有其缺陷。如唯汉是尊,夸大了汉易在解经中的作用,对其牵强、支离之弊视而不见,更刻意贬低宋易的学术价值。对此,同时代的学者已有批评。如方东树曰:"辅嗣之注用康成本,则虽改为俗字,其经义固不异。如惠氏栋《九经古义》所甄录古文,大抵字异而义无异者也。"③ "如惠氏、江氏之言,则门户习气之私太甚。姑勿与深论是非之精微,只尽祛魏晋以来儒说而独宗汉易,此非天下之至弊者,断不若是之诐。学《易》而主张游魂、归魂、飞伏、爻辰、交互、升降、消息、纳甲等说,此非天下之至邪者,断不若是之离。谓汉人所说皆

① 陈居渊《简论惠栋标帜"汉学"的易学特色》,《周易研究》,2007 年第 4 期。
② 汪学群《清代中期易学》,社会科学文献出版社,2009 年,第 168 页。
③ [清]方东树《汉学商兑》卷下,见徐洪兴编校《汉学师承记(外二种)》,中西书局,2012 年,第 338 页。

伏羲、文王、孔子三圣人之本义，此非天下之至愚者，断不若是之诬，……汉儒之《易》，谓兼存一说则可，谓三圣本义在此，则不可。"① 陈澧也指出："惠定宇易学，倾动一世。平心而论，有存古之功。孟氏、京氏虽入术数，然自是古学，学者所当知也。所撰《周易述》渊博古雅，其改《明夷》六五之'箕子'为'其子'而读'亥子'，则大谬也。……仲翔世传孟氏易，而不从'荄滋'之说，可见孟氏易不作'荄滋'矣。惠氏最尊虞氏，何以于此独不从虞氏乎？……孟氏易乃今文，非古文。惠氏尊信孟氏，何以不从今文而从古文乎？……惠氏好改经字，此则改经并改史，而自伸其说，卒之乖舛叠见，岂能掩尽天下之目哉！"②

---

① ［清］方东树《汉学商兑》卷下，见徐洪兴编校：《汉学师承记（外二种）》，中西书局，2012年，第338页。
② ［清］陈澧《东塾读书记》，中西书局，2012年，第63—64页。

第二章 张惠言的虞氏易

张惠言（1761—1802），字皋闻，一字皋文，号茗柯，江苏武进（今常州）人。四岁丧父，生活贫寒，母亲姜氏与姐姐作女工，将其与弟弟张翊（后改名琦）抚养成人。"无以为夕飧，各不食而寝"，[①]但母亲仍不忘送其读书。九岁起随伯父苦读经书，受易学。十四岁为童子师，补贴家用，修学立行，敦品自守，未尝以所能自异，人皆称敬。十七岁补县学附生，十九岁补廪膳生，工骈体文与古文，从桐城派刘大櫆受古文义法，又从学于皖派经学大师金榜。乾隆五十一年（1786）中举，翌年会试中中正榜，授景山宫官学教习，教授内务府佐领以下官宦子弟，开始了长达八年的教学生涯。教学之余，与邓石如、陆以宁、吴德旋、孙星衍切磋古文词赋，与杨随安交流易学。乾隆五十九年（1794）奔母丧，两年后应时任富阳县令的挚友恽敬之邀，至浙江富阳县编修县志。未等县志修成，恽敬调任贵州江山县为官，张惠言至歙县，在江承之家

---

① ［清］张惠言《先姚事略》，《茗柯文编·二编》卷下，上海古籍出版社，1984年，第93页。下引该书只注书名、篇名。

授馆收徒。嘉庆二年（1797），其易学著述相继问世。嘉庆四年（1799）会试中二甲进士，改庶吉士，充实录馆纂修官。散馆后，奉旨以部属用，朱珪复特奏改翰林院编修。嘉庆七年（1802）卒于官，年四十二。

就学术历程而言，张惠言先学时文、词赋、古文，而后学《易》、学《礼》。他认为，学时文则知功利，好词赋、学古文可以通圣人才华，却不能立身行义、治理天下，于是转习经学求道。他说："余少学为时文，穷日夜，力屏他务，为之十余年，乃往往知其利。其后好《文选》辞赋，为之又如为时文者三四年。余友王悔生见余《黄山赋》而善之，劝余为古文，语余以所受于其师刘海峰者。为之一二年，稍稍得规矩。已而思古之以文传者，虽于圣人有合有否；要就其所得，莫不足以立身行义施天下，致一切之治。荀卿、贾谊、董仲舒、扬雄，以儒；老聃、庄周、管夷吾，以术；司马迁、班固，以事；韩愈、李翱、欧阳修、曾巩，以学；柳宗元、苏洵、轼、辙、王安石，虽不逮，犹各有所执持，操其一以应于世而不穷，故其言必曰道。道成而所得之浅深醇杂见乎其文，无其道而有其文者，则未有也。故乃退而考之于经，求天地阴阳消息于《易》虞氏，求古先圣王礼乐制度于《礼》郑氏，庶窥微言奥义，以究本原。"（《柯茗文编》三编《文稿自序》）

张惠言的经学研究以《易》《礼》为重。其易学受惠栋影响颇深，崇尚汉易，且以虞翻为汉易正宗，著《周易虞氏义》《周易虞氏消息》《虞氏易事》《虞氏易礼》《虞氏易言》《虞氏易候》等书。后人评价说："盖知惠言之《易》，以虞氏为宗，其明章句者，备于《虞氏义》；阐消息者，备于《虞氏消息》；考典礼者，备于《虞氏易礼》；说人事者，备于《虞氏易事》；推时训者，备于《虞氏易候》。独虞氏之微言大义尚未有所传述，故又本乾坤《文言》之例作《易言》以推衍其说。"① 其中，《周易虞氏义》秉承惠栋之学，以李鼎祚《周易集解》所收虞氏《易》注为主，参考汉代其他儒者之《易》说，逐字逐句解释《周易》经传，力图恢复虞氏易之全貌。《周易虞氏消息》一书则以"消息"为本审视解读虞氏易体系。阮元序言称："其大要明乾元以立消息之本，正六位以定消息之体，叙六十四卦以明消息之次，推九六变化以尽消息之用。始于'幽赞神明'，终于'乾元用九而天下治'。"此外，张惠言对汉易诸家皆有研究，撰有《周易荀氏九家义》《周易郑氏义》《易纬略义》《易义别录》，又作《易图条辨》再次清算宋易象数学。其易学著作汇编为《张皋文笺易诠全集》，并收入《茗柯文编》。

一、崇尚汉《易》，独尊虞翻

在象数、义理的关系上，张惠言坚持象数派的观点，认为《周易》的本质是象。他说：

---

① 中国科学院图书馆编《续修四库全书总目提要（经部）》（上册），中华书局，1993年，第75页。

易者，象也。《易》而无象，是失其所以为《易》。
（《丁小疋郑氏易注后定序》）

夫理者无迹，而象者有依。舍象而言理，虽姬、孔靡
所据以辩言正辞，而况多歧之说哉！设使汉之师儒，比事
合象，推爻附卦，明示后之学者有所依逐，至于今曲学之
响，千喙一沸，或不至此。虽然，夫《易》广矣，大矣，
象无所不具，而事著于一端，则吾未见汉儒之言之略也。
（《虞氏易事序》）

有象则有《易》，无象则无《易》。易理无形无迹而不可
见，易象则有形可见、有据可依。《易》以阴阳往来，九六
升降上下而象著焉，阴阳以天地日月进退舍次而象生焉，故
曰消息。"（《茗柯文编》二编卷上《易义别录序》）他引《左
传》"韩宣子见《易象》与鲁《春秋》，曰：周礼尽在鲁矣"一
语说明《周易》是文王"考河洛，应图书，革制改物，垂万世
宪章"而作，彰显了以典章制度为内容的礼象。因此，解经当
从象出发。若"舍象而言理"，则会因为理的高度抽象性和不
确定性而产生歧义。汉儒之功即在于崇尚易象。"郑氏之言爻
辰用事，荀氏之言乾升坤降，虞氏之言发挥旁通，莫不参互卦
爻，而依《说卦》以为象，其用虽殊，其取于消息一也。"以
象解《易》，"比事合象，推爻附卦，明示后之学者有所依逐"，
则不至于"曲学之响，千喙一沸"。在象与数的关系问题上，
他重象轻数，反对象数并称：《易》者，象也。《易》而无象，

是失其所以为《易》。数者，所以筮也。圣人倚数以作《易》，而卦爻之辞，数无与焉。汉师之学，谓之言象可，谓之言数不可。象、数并称者，末学之陋也。"（同上）

张惠言推崇郑玄易学。他说："郑氏知之，故推象应事，《周官》典制则一一形著于《易》。故曰：制而用之谓之法，举而措之天下之民谓之事业。若乃应期受命，革而用师，商、周之所以兴废，固亦见焉。""是故《易》者，礼象也。是说也，诸儒莫能言，唯郑氏言之。故郑氏之《易》，其要在礼。若乃本天以求其端，原卦画以求其变，推象附事，以求文王、周公制作之意，文质损益，大小该备，郑氏之《易》，人事也，非天象也。"（《茗柯文编》二编卷上《丁小疋郑氏易注后定序》）不过，他最为推崇的乃是集两汉易学之大成的虞翻。在他看来，虞氏易学精微完备，遂于大道。近则囊括两汉象数，远则传承孔子及七十子之微言：

> 翻之学既世，又具见马、郑、荀、宋氏书，考其是否，故其义为精。又古书亡，而汉魏师说略可见者十余家。然唯郑、荀、虞三家略有梗概可指说，而虞又较备。然则求七十子之微言，田何、杨叔、丁将军之所传者，舍虞氏之注，其何所自焉？（《周易虞氏义序》）

> 翻之言《易》，以阴阳消息，六爻发挥旁通，升降上下，归于乾元用九而天下治。依物取类，贯穿比附，始若琐碎，及其沈深解剥，离根散叶，畅茂条理，遂于大道。

后儒罕能通之。(同上)

　　孟氏说《易》本于气，而以人事明之。然虞氏之论象备矣。皆气也，人事虽具说。然略不贯穿。(《虞氏易事序》)

　　然而，"自魏王弼以虚空之言解《易》，唐立于学官，而汉世诸儒之说微。独资州李鼎祚作《周易集解》，颇采古易家言，而翻注为多。其后古书尽亡。而宋道士陈抟以意造龙图，其徒刘牧以为《易》之河图、洛书也，河南邵雍又为先天、后天之图。宋之说《易》者翕然宗之，以至于今，牢不可拔，而《易》阴阳之大义盖尽晦矣。"(《周易虞氏义序》)为了扭转这一局面，惠栋作《易汉学》《周易述》，但其虞氏易研究仍有未尽人意之处："我皇清之有天下百年，元和征士惠栋始考古义孟京荀郑虞氏，作《易汉学》，又自为解释，曰《周易述》。然掇拾于亡废之后，左右采获，十无二三。其所自述，大抵祖祢虞氏而未能尽通，则旁征他说以合之。盖从唐、五代、宋、元、明，朽坏散乱，千有余年，区区修补收拾，欲一旦而其道复明，斯固难也。"(同上)正因乎此，张惠言才倾注极大精力专攻虞翻。

二、以消息重构虞氏易学体系

　　"消息"之义出自《易传》，本指天体运行、阴阳消长、四时变化。《系辞》曰："日往则月来，月往则日来，日月相推而明生焉。寒往则暑来，暑往则寒来，寒暑相推而岁成焉。往者屈也，来者信也，屈信相感而利生焉。"《丰·象》曰："日中则昃，月盈则食，天地盈虚，与时消息，而况于人乎？况于鬼神乎？"《周易》卦爻是效法自然而成，故内涵阴阳消息之意。君子效法天道，观卦象而尚消息。《剥·象》曰："顺而止之，观象也。君子尚消息盈虚，天行也。"汉代易学家阐发了《易传》之义，融通天文历法知识，重新排列《周易》卦爻，从而形成了内涵阴阳消息的卦气、升降、卦变等学说。其中，虞翻对"消息"的诠释尤值得重视。他说："《易》以阴阳往来，九六升降上下，而象著焉。阴阳以天地日月进退舍次，而象生焉，故曰消息。"（《易义别录·干氏》）虞氏指出，消息有两层含义：一是自然界的阴阳消长，一是《周易》阴阳符号的变化，后者本于前者。就易学而言，凡言阴阳符号消长变化的理论，皆为消息。具言之，虞氏消息包括卦气、升降、卦变、旁通、之正诸说，也包含八卦之消息变化。虞翻认为，自然界有八卦，八卦有消息变化。其注《系辞》"古者庖牺氏之王天下也，仰则观象于天，俯则观法于地，观鸟兽之文与地之宜，近取诸身，远取诸物，于是始作八卦"曰："谓庖牺观鸟兽之文，则天八卦效之。'易有太极，是生两仪，两仪生四象，四象生八卦'。八卦乃四象所生，非庖牺之所造也。则大人造爻象以象天，卦可知也。而读《易》者咸以为庖牺之时，天未有八卦，恐失之矣。'天垂象，见吉凶，圣人象之'。则天已有八卦之象。"（《周易虞氏义》卷七）虞氏又以一月之内的月相变化解说八卦，如其《坤·象》"东北丧朋，乃终有庆"注曰："阴丧灭坤，坤终复生，谓月三日，震象出庚，故乃终有庆。此指说易道阴阳消息之大要也。"月体纳甲，实质上是一种经卦消息说。"阴阳以天地日月进退舍次而象生焉，故曰消息"。(《易义别录序》)

在张惠言看来，虞翻易学的要义可以"消息"二字尽之。他以虞氏"太极"观为出发点，认为由"太极"生"日月"，由"日月"生"八卦"，此为天地自然之八卦。圣人则自然八卦而作八卦符号，再由八卦推演出六十四卦。这就是张惠言"虞氏消息"的基本理路。

（一）太极为消息之本

"太极"是易学与中国哲学的重要范畴。在此问题上，张惠言接受了惠栋的观点，把太极理解为太一、神、乾元、道。它兼有阴阳，有形而无质。"太极"所生之"两仪"，则为天地。《易纬·乾凿度》曾提出宇宙演化的四个阶段："太易者，未见气也。太初者，气之始也。太始者，形之始也。太素者，质之始也。"太易未见气，动而有气，用数表示气之变，则为一、七、九："易无形畔，易变而为一，一变而为七，七变而为九。"张惠言解释道："太易也未见气也，一七九曰气变，是太初也。"(《周易虞氏消息·易有太极为乾元第一》)他反对郑玄之说："郑注以七为太初，九为太始，复变为一为太素者，失之。"(同上)依他之见，太极在太初、太始之后，有气、有形而无质，生有形之天地。"此一为形变之始，则犹太始也。有形无质，是为太极。分天地而有质，乃为太素。"太极虽兼阴阳，其形变则是阳动，阴依阳而变。"郑氏注《乾凿度》下卷云：'乃复变而为一，一当为二，二变而为六，六变而为八，与阳迭变而俱进。'失之。"也就是说，太极是形变之始，是阴阳消息变化之本。太极生天地，即所谓"太极生两仪"。

太极是太一，是神。太一，指北辰星神名。张惠言疏虞注云："《乾凿度》曰：'太一取七八九六之数，以行九宫，四正四维，皆合于十五。'郑氏《注》云：'太一者，北辰之神名也，居其所曰太一，常行于八卦日辰之间曰天一。'又引《星经》曰：'天一、太一，主气之神。'"（《周易虞氏义》卷七）在他看来，太一主宰天，其行不可见。日月星辰神妙莫测的变化则是其变化之迹，故称为神，神即太极。"太极之行不可见，以其主乎天，故指太一以况之。郑氏云：'太一者，北辰之神名。居其所曰太一。常行于八卦日辰之间曰天一。'常行于八卦日辰之间，即变化消息也。太极之行又不可见，故指日月斗以况之，日月相运，而成四时、二十四气、七十二候，是太极变化之迹，故谓之神，神即太极也。"（《周易虞氏消息·易有太极为乾元第一》）

（二）在天成八卦消息

虞翻注"易有太极，是生两仪，两仪生四象"曰："太极，

太一也。分为天地，故是生两仪也。四象，四时也。"张惠言
阐发了虞氏之说，认为太极生两仪、四象、八卦是指宇宙演化
的过程。太极分为天地、天地生四时，是通过日月运行实现
的。"日月者，太极之神，大地四时阴阳诎信之象，皆于日月
著之。"（《周易虞氏消息·日月在天成八卦第二》）"日月之行，
春甲乙，夏丙丁，秋庚辛，冬壬癸。四时之间戊己。甲、丙、
戊、庚、壬为天象，乙、丁、己、辛、癸为地象。"（《周易虞氏
义》卷七）天地之数一、二、三、四、五、六、七、八、九、
十，天干甲、乙、丙、丁、戊、己、庚、辛、壬、癸，五行生
成数一六水、二七火、三八木、四九金、五十土。"五行之数
为四时之体，十日之数为四时之象，所谓两仪生四象者，甲乙
春，丙丁夏，庚辛秋，壬癸冬也。"（《周易虞氏消息·日月在天
成八卦第二》）虞翻认为，"四象生八卦"之八卦，实指在天之
八卦。其注"县象著明莫大乎日月"称："日月县天，成八卦
之象。"客观存在的八卦，是指月体在不同位置上显现的月相。
张惠言引虞氏纳甲解之曰："日月之行，则月三日昏，见于庚，
明生于下，震象也。八日上弦见丁，明盛于下，兑象也。十五
日，盈于甲，明满，乾象也。是为阳息。十七日晨，见于辛，
魄生于下，巽象也。二十三日，下弦见丙，魄盛于下，艮象也。
二十九日，入于乙，明尽，坤象也。是为阳消晦朔之间，日月
藏于癸，合于壬，阴阳相通，坎离象也。"（同上）八卦布四方，
则为四时五行："月至甲乙而乾坤象见，故乾坤生乎春，乾甲坤
乙相得合木也；至丙丁而艮兑象见，故艮兑生乎夏，艮丙兑丁

相得合火也；至庚辛而震巽象见，故震巽生乎秋，震庚巽辛相
得合金也。日月会于壬癸，而坎离象见，故坎离生乎冬。日月
之会不可见，以望之月中，昼之日中见其象，故坎离生乎壬癸，
而位乎中宫。坎戊离己相得合土，天壬地癸相得合水，戊己壬
癸，皆坎离也，此之谓四象生八卦。"（同上）

（三）伏羲则在天八卦之消息

日月运行，在天成八卦之象。圣人观象，而画《周易》八卦。张惠言引虞注云："八卦乃四象所生，非庖牺之所造也。……而读《易》者，咸以为庖牺之时，天未有八卦，恐失之矣。天垂象，示吉凶，圣人象之，则天已有八卦之象。"（《周易虞氏义》卷七）那么，圣人如何画卦？张惠言据虞翻注"乾二五之坤，成坎离震兑。震春兑秋，坎冬离夏，故两仪生四象。乾二五之坤，则生震坎艮；坤二五之乾，则生巽离兑，故四象生八卦"一段，对圣人画卦做了系统论述。他认为，圣人画卦是对自然演化过程即太极、天地、四时、八卦的效法，故《易》有乾元、有乾坤、有坎离震兑、有震艮兑巽坎乾离坤。乾元为太极，乾坤象天地，坎离震兑象四时，震艮兑巽坎乾离坤象雷霆雨风月寒日暑：

圣人观天之文、察地之理，得乾坤为天地之象，因以得乾坤相合为日月之象，因以得日月进退为乾元之象。故其作《易》也，先以三画象太极之一七九，又效法为二八六之三画以为乾坤，而象天地，是太极生两仪。由是观乾元之行，一施而为坎，再施而为离，一息而为震，再息而为兑，故乾二五之坤，成坎离震兑，皆阳生也。由是而布之坎阳之中以为月而配冬。天地一生水，乾元亦一生坎也。离阳之见以为日而配夏，天地二生火，乾元亦二生离也。震阳之生以为雷

而配春，三生木也。兑阳之成以为雨而配秋，四生金也。此
两仪生四象矣。既象其息，乃复象其消，兑之反为巽，雨
之散为风，震之反为艮，雷自上则为霆，于是乾下就坎以
成阳而配寒，坤上就离以成阴而配暑，然后与日月之象合
焉。……故震成艮，坎藏乾，兑成巽，离藏坤，此四象生八
卦也。（《周易虞氏消息·庖牺则天八卦第三》）

《易》为乾元，为复初，为中，为道，为气，为一七九。
圣人以三画象一七九而谓之乾，即乾元。法乾而立坤，以乾象
天，以坤象地，七九象阳之气，八六象阴之气。一为乾元，在
爻为复初，即乾之初爻。乾有元，坤无元，凝之以为元，乾元
之气正乎六位，则谓道，道即太极。"乾元者，太极极中也，
故复初为中。《中庸》曰：'中者天下之大本也。'董子以二至
为天之中。……《系》曰：'六爻之动三极之道也。'谓三才皆
得其中，保和乾元也。二五，乾坤中气也。故乾以二五摩坤，
坤以二五摩乾，乾坤所以变化在乎二五爻，故爻位为中。……
乾二称中，谓其变而'利见'也。坤五黄中，谓其变而正位
也。蒙二时中，谓其通五养正也。故中者，乾元也。"（《周易
虞氏消息·中第十》）太极乾元以数字示之，则是一七九和
二八六混合。乾元生乾坤，则分为三画阳与三画阴，三画阳为
乾，三画阴为坤，即张氏所云"以三画象太极之一七九，又效
法为二八六之三画以为乾坤，而象天地，是太极生两仪"（《周
易虞氏消息·庖牺则天八卦第三》）。

圣人又观天地生四时,以乾坤三阳三阴消息变化而成坎离震兑。"观乾元之行,一施而为坎,再施而为离,一息而为震,再息而为兑,故乾二五之坤,成坎离震兑。"(同上)震春兑秋,坎冬离夏,四时生焉。此间,"乾二五之坤"之"二五"指中气。张惠言释之曰:"二五者,中气,非谓爻名。"相应地,"乾二五之坤,成坎离震兑",指阴阳之气相互作用,即二气交感互易成坎离,再以乾阳息坤初成震,乾阳息至二成兑。坎离震兑四卦为四象,是为两仪生四象。四象震反为艮,兑反为巽,坎藏乾,离藏坤,故四象生八卦。乾坤象天地,坎离象日月,震象雷,艮象霆,兑象雨,巽象风,乾下藏坎而象寒,坤下藏离而象暑。《系辞》曰:"刚柔相摩,八卦相荡。鼓之以雷霆,润之以风雨。日月运行,一寒一暑。"

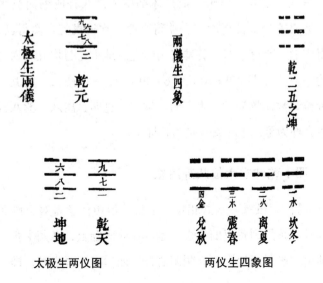

太极生两仪图　　　　　两仪生四象图

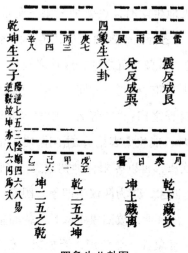

四象生八卦图

从数言之，甲一、乙二、丙三、丁四、戊五、己六、庚七、辛八、壬九、癸十。依月体纳甲说，八卦成列而乾得甲一、坤得乙二、艮得丙三、兑得丁四、坎得戊五、离得己六、震得庚七、巽得辛八。乾坤又为天九、地十，与坎五离六之和恰为一月三十日（9＋10＋5＋6＝30）。乾一、艮三、坎五、震七皆得天数，乾为父，生三男。坤二、兑四、离六、巽八皆得地数，坤为母，生三女。是为乾坤生六子。

（四）乾坤立六位八卦消息

《易传》虽有"八卦相重"之说，但历代学者对三画卦与六画卦关系的理解仍旧莫衷一是。在此问题上，虞翻主张三画乾坤由"参天两地"确立阴阳之位，而后有六画之卦，即"乾坤各三爻而成六画之数"，"分天象为三才，以地两之立六画之数"。张惠言进一步解释说，太极乾元一七九、二八六并生。乾三阳，一七九；坤三阴，二八六。乾三画象天地人三才，即"参天"，然后依一阴一阳的原则与坤三阴自下而卜相错匹配，初乾阳配二坤阴为地道，三乾阳配四坤阴为人道，五乾阳配上坤阴为天道，此即"两地"。"参天""两地"，得以确立六画阴阳之位，"此则一七九二六八之正位、三才之定理"（《周易虞氏消息·乾坤六位第四》）。见下图：

虞翻认为，乾坤刚柔是立卦之本。六画乾坤变八卦，即"乾以二五摩坤成震坎艮，坤以二五摩乾成巽离兑"。张惠言解释说，乾坤定六位，八卦位即已确立。乾五坤二为定位，艮兑天位为正位，震巽地位为正位，坎离人位为正位。有正位，而后分阴分阳、迭用柔刚。重乾六爻皆阳为七九，重坤六爻皆阴为八六，此阴阳消息之本。然后乾二五摩坤，六爻阳变，成震坎艮三男；坤二五摩乾，六爻阴变，成巽离兑三女，各就正于六位而成六爻。"三变者，谓坎则初二三，离则四五上，震则三四五，巽则初二上，艮则初五上，兑则二三四也。"（《周易

虞氏消息·乾坤立八卦第五》）依张惠言之见，乾坤六爻三变
而成一三画卦。乾二五摩坤、坤二五摩乾则成六画坎离。乾变
初二三爻成坎，坤变四五上爻成离，乾变三四五爻成震，坤变
初二上爻成巽，乾变初五上爻成艮，坤变二三四爻成兑。[①]六
卦每卦变三爻，共十八变而成六子。乾坤六子合为八卦，八卦
为八方之气，以《说卦》"雷以动之、风以散之、雨以润之、
日以晅之、艮以止之、兑以说之、乾以君之、坤以藏之"之
序逆上而错之，则"八卦而小成"。乾坤先变坎离，乃是因乾
二五之坤成坎，坤二五之乾成离，离互见巽兑，坎互见震艮，
八卦由此齐备。见下图：

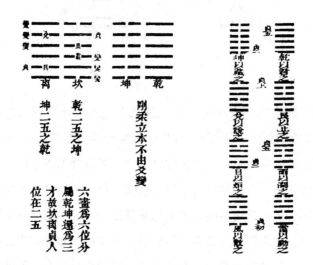

---

① 黎心平《〈周易虞氏消息〉研究》（山东大学 2004 年博士论文）认为，
　三变是变既济而成六子。观张惠言之图示，此说恐不确。

（五）六十四卦消息

虞翻认为，乾坤阴阳互变成八卦，八卦相重而为六十四卦。其注《说卦》"发挥刚柔而生爻"云："变刚生柔爻，变柔生刚爻，以三为六，因而重之，爻在其中，故生爻。"注《系辞》"因而重之，爻在其中"云："谓参重三才为六爻，发挥刚柔，则爻在其中。"张惠言继承了这一思想，将八卦变六十四卦的原因归结为阴阳之变。他说：

> 以三为六，因而重之，则八卦为六十四，亦只是各加八卦，然若挨次添加，截然整齐，天地之道不如此也。故圣人必以乾元触类而长，六爻发挥旁通，乃成六十四卦，所以发明一阴一阳之道，乾变坤化之神……于是而要注中凡云自某之旁通某卦者皆是。（《周易虞氏消息·八卦消息成六十四卦第六》）

在张惠言看来，八卦相重得六十四卦，不可简单地理解作八卦叠加。原因在于，八卦叠加过于整齐，与天道变化之实情不符。因而，八卦消息成六十四卦，当是乾坤阴阳互变所为。具体地说，是乾坤阴阳消息而成震、兑、乾、巽、艮、坤即纳甲八卦与十二辟卦，然后再由消息卦爻变而成其他卦。"卦变消息，盖孟氏之传也。荀氏亦言之而不能具。其他则多舛矣。其法有爻之，有旁通，有消息卦，有消息所生之卦。注虽残阙，考约求之，盖乾坤十二辟卦为消息卦之正，其自临、遁、否、

泰、大壮、观生者，谓之爻例，自乾、坤生者不从爻例。每二
卦旁通，则皆消息卦也。消息卦皆在乾坤相合之时，则剥、复、
夬、遯、泰、否之交也。"(《周易虞氏消息·八卦消息成六十四
卦第六》）其关键在于月体纳甲八卦与十二消息卦。张惠言说：

> 十二消息卦，阳出震为复，息兑为临，盈乾为泰，泰
> 反成否，括囊成观，终于剥，而入坤，复反于震。阳亏于
> 巽为姤，消艮为遯，虚坤为否，否反泰，复成大壮，决
> 于夬而就乾，复入于巽，是为十二消息。(《周易虞氏消
> 息·八卦消息成六十四卦第六》）

乾☰坤☷阴阳消息，阳息坤初为震☳成复䷗，阳息坤二
为兑☱成临䷒，阳息坤三为乾☰成泰䷊，泰反成否，阳消乾
四成巽☴为观䷓，《坤》六四有"括囊"之辞，即括囊成观，
阳消六五为艮☶成剥䷖，然后成坤䷁。乾消初为巽☴成姤䷫，
消二为艮☶成遯䷠，消三为坤☷成否䷋，否反泰，阳息四为
震☳成大壮䷡，阳息五为兑☱成夬䷪，阳息坤上而反于乾䷀，
然后再入巽为姤。从中可见，八卦息则为震、兑、乾，消则为
巽、艮、坤，此六卦生十二消息卦。坎离为乾坤之合，不入消
息卦。十二消息图如下：

阳息：复䷗→临䷒→泰䷊
↓
否䷋→观䷓→剥䷖→坤䷁

阴消：姤䷫→遁䷠→否䷋

↓

泰䷊→大壮䷡→夬䷪→乾䷀

张惠言以十二消息卦为本，又以旁通为生卦消息。如谦与履、师与同人、比与大有旁通，"此六卦皆体坎离，是乾坤之交，盖剥复之消息也"（《周易虞氏消息·八卦消息成六十四卦第六》）。屯鼎旁通，与前六卦同，乾坤之交生坎离，坎离生屯鼎，即虞氏所谓坎二之初为屯、大壮上之初为鼎，"盖坎离后将出震之消息"（同上）。豫与小畜、萃与大畜、蹇与睽旁通，此六卦是"夬遘中间消息"（同上）。蒙革旁通，二卦以革乾通蒙坤，犹屯鼎，"盖大过、颐后将姤巽之消息也"（同上），即大过䷛初之二为革䷰，颐䷚初之二为蒙䷃，"由大过、颐皆初之二，以阴消之"（同上）。蛊随旁通，益恒旁通，皆三阴三阳之卦，为泰否消息，"蛊随，泰为否之消息"，"益恒，否为泰之消息"（同上）。旅丰二卦特变，旅从贲初之四来，或从否三之五来；丰从噬嗑上之三来，或从泰二之四来。贲、噬嗑从泰否来。震巽艮兑二阳二阴之卦，应由临、遁、观、大壮而来，但六子卦"无以成消息"，皆自乾坤来。对此，柯劭忞曾有一段精辟概括："惟八卦消息成六十四卦，为虞氏最精之义。以阳出震为复，息兑为临，盈乾为泰，泰反否，括囊成观，终于剥而入坤，复反于震。阳亏于巽为姤，消艮为遁，虚坤为否，否反泰，复成大壮，决于夬而就乾，复入巽，是为十二消息。

以坎、离、大过、颐、小过、中孚为坎、离、乾、坤之合，以谦、履、师、同人、比、大有为体坎离，是乾坤之交剥复之消息。屯、鼎为将出震之消息，豫、小畜、萃、大畜、蹇、睽为夬姤中间之消息，蒙、革为大过、颐后将姤巽之消息，蛊、随、益、恒为泰反否之消息，旅丰为特变，震巽艮兑为变伏，而不旁通。"（《续修四库全书总目提要·周易虞氏消息》）

在此基础上，张惠言又作六十四卦消息图。此图按"阳盈""阴虚"将六十四卦分为两组，每组又分六类。两组凡十二类，十二消息正卦复、临、泰、观、剥、坤、遘、遁、否、大壮、夬、乾各为一类。"阳盈"之卦三十二：☷☳复阳初出震；临兑二得朋、☷☳升初之三、☷☳明夷二之三、☷☳解初之四、☷☳震二之四；☷☰泰乾盈、☷☵井初之五、☲☵既济五之二、☶☱损初之上、☷☱归妹三之四、☷☵节三之五、☶☲贲上之二、☶☲旅贲初之四，否三之五、☶☴蛊泰初之上、☱☳随否上之初、☷☰否泰反、☶☳小过临阳未至三而观四已消，于爻，晋上之三；☴☷观亏巽、☲☷晋四之五、☶☷艮五之三；☶☷剥消艮；☷☷坤入坤、☷☰谦乾上九来之坤、☰☷履乾三之坤，初为复，上息、☷☵师谦三降之坤二、☰☲同人师二之坤，初为复，上息、☷☵比师二上之五、☲☰大有比五之坤，初为复，上息、☲☷离坤二五之乾，于爻，遁初之五、☵☷坎乾二五之坤，于爻，观上之二、☷☵屯坎二之初、☴☳鼎大壮上之初，实离二之初。"阴虚"之卦亦三十二：☰☴遘乾坤相遇巽象退辛；☰☶遁艮象消丙、☰☳无妄上之初、☰☵讼三之二、☰☲家人初之四、☴☴巽二之四；☰☷否坤虚、☱☵困二之上、☵☲未济二之五、☴☶渐三之四、☱☶咸三之上、☴☵涣四之二、

☶噬嗑五之初、☳丰噬嗑上之三，泰二之四、☶益否上之初、☳恒泰初之四、☷泰否反、☴中孚遁阴未及三而大壮阳已至四，于爻，自讼四之初；☳大壮阳息泰、☵需四之五、☱兑五之三；☰夬阳决阴；☰乾阴就乾、☳豫复初之四、☴小畜豫四之坤，初为复，上息、☷萃观上之四，实豫四息五、☳大畜萃五之复二成临，于爻，大壮初之上、☳蹇观上反三，即萃四反三、☴睽大壮上之三，实蹇三之复二成临，上息，或无妄二之五、☴大过阳伏巽中，体复一爻，于爻，大壮五之初，或兑三之初、☶颐晋四之初，或以临二之上，巽伏震中、☶蒙艮二之三，实颐初之二、☳革遁上之初，实大过初之二。

　　张惠言融会贯通虞氏易学，其十二消息正卦变化得其余五十二卦之说，可谓得虞氏消息、卦变之精义。基于此，他还对虞氏卦变说的特例问题予以详细解释。如一阴一阳之卦谦履、师同人、比大有旁通，当为剥复夬姤所生，但虞注实各行其例。张氏认为，其之所以如此，乃是因"复、姤、夬、剥无生卦，阴阳微不能变化"；二阴二阳之例当从临观遁大壮，但中孚、小过两卦为特例，中孚"当从四阳二阴之例，遁阴未至三，而大壮阳已至四，故从讼来"，小过为"晋上之三。当从四阴二阳之例，临阳未至三，观四阳已消也"。张氏据此，对二阴二阳之卦变有所更改。如遁生无妄、讼、家人、巽，临生升、明夷、解、震。遁☴阴未至三，无妄☴遁上之初、讼☵遁三之二，非自遁而自乾来，中孚自讼来。离、革二阴四阳之卦。虞注《革》曰："遁上之初。"张惠言则认为，遁未至三，故应为"大过初之二"。虞注《离》"乾二五之坤，于爻遁

初之五"、《家人》☲☲"遁初之四"、《巽》☴☴"遁二之四"，皆
与遁"阴未至三"不合。同理，临☷☱阳未至三，故二阳四阴之
颐☶☳不从临而从晋；虞氏以三阴三阳之卦本于泰否。张惠言指
出，泰生井、既济、损、归妹、节、贲、旅、蛊、随九卦，否
生困、未济、渐、咸、涣、噬嗑、丰、益、恒九卦，唯丰、旅
为特变。丰为噬嗑上之三，旅为贲初之四，其余皆乾坤往来。
蛊、随、益、恒、旅、丰为消息卦，既济、未济以下各卦皆
泰否反其类。损☶☱"泰☷☰初之上"，违背阴阳爻互易的卦变通
例。既济非泰二之五而为泰五之二，贲非泰二之上而是泰上之
二，不符合阳动求阴之义，是为泰反否。同理，否生渐、咸、
未济是阴求阳，反否为泰，故涣、噬嗑变之以阳求阴。至于虞
氏易"非消息卦而生卦"的问题，张惠言解释说："非消息而
生卦者，晋有小过，颐、无妄有睽讼，有中孚。晋，乾游魂卦
也。无妄取其正乾元也。讼明其消始，皆以义取之也。贲特变
为旅，噬嗑特变为丰，亦是泰否相就假义以生爻耳。"（《周易
虞氏消息·八卦消息成六十四卦第六》）

事实上，虞翻以注经为目的的卦变体系本身存有无法克
服的问题。张惠言对虞翻推崇备至，他以消息说重释虞氏易固
然有发展虞氏易的一面。但客观地说，其辩解有欠说服力。例
如，为了符合纳甲八卦消息而提出的六十四卦消息说以及泰否
反类等思想，太过牵强；又如，他依虞氏"遁阴未至三，而大
壮阳已至四"的特变理论解说其他二阴二阳卦之卦变，无疑是
对常例的破坏，在把问题复杂化的同时不免弄巧成拙，以致难

以自圆其说。

（六）以消息说解释经传及易学概念

张惠言还曾以消息说解释六十四卦卦名和卦序。"六十四卦之名，本以阴阳消息之象命之，举其名，则其象其气自无不应。卦气之候，虽不依消息卦次，而以消言消、以息言息，各从其气，故比其名而气应。"（《周易虞氏消息·卦气用事第七》）他批判了韩康伯"《序卦》之所明，非《易》之缊也。盖因卦之次，托象以明义"（《周易正义》卷九）的观点。张惠言认为，韩氏此论是"不知名生于象，象生于气，此正《易》之精也"（《周易虞氏消息·卦气用事第七》）。宋人先后天图不依《序卦》，"整设而排比之"，虽"自谓整齐"，但"不知于消息已颠倒谬鳌，岂有名不相次，而义通者哉？"（同上）

不仅卦名、卦序涵具消息之义，《系辞》解十八爻亦有消息说。张氏认为，《系辞上》引中孚二、同人五、大过初、谦三、乾上、节初、解三等七爻是"阳息于复，至泰反否"，《系辞下》引咸四、困三、解上、噬嗑初与上、否五、鼎四、豫三、复初、损三、益上等十一爻是"阴消于遁，至否及泰"，亦即十八爻"终于泰否"。具言之，中孚卦气居复卦之前，初爻为阳，体复初，复初即乾初。同人接中孚，复之所以息。复初阳伏阴，体巽。大过下体巽，故为大过初。谦三为阳，乾上为阳，阳盛则消。节、解两卦据"阳盈阴虚"图，由解至泰至节至否，故《系辞上》七爻为泰反否之卦。《系辞下》始于咸遁，按六日七分说，咸为公卦、遁为辟卦，咸在遁前，故由咸至遁，阴消成否。据阴虚图，困卦为否消第一卦。困☲☰五阳变阴为解☲☳，《解》上六"射隼"，应六三伏阳出以救否三之消。噬嗑为否五（即乾九五）之初（即坤初）互易而来，故噬嗑为乾九五救否，噬嗑后为否九五。以初爻上爻言，"否初易惩，其终难解"，自否反泰，乾元复出而接鼎卦。按六十四卦消息图，阳盈始于复，至屯鼎止。鼎为消息之卦。鼎唯六四一爻凶，其余五爻皆吉。后接豫卦六二，豫☳☷六二欲使九四阳爻反初成复，故豫后为复初。复息成泰。损，阳息成泰反否。益，阴消成否反泰。总之，张氏为了以消息说融通《系辞》之十八爻，大量运用虞氏卦变、卦气、旁通诸例。貌似条理通达，实则牵强附会。

张惠言还以虞翻《易》注为据，论述了"元""乾元""中""权"等概念的内涵及其与消息说之关联。他认为，《周易》经文言"元"皆与消息变化相关。如卦辞曰"元亨利贞"者七卦：乾、坤、临、随、屯、无妄、革。其中，临、随、屯为息卦，无妄、革为消卦；卦辞言"元"者六卦：升、损、蛊、比、大有、鼎，皆为息卦；爻辞言"元"者十四爻：复初、泰六五、损六五、井上六、坤六五、履上九、离六二、讼九五、涣六四、益初九、九五、萃九五、大畜六四、睽九四，前七爻为息卦，后七爻为消卦（见《六十四卦消息图》）。换言之，消息说并非虞氏臆造，而是经文固有之意。

消息变化本于"乾元"，而归于"乾元"。何为乾元？就自然界而言，"太一即乾元也"。就《易》而言，乾元为一，在爻为复初，即乾之初爻。"乾坤立位，一阴一阳，自成三才，非为两象。消息至泰，二五合坎离成既济卦焉，六爻皆正，乃反乎乾坤之元。文王推爻阴阳之位，乾变坤化，使之各正性命，六十四卦之爻皆就乾坤六位之正。……既济之卦以为名也，既济，坎离之象也。九六者，坎离之数也。乾变坤化，皆以坎离为用。"（《周易虞氏消息·乾元用九第八》）"用九""用六"则为乾坤之"神"，运行于"六子"，则初四为震巽、二五为坎离、三上为艮兑。乾主初三五，坤主二四上，乾坤九六之变，表现为乾二坤五、乾四坤初、乾上坤三互易。虽然乾坤之变用九用六，但消息起自乾元阳动。"阴阳虽分用九六，皆一以乾元摩荡，故曰天下之动贞夫一，乾元用九而天下治，故圣人必观其会通以行其典礼，是故谓之爻。爻者效也，效乾元也。"（同上）吉凶存亡之道，则依乾元之阳。"存亡之道与六位相权，自六位言，得正者吉，失位者凶。自存亡言，阳生为吉，阴杀为凶，故阳息吉也。阴得位则丽阳，出阳知生，阴之吉皆阳也，阴消凶也。"（同上）

　　乾元为太一，太一即太极，太极有"中"之义，故乾元亦有"中"义。"乾元者，太极、极中也。"张惠言理解的"中"，是天地之本、万物之始。他引《中庸》及董仲舒语云："《中庸》：'中者，天下之大本也。'董子以'二至'为天之中，'二分'为天之和，皆是也。"（《周易虞氏消息·中第十》）《易》复初爻为中，《复·象》："复为天地之心"；乾元正位为

中，"乾元变化，各正性命，故正位为中"（同上）；二五爻为
中。"三才皆得其中，保和乾元也。二五，乾坤中气也。故乾
以二五摩坤，坤以二五摩乾，乾坤所以变化在乎二五，故爻位
为中。"不过，无论正位还是二五变化，归根到底皆本于乾元：
"《彖》《象》所以谓之中者，皆谓其有'中德'能正己正人。
故乾二称中，谓其变而'利见'也。坤五'黄中'，谓其变而
正位也。蒙二'时中'，谓其通五'养正'也。故中者，乾元
也。"（同上）

虞翻易学有"权变"之例，又称"三动受上"说。如《家
人》九三阳爻居阳位，本得正，却变阴而与上爻互易，即"三
本正位，变坤复易，上成既济，所谓权也"（《周易虞氏义·家
人》）。张惠言认为，家人二阴四阳之卦，本于遁卦，遁为消
卦。消卦因其位不正，不成既济。家人三爻为乾元，变阴与上
爻互易成既济，则为权变。"家人，遁消卦也。次讼，阳不克
讼，阴居阳家，消道成矣。消卦不成既济，以其不能正也也。
九三体乾，三以乾元济遁，故权变受上，则既济成。"（《周易
虞氏消息·权第十一》）家人之所以能行权，在于巽卦。《系
辞》曰："巽以行权。"家人☲☴"体巽三在巽下，又乾阳入伏
巽初之象，故可与权"。引而伸之，"凡卦不成既济者，多为家
人成"，如鼎卦三变未济，初四二五变正，上巽体家人，皆家
人之权也，故"权变通乎家人九三。六十四卦中可以例求矣"
（同上）。

不难发觉，张惠言对易学概念的解释在一定程度上受到了

惠栋的影响。在《易微言》中，惠栋兼用训诂、象数方法解释了"太极""太一""乾元""中"等概念的涵义，并力图阐明这些概念之间的联系，从而由训诂、象数达于义理，以取代宋学的空谈义理之风。张惠言则更加注重概念之间的内在联系与思想体系的整体建构，这一点与惠栋有所不同。

（七）依消息说审视汉易体例

按虞氏月体纳甲说，震纳庚，方位在西；兑纳丙，方位在南；乾纳甲，方位在东；巽纳辛，方位在西；艮纳丙，方位在南；坤纳乙，方位在东；坎为月，离为日，日月居中，故坎纳戊，离纳己。值得注意的是，这与八卦卦气方位即震东、巽东南、离南、坤西南、兑西、乾西北、坎北、艮东北并不一致。原因在于，其参照系有所不同，前者以月体为参照，后者以太阳为参照。张惠言却主张二者"义本相通"，他说：

> 包牺作八卦，以坎离震兑象四时，故正四方。乾盈在甲，坤虚合癸，艮下弦，晦望之中，故位之甲癸之间而在东北。雷风相薄，震成入巽，故位巽于东南，以齐震。乾居西北，以就坎，十五日，月盈西北也。坤居西南，以就离，晦朔，月合日也。乾就月而居前，坤就日居后，阳尊阴卑也。是为八卦布散用事之序。

> 十五日为望，乾纳甲，甲东方。二十九日为晦，坤纳癸，

癸北方。二十三日为下弦，艮为下弦，在十五至月末之间，故艮为东北。震为雷，为东方，巽为风。雷风相薄，震纳庚，巽纳辛，是谓"同声相应"。月体消息，震兑乾为阳息，巽艮坤为阴消。阴阳互通，震阳成乾而转巽阴，故"震成入巽"。"震阳之生以为雷，而配春"；"兑之反为巽，雨之散则为风"（《周易虞氏消息·庖牺则天八卦第三》）震为东，兑纳丁为南，故巽于东南齐震。十五日乾纳甲，晨月盈西北，故乾为西北。月末月初即晦朔，坤纳癸，日月相合，"乾下就坎，以成阳而配寒，坤上就离，以成阴而配暑，然后与日月之象合焉"，故坤居西南。

张惠言还比较了诸家的六日七分说。"六日七分出《易稽览图》《是类谋》，其传有孟氏、有京氏。刘向所谓易家惟京氏为异。"因虞翻五世家传孟氏易，故张氏以孟喜"六日七分"为正宗，反对京氏之说："京氏又以卦爻配期，坎离震兑其用事自分至之首皆得八十分日之七十三，颐、晋、井、大畜皆五日十四分，余皆六日七分。""其说不经，欲附会纬文'七日来复'而已。"在他看来，京氏以七十三分配四正卦纯属多余，"阳道消，静而无迹，不过极其正数，至七日而通矣。七者，阳之正也。安在益其小余合七日，而后雷动地中乎？"（《周易虞氏消息·卦气用事第七》）此后，东吴《乾象历》因京氏之说，北齐《天宝历》则依《易通统轨图》"五卦初爻相次用事"之法。对此，张惠言据《后汉书·郎颛传》所记"六日七分"予以否定。他指出，齐历与孟喜、郎颛之六日七分说不符，故

"齐历谬矣"，"以节在贞、气在悔，非是"。

前文已言，旁通与消息紧密相连。"每二卦旁通，则皆消息也。"（《周易虞氏消息·八卦消息成六十四卦第六》）不仅如此，反对也有消息之意。"反卦与旁通表里，此序卦消息也。"因乎虞翻"《序卦》注缺其义不详"，故张氏"依虞之例次而说之"（《周易虞氏消息·反卦第十二》）。在他看来，《周易》上经言天道，主要表现为乾坤、屯蒙、需讼、泰否、临观、剥复、坎离。由于二阳四阳之卦本于大壮、遁，故需、讼亦可视为大壮、遁。如此一来，上经乾、遁、否、观、剥为消，坎离而复、临、泰、大壮、乾为息，即所谓"上经明天道，言乾坤也，屯蒙为始，坎离为终，原始及终之道备矣"（同上）。"出于屯蒙，养于大壮而遁消，通于师比，成于泰而否，消息于同人大有，大于临而观消，往来于噬嗑贲而剥消，正于无妄，合于坎离，复出焉。故自乾而遁而否而观而剥为消之次，……自坎离而复而临而泰而大壮而乾为息之次。"（同上）至于上经一阴一阳之卦，如师比、小畜履、同人大有、谦豫则出于乾坤，不由夬姤而来。"自复至夬，以乾推坤，谓之穷理。自姤至剥，以坤变乾，谓之尽性。"（《周易虞氏消息·八卦消息成六十四卦第六》）不言夬姤者，如前所言："复、姤、夬、剥无生卦，阴阳微不能变化"。下经消息则表现为泰否反其类。张氏曰："下经明人事，言泰否也。始于咸恒，通乎既未济，泰否往来之义备矣。"（《周易虞氏消息·反卦第十二》）下经始于咸恒，咸恒反卦，由泰否而来，故为泰否之始，否感于咸，恒通于泰。按照张氏《卦名图》消息之意，困井本于泰否，在既济未济之前。泰生井，既济，泰之极也。泰极反否，否生困。未济，否之极也，是以"咸恒为始，困井为交，既未济为终"。（同上）进而，他详细解释了下经诸卦消息：泰生卦自咸恒始，损、困、未济。三阴三阳卦依次为困、渐、丰、涣、中孚、既济，是否反成泰；否生卦自咸恒始，益、井、既济。三阴三阳卦依次为井、归妹、旅、节、小过、未济，"泰已又否"。"自咸恒而损，损则困，未济也，困则渐，渐则丰，丰则涣，涣则中孚，中孚则既济矣，是为否反成泰。自咸恒而益，益则井，既济也。井而归妹，归妹则旅，旅则节，节则小过，小过则未济矣。是为泰已又否。"（《周易虞氏消息·反卦第十二》）

需要特别指出的是，张惠言认为两象易与消息无关，乃"圣人偶取之耳"。这充分证明，"易含万象非可执一论也"。综上，张氏以虞翻之意推演六十四卦消息，可谓前后贯通、自成系统，克服了虞氏易例不能一以贯之的弊病。但平心而论，张氏所言虽貌似严谨，其附会色彩却显而易见。视其为一家之言尚可，若以之为虞翻本意则宛若天冠地履。

三、郑、荀、虞易学"其用虽殊，　　其取于消息一也"

张惠言按照自己的理解，重新梳理了汉代易学源流。他说：

《易》之传，自商瞿子以至田生惟一家，焦氏后出，及费氏为古文，而汉之《易》有三。自是之后，田氏之《易》，杨、施、孟、梁丘、高氏而五，唯孟氏久行；焦氏之《易》为京氏，费氏兴而孟、京微焉。夫以传述之统，田生、丁将军之授受，则孟氏为《易》宗无疑。而其行不及费氏者，以传受者少，而费氏之经与古文同，马融、郑康成为之传注故也。（《易义别录序》）

西汉孟喜、京房是汉易主流，东汉费直古文易兴起后，"孟、京微焉"，马融、郑玄、荀爽皆传费氏，虞翻则传孟氏易而集两汉象数之大成。然而，"王弼注行，而古师说废；孔颖达《正义》行，而古《易》书亡。其见于《释文叙录》者，自晋以前三十有二家，李鼎祚《集解》所引二十有三焉，皆微文碎义，多不贯串。盖《易》学扫地尽矣，可不惜哉！"有感于此，张惠言"于《易》取虞氏，既已推明其义，以郑、荀二家注文略备，故条而次之；自余诸家虽条理不具，然先士之所述大义要旨往往而有，不可得而略也。乃辑《释文》《集解》及他书所见，各为别录，义有可通，附着于篇，因以得其源流同异。若夫是非优劣，亦可考焉。凡孟氏四家：孟氏、姚信、翟元、蜀才；京氏三家：京氏、陆绩、干宝；费氏七家：马融、宋衷、刘表、王肃、董遇、王廙、刘瓛；《子夏传》非汉师说，别为一家"。在张惠言看来，郑、荀、虞三家各有所长、相互表里。"汉儒说《易》，大指可见者三家：郑氏、荀氏、虞氏。

郑、荀，费氏《易》也；虞，孟氏也。郑氏言礼，荀氏言升降，虞氏言消息。"(《周易郑荀义序》)就消息而言，尽管郑玄爻辰以乾坤十二爻纳十二支、二十八宿，未得消息之用，荀爽升降"言阳常升而不降，阴常降而不升"，有悖于"阴阳之在天地，出入上下"之理，但其与虞氏消息并无二致。如郑玄赞《易》以"乾、坤、震、巽、坎、离、艮、兑、消、息"为伏羲十言之教，荀爽言阴阳升降、卦变、成既济定，与虞翻"同原"。"郑、荀所传卦气十二辰、八方之风、六位世应、爻互卦变"皆彰显了"阴虚消长之次，周流变动之用"。因此，三家易学皆可归结为消息："郑氏之言爻辰用事，荀氏之言乾升坤降，虞氏之言发挥旁通，莫不参互卦爻，而依《说卦》以为象，其用虽殊，其取于消息一也。"(《易义别录·干氏》)基于此一识见，张惠言"既述虞氏之注，为'消息'以发其义，故为郑、荀各通其要"(《周易郑荀义序》)，又辑汉魏诸家，"各为别录"。

(一) 郑氏易其要在礼

郑玄、荀爽皆传费氏《易》，故张惠言之《周易郑荀义》包括《周易郑氏义》《荀氏九家易》等著作。他在前人基础上再次整理校勘郑玄、荀爽《易》注，并解说阐发其大义。

郑玄易学经历了由鼎盛到衰微的过程。汉代易学有今古文之分，郑玄先学今文易，后学费氏古文易，进而融通今古文。汉代以后，象数易学衰微，唯郑氏易存。陆德明云："永嘉之乱，施氏、梁氏之易亡，孟、京、费之易无传者，唯郑康成、辅嗣所注行于世。"(《经典释文序录》)南北朝时，南学、北学分立，南学尊王弼，北学尊郑玄。隋唐定南学为正宗，郑氏易遂失去了官学地位。不过，《周易集解》《经典释文》《周易正义》等书多引其说，郑氏易在唐代犹存。至宋《崇文总目》只载一卷，存《文言》《序卦》《说卦》《杂卦》四篇。《中兴书目》始未录，可知郑易亡于南北宋之间。幸有王应麟起废扶微，集逸成册，辑《周易郑康成注》，后姚叔祥、惠栋增补，丁小疋校勘厘定，方使郑氏易之大略显现于世。张惠言对诸家辑本予以高度评价：

> 自王弼注兴而《易》晦，自孔颖达《正义》作而《易》亡。宋之季年，学者争说性命，莫不以王、孔为本，杂以华山道士之言，而王伯厚氏独尽心郑注，搜辑阙佚，汇为一书，可谓伟矣。自是之后盖五百余年，而得惠定宇氏，始考郑氏爻辰，增补伯厚集注所未备，然后天下知有郑《易》。又数十年，丁君小疋从而定之，正其违错，补其缺漏，次其篇章，然后郑氏之《易》大略具焉。(《丁小疋郑氏易注后定序》)

惠栋辑郑注，"增改者尤多"，"初学不知，几疑经文注文原即如是，最混淆耳目"。丁小疋本"最为善""于义审"，但比较繁琐，后人删之又有失。有鉴于此，张惠言取丁本，参考诸家重新校勘，而成《周易郑氏注》三卷。他说："郑注《周易》，《唐书·艺文志》著录，至《崇文总目》则仅有《说卦》一卷，其后亦亡。王伯厚裒辑为三卷，今刻《玉海》者是也。明胡孝辕附刻于《集解》后，姚叔祥增补二十五条，今《津逮秘书》中有之。本朝惠征士栋复加审正，刻于《雅雨堂丛书》中，归安丁教授小疋重加考证，为后定三卷。以其太繁，属海宁陈方正仲鱼删之，然陈方正又失之疏。嘉庆三年六月，小疋见示后定本，余既为序之，因取其本校正体例，复据胡、惠两家，参以卢学士抱经、孙侍御颐谷、臧秀才在东所校，择其是者从之，定本如此。"《续修四库全书总目提要》评价该书称："于惠氏改字皆为指出，以正惠氏之妄，则此书之功也。"(《续修四库全书总目提要·周易郑氏注》)

更重要的是，张惠言不仅整理了郑氏《易》文本，还对其思想内容进行了深入探讨。他重点研究了以礼注《易》的问题。张氏认为，易礼同源，皆本天道。《记》曰：'夫礼本于太一，分而为天地，专而为阴阳，变而为四时，其降曰命。'韩宣子见《易象》曰：'周礼在鲁矣。'是故《易》者，礼象也。"(《丁小疋郑氏易注后定序》)郑玄易学的要义即在于以礼解《易》，以礼为象，"诸儒莫能言，唯郑氏言之，故郑氏之《易》，其要在礼"。他批评了两种观点：一是王应麟从朱震之说，将互体视为郑玄易学的特征。"王伯厚氏之序此书，取朱震之言，曰多论互体，曰以象数为宗。夫《易》之有互，不始于郑氏，至田何、杨叔以来，论互体不足为郑学也。"(同上)

二是惠栋将爻辰视为郑氏易的核心内容。"定宇氏说爻辰是矣。虽然，爻辰者，郑氏之所以求象，而非郑氏言《易》之要也。"（同上）在张惠言看来，郑玄虽多言爻辰，但更重礼象，其易学宗旨在于谈人事，而非明天象。"若乃本天以求其端，原卦画以求其变，推象附事，以求文王、周公制作之意，文质损益，大小该备，故郑氏之《易》，人事也，非天象。此郑氏之所以为大，而定宇氏未之知也。"（同上）

郑玄精于三《礼》。观后人辑的郑氏《周易注》，以礼注《易》者大约有 30 多条，主要见于他对《周易》之泰、同人、讼、豫、随、观、大过、坎、离、咸、恒、晋、损、益、萃、升、困、鼎、震、丰、旅、归妹等卦和《系辞》《象传》《序卦》等的注释，以礼解《易》成为郑玄易学的重要标志之一。就礼而言，涉及三《礼》的婚礼、祭祀礼、宾礼、封侯礼、刑礼、朝聘礼等。

诸如此类，张惠言皆引三《礼》之文及注疏予以疏解。例如，周礼有男三十而娶、女二十而嫁之说。《礼记·内则》曰："（男）二十而冠，始学礼。……三十而有室，始理男事。……（女）十有五年而笄，二十而嫁。"郑注："女子许嫁，笄而字之。"郑玄注《咸》卦云："咸，感也。……其于人也，嘉会礼通，和顺于义，干事能正，三十之男，有此三德，以下二十之女，正而相亲说，娶之则吉也。"（《周易集解》）注《大过》九五曰："以丈夫年过，娶二十之女，老妇年过，嫁于三十之男，皆得其子。"（《诗·桃夭》正义）张惠言引三《礼》及郑注证之："《周礼·地官·媒氏》曰：'令男三十而娶，女二十而嫁。……仲春之月，令会男女。'注曰：'二三者，天地相承覆之数也。《易》曰参天两地而倚数焉。'《说卦》郑注：'天地之数备于十，乃三之以天，两之以地，而倚托大衍之数五十也。必三之以天，两之以地者，天三覆地二载。'是则男三十女二十合天地大衍之数五十也。然则男二十五年之秋，可以纳采问名，乃咸之节也。是男二十五、女十五谓之少。男三十、女二十谓之盛，过是谓之老。"（《周易郑荀义》卷中）

又如，周礼有刑剭之礼，《周礼·秋官·掌囚职》曰："凡有爵者，与王同族，奉而适甸师氏，以待刑杀。"《周礼·秋官·司烜氏》疏："餗，美馔。鼎三足，三公象。若三公倾覆王之美道，屋中刑之。"此言三公贵族犯法，行刑于屋。郑注《鼎》九四"鼎折足，覆公餗，其形渥"曰："'渥'读如'刑剭'之'剭'。""糁谓之餗。震为竹，竹萌为笋。笋者，餗之为菜也。是八珍之食，臣下旷官，失君之美道，当刑之于屋中。"（《周礼·天官·醢人》疏）张惠言曰："《秋官·掌囚职》曰：'凡有爵者，与王同族，奉而适甸师氏，以待刑杀。'《司烜氏》：'邦若屋诛，则为窜明焉。'……《周礼·天官·醢人》'糁食'，先郑注云：'菜餗蒸。'郑引《内则》曰：'取牛羊豕之肉，三如一，小切之，与稻米，稻米二肉一，合以为饵，蒸之。'贾疏引此《易》注谓：'糁若有菜，则入八珍，糁若无菜，则入羞豆。'孔冲远疏《诗·韩奕》亦同此义。今以为郑云是八珍之食者，谓配八珍，为羞豆之食也，非以为八珍之一也。《内则》糁不用笋，今以震竹象䔰，则当依先郑，以糁为菜䔰蒸。"（《周易郑荀义》卷中）

再如，周礼有祭祀上帝配以祖先之说。《礼记·郊特性》："万物本乎天，人本乎祖，此所以配上帝也。"《礼记·丧服小记》："王者禘其祖之所出，以其祖配之，而立四庙。"《礼记·祭法》："周人禘喾郊稷，祖文王，宗武王。"郑玄以此注《豫·象》曰："崇，充也。殷，盛也。荐，进也。上帝，天帝也。王者功成作乐，以文得之者作籥舞，以武者得之者作万舞。各充其德而为制。祀天帝[①]以配祖考者，使与天同飨其功也。故《孝经》云'郊祀后稷以配天，宗祀文王于明堂以配上帝'是也。"（《集解》）张惠言引《礼记》及郑注证之曰："豫震上坤下，帝出乎震，即上帝也。万物本乎天，人本乎祖……凡配帝之祭，有三之祭法：祭祀昊天于圆丘曰禘，祭上帝于南郊曰郊，祭五帝五神于明堂曰祖、宗。禘喾郊稷，祖文王，宗武王。《周官·大司乐》三帝之乐首言'圆丘'，六变则配祖考，中当有圆丘注引《孝经》成文，故略之耳，作乐以象功，配帝亦以功，故取诸《豫》《涣·象》曰先王以亨于帝立庙，以郑义言之，南郊之帝也。"（《周易郑荀义》卷中）

张惠言也对郑氏爻辰加以述评。他说："爻辰者，乾坤六爻生十二律之位也。三百八十四爻皆本乾坤，故阳爻就乾位，

---

① "帝"，一本作"地"。

阴爻就坤位。"其图如下：

乾			坤		
——	戌	无射	— —	巳	中吕
——	申	夷则	— —	卯	夹钟
——	午	蕤宾	— —	丑	大吕
——	辰	姑洗	— —	亥	应钟
——	寅	大簇	— —	酉	南吕
——	子	黄钟	— —	未	林钟

因十二辰、十二律与十二星次、二十八宿相对应，故乾坤十二爻亦可配以星宿。"乾坤六爻上系二十八宿，依气而应，谓之爻辰。"（《周易郑荀义序》）据郑注《月令》，十二辰与十二星次、二十八宿相配如下：寅，诹訾，尾、箕；卯，降娄，房、心；辰，大梁，角、亢、氐；未，鹑火，鬼、东井；申，鹑尾，[觜]、参伐；酉，寿星，昴、毕；戌，大火，奎、[娄]、[胃]；亥，析木，营室、[壁]；子，星纪，虚、危。（《周易郑荀义》卷中《八卦十二位上应二十八宿》）

张惠言认为，爻辰源于《三统历》和《汉书·律历志》。《汉书·律历志》曰："十一月，乾之初九，阳气伏于地下，始著为一，万物萌动……六月，坤之初六，阴气受任于大阳，继养化柔，万物生长，楙之于未。"宋儒朱震曾据郑注《周礼·太师》作《律吕起于冬至之气图》与《十二律相生图》。《律吕起于冬至之气图》如下：

乾	坤
上九一无射	上六--中吕
壬　戌	癸　酉
九五一夷则	六五--应钟
壬　申	癸　亥
九四一蕤宾	六四--大吕
壬　午	癸　丑
九三一姑洗	六三--夹钟
甲　辰	乙　卯
九二一太簇	六二--南吕
甲　寅	乙　巳
初九一黄钟	初六--林钟
甲　子	乙　未

　　此前，惠栋已指出朱震所作郑氏爻辰图之错误。张惠言则肯定了惠氏的考证："朱子发图郑注《周礼》律吕相生，误引其文，以乾六爻左行阳六辰，坤六爻右行阴六辰。惠定宇正之以乾起子，坤起未，间时顺行，引《周官·太师》注云：'黄钟初九也，下生林钟之初六，林钟又上生太簇之九二，太簇又下生南吕之六二，南吕又上生姑洗之九三，姑洗又下生应钟之六三，应钟又上生蕤宾之九四，蕤宾又上生大吕之六四，大吕又下生夷则之九五，夷则又上生夹钟之六五，夹钟又下生无射之上九，无射又上生中吕之上六。'又引韦昭注《周语》云：'十一月黄钟乾初九也，十二月大吕坤六四也，正月太簇乾九二也，二月夹钟坤六五也，三月姑洗乾九三也，四月中吕

坤上六也，五月蕤宾乾九四也，六月林钟坤初六也，七月夷则乾九五也，八月南吕坤六二也，九月无射乾上九也，十月应钟坤六三也。'其说是也。"在此基础上，张氏又专门指出了朱震在爻辰配音律上的三点失误：其一，"朱误以南吕在巳，以中吕在酉"；其二，"朱误应钟为夹钟"；其三，"朱误夹钟为应钟"。(《周易郑氏义·略例》)同时，他也对惠栋混淆郑玄爻辰与《易纬》爻辰的做法提出了批评："惠又认为此即《乾凿度》'(乾)贞于子而左行、坤贞于未而右行'，则非《乾凿度》自论六十四卦贞岁之法，与此不涉。彼乾坤左右行，此乾坤自左行也。"

张惠言还解释了郑玄的易数论。他指出，郑玄将太极生两仪、四象、八卦的过程视为从一二到七八九六之变。郑玄所谓太极，是天地起源，"极中之道，淳和未分之气也"。"气象未分之时，天地之所以始也。"太极分两仪，则为七九八六。轻清者上为天，重浊者下为地。天地有春夏秋冬之节，即天地生四时。四时各有阴阳刚柔之分，故四时生八卦。值得注意的是，郑注《易纬》时以"两仪"为"七九八六"，"四象"亦为"七九八六"。"布六于北方以象水，布八于东方以象木，布九于西方以象金，布七于南方以象火"。二者同为"七九八六"，似不可解。对此，张惠言解释说："两仪之七八九六者，太极以前阳气阴形之变，至分为天地，然后可得而见也。至天地分而阴阳生五行，即本此七九八六，为春夏秋冬，是乃谓四象。"他以太极前后区分两组七九八六。"太易变而为一，谓变为太初也。一变而为七，谓变为太始也。七变而为九，谓变为太素也"，是为气变；"太易之变"，"复变而为二，亦谓变而为太初。二变为六，亦谓变而为太始也。六变为八，亦谓变而为太素也"，则是形变。气未分时，太极两仪内涵七八九六而不可见。太极生天地，天地生四时、五行，本于前者则可见。

张惠言全面系统地论述了郑玄易学的礼象、爻辰、互体、爻象、卦气、星宿等易例，资料翔实，言之有据，从而补正了惠栋之阙，使失传的郑氏易再显于世。有必要指出，他对郑玄易学并非一味肯定，而是有褒有贬。如一面赞赏其以礼注《易》，一面批评其不言卦变、消息且爻辰未明消息之意。"至其说经，则以卦爻无变动，谓之象辞。夫七八者象，六九者变，经称用九用六，而辞皆七八，名与实不相应。非必羲氏之旨也。爻象之区既隘，则乃求之于天，乾坤六爻，上系二十八宿，依气而应，谓之爻辰。若此，则三百八十四爻，其象十二而止，殆犹嗛焉，此又未得未得消息之用。"（《周易郑荀义序》）同时，他还依自己的理解，批评了郑玄注《易纬》之失："郑注以七为太初，九为太始，复变为一为太素者，失之。""郑氏注《乾凿度》下卷云：'乃复变而为一，一当为二，二变而为六，六变而为八，与阳迭变而俱进。'失之。"（《周易虞氏消息·易有太极为乾元第一》）

（二）荀氏升降与虞氏消息"同原"

惠栋《易汉学》一书列《荀慈明易》一节，专言乾坤升

降、易尚时中、九家逸说等。在此基础上，张惠言全面概括了
荀爽及《九家易》体例。关于《荀氏九家易》的问题，他赞同
惠栋的观点："九家或云即淮南子九师，或云荀爽集古易家凡
九，皆非也。惠征士云六朝人说荀氏易者，为得其实。"（《乾
坤升降》①）乾坤升降说是荀爽最重要的发明。其基本意思，是
说乾坤失位之爻升降而得位，成两既济。张氏引荀注《文言》
"云行雨施天下平"曰：

> 乾升于坤曰"云行"，坤降于乾曰"雨施"。乾坤二卦
> 成两既济。阴阳和均而得其正。（《乾坤升降》）

此是言乾坤二五升降。乾九二阴爻失位，坤六五阴爻失
位，则乾二升居坤五、坤五降居乾二，乾内卦变离，坤外卦变
坎，即"坤五之乾二为离，乾二之坤五为坎"。乾坤二五升降
后，乾五、坤二皆得正定，故荀注《系辞》"易成位乎其中"
云："阳成位于五，五为上中；阴成位于二，二为下中。故易成
位乎其中。"（《乾坤升降》）

除二五升降外，其他爻亦有升降。与之不同的是，失位之
爻未必一定阳升阴降，如乾四、上两阳爻失位下降，坤初、三
两阴爻失位上升，即乾坤初四、三上互易。荀爽注《坤·文
言》"含弘光大"曰："乾二居坤五为含，坤五居乾二为弘；坤

---

① 见《周易荀氏九家义》，以下凡引此书只注篇名。

初居乾四为光，乾四居坤初为大。"此言坤初阴失位，乾四阳失位，坤初阴升乾四，乾四阳降坤初。荀注缺乾坤三、上升降，张惠言以惠栋之说补之曰："惠征士云：乾上居坤三亦为含，故六三'含章可贞'。坤三居乾上，亦成两既济也。"(《乾坤升降》) 乾上阳失位，坤三阴失位，乾上阳与坤三阴互易，亦是阳降阴升。乾坤失位之爻互易后，十二爻皆得位而成两既济。

乾坤升降与其余诸卦的升降关系，是通过泰否、既济未济实现的。荀爽注《系辞》"仰以观于天文，俯以察于地理，是故知幽明之故"曰："阴升之阳，则成天之文也。阳降之阴，则成地之理也。'幽'谓天上地下不可得睹者也，谓否卦变成未济也。'明'谓天地之间，万物陈列，著于耳目者，谓泰卦变成既济也。"张惠言将"阴升之阳"和"阳降之阴"解释为"由泰而既济"和"由否而未济"。他说：

> 阴升之阳，则成天之文也。阳降之阴，则成地之理也。'幽'谓否卦变成未济也。'明'谓泰卦变成既济也。此乾坤为三百八十四爻之升降，由泰而既济，由否而未济，为阴阳之大限，通六十四卦为运行。(《乾坤升降》)

泰否是乾坤所为。泰内乾外坤，上三阴与下三阳交通，为万物之始。否外乾内坤，上三阳下三阴分离，为万物之终。张惠言引《九家易》注《系辞》"原始反终"曰："阴阳交合，物之始也。阴阳分离，物之终也。""交泰时，春也。离否时，秋也"。(《泰否始终》)就泰否二五升降而言,泰二五升降为既济,否二五升降为未济。亦即既济本于泰卦,泰上坤下乾,乾二阳升坤五,坤五阴降乾二,六爻得位成既济,此为"阴升之阳""交泰时春"而物生。未济本于否卦,否上乾下坤,乾五降坤二为未济,此为"阳降之阴""离否时秋"而物死。"泰否为乾坤升降之始终",亦"为《易》之始终"。

又按十二消息卦说,阴起于午为一阴五阳之姤☰,一阴生于下;阳起于午为一阳五阴之复☷,一阳生于下。《九家易》注"方以类聚"曰:"姤卦,阳爻聚于午也。"注"物以群分"曰:"复卦,阴爻聚于子也。"午阳盛之始而阴生,为姤卦。子阴盛之始而阳生,为复卦。张惠言以此为据,从阴阳消息的角度解说荀氏乾坤升降与泰否、姤复、既济未济的关系:

> 复姤者,乾坤之始终。泰否者,乾坤相易之始终。相易,则升降是也。泰天地交,阳息而升,大壮一阳升,夬二阳升,乾三阳升,聚于午。姤一阴降,遁二阴降,否三阴降。天地正乾坤定,阳将降则为未济,物终矣。阴消而升,观一阴升,剥二阴升,坤三阴升,群阴于子,复一阳降,临二阳降,泰三阳降。以高下卑,以贵下贱,天地通,阳将升则为既济,物之始也。自泰至否,乾升坤降,以定万物之列,至于成功。故曰著于耳目谓之明也,自否至泰,天地之气默相交孕以生万物,故曰天上地下不可睹者,谓之幽也。(《泰否始终》)

　　阳息而升，自泰卦䷊寅三爻始，自下而上，大壮䷡一阳升，为卯；夬䷪二阳升，为辰；乾䷀三阳升，为巳。阳升极而阴降，姤䷫一阴降，为午；遁䷠二阴降，为未；否䷋三阴降，为申，天在上地在下，天地正而乾坤定。否䷋五阳降二，阴二升五，二五升降为未济䷿，为物之终。此所谓"自泰而否""由否而未济"。阴消而升，自否卦䷋始，观䷓一阴升，为酉；剥䷖二阴升，为戌；坤䷁三阴升，为亥。阴升极而阳降，复䷗一阳降，为子；临䷒二阳降，为丑；泰䷊三阳降，为寅。泰卦天阳在下、地阴在上，"以高下卑，以贵下贱"而天地通。泰二阳升五、五阴降二成既济，为物之始。此所谓"自否至泰""由泰而既济"。由此可见，"盖乾坤相易，以泰否为端，姤复为舍，既未济为用"。

　　张惠言强调，荀爽虽将阳升、阴降并言，但乾阳与坤阴的地位并不平等。乾为主，故乾阳爻有升有降。其不得位者可以升降，得位者亦可升降。"乾六爻皆君，二当升坤五，四上跃居五，或下居坤初，上当下之坤三。以乾爻君坤，谓乾六爻为六十四卦之君，乾坤二卦成两既济义。见于此，乃爻升之例，非主一卦而言，其于当卦本爻例，不以变正为义。……乾六爻皆言阳息，坤六爻皆言阴消，未尝成既济也，与虞氏每爻正位成既济者不同。"（《乾坤升降》）正因乎此，荀氏升降往往灵活多变，不拘一格。有初升五者，如复初；有二升五者，如需、师、临、解、升；有三升五者，如谦、明夷；有四升五者，如离、小过；有三阳同升者，如需下三阳；有阳降阴升者，如泰

三阳下降、三阴上升。（同上）

概言之，乾阳升降在不同卦中有不同表现：一阴一阳之卦，乾在初复、在二师、在三谦、在四豫；二阳之卦皆在下者，乾在二临、升、解，在三明夷，在四小过、震；三阳之卦皆在下者，乾在三泰，在四归妹、丰、恒；四阳之卦大壮，乾在四。离上一阳是坤二五之乾，非乾上升。（《乾坤升降》）显见，张惠言把阳爻皆视为升降所成。

阴阳升降就爻而言，是爻变；就卦而言，则是卦变。张惠言按照一阴一阳、二阴二阳、三阴三阳的次序讨论了荀爽的卦变说。一阴一阳之卦是乾坤消息所为。如剥为一阳之卦，坤阴变乾阳，阴息阳消，阴自下而上变至五为剥。荀注："阴外变五"。夬是一阴之卦，阳息阴消，乾阳变坤阴，变至四爻为大壮，变至五爻为夬，故《九家》注曰："大壮进而成夬。"谦，一阳五阴之卦，是乾阳之坤三，荀注"乾来之坤"。履是一阴五阳之卦，坤阴来居乾三为履。同人一阴五阳，坤二之乾为离，即"离舍于乾"，乾居离上而为同人，是"乾舍于离"。二阳二阴之卦，屯自坎，蒙自艮，坎二阳自乾二五，讼为乾阳居二，亦自遁来。晋，坤阴动进居乾五，亦自观来。蹇、解，乾阳动之坤，乾二之豫为解，乾五之谦为蹇。萃本否卦，否上九变阴为萃卦。三阳三阴之卦，"随、蛊、噬嗑、贲、咸、恒、损、困、井、旅、涣、既济、未济，推其注文，皆自泰否，荀言卦变，与虞氏略同。见注者二十六卦，不同虞者蹇解萃三卦"。（《卦变》）张惠言认为，荀爽以乾坤为卦变之母，其他卦来自乾坤阴阳升降变化。这与虞翻乾坤消息成十辟、十辟生杂卦的思想不同。"荀惟以乾坤为消息而以泰否为升降，故一阴一阳、二阴二阳之卦皆乾坤相之"，如蹇、解即是。屯蒙讼晋虽自坎艮或遁观而来，"实亦乾之二三，坤之二四耳"。总之，荀氏"卦变之例，皆升降以求六十四卦，皆得通之矣"。（同上）

荀爽升降有消息之义。其消息既有卦变，又有卦气。乾坤消息可以象征春夏秋冬四时及一年十二月。《九家易》注《系辞》"范围天地之化而不过"曰："乾坤消息，法周天地，而不过于十二辰也。"十二辰即十二月。荀爽则用乾坤坎离解释十二月消息："乾始于坎而终于离，坤始于离而终于坎。离坎者，乾坤之家而阴阳之府。"按照荀爽及九家的说法，乾为纯阳，坤为纯阴，坎为水、为子月、为复卦，离为火、为午月、为姤卦。离火为阳，坎水为阴，阳极而阴生，阴极则阳生，"阴起于午"，"阳起于子"，故乾阳气起于坎而终于离，坤阴气起于离而终于坎。"离坎者，乾坤之家而阴阳之府。"《九家易》以孟氏"六日七分"说注《系辞》"旁行而不流"曰："旁行而周合六十四卦，月主五卦，爻主一日（张惠言注曰：大分言之）。"同时，荀氏还以十二辰解释八卦用事，如以建卯之月释震雷，建巳之月释巽风，建子之月释坎雨，建亥之月释乾君，建申之月释坤藏等等。张惠言指出，荀虞卦气说的区别在于"虞义乾息则吉、坤消则凶，荀则不然"。在荀爽看来，乾阳坤阴在事物生成中共同发挥作用，乾生坤成，无善恶吉凶可言。"息者阳之生也，消者阴之用也。"阴阳群聚，方才产生吉凶。如《九家》注《系辞》"方以类聚，物以群分"曰："阴阳爻群居而生吉凶。""阳性欲升，升而舍离，则吉之盛也。阴性欲承，升而舍坎，则吉之端也。"（《消息》）

此外，张惠言还详细分析了荀爽及九家以京房"世伏""财官"之说及费氏"据""承""应""乘"等爻象注《易》的内容，并将其视为汉代融合今古文易学的代表人物。总之，"荀爽之说消息，以乾生坤降，万物始乎泰，终于否"。不过，荀氏此说亦有缺陷："夫阴阳之在天地，出入上下，故理有易有简，位有进有退，道有经有权，归于正而已。而荀氏言阳常升而不降、阴常降而不升，则姤、遁、否之义大于既济也。"（《周易郑荀义序》）

四、汉魏诸家"易义别录"

王弼《易》注问世之后，象数之学日趋衰微，故张惠言推明虞氏义，"条而次之"郑、荀二家。又因诸家"条理不具"，遂"辑《释文》《集解》及他书所见"，于孟喜、姚信、翟元、蜀才、京房、陆绩、干宝、马融、宋衷、刘表、王肃、董遇、王廙、刘瓛等汉魏易学十四家，"各为别录"。"《子夏传》非汉师说，别为一家"，又作《易纬略义》。其间，张惠言除汇辑资料外，还分别介绍诸家生平，辨析源流，考辨真伪，并评价其得失。如《子夏传》作者众说纷纭，张惠言认为既非馯臂子弓，亦非丁宽，唯韩婴一说有据。今传《子夏易传》与《集解》《释文》所引不合，"其文浅近卑弱，不类汉人"。观其文意，"为传者取于孟、京，非孟、京取于此传"（《子夏传》）。关于《易纬》，张惠言认为"其原出于七十二之徒相与传孔子之微言"，"纬之出于圣门，而说经者之不可废也"（《易纬略义序》）。在《易纬》八篇中，张惠言认为："《乾坤凿度》伪书不足论；《乾元序制记》宋人钞撮者为之；《坤灵图》《是类谋》《辨终备》亡佚既多，不可指说。最近完存者，《稽览图》《乾凿度》《通卦验》。"（同上）"《稽览图》论六日七分之候，《通卦验》言八卦暑气之应，此孟氏之学；《乾凿度》论乾坤消息始于一，变而七进而九，一阴一阳相并而合于十五，统于一元"，盖《易》之大义。他还分析了陆绩、干宝与京房易学的关系。"京氏之义，其本在卦气消息，其用在爻变，考之其传及章句遗文可知。"（《易义别录·干氏》）后世不知《章句》，多以传本《京氏易传》和《飞候》灾异说求京氏易，已"失其本"。"自君明长于灾异，易家世应飞伏、六位六甲、五星四气、六亲九族、福德刑杀，皆出京氏。"（《易义别录·京氏》）干宝即属此类，"有五星四气、六亲九族、福德刑杀，此皆无与于卦者也"（《易义别录·干氏》）。"京氏以《易》阴阳推后世灾异，令升以《易》辞推周家应期，故曰令升之为京氏者，非京氏也。"相较干宝，陆绩可谓明晓京氏大旨者。"陆绩治《易》京氏，而其言纯粹，与干宝绝不相类。""今观公纪所述，凡纳甲六亲、九族四气、刑德生克，未尝一言及之。""由公纪之说，京氏之大指，庶几见之。"
（同上）

张惠言详细梳理了先秦至汉代的易学传承。他认为，商
瞿传孔子易，田何传商瞿易，孟喜传田何易，虞翻传孟氏易。
"《易》之传，自商瞿子以至田生惟一家。……夫以传述之统，
田生、丁将军之授受，则孟氏为《易》宗无疑。"（《易义别录
序》）"今观虞氏所说阴阳消息之序，神明参两之数，九六变化
之用，精变神眇，将非田生之传，果有得其秘奥者哉！""藉
非虞氏，则商瞿所受夫子之微言，其遂歇灭矣"。基于这一看
法，张惠言每每以虞翻易学为尺度裁断汉魏诸家："商瞿之传，
至汉末而绝，唯虞为孟氏学，七十子之大义傥有存者，故乐得
而考之。……及仲翔之注既上为世所推，亦未闻有闻风而起
者。……其后观蜀才注，卦变之法与虞氏同，而未得其本；翟
子元者时有所合，而未详。然皆孟氏之支系也。最晚乃读姚氏
注，其言乾坤致用，卦变旁通，九六上下，则与虞氏之注若
应规矩。……自商瞿受《易》，三百年而至田何，田何之传，
四百年而仅得虞翻。虞翻之后，三百年而亡，其略可见者，姚
信而已耳！翟子元、蜀才而已耳！"（《易义别录·姚氏》）总
之，孟氏易为汉易正宗，上本田何而接孔子大义，下传虞翻而
有姚信、翟子元、蜀才不绝于后。因此，"夫学者求田何之传，
则唯孟氏此文。求孟氏之义，则唯虞氏注说"（《易义别录·孟
氏》）。当然，虞翻传孟氏学又不乏创新，"亦斟酌其意，不必
尽同"（同上）。

五、基于汉易立场批判宋代象数之学

张惠言推尊汉易，尤其崇尚虞翻易学。然而，宋易图书之学兴起后，汉代易学愈发沉沦。这就意味着，复兴汉易的同时必须破斥宋易。于是，张惠言秉承清初辨伪传统，通过考察先秦文献，正本清源，层层剥离宋代象数诸说，进一步证明了图书、先天、太极诸说皆非《周易》本义。

（一）河图洛书不可信

汉代的太乙九宫说，是宋代"洛书"九数的重要依据。太乙九宫说见于《易纬》和《黄帝内经》。《乾凿度》曰："易一阴一阳合于十五之谓道。故太乙取其数以行九宫，四正四维皆合于十五。"郑玄注曰："太乙者，北辰之神名也。居其所曰太乙，常行于八卦日辰之间。"《灵枢经》曰："太乙常以冬至之日居叶蛰之宫四十六日，明日居天留四十六日，明日居仓门日四十六日，明日居阴洛四十五日，明日居天宫四十六日，明日居元委四十六日，明日居仓果四十六日，明日居新洛四十五日，明日复居叶蛰之宫，曰冬至日矣。太乙日游以冬至之日居叶蛰之宫数，所在日从一处至九日常反于一。"太乙下行九宫之数，即"戴九履一，左三右七，二四为肩，六八为足，五居中央"。张惠言指出，由《乾凿度》及郑玄注可知，先有在天八卦，后有九宫之数：

十五之数起于七八九六,七八九六起于在天之八卦。有在天之卦,即有八卦用事之位。有八卦之位,而后有太乙之九宫。由太乙下行之先后,而后有九宫之数。……是太乙取八卦之数,非八卦之数出于太乙也。后儒乃谓宓羲则此而画卦,不亦诬乎?(《易图条辩》)

"在天之八卦"即月体纳甲。按月体纳甲说,八卦所纳天干数乾一、坤二、艮三、兑四、坎五、离六、震七、巽八,是为八卦之数。大衍之数本于日月变化,天数一、三、五、七、九,地数二、四、六、八、十。"易变而为一,一变而为七,七变而为九,九复变而为一。"阳动而进,阴动而退,七八九六和为十五,是为阴阳自然之数。圣人观八卦之数、自然之数而取六七八九。一二三四五十不用以倚数,"故谓一阴一阳合十五则可,谓八卦合十五则不可"。合三卦成十五,依此画卦,"则坎一、坤二、震三、巽四、乾六、兑七、艮八、离九,于《易》何所施也?"因此,张惠言认为:"若取数于河图,不当超越以从卦也。《灵枢》周人之书,正与《易》说相合。"

至于河图十数,则以汉代五行生成数为理论依据。张惠言广引《汉书》以及马融、郑玄、虞翻之说,证明汉儒言《易》无不用"五方生成数",却从未称其为河图、洛书。孔安国《论语》注本《系辞》"河出图洛出书"一语言河图八卦,实指八卦是河图,却"不以河图为十数、九数之文也"。

据文献记载,宋代图书之学起于陈抟。陈抟《龙图》虽已逸失，但《龙图序》为《宋文鉴》所载，亦见于张理《易象图说》、胡一桂《启蒙翼传》。该文据《系辞》"三陈九卦"发明"龙图三变"说，即"天地未合之数""天地已合之位""天地生成之数"。而在张惠言看来，《龙图序》以"二陈九卦"言河图之数实属多余。五十五数之位、太乙九宫之图，汉儒已有详细解说，"何待玩索九卦而得其数？寻叙文之旨，或以未合之数求原于九卦，然据其所推似亦不必九卦而后有此数也"。不仅如此，陈抟河图并未完全脱离汉易，如"天散而示之，伏羲合而用之，仍用汉儒消息"。然推其端，"于未合之时有十五之位，二十四之用"，则异于汉儒。因此，从"天散而示之，伏羲合而用之"无法推出其为"龙马背上之文"。后世祖述者"妄为神奇，乃始凿凿如见龙马之毛、灵龟之背，遂并其原叙之文，亦不可解矣"，张理以图解之，更"谬于希夷之旨"。

北宋最早画出河图、洛书并以之推演八卦形成者，非刘牧莫属。刘牧以十个黑白点交错构成的圆圈为太极图。太极阴阳分开，一阳在上、二阴在下、三阳在右、四阴在左，则为"太极生两仪"。如其所云："天左旋者，取天一天三之位也；地右动者，取地二地四之位也。分而各其处者，盖明上下未交之象也。"张惠言认为，宇宙演化历经太初、太始、太素、太极四个气化阶段，太初气始、太始形始、太素质始，太极气形质具而未分。以数示之，则为一变七、七变九、九复变为一。此"复变一"的"一"即是太极。太极分天地，天地交而生万物，方有"大衍之数""天地生万物之数"。换言之，先有日月进退、五行生成，后有乾一坤二、水一火二之数。"非日月进退则乾一坤二之数无由出也，非五行生成则水一火二之数无由立也。"刘牧却用后出的一二三四之数言自然演化，"以生物之次为天地之体"，因果颠倒，"是今日适越而昔至"。刘牧又将五视为阴阳变化之神，置于两仪图中间，即上一、下二、右三、左四、中五，然后"五上驾天一而下生地六，下驾地二而上生天七，右驾天三而左生地八，左驾地四而右生天九"（《易数钩隐图》上）。此七八九六谓四象，是为"两仪生四象"。张惠言指出，刘牧此论有三点错误：南北合水不通，"闻一六合水于北，未闻一南而北合为水也"；以五合一不妥，一五皆阳数，"安得谓地成之乎"？五不可与一二三四相生，绝无"五仪生四象"之理。刘牧论四象生八卦曰："五行成数者，水数六，金数九，火数七，木数八也。水居坎而生乾，金居兑而生坤，火居离而生巽，木居震而生艮，已居四正而生乾坤艮巽，共成八卦也。"（《易数钩隐图》上）张惠言解释说："水数六除三画为坎，余三画布于亥成乾"；"金数九除三画为兑，余六画布于申为坤"；"火数七除三画为离，余四画布于巳为巽"；"木数八除三画为震，余五画布于寅为艮"。见左图。

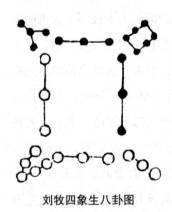

刘牧四象生八卦图

张氏认为，刘牧此说前后抵牾。"刘牧所谓之数，一六合北，坎乾也；三八合东，震艮也；二七合西，坤兑也；四九合南，巽离也"，而今"九生兑坤，以七离巽，是何违错耶？"不单如此，河图之数自一至九虚五应八卦，又虚一至五而用六七八九分别减三为八卦，得三数者五卦、四五六数各一卦，"此河图之数也，呜呼其谁信之？"

及至南宋，朱熹、蔡元定又作《易学启蒙》，以关子明、邵雍之说为据，主张河十洛九。书中认为，河图虚其中，洛书总其实。河图虚中五、十为太极；余四十之数奇数二十、偶数二十，是为两仪；六七八九为四象；析四方之合为乾坤坎离，补四隅之空为兑震巽艮，则为八卦。张惠言指出，朱熹、蔡元定给出的理由并不充分。原因在于，邵雍但言圆者河图之数、方者洛书之数，却"未尝言九十"；关子明《易》说、胡渭《易图明辨》已有详考。就学理而言，朱子与陆九渊辩论时曾言太极之"极"不可训"中"，然河图五、十居中为太极，"则'极'仅'中'之名矣"。至于四十为两仪、四方四隅为八卦之说，则与刘牧同病："四方之象皆一阴一阳，又未见其分四象也。析四方之合其谓六七八九乎？补四隅之空其谓一二三四乎？"朱子不知"坤何以六、艮何以一、乾何以七、兑何以二。此于数无一合者，又不若刘牧之巧矣"。

（二）太极图源于道教

周敦颐的太极图，是清初易学辨伪的重点论题之一。尽管毛奇龄、黄宗羲、黄宗炎的具体观点尚有分歧，但在太极图非《周易》本义这一点上已然达成共识。在前人研究的基础上，张惠言对周子太极图的问题进行了总结。他说：

> 太极图为希夷所传，朱子发之言，必非无征。道家以之言丹道，而周子取之以论《易》，则改水火为两仪，改三五归一为二五妙合，毛大可之说不足以驳之。胡朏明据《道藏》之图以为今图，系后人所改，证之《汉上易传》，则至为确凿，盖朱子所定也。《易》以阴阳为体、动静为用，阴阳相并俱生，分而迭用。《太极图说》则以阴静为体，阳动为用，其病与康节正同。

另一方面，他又对朱彝尊之说（唐明皇时已有《无极图》，陈抟刻之于华山石壁，而后周敦颐改之为《太极图》）提出质疑："竹垞何以不引其图，岂未之见耶？抑见其绝似周子之图以为后人窃入者，而不以之驳周子耶？然果如此说，则周子信非受之希夷，而异端之说固有稍反之，而即为吾儒者，亦不足以借原彼氏为周子咎也。"

此外，张惠言还讨论了宋代赵㧑谦、赵仲全及元代袁桷等人的"阴阳鱼"太极图。

尊奉此图者，大多认为其内涵阴阳、四象、八卦。张惠言则不然，在他看来，该图必为后起之作。"观此数说，则此图元初出于建安，明人盛传之，其托于蔡季通，非有证据。而胡

赵捣谦天地自然图　　　　　赵仲全古太极图

朏明酷信之，以为希夷所受，康节所传。仅有此图而龙图为妄
讬，抑亦惑矣。"后人之所以相信阴阳鱼太极图早已存在，并
从中推出先天八卦，乃是因其杂糅了朱震纳甲与周子太极之
意，与"画卦之象诚有巧合者"。但究其根本，阴阳太极图有
悖于《周易》之理，其误有四：第一，"阴阳之理，阳必生于
子中，阴必生于午中，今图阳始于丑，阴始于未，则于天地之
理大谬"；第二，"若以二始对子午，即乾坤又不正南北，此其
大不通者也"；第三，"坎之象取对过阳在中，离之象取对过阴
在中，以合《参同》戊己在中宫之象，然坎在西而象东，离在
东而象西，六卦皆得其方，而坎离易位，非其例也"；第四，
"八分之而坎之下多一分黑，离之下多一分白，则不成卦矣。

或者谓坎离皆取外一分为下爻，内一点为上爻，黑白之体为中爻，则上爻之上亦余一分黑白，其不成卦。同此又其不通也"。总之，"就其图合之朱邵而抵牾若此，况朱邵之图又于《易》不合者乎！"

（三）先天后天不可通

先后天之学是宋易象数的重要组成部分。张惠言指出，观邵雍《皇极经世》"日月星辰""水火土石""寒暑昼夜""元会运世""皇帝王霸""易诗书春秋"等纲目可知，《皇极经世》非言《易》之书"。进而，他分析了加一倍法的学理失误。依他之见，《易》始于一、变而为七九，皆为阳数，二、八、六阴数在后，先阳后阴，即"《易》乾道也，阳道也"。邵氏横图则与此不同，体现的是"先阴而后阳，舍奇而用偶"的思想，显然出自道家。如"先天横图地居左、天居右，与圆图正反其意，以阴为道之体也"，"二、四、八、十六、三十二、六十四皆阴数也"。"故加一倍法者，阴也；易者，阳道也，不可加一倍也。"

在此基础上，张惠言又对邵雍以加一倍法解释太极生八卦的做法提出批评。邵雍以为两仪乃天地之祖，即太极分二谓两仪，阴阳刚柔谓四象，"有阴阳然后可以生天，有刚柔然后可以生地"。张氏则不以为然。在他看来，太极未分乃气变之始也。分而为二，"非天、非地、非阴、非阳，而别有二物耶？""且曰先得一为一，后得一为二，太极生一而一生二也，不可以言分也。"《易》曰四象生八卦，而邵氏曰四象生天地。不知康节以天地即乾坤耶，则不得复云日月星辰水火土石也；以天地非乾坤耶，是四象生天地，天地分八卦也，皆不可通。"

更重要的是，先天八卦圆图实"全取《参同契》消息，可知先天八卦不过取纳甲图，变其方位耳"。月体纳甲消息，"坎离居中，息而为震兑乾，消而为巽艮坤，以天体为体，日月为用"。邵氏先天图则"以坎离列东西，故震息兑而多一离，巽消艮而多一坎。坎离虽二阴二阳，而与艮兑自下而上者不同。经世之数震一、离兑二、乾三、巽四、坎艮五、坤六。既用消息而交象错杂于中，则不可通之甚也"。并且，先天八卦乾南坤北、离东坎西之方位亦与经义不合。"乾南坤北之图，据邵子以'天地定位'一节解之。然'天地定位'，经未尝言南北也。'水火不相错（射）'，经未尝言东西也。首天地、次山泽、次雷风、次水火，于乾一、兑二、离三、震四之序又违矣。"在张惠言看来，《说卦》"天地定位"与"帝出乎震"两节"通为一义"，绝不可分先后天、羲文易。

此外，张惠言还对《易学启蒙·原卦画》一篇用加一倍法推演六十四卦横图的做法表示反对。他指出，朱子"横图合周邵而为说，于《易》推排之法亦自可为一义，唯其次序则不可通"。其问题有五：第一，朱熹以太阳为一、少阴为二、少阳为三、太阴为四，"其于阴阳之次了无意义"；其二，乾一、兑二、离三、震四、巽五、坎六、艮七、坤八，"于《易》绝无可征"；其三，"横图自一而次第至八，自其数而言则皆当为

'顺'，自'知来'而言或皆当为'逆'。圆图半逆半顺可通，横图半逆半顺不可通"；其四，四五画之卦本可用互体解释，朱子不取互体，以致四五画之卦殊不可解；其五，六画之卦按序相乘，仍是每一卦上各加八卦，"以彼为造作"，不合情理。

综上可见，张惠言对宋易象数的批评，明显受到了清初毛奇龄、黄宗羲、胡渭等人的影响。事实上，其基本观点和辨伪方法，皆与前人大体一致。就此而言，他对宋代象数学的批判并未超越清初辨伪思潮。不过，相较前人，张氏更善于说理，尤其能做到前后一贯，即以汉易为尺度评判宋易，从而断定图书、先天、太极诸说均与汉代易学不合，应予舍弃。这一点，正是张惠言《易图条辨》与清初易学辨伪的相异之处。

六、张惠言易学的意义及影响

张惠言倾一生精力，潜心汉易，以虞氏易为重点，推阐大义，旁及郑玄、荀爽、《易纬》及汉魏诸家，对汉代易学尤其是虞翻易学的恢复与重建具有重要意义。其学术价值主要有以下几个方面：

其一，张惠言认为惠栋虞氏易研究的开拓之功不容置疑，但其具体解释尚有未尽之处。张惠言承接惠栋之绪，补缺正误，融会贯通，全面系统地疏解了虞氏《易》注，最大限度地还原了虞翻易学。如阮元所言："幸李鼎祚撰《集解》，采虞注独详。国朝惠征士栋据之作《易汉学》，推阐纳甲，于消息变化之道，稍启端绪。后作《周易述》，大旨宗虞氏，而义有未通，补以郑、荀诸儒。武进张编修惠言，承惠征士之绪，恢而张之，约而精之，阐其疑滞，补其亡阙，纠其讹舛，成《虞氏义》九卷，又标其纲领，成《虞氏消息》二卷。……盖自虞仲翔以来，绵绵延延千四百余载，至今日而昭然复明。呜呼，可谓盛矣。"(《周易虞氏义序》)

其二，尽管唐代李鼎祚的《周易集解》保存了大量的虞翻易学资料，但因其散见于经文注释，缺乏全面系统的解说，故后世学者多批评其支离破碎、缺乏逻辑性。直至清代，这种看法依然流行。如王引之认为虞氏纳甲、旁通牵强附会，焦循指出虞氏卦变"不能画一"、纳甲"牵合不能贯通"的弊病。同时代的韩国易学家丁若镛也觉察到虞氏卦变的前后矛盾。有鉴于此，张惠言在疏解虞翻《易》注的同时，又以消息为核心重新诠释虞氏易学，使之更加系统化、逻辑化，得以成为一以贯之、具有思想性和逻辑性的易学体系，从而回应了古今学者对虞翻易学的指责。

其三，张惠言进一步深化了汉易研究。他以虞氏易为重点，旁及郑玄、荀爽，较为完整地归纳了两家易例，再现其《易》注本义与逻辑系统，为后世研究郑、荀易学提供了极为重要的参考资料。同时，他汇辑、整理其他汉魏易学资料，考辨诸家生平、著述及易学源流，并对疑难问题提出自己的见解，从而勾勒出汉代易学发展的基本轮廓，对汉易乃至整个易学史研究不无裨益。

在张惠言的影响下，此后研究虞翻易学者不乏其人，虞氏易亦随之成为清代后期乃至民国时期易学研究中的热点。如李锐（1773—1817）著《周易虞氏略例》，专述虞氏易例，发挥虞氏之义，纠正张惠言消息之误；胡祥麟作《虞氏易消息图说》，述张惠言虞氏消息之义；方申著《虞氏逸象汇编》，共得虞氏逸象一千二百八十七则，远超惠栋、张惠言二家；曾钊（1821—1854）著《周易虞氏义笺》九卷，"补张惠言之疏漏，一准虞氏家法，其驳正张惠言之义，尤为审细"[①]；纪磊著《虞氏易义补注》《虞氏逸象考正》，对张惠言引其他文献释虞氏易而有误处一一驳正，又在惠、张基础上辨析补正虞氏逸象；民国李翊灼《周易虞氏义笺订》二十卷将张惠言《周易虞氏义》与曾钊《周易虞氏义笺》汇为一编，旁征博引，考证尤详；徐昂（1877—1953）著《周易虞氏学》六卷，阐释虞氏《易》注及张氏疏文，纠正张氏之误，论述虞氏易之特征及条理。

张惠言对虞氏易和其他汉代易学家的精湛研究，受到了学者们的高度评价。清包世臣曰："《易》义不终晦，敦复有张氏武进张皋文先生，讳惠言，观象得微言，明辨百世俟，私淑从董生武进董士锡，字晋卿，略悟消息旨。"[②]阮元称："汉人之《易》，孟、费诸家各有师承，势不能合。皋文传虞氏易，即传汉孟氏

---

① 柯劭忞《周易虞氏义笺提要》，收于《续修四库全书总目提要》，中华书局，1993年，第126页。

② ［清］包世臣《述学一首示十九弟季怀》，收于《艺舟双楫》卷二《论文》，《续修四库全书》第1082册，上海古籍出版社，2002年。

易矣，孤经绝学也。"[①]皮锡瑞曰："近儒说《易》，惟焦循、张惠言最善。其成书稍后，《四库》未收，故《提要》亦未及称许。实皆学《易》者所宜急治。……张氏著《周易虞氏义》，复有《虞氏消息》《虞氏易礼》《易事》《易言》《易候》，笃守家法，用功之深，汉学颛门，存此一线。治颛门者，当治张氏之书，以窥汉易之旨。"[②]章太炎将张惠言与惠栋、姚配中、焦循等人一起视为清代易学的代表人物："惟惠栋、张惠言诸家，其治《周易》不能无捃摭阴阳，其他几于屏阁。""至清世为疏者，《易》有惠栋《述》，江藩、李林松《述补》（用荀虞二家为主，兼采汉儒各家及《乾凿度》诸纬书），张惠言《虞氏义》虽拘滞，趣以识古。……他《易》有姚配中（著《周易姚氏学》）。……焦循为《易通释》，取诸爻中文字声类相比者，从其方部，触类而长，所到冰释。……亦足以名家。"[③]梁启超沿袭章说："清学自当以经学为中坚，其最有功于经学者，则诸经殆皆有新疏也。其在《周易》则有惠栋之《周易述》，张惠言之《周易虞氏义》，姚配中之《周易姚氏学》。……清儒最善言《易》者，唯一焦循。"[④]后来，在《中国近三百年学术史》中，梁启超又有所修正："可以代表清儒易学者不过三大

---

① 徐世昌《茗柯学案·附录》，收于《清儒学案》卷一百十七，人民出版社，2010年，第3161页。

② ［清］皮锡瑞《经学通论》，中华书局，1982年，第34页。

③ 章太炎《清儒二》，见《中国近三百年学术史论》，上海古籍出版社，2012年，第18、19页。

④ 梁启超《清代学术概论》，上海古籍出版社，1998年，第49页。

家，曰惠定宇、曰张皋文、曰焦里堂。"他评论张惠言说："张
皋文所著书，主要是《周易虞氏义》九卷，还有《虞氏易礼》
《易言》《易事》《易候》及《荀氏九家义》《易义别录》等。皋
文凭借定宇的基业，继长增高，自然成绩要好些。他的长处在
家法明了，把虞仲翔一家学问，发挥尽致，别家作为附庸，分
别搜择，不相杂厕。我们读这几部书，可以知道汉易中最主要
的部分——《虞氏易》有怎样的内容，这是皋文的功劳。"[①] 柯
劭忞也给予张惠言很高的评价："惠言继征君而起，独宗虞氏，
穷探力索，积三年而通。……盖虞氏之学，独惠言深造，非泛
滥者所及也。"[②] 徐世昌亦云："茗柯经学，出于惠氏定宇、江氏
慎修两家，精心过人，于虞氏《易》为专家绝学。"[③] 凡此种种，
足以证明张惠言之易学在清代可谓举足轻重。

当然，张氏著作绝非尽善尽美。他虽力图以"消息"贯
通虞氏易学，但牵强附会之论委实颇多。如以月体消息融合卦
变、卦气、旁通，偶有抵触之处，故其不得已作各类消息图尽
力消解之。更重要的是，张惠言对虞翻易学的许多解释，实为
自家识见，并未一准虞氏本意。如引《易纬》释太极为阴阳消
息，即是明证。

---

① 梁启超《中国近三百年学术史》，山西古籍出版社，2001 年，第 176 页。
② 柯劭忞《周易虞氏义提要》，收于《续修四库全书总目提要（经部）》，
中华书局，1993 年，第 76 页。
③ 徐世昌《茗柯学案》，收于《清儒学案》卷一百十七，人民出版社，
2010 年，第 3143 页。

同时，他将虞翻视为远承孔子而近接田何、孟喜的正宗易学传人，并由此贬低别家，有失公允。方东树指出："孔子《十翼》具在，有一语及于纳甲、飞伏、爻辰等说？汉儒之《易》，谓兼存一说，则可；谓三圣之本义在此，则不可。"①陈澧亦有同论："张皋文乃独取虞注，因其义例而补完之，以存一家之学，此可谓好古也。乃因虞氏自言世传孟氏易，而推尊孟氏，且信孟氏所言田生枕膝独传之语，又推而上之，遂以为商瞿所受夫子之微言，因虞氏而不歇灭，层累递高，至于圣人而后已，则太过矣。"②

---

① ［清］方东树《汉学商兑》，见徐洪兴编校《汉学师承记（外二种）》，中西书局，2012年，第338页。
② ［清］陈澧《东塾读书记》，中西书局，2012年，第64页。

第三章　姚配中的郑氏易及以"易元"之学

　　姚配中（1792—1844），字仲虞，安徽旌德（今属宣城市）人，道光间诸生。少而颖悟，二十岁已遍览经、史、子部书籍，天文、历法、音韵无所不通。嘉庆十九年（1814），以郑学而闻名的经学家包世荣（1784—1826）居金陵，见其涉猎广泛而无所长，劝其专攻易学。姚氏自述称："季怀以余涉猎之多涂也，谓余曰：'《易》者，五常之原，而寡过之要。学之，达足以善天下，穷亦足以善其身。学以专成，以广废，慎毋泛骛为也。'余深然之，遂壹志于《易》。"[①] 初学张惠言《周易虞氏义》，叹虞氏易之精微，故改字仲虞。[②] 后得李鼎祚《周易集解》，研究汉魏众家《易》说，认为郑玄易学胜于他家，然其义简略，"意推之至形梦寐"[③]，终以郑氏易为主并参以汉魏诸

---

① ［清］姚配中《周易姚氏学》，"自序"，《续修四库全书》第30册，上海古籍出版社，2002年，第450页。

② 包世荣说："武进张氏惠言专据虞氏注作《周易虞氏义》，吾友姚君仲虞始于市得张氏书，因为虞氏之学。余为改今字，美其志也。"引自《周易姚氏学》，包世荣序，第450页。

③ ［清］包世臣《清故文学旌德姚君传》，载《周易姚氏学》，第447页。

家而成《周易参象》十四卷。嘉庆二十二年（1817），姚配中与包世荣游历扬州，其间结交了刘文淇、刘宝楠、薛传均、杨亮、汪谷等著名经学家，并听取诸友意见，将《周易参象》更名为《周易疏证》，且增至十六卷。该书成书"凡四易，时历七载"，后定名《周易姚氏学》。五年后返乡，潜心修习、传业二十余载，以廪生病逝故里。

　　除《周易姚氏学》外，姚配中还有《易学阐元》和《周易通论月令》两部易学著作。其中，《易学阐元》实为《周易姚氏学》书前三篇通论《赞元》《释数》《定名》合刊而成①，《周易通论月令》则以《月令》为"先王体天穷民之大经"，故融通《周易》与《月令》而一本卦气。

一、崇尚郑玄易学

　　与张惠言推尊虞翻易学不同，姚配中认为郑玄易学胜于汉易诸家，最为精深，故取郑氏易辑本予以解释，力图揭示其精湛之义。对郑注有缺处，则以汉易诸家补之。不过，他因郑氏爻辰广受诟病，故不取爻辰星象，其他则全依郑氏家法。如柯劭忞所言："自张惠言以后，治虞氏易者，一时风靡。配中研究汉易，独谓郑君最优，殚精竭思，至形梦寐……大旨发明郑

---

① ［清］姚配中《姚氏易学阐元》，张寿荣跋，《续修四库全书》第 31 册，第 12 页。

学。郑君所未备者，取荀虞诸家补之，然必与郑义相比附。荀
虞诸家所未及者，附加按语，亦本郑君家法。由卦象以求义
理，一洗穿凿附会之陋。至郑君间取爻辰征之星宿，为后人所
驳斥者，配中悉皆删去，一字不登，尤见择善而从，不为门户
之标榜，可谓善学郑君者也。"① 需要说明的是，包世荣治《诗》
专攻毛传、郑笺，著有《毛诗礼征》，姚氏曾参与该书的修订
工作，故其推崇郑玄应与其师包氏的影响有关。

《周易姚氏学》以郑氏易为宗，且多有发明。如以《易纬》
郑注"七""九""八""六"之数解释易学起源、卦气、易数
等问题，重建了象数与义理视域下以"元"为核心的易学体
系；取郑玄《易》注及其他汉易著作，运用象数、训诂、义理
方法诠释《周易》文本；以易学象数通释《月令》及郑注，阐
明象数与历法、音律、星象之间的关系，等等。当然，单就引
文数量而言，该书引虞翻《易》注远超郑玄。不过，判定易学
家的学术倾向，不能仅看引文数量，关键在于把握其思想归
属。众所周知，郑玄易学重象数兼义理，明训诂举大义。他从
象数出发，言《易》之三义与天体运行、阴阳盈虚、四时更
替、五行流转、十二月变化，推天道而明易理。又以三《礼》
注《易》、引史证《易》，阐明社会、人生进退之理，切近人
事，是汉易别家无法超越的。这也正是姚配中推崇郑氏易的原

---

① 柯劭忞《〈周易姚氏学〉提要》，载中国科学院图书馆整理《续修四库全
书总目提要（经部）》，中华书局，1993年，第106页。

因。陈詠琳博士有一段透辟之论："《周易姚氏学》对'郑康成'的称引次数，应不超过二百次，甚至未达称引虞翻数目的一半。如果只从称引数量来看，恐怕会推测出姚氏宗主虞翻而非郑玄的错误结论。若是细心考察，即可知姚配中摄取了郑氏易学的义理观，例如'用九体乾''易三义''太极之说'等易学理论，以及其'以史事证《易》''以三《礼》说《易》''以《易纬》治易'等解《易》方式。……可知姚配中萃取郑氏易学的精义，而除去受争议的部分，择善而从，多采郑玄之义理易学理路来构筑自己的易学体系，并取虞翻之象数易例作为辅翼，由象数以求义理，发明郑易不遗余力。"[1] 不过，由引文数量可知，姚氏解《易》亦未摒弃虞翻易学。"姚配中初治虞翻易，后宗郑玄易，故能集结郑玄、虞翻两大汉易学家之所长，并结合己见，撰成《周易姚氏学》十六卷及《周易通论月令》二卷，流传于后世。"[2] 此外，姚配中更以《易传》为宗，兼取《易纬》、荀爽、马融诸家会而通之，成一家之言。他说："师儒授受，别派专门，见知见仁，百虑一致。是故不深究众说之会归者，不足以言《易》。以十翼为正鹄，以群儒为弓矢，博学以厚其力，思索以通其神，审辨以明其旨，则庶几其不远也夫！"（《周易姚氏学序》）因此，姚氏易学不可以简单地理解为郑玄《易》注的再现，而是以《易传》为宗，取郑、虞两家

---

① 陈詠琳《姚配中易学研究》，台北花木兰出版社，2013年，第183—184页。

② 陈詠琳《姚配中易学研究》，第42—43页。

并兼采汉易诸说而形成的，内涵象数、义理的独特易学体系。正如吕相国博士所言："姚氏易之所以成就其自身的特色，虽然得益于汉易，尤其是郑氏易很多，甚至其学之出发点都可以从郑氏易中寻找到端倪，然就姚氏学自身之特点而言，则多是其平时涵泳经传本文所得。"[①]

二、以"元"为核心的易学体系

《易》辞多有"元"字。据张惠言统计，《周易》卦爻辞言"元"凡二十七次（《周易虞氏消息·元第九》）。在卜筮话语下，"元"往往被训为"始"或"大"。郑玄注《尚书大传》"元祀代泰山"曰："元者，始也。"注《礼记·文王世子》"一有元良"云："元者，大也。"朱熹亦曰："元者，大也。"也即是说，"元"本指占问之事的开始或大事之成败，并无形上意蕴。《易传》则将"元"与《乾》《坤》卦名相连而为"乾元""坤元"。《彖传》曰："大哉乾元，万物资始，乃统天。""至哉坤元，万物资生，乃顺承天。"《文言》曰："元者，善之长也。"自此，"元"被解释为生生之德，是具有形上意义的宇宙之本。如《子夏传》曰："元者，始也。亨，通也。利，和也。贞，正也。言乾禀纯阳之性，故能首出庶物，各得

---

① 吕相国《姚配中"元"视域下"象数"与"义理"的统一》，《周易研究》，2015 年第 1 期。

元始、开通、和谐、贞固，不失其宜。"《九家易》注"大哉乾元"曰："阳称大，六爻纯阳，故曰大。乾者纯阳，众卦所生，天之象也。观乾之始，以知天德。惟天为大，惟乾则之，故曰大哉。元者，气之始也。"(《周易集解》卷)清代乾嘉时期，惠栋、张惠言立足于文字训诂，将"元"解释为始、一、气、道、太极、万物之始、消息之本。姚配中接续了这一传统，以"元"为基本范畴并贯穿始终，从而建构出乾嘉以来最富逻辑性的"元"的易学体系。

（一）元者，易之原也

姚氏接受了虞翻等人的观点，认为易有自然之易和圣人之《易》。太极之元，分阴阳，成天地，阴阳交合，大化流行，万物生生不息，此为自然之易；圣人法此太极之元画阴阳之爻，由爻成卦，是为圣人之《易》。他说："太极者，一阴一阳之道也。阳道类聚而成乾，阴道类聚而成坤。乾坤生于太极。……在天成象，故观象于天，太极之象，易之象也。在地成形，故观法于地，太极之形，易之形也。成象成形皆易之变化，故变化见矣。此天地自然之易，圣人所则效也。"(《系辞上》注)《周易》卦爻始于太极之元，而有阴阳、八卦、六十四卦。"三画重为六画，而八卦各六画矣，以六画之八卦刚柔相推而成六十四卦矣，皆谓伏羲也。……伏羲之卦有象无字，有画无爻。"(《系辞下》注)。虽然如此，伏羲之卦却内涵卦画之变，爻象九六之义。文王则依伏羲卦画，"统一卦而命以卦之名，统一卦六画而命以卦之义,'乾元亨利贞'是也。观画之动而命之为九六,观九六之义而系之以辞,'初九潜龙勿用'之类是也"。(《乾》初九注) 总之,《周易》文本形成以"元"为本。

1. 元为万物之原

何为元? 元为气,为易,为一,为道本。它为天地万物之根本,造化天地万物并贯穿始终:

> 盖元者,视之不见,听之不闻,范围不过,曲成不遗,在天成象,在地成形,见乃谓之象,形乃谓之气。皆元也。(《赞元》)
>
> 许氏《说文》云:'惟初太始(大极),道立于一,造分天地,化成万物。'此则元之所以为元也。(同上)
>
> 元者,二气之始,万物之元也。(《乾》注)
>
> 始生者,元也。元者,一也,一者,易也。(《定名》)

元作为气,潜藏不显,无形无状。"阳气潜藏,谓元矣。"为了说明元为无形之气,姚配中引董仲舒《春秋繁露》、何休《公羊》注及《易纬》说明之。《春秋繁露·重政》曰:"元,犹原也。"何休《公羊》注云:"元者,气也。无形以起,有形以分,造起天地,天地之始也。"《乾凿度》曰:"夫有形生于无形,乾坤安从生? 故曰有太易、有太初、有太始、有太素也。太易者,未见气也。太初者,气之始也。太始者,形之始也。太素者,质之始也。气形质具而未离,故曰浑沦。浑沦者，言万物相混成而未相离，视之不见，听之不闻，循之不得，故曰易也。""元即易也"。(《定名》)"观此诸义，可以知元也。"(《赞元》)

元为太极，太极即太一、即神、即道。太极分阴阳，阴阳合而生天地，分四时，成五行：

太极，元气函三而为一者也。阴阳合谓之一，太极是也。(《释数》)

元者，二气之始，万物之元也。太极，阴阳之始，分为二，阴阳各有始。(《乾》注)

神即一，一即易，易即太极。阴阳不测谓之神，淳和未分谓之太极，简易、变易、不易谓之为易。

四时消息，阴阳往来何？莫非元之用乎。("用九"注)

"一者，元也"，元气即太极。《吕览·大乐》曰："太极出两仪，万物所出，造于太一，化于阴阳。道也者，视之不见，听之不闻，不可为状，有知不见之见、不闻之闻、无状之状者，则几于知之矣。道也者，至精也不可为形，不可为名，强为之谓太一。"(《定名》)姚氏案曰："太一，即一也。"姚氏认为，元或曰太极即淳和未分之气，故称一。分而为阴阳以成天地，则为二。"易始于太极，一阴一阳之谓道也。太极分为二，清阳为天，浊阴为地。"太极先分而后合，合则生物。其注"一阴一阳之谓道"曰："一阴一阳之谓道，太极元气含三而为一者也。《淮南子》曰：'道曰规，始于一，一而不生，故分而为阴阳，阴阳和合而万物生。'然则阴阳未分曰太极，既分曰阴阳，和合曰和气。和合之于未分，其实一也。以先后殊其名耳。"（《周易姚氏学》卷十四）姚氏又引《礼记》《春秋繁露》说明太极元气生四时、五行。《礼运》曰："夫礼必本于太一，分而为天地，转而为阴阳，变而为四时。"董仲舒曰："天地之气合而为一，分为阴阳，判为四时，列为五行。"依姚氏之见，元气、太极、一、易、神等概念内在关联，互诠互显，但其角度不同。他说："神即一，一即易，易即太极。阴阳不测谓之为神，淳和未分谓之太极，简易、变易、不易谓之为易。以一统万，谓之为一。无形以起，有形以立，谓之为元，随义生称者也。"（《释数》）

元一为数之原。一，谓自初至终、自下至上，周而复始。天地之数、五行之数、干支之数皆本于一，表示万物成始成终：

> 元者，一也。（《定名》）
> 自初至终，谓之一。自下至上，谓之一。一周谓之一。一者，数之原，万之统，乃元之称也，非下之称也。
> 一者，数之原，万之统也。（《释数》）
> 以一统万谓之为一，无形以起，有形以立，谓之元。随义生称者也。（同上）

数起于一，一统众数。就此而言，一即万，万即一。其指称有所不同，随意义变化而定。如天地十数自一始、自一终，以示事物有开始、有壮盛、有终结。"天一、地二、天三、地四、天五、地六、天七、地八、天九、地十，十亦一也。以一始，以一终，自一至十，不过因始、壮、究而易其名耳。"（《释数》）姚氏又引《乾凿度》一七九之变证明一之贯穿始终："易变而为一，一变而为七，七变而为九。九者，气变之究也，乃复变而为一。一者，形变之始，清轻上者为天，浊重者下为地。物有始有壮有究。"就阴阳而言，阳一阴一，一阴一阳之谓道。阳始于一，阴二亦始于一："阳始于一，其动也直，丨是也。阴始于一，其动也辟，二是也。"《说文》曰："丨，上下通也。二，地之数也。"（同上）姚氏认为，"丨"和"一"写法不同，一纵一横，"自上而下，自下而上，是为丨。自左而右，自右而左，是为一"，其实皆为"一"。"辟则分二，即一一，纵横异耳。"进而，他又用"丨"和"一"之笔画说明一与五行数的关系："以丨遇一，贯而成十，始于一终于十，十则五行生成之数备矣。"（同上）一、二、三、四、五为五行生数，六、七、八、九、十是五行成数。"案一至五，五行生数；六至十，五行成数"。有五行，则东西南北中五方之位定矣。《说文》曰："十，数之具也。一为东西，丨为南北，则四方中央备矣。""丨"和"一"构成"丄""丁"，可证"一"与"十""中"的关系：

　　阳动也直，在地上为丄，在地下为丁，贯地中，通

上下，则为十，为中，皆丨也。《说文》云："𠄌，高也。丅，底也。中，内地。从口，丨通上下。"（《释数》）

"丨"与"一"纵横相交为"十"，"阴阳始遇，交为乄……乄转而为十，阳直下行，阴见地面也，是为十"。"阳升为丄，降为丅，丄丅合是为十。十者何？一阴而一阳，一纵而一横也。""十者，一纵一横，天地之交，阴阳之合气。""中"则是口加丨，"阳以一围，口是也"，中为口一与丨合，故中为一、为太极。"中者，天地之太极也。"（《释数》）

姚配中又以"一""丨"的关系来说明干支及干支数在事物形成、发展、变化中的意义。如"乙"象春天草木冤曲而出，"乙与丨同"，即一；"丙，从一入门，一者阳也。""阳由下生，阴自上降，故为寅、为甲。由寅甲而卯乙，乙象阳生，卯象阴辟，以丨交一，变而成七。阳虽升，其未升者仍曲尾也，故七阳上升，则阴气分别而降。——变为八，八，别也，——之变也。……阳气究于九，九者，升极而还复之形也。于时建巳，阳究于外，阴屈于中，阳极将入，是为丙巳，纯阳之月。九，老阳之数，九也者，一之究也。"（《释数》）

2. 元为《周易》之原

元不仅是天地之原、万物之原、数理之原，也是《周易》之原。太极元气分阴分阳、交感流行而成日月相推、四时更替、万物变化。圣人观之而画卦爻，则为《周易》。姚配中说：

　　道立于一，以一函三，发为六画，是为三才，才，材也，始也。六画既变，则曰爻，爻效天下之动也。是为三极。阳极于九，阴极于六。(《赞元》)

　　元者，一也，故曰"天下之动贞夫一"。发为六画，变为六爻，一以贯之耳。(同上)

　　一者，元也。元者，易之原也。(《自序》)

　　易之始，始于太极，一阴一阳之谓道也。终于既济，亦一阴一阳，复太极之体。以是始以是终，终而复始，周流无竟者也。(《文言传》注)

　　姚氏认为，《周易》卦爻符号本于"元"或曰"一"，一演为六画之卦，六画之卦变为六爻。"元发为画，画变成爻，爻极乃化。"(《赞元》)"－－－谓之画，卦首六画是也。九六谓之爻，画之变也。伏羲之易有画，无九六之爻。文王发挥刚柔，乃增以九六之爻。诸所称初九、初六皆是也。"(同上)圣人本于"一"而画出－－－，然后依据易画－－画出爻。爻变动，称九六。也就是说，卦画为元之象，爻变为元之变。"象者言乎象，卦画者，元之象也。爻者言乎变，九六者，画之变也。谓之变者，画变而为爻。"(同上)画如何变为爻？姚氏引《乾凿度》郑注释之："象者，爻之不变动者。九六，爻之变动者。一变而为七，是今阳爻之象，七变而为九，是今阳爻之变。八变而为六，是今阴爻之变，二变而为八，是今阴爻之象。"(同上)此所谓"变"，指易画变易爻，易画不变以七八称之，爻之变以九六称之，即由七八之画变为九六之爻。"--而以为七八者"，"画者七八，由七八而变为九六是之谓变"，"非阴变阳、阳变阴之谓也"。画之变，象征阴阳之气的消长。《乾凿度》曰："变七之九，象其气之息也。变八之六，象其气之消也。"故"不知一者，不足与言《易》"。

进而，他联系冬至、夏至日的阴阳消长及其方位推演从元一到画、爻的形成："冬至阳生，为阳之始也。一变为七，是为正东，故阳七之静始于坎。至正东则阳已成七，七为变之始。七变而九，是为东南，故阳九之动始于震。由一而七，由七而九也。三微成著正东，阳乃著见，成画七也。冬至之阳，是为赜元也。正东阳已出地，乃有形容七也。……此由元而成画者也。阳九之动始于震，由正东至东南，七变成九，此由画而成爻也。"夏至阴生，阴之动静，"义也如此"。此处的"七八九六"不仅是画与爻，也是四象、四时、四方。其注《系辞传》"四象生八卦"云："四象为七八九六，即四营，布于四方，是曰四时"。换言之，《易》之画爻是效法元流行于四方四时而作，故一元为六画，变为六爻，六画之卦始于一元。如其所云："道立于一，以一函三，发为六画，是为三才。""元者，一也。……发为六画，变为六爻，以一贯耳。"（《赞元》）"观兹诸义，可知元之于画，画之于爻，元贯始终，六画共体，爻之变化，各自画来。"（《乾初九》）不仅一卦六画六爻本于元，"合六十四卦、三百八十四爻、万千五百二十策而目之为《周易》，言其周流而无不遍者，皆易也……元即易也"（《定名》）。乾坤始为太极，至既济一阴一阳亦为太极。

元为太极，太极生阴阳，阴阳合为太极，即"合乾坤之元为太极"。乾元、坤元合而生卦，乾坤为阴阳之宗，阴阳交会立坎离，成既济、未济。概言之，乾坤消息成六十四卦，皆乾元、坤元之用。姚配中说：

> 乾元用九，坤元用六，一经皆九六，九六皆元之用。元即易也。元之用九六，终始一经，即周也。一经之卦各六爻，六爻者，三极之道，而元用之，是元之以一贯三矣。（《定名》）
>
> 易始于太极，一阴一阳之谓道也。太极分为二，清阳为天，浊阴为地。乾坤，易之门，阴阳之宗。是以二卦通，生变化；中气通，成坎离；六位通，成既济、未济。乾元、坤元，资始、资生，八卦错综，成六十四，莫非乾、坤之消息，阳皆乾元之用，阴皆坤元之用也。（《乾》注）
>
> 用九，乾元用九也。阳爻为九，元则用之，故见群龙无首，谓六爻为乾元所用，不为乾元之首，乾元亦不自用，而用六龙，所谓'乾元用九，乃见天则'。四时者，天之用，非即天；六龙者，乾元之用，非即乾元。圣人作《易》，托乾元之位于五。……五者，乾元之位，非即乾元。（同上）

太极内涵阴阳。乾元，即太极之阳；坤元，即太极之阴。

"乾元,阳之始;坤元,阴之始。"(《坤》注)用九为乾元,用六为坤元。"乾元用九、坤元用六,一经皆九六,九六皆元之用,元即易也。"(《定名》)乾元、坤元并非六爻,而在六爻之上,六爻则是乾元坤元之用。"乾元坤元不在爻数,用九用六,实有用之者也。"(《赞元》)姚氏以郑玄"用九"注文"六爻皆体乾,群龙之象也。舜既受禅,禹与稷、契、咎繇之属,并在于朝"为据,说明"乾元"即"用九",而非乾之六爻:"郑玄以六爻为禹、稷诸人,以舜则用九者,不在六爻之数,所谓乾元。"这是说,"禹与稷、契、咎繇之属"为六爻,舜在"禹、稷诸人"之上为用九,即乾元有别于乾元之用。他又引《坤》卦虞注"坤含光大,凝乾之元,终于坤亥,出乾初子"说明元生乾元、坤元。依姚氏理解,乾☰阳尽于剥☶,剥戌月,坤☷亥月,坤阴尽为复☳,复初阳生,为子月,复初爻即乾初爻,亦即乾元。乾元、坤元皆本于太极之元。"建亥之月,坤卦用事。十一月子一阳生,体复乾初也,故终于坤亥出乾初子。坤含光大,凝乾之元,凝乾元即坤元也。坤元凝乾元,故虞于'元'每称乾,以乾元藏于坤元中也。非谓坤无元。太极生两仪,太极,元也。阴阳未分,非有阳而无阴,《传》曰:'一阴一阳之谓道。'太极分为乾坤,则乾得其阳,坤得其阴,皆太极之元也。"(《坤》注)"以乾坤为首者,阴阳之元也。乾元藏于戌,荄于亥。坤十月卦,阳伏阴奸。乾初曰潜龙,坤上曰龙战,皆谓元也。"(《定名》)由《乾》初九曰"潜龙"、《坤》上六曰"龙战"可知,乾元藏坤中,元生乾元、坤元。乾元隐于复初爻，坤元隐于姤初爻，故复初有乾元之义、姤初有坤元之义。"坎离为乾坤二用，坎中阳，乾元；离中阴，坤元。二用二爻无爻位，周流六虚，故乾坤十二消息不见坎离，离日坎月相会于晦朔之际，所谓坎离交而形伏，保合太和也，即坤元伏乾元也。"（《周易通论月令》卷一）一言以蔽之，六十四卦由乾元坤元相交而成，故皆为元之用。"终谓上，始谓初，谓乾元周流于六位之中，与坤交而成坎离，坎离互而成既济未济，经之终始，莫非元也。日月为易，亦元之用也。"（《乾·彖》注）

在此基础上，姚配中又论述了初九与乾元的关系，并区分了元与乾元。按《易纬》之说，九为究，即气之究。易卦下为初，上为究。今初而称九，似有不通。对此，姚氏以气之隐显、飞伏和爻画一与全的关系解之。他说："初而称九者何？夫元之资始资生也，卦爻未兆，而气全具，形而为初体之先见。而其自二至上未形之气，即伏于初。息至二，则全伏于初二。息至三，则上体三画之气即伏于下体。至六画，已全气悉成，体成而皆少。故六画之象，初与上同。及其究也，则初画究是曰初九，上画究是曰上九。初究与上究同时，上究而初亦究，上生与初生亦同时。初生而上即伏于初。盖气无不全，著有早晏，或早著而晚究，或晚著而即究，推诸物类，莫不皆然。……每一画一爻，必兼论全卦，或同时并发，或异位相承，或彼此互乖，或先后各异。气至而行，时及而应。画有变有不变，爻有化有不化。"（《乾》注）据此，他批评朱震所引陆绩之说即"在初称初九，去初之二称九二"，是不知"六画一体，非有分离，六爻之效各自画来"。"如所说是乃爻来之画，非画变成爻。爻画隔绝，气不相通。"（同上）姚配中也不赞同惠栋"初九为元、为一"的观点。"惠氏因荀义，而以初九为元，为太极，未之审也。"（《赞元》）依他之见，"气从下生，故下称初，初，始也。不言一，别一也"（《乾》注），"易气从下生，实从中生，据画云下耳，全卦之气罔不毕具，是之谓元"（《赞元》）。

易数亦起于元。"天一、地二、天三、地四、天五、地六、天七、地八、天九、地十，何也，一也。一者，元也。"（《自序》）天地之数和为五十五，按郑玄解释，五十五减五为大衍之数。姚配中指出，不仅大衍之数起自元，主宰大衍之数亦为元。其解郑注《系辞》大衍章云："天地之数五十有五，减其小数五以象五行，用其大数五十以演卦，故曰大衍之数五十。五十者，参天两地。减五亦参天两地，减一象太枢也。"他注"易有太极"曰："案马云：太极，北辰。虞云：太极，太乙。其义似与郑异而实同。北辰、太乙，言其神之所栖，即《乾凿度》所云'太乙行九宫'者是也。元也，大衍所减之一，为四十九数之主者也。郑则言其用，即四十九是也。"行著策数本于元，体现了万物以元为本。"乾元万物资以始，坤元万物资以生，易之爻策，万物也。而始生之者，元也。"（《定名》）荀爽"谓分为六十四卦、万一千五百二十策，皆受始于乾也。策取始于乾（姚案：谓乾元），犹万物之生禀于天"（《乾·彖》

注）。行著结果得七八九六之数，由七八九六之数定阴阳卦爻之象的过程即是元之用。"营一经卦爻皆七八九六，七八九六所以行鬼神。"

综上，姚配中得出如下结论："一者，元也。元者，《易》之原也。是故不知一者，不足与言《易》；元藏于中爻，周其外，往来上下，而易道周，是故不知周者，不足与言《易》；日月为易，坎离相推，一阴一阳，穷理尽性，是故不知太极之始终者，不足与言《易》；爻画进退，变化殊趣，差之毫厘，谬以千里，是故不知四象之动静者，不足与言《易》；圣人设卦，观象系辞，拟议动赜，言尽意见，是故不知系辞之旨者，不足与言《易》。"（《自序》）

（二）元为《月令》之原

元不仅是《周易》之原，也是五经乃至周秦百家之原。姚配中认为，《月令》作为《礼记》的重要篇章，其言天文历数、音声律吕及九宫明堂等皆本于《易》，故《易》元为《月令》之原。他说："《汉书·艺文志》云：'《乐》《诗》《礼》《书》《春秋》五者，盖五常之道，相须而备，而《易》为之原。'《易》为五常之原，义无不通。故伏生以之传《书》，辕固生以之说《诗》，董仲舒以之解《公羊》，刘子政以之诂《春秋》，刘子骏、京君明以之诠律吕，至郑玄注《礼》往往以《易》为证，是以周秦百氏罔不渊于《易》。《易》无所不通也，而其阴阳消息、卦气从违之验，则莫近于月令。"（《周易通论月令》

序)《月令》其实是一部天文历法，它以星宿、律历、物候言阴阳变化、四时交替、五行流转、十二月消息，帝王法此施政布令，故名"月令"。因此，《周易》与《月令》的关系，其实就是《周易》与天文历法的关系。依姚氏之见，《月令》乃《周易》阴阳消长之道。帝王顺天时而治天下，是以《月令》"体元"之事："月令者，圣王所以体元出治、顺阴阳之消息，以赞化育、参天地、致中和而成既济者也。"（《周易通论月令》卷一）基于这一识见，姚配中在"注《易》之暇"，又"以郑玄为宗"而"为《月令》笺"，"会通其义"。

1. 乾元周四方八卦为九宫明堂之原

元为太极、为中，主四时、五行。五行分居四方、四时，土居其中。"五行而四时者，土兼之也。金木水火虽各职，不因土不立。土者五行之主也。盖中央者，四方之所交会，将生者出，将归者入，德合无疆而无时不在者。故中央土明其为五行之主，居中央而统四方也。"（《周易通论月令》卷一）就易象而言，四正卦"坎、离、震、兑各主一方，谓之方伯卦"（《周易通论月令》卷二），象四方四时；就易数而言，"七八九六者，阴阳之老少，《周易》谓之四象，播于四方，谓之四时。此大衍所营而得之者，故又谓之四营"（《周易通论月令》卷一）。"中央者元气，谓之太极"。元主四方四时，故天子体元以听政。"四时之气，元主之；四时之令，天子主之。天子者，天下之元，体元出治者也。"（同上）五行各主一方，五帝之神因时易名，春气帝大皞神、夏气帝炎帝神、秋气帝少皞神、冬气颛顼神、中央帝黄帝神，而以黄帝为主，其实一元也。"五帝五神乃以状中央，四时之气，其实则一气之转耳。"因此，古代祭祀五帝之神，实为因时祭五气。"所谓其帝者，言其王于一时之气。其神者，言其时引信物之气。其祀者，人之祀其气也。"其目的在于"调燮之使之无过不及，则时和而民不病矣"。

乾元流行于八卦八方，八方乃明堂之位。"《说卦传》曰：'帝出乎震。'帝者，乾元也。万物出乎震，万物者，元所为也。'帝出乎震，齐乎巽，相见乎离，致役乎坤，说言乎兑，战乎乾，劳乎坎，成言乎艮'，而元周八卦矣。"（《周易通论月令》卷一）八卦有方位意义，即震正东、巽东南、离正南、坤西南、兑正西、乾西北、坎正北、艮东北，又有时间意义，即震为春、巽为春夏之交、离为夏、坤为夏秋之交、兑为秋、乾为秋冬之交、坎为冬、艮为冬春之交。因而，八卦卦气流转符示年复一年的阴阳消长、节气更替、万物终始，姚配中称其为"元之周八卦"。而古代明堂之设立，即本于此：

> 此坤元之藏乾元者也，乾元周而四时成、八卦列矣。八卦者，明堂之位。天子之居周明堂，元之周八卦也。'帝出乎震，齐乎巽，相见乎离，致役乎坤，说言乎兑，战乎乾，劳乎坎，成言乎艮。'帝之所在，因时易名，而八卦位焉。坎、离、震、兑者四正，乾、艮、巽、坤者四隅，而明堂之法立焉。四正者，明堂之四堂。四隅者，四堂之左右个。（《周易通论月令》卷一）

　　作为中国古代礼制建筑的明堂九宫，是古代帝王明政教之场所。凡祭祀、朝会、庆赏、选士等大典均在此举行。文献记载称，明堂创始于黄帝，夏称"世室"，商称"重屋"，周称"明堂"。《周礼·考工记》曰："周人明堂，度九尺之筵，东西九筵，南北七筵，堂崇一筵，五室，凡室二筵。室中度以几，堂上度以筵，宫中度以寻，野度以步，涂度以轨。内有九室，九嫔居之。外有九室，九卿朝焉。"《大戴礼记·明堂》曰："明堂者，古有之也。凡九室，一室而有四户八牖，三十六户，七十二牖。以茅盖屋，上圆下方。明堂者，所以明诸侯尊卑。……《明堂·月令》：赤缀户也，白缀牖也。二九四，七五三，六一八。"东汉蔡邕《月令论》曰："明堂制度之数，九室以象九州，十二宫以应辰，三十六户、七十二牖以四门九牖乘九宫之数也。取其宗庙之貌，则曰清庙；取其正室之貌，则曰太庙；取其堂，则曰明堂；取其四门之学，则曰太学；取其四面周水圆如璧，则曰辟雍。异名而同事，其实一也。"所谓"四隅者，四堂之左右个"，指四隅之堂各分两室，四正四室加四隅八室共十二室，与一年十二月对应。

　　月份：一　二　三　四　五　六　中央土　七　八九　十　十一　十二
　　季节：孟春　仲春　季春　孟夏　仲夏　季夏　中央土　孟秋　仲秋　季秋　孟冬　仲冬　季冬
　　天子位：青阳　青阳　青阳　明堂　明堂　明堂　大

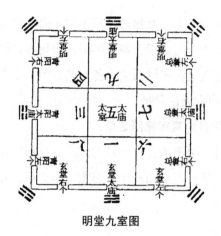

明堂九室图

庙　总章　总章　总章　玄堂　玄堂　玄堂

　　明堂位：左个　大庙　右个　左个　太庙　右个　大

室　左个　太庙　右个　左个　太庙　右个

姚配中认为，元居中，藏为乾元，乾元流行于八方为八
卦，八卦方位即明堂之位，《易纬》称之为"四正、四维卦"。
"坎、离、震、兑者四正，乾、艮、巽、坤者四隅，而明堂之
法立焉。四正者，明堂之四堂。四隅者，四堂之左右个。"天
子于季秋体元定法制，象元之伏而为消息。"四时之气，元主
之。四时之令，天子主之。天子者，天下之元，体元出治者
也。故于季秋定法制焉，象元之伏而为消息之原。"依他之见，
《洪范》谓"五皇极，皇建其有极"即指帝王法乾元，建皇极，
居明堂，调阴阳，行其政："皇极者，乾元也。谓之皇极者，
皇，大也。极，中也。中央元气谓之太极。王者建极，是为皇

极。乾元为万物之宗，万物消息根于乾元而顺乎八卦，八卦效而岁功成。王者体元建极，调燮阴阳，而物各以候应矣。明堂之政，王道之成也。王居明堂，各象其方色，知方色则知当行之政也。"（《明堂通论月令》卷一）

2. 乾元消息为星宿律历之原

天道运行、阴阳消息以日月为体。日月相推而明生，寒暑相推而岁成，日月交会而有十二星次、十二辰，即乾元十二消息。姚配中曰：

> 日月者，阴阳之宗，所以消息阴阳而成寒暑者也。是以日月会而辰一移，辰移而阴阳之消息随之，寒暑往来应焉。（《周易通论月令》卷一）

日月一年交会十二次，故有星纪、玄枵、诹訾、降娄、大梁、实沈、鹑首、鹑火、鹑尾、寿星、大火、析木十二星次。以北斗星指向确立方位，又有子、丑、寅、卯、辰、巳、午、未、申、酉、戌、亥十二辰。《月令》郑注曰："孟春者，日月会于诹訾，而斗建寅之辰也。""仲春者，日月会于降娄，而斗建卯之辰也。""季春者，日月会于大梁，而斗建辰之辰也。""孟夏者，日月会于实沈，而斗建巳之辰也。""仲夏者，日月会于鹑首，而斗建午之辰也。""季夏者，日月会于鹑火，而斗建未之辰也。""孟秋者，日月会于鹑尾，而斗建申之辰也。""仲秋者，日月会于寿星，而斗建酉之辰也。""季秋者，日月会于大火，而斗建戌之辰也。""孟冬者，日月会于析木之津，而斗建亥之辰也。""仲冬者，日月会于星纪，而斗建子之辰也。""季冬者，日月会于玄枵，而斗建丑之辰也。"《月令》指出，十二星次与日所在二十八宿相应，如正月日在营室，二月在奎，三月在胃，四月在毕，五月在东井，六月在柳，七月在翼，八月在角，九月在房，十月在尾，十一月在斗，十二月在婺女。古代"星度增减时或有异，亦如宫度之移易，不必尽同"，然"《月令》宫度乃分星之最古者，后世互有增减，不得以例也"。

历法本于日月星辰之变。确切地说，推算日月星辰运行以定岁时节候，是谓历法。同时，十二律吕又与天文历法密切相关。郑玄注《周礼·春官·大师》曰："声之阴阳各有合。黄钟，子之气也，十一月建焉，而辰在星纪。大吕，丑之气也，十二月建焉，而辰在玄枵。大簇，寅之气也，正月建焉，而辰在诹訾。应钟，亥之气也，十月建焉，而辰在析木。姑洗，辰之气也，三月建焉，而辰在大梁。南吕，酉之气也，八月建焉，而辰在寿星。蕤宾，午之气也，五月建焉，而辰在鹑首。林钟，未之气也，六月建焉，而辰在鹑火。夷则，申之气也，七月建焉，而辰在鹑尾。中吕，巳之气也，四月建焉，而辰在实沈。无射，戌之气也，九月建焉，而辰在大火。夹钟，卯之气也，二月建焉，而辰在降娄。辰与建交错，贸处如表里然，是其合也。其相生则以阴阳六体为之。黄钟初九也，下生林钟之初六，林钟又上生大簇之九二，大簇又下生南吕之六二，南吕又上生姑洗之九三，姑洗又下生应钟之六三，应钟又上生蕤宾之九四，蕤宾又下生大吕之六四，大吕又上生夷则之九五，夷则又下生夹钟之六五，夹钟又上生无射之上九，无射又下生中吕之上六。同位者象夫妻，异位者象子母，所谓律取妻，而吕生子也。"姚配中则认为，五音十二律乃元之用，反映的是乾坤十二消息。他说：

> 乾元极于巳中无伏，阳气俱外发而音穷矣，故五音始于宫，穷于角也。此元也。其十二律之长短，则各写其月消息之气，乾坤之十二爻也。元之用也。（《周易通论月令》卷二）
>
> 神者，元也。无，谓元之伏藏时也。元不可见，而律以写之，所谓形成于有也。有形则数见，而声成矣，故曰形然后数，形而成声，数形谓十二律之长短，足以见无形之神，而写其形也。形成则声成矣。五声十二律者，所以写消息之气之随时易者也。（同上，卷一）

五音又称五声，即宫、商、角、徵、羽。消息之气，是指乾元之气流行于十二月而成复、临、泰、大壮、夬、乾、姤、遁、否、观、剥、坤等十二消息卦。复至乾，阳长阴消，故称息卦。姤至坤，阴长阳消，故称消卦。十二消息卦分主十二月，复主子月，临主丑月，泰主寅月，大壮主卯月，夬主辰月，乾主巳月，姤主午月，遁主未月，否主申月，观主酉月，剥主戌月，坤主亥月。坎离为乾坤二用，不在消息卦，而象日月。"日以动阳，月以动阴，而一日之阴阳亦从可知。乾坤十二消息，不见坎离，其周流于一岁之终始，一阴一阳以成既济者，莫非坎离也。日月为易，县象著明，一往一来，坎离交而形伏，所谓保合太和也。元之用也。"

以爻言之，乾坤十二爻分纳十二辰。《汉书·律历志》曰："十一月，乾之初九也，阳气伏于地下，始著为一，万物萌动……六月，坤之初六，阴气受任于太阳，继养化柔，万物生长，懋之于未。"郑玄本之作爻辰说，配以星象、律吕以解《易》。惠栋曾作郑氏爻辰图如下：

十二消息卦与十二爻辰符示天地阴阳变化之道、日月星辰运行之数。这一思想，一面成就了融通天文历法知识的易学体系，一面催生出具有易学特色的古代历法。基于此，姚配中每每以卦气、爻辰等易学体例解说天文历法及五音六律。他认为，太一生乾坤，乾坤阴阳交而有气形，然后形成五音。乾元流行于十二月，从而形成了十二律吕。"太一者，元也。两仪者，乾坤也。阴阳者，乾坤九六也。阴阳交而性生，性使气，气成形，有形而声生焉。……音始于宫者，中央之宫，四方之所交会，元之所藏也。一者，气之始也。十者，阴阳之合，气之终也。成于三，则阴阳之始交也。乾元荄于亥，妊于壬，滋于子，以一起，阴阳交而数变，此太一之造生万物，而黄钟之宫为万事之根本也。"在他看来，元气生阴阳，阴阳相交而有气，气聚而成形，有形则有数，音由是而成。具言之，乾元之气根于亥、孕于壬、长于子，子为一，故十二律吕始于乾之初九，为黄钟。其引《汉书·律历志》论之曰："宫，中也。居中央，畅四方，唱始施生，为四声纲也。……黄者，中之色，君之服也。钟者，种也。天之中数五，五为声，声上宫，五声莫大焉。地之中数六，六为律，律有形有色，色上黄，五色莫盛焉。故阳气施种于黄泉，孳萌万物，为六气元也。以黄色名元气律者，著宫声也。……十一月，乾之初九，阳气伏于地下，始著为一，万物萌动，钟于太阴，故黄钟为天统，律长九寸。九者，所以究极中和，为万物元也。……天之中数五，地之中数六，而二者为合。六为虚，五为声，周流于六虚。虚者，爻律。夫阴阳，登降运行，列为十二，而律吕和矣。太极元气，函三为一。极，中也。元，始也。行于十二辰，始动于子。……气钟于子，化生万物者也。"（《乾》注）概言之，"音状一时，律写一月。音者，元也。律者，爻也。元藏于中爻，周于其外，阴阳变而律吕调矣"。音就元而言，元为气不可见，音可以表之；律就爻而言，元行十二辰则为十二爻。十二律吕本于十二爻辰："律者，爻也。气者，元也。行于十二辰，而元周矣。易之元不可知，而爻以明之。声之元不可知，而律以写之，而天地之气其数可得而纪矣。"（《周易通论月令》卷一）因此，由音律可知元之往来。"元行十二辰，爻之于元，犹律之于气。观爻可以知元，故潜龙不妨于爻言之。观律可以知气，故中声不难，以管定之，气资律显，而气非律，元以爻著，而元非爻。《周易》言象，故元究成爻；乐气写声，故循声制律，是故不知律者，不足以言元也。"（《乾》注）

《月令》之旨，在于使王"体元"即应四时八卦之气、顺日月变化之道而为政治天下。"元位中央，藏于戊己，则明堂之大庙大室也。乾元一岁而周八卦，天子十二月而周明堂，象乾元也。乾元所在，因时易名而卦气应之。天子所居，因时易政，而时气应之。七十二候者，八卦之验，八风之应，十二月政令休咎之征也。"因此，姚配中又在《周易通论月令》一书中以《易纬》所载为据，对卦气之应验进行了详细探讨。兹从略。

三、姚配中易学的价值

姚配中秉承乾嘉汉学之风，运用训诂、象数方法，从张惠言易学入手，以郑氏易为宗，兼顾汉易诸家，通过检讨乾嘉易学和注解《周易》重构了汉代象数易学，形成了融训诂、象数、义理为一体、以"元"为核心的崭新的易学体系。因其深刻的思想性和严密的逻辑性，姚氏易学得以成为乾嘉时期易学哲学的又一高峰。此前，惠栋在"由故训明义理"的理念支配下，首度将"元"确立为易学解释的对象。其《易微言》旁征博引，将"元"训解为始、一、气、道、太极、理、万物之始，极大程度地凸显了"元"为宇宙之本的涵义，从而以训诂、象数方法建构出具有哲学意义且不同于宋学义理的宇宙本体论。不过，惠栋并未将"元"贯穿于整个易学体系，亦未以之解说汉易卦气、卦变、爻辰诸说，更未对元与乾元作出严格区分。张惠言则更多着眼于"乾元"。他将"乾元"训解为道、一、太极，提出"乾元"为"消息"之本的思想，并以之解说乾坤、八卦与六十四卦消息。就此而言，姚配中以"元"为核心的易学哲学，与惠栋、张惠言二人存在明显不同。他以"元"为理论起点，兼用训诂、象数方法，从"元为万物之元"论及"元为《易》之原"，再到"元为五经之原、周秦百氏之原、《月令》明堂历律之原"，从而高度凸显了"元"的至上地位。对此，陈詠琳博士评价道："'易中之元'自孔子《易传》发之，汉代儒者尚且能明了其中道理，但随着时代的流转，逐渐无人通晓，时至清朝，惠栋、张惠言两人才重新开启'易元'之说。可惜的是，惠、张二氏虽多所提及'易元'之种种，却未深入探究，只是引述汉、魏儒者之言，且简单说明其理而已，并没有特别去钻研'易元'之说，更遑论去建构一套'易元'理论系统。姚配中以元为易之原，强调元无不在，自初至终，无非元之所为，甚至将此作为自己易学的核心，致力发明'易元'理论，终能糅合众多汉、魏儒者对'元'的阐发，建构出一套'易元'理论系统，使之成为一个较完整的思想体系，兼具继承与开创之功。故光绪年间的张寿荣赞扬道：'（姚配中）明元之义，说甚塙凿精深，有裨学者不浅。'姚配中对'易元'的重建与发明，便是《周易姚氏学》对易学研究的最大贡献与价值。"①

姚配中对乾嘉易学的推动发展，使其得以成为与惠栋、张惠言、焦循齐名的清代易学大家，并倍受晚清学者推崇。如杭辛斋在《学易笔谈初集》中说："有清一代，经学之盛，远过宋明。其治易专家，如刁氏包、李氏光地、胡氏渭、任氏启运、惠氏士奇、惠氏栋、万氏年淳、姚氏、张氏、彭氏，皆能独抒己见，各得心得。"②梁启超曰："清代自当以经学为中坚，其最有功于经学者，则诸经殆皆有新疏者。其在《易》，则有惠栋之《周易述》，张惠言之《周易虞氏义》，姚配中之《周易姚氏学》。"③

当然，从《周易》文本的角度审视，姚氏易学不无附会之弊。如"元非初九""七九、八六之变非阴阳之变"等说纯属己见，颇值商榷。尚秉和先生曾依自家理解，指出姚氏易学存

---

① 陈詠琳《姚配中易学研究》，第 251 页。
② 杭辛斋《学易笔谈初集》卷一，见《杭氏易学七种》，九州出版社，2010 年，第 205 页。
③ 梁启超《清代学术概论》，上海古籍出版社，1998 年，第 49 页。

在的问题："其所谓元非初九，明矣，此则大误。姚氏盖泥于《乾》初九'潜龙勿用'之言，而元则万物资始，非不用也，故谓元自元，初九自初九。岂知《复》初即《乾》之初九，乾元在初子勿用，息至二则用矣，即推而至于四跃、五飞，仍此元也，与初九不异也。《系》所谓'周流六虚'也。奈何欲析而二之乎？""又云《乾凿度》云：'阳动而进，变七之九，象其气之息也；阴动而退，变八之六，象其气之消也。'……而疑七变九，八变六，非阴变阳，阳变阴，是尤谬误。夫《乾凿度》所云'变七之九''变八之六'皆就揲蓍而言。"（《续修四库全书总目提要》）近代学者曹元弼一面肯定姚氏"画变"之说，一面又对其广引《易纬》解经的做法及"乾元藏坤中"的观点提出批评："据《乾凿度》'阳动而进，变七之九，阴动而退，变八之六'之文，于爻变推出'画变'一义，为理藏于古而得之于今。然主持太过，据以说经处太多。又以'乾元'为在'坤元'中，系《归藏》首坤之义，非《周易》首乾之旨，且未免义涉老氏，学者分别观之可也。"①

---

① 曹元弼《姚氏易学例》，见《周易学》，收于《续修四库全书》第30册。

第四章　焦循"本经文实测"的象数易之学建构

　　焦循（1763—1820），字理堂，一字里堂，晚号里堂老人。江苏甘泉（今属江苏邗江县黄珏镇）人，生于高宗乾隆二十八年，卒于仁宗嘉庆二十五年，享年五十八岁。焦循出生在易学世家。其曾祖父兄弟四人名泰来、必萃、豫来、师来，皆取自《周易》卦名。其曾祖父师来深于易学，著有《读易图》，其祖母王氏家族也以易学名家，其祖父焦镜、父亲焦葱得闻王氏说《易》之法。焦循自幼秉承祖父、父亲之学，[①]如他自己所言"循承祖、父之学，幼年好《易》"（《易通释自序》）。他父亲曾以《小畜》《小过》皆云"密云不雨，自我西郊"启发他探索解《易》方法。他"反复其故，不可得"，推之它卦，"益愤塞郁滞，悒悒于胸腹中，不能自释。闻有善说《易》者，就而叩之，无以应也"（《易通释自序》），可见其易学深受家学之影响。

---

① 赖贵三《焦循雕菰楼易学研究》，台北里仁书局，1994年，第3—4页。

　　焦循自幼聪明过人，六岁入私塾，受业于表兄范秋帆，学诗、赋、古义、音韵，后得族父焦继轼指教，知作诗之门径，通六书假借、转注、引申之学。其数学九九之学则受教于表叔王容若。十七岁参加童子试，得到主考官刘墉欣赏与鼓励，"循之学经，公之教也"（《感大人赋》）。经刘墉推荐，进入当时扬州著名的安定书院。书院讲席吉梦熊勉励焦循学经学。在书院，又与同学顾凤毛"时时相过，同卧一室"，曾月夜"谈论至三鼓"，并受教于顾父名儒顾九苞，用力经学，涉足算学。焦循从乾隆五十二年（1787）始，先后担任了扬州寿氏、卞氏、牛氏、郑氏之家庭教师，又结识当时名家汪中、江藩等人。乾隆六十年（1795），其姐夫阮元出任山东学政，后转浙江学政，升为浙江巡抚，焦循被邀入幕，其间认识了以考据训诂名世的经学家钱大昕、王引之和著名数学家汪莱、李锐等人。他们的学术路数与观点未必与焦循一致，但对焦循的经学研究影响很大。嘉庆六年（1801）中举，翌年应礼部试不第，返乡侍母不仕。母亲过世后托疾闭户，葺其老屋曰"半九书塾"，复构楼曰"雕菰"，有湖光山色之胜，于此潜心著书。他安贫乐道，常说："家虽贫，幸蔬菜不乏。天之疾我，福我也。吾老于此矣。"（《清史稿·焦循传》）

　　焦循博闻强记，识力精卓，每遇一书，无论隐奥平衍，必究其源，以故经史、历算、声音、训诂无所不精。他用以经释经之法，汇集经传之概念、范畴与命题，参互错综，通释其义，"举经传之文，互相印证，会而通之，字字求其贯彻"（柯劢忞语，见《续修四库全书总目提要》），撰《易章句》十二卷、《易通释》二十卷、《易图略》八卷，合为《雕菰楼易学三书》四十卷。此外，尚有读《易》随笔汇编为《易馀籥录》二十卷；友朋弟子问答及丁《易》者录存为《易话》二卷；《易广记》三卷，自序言"自汉魏以来，至今二千余年中，凡说《易》之书，必首尾阅之。其说有独得者，则笔之于策，可以广闻见、益神智，因名之曰《易广记》"；《周易王氏注补疏》二卷，认为王弼易"以六书通假解经之法，尚未远于马、郑诸儒……未可屏之不论不议"；另有《注易日记》三卷，未传世，只存目录。

除易学外，焦循尚有《孟子正义》三十卷、《六经补疏》二十卷、《雕菰集》二十四卷、《论语通释》一卷等多部著作，于经学、数学、天算、地理、史学、文学、医学诸多领域皆造诣精深，被时人誉为"通儒"。其生平著述见赵尔巽等《清史稿》、赖贵三《焦循年谱新编》、陈居渊《焦循年表》与《焦循现存著作考》。

一、"本经文而实测"的易学与经学解释

（一）"本经文而实测"的文本中心论

西方解释学经历了早期的神学和法学解释学、语文解释学和哲学解释学。按照学者研究，西方解释学分为独断型诠释

学和探究诠释学，前者认为作品的意义是永远固定不变和惟一的，按照这种态度，作品的意义只是作者的意图，我们解释作品的意义，只是发现作者的意图。作品的意义是一义性，因为作者的意图是固定不变的和惟一的。我们不断对作品进行解释，就是不断趋近作者的惟一意图。其主要代表人物是施莱尔马赫，其理解和解释的方法就是重构或复制作者的意图。后者认为作品的意义并不是作者的意图，而是作品所说的事情本身（Sachenselbst），即它的真理内容，而这种真理内容随着不同时代和不同人的理解而不断改变。作品的真正意义并不存在于作品本身之中，而是存在于对它的不断再现和解释中。我们理解作品，光发现作品的意义是不够的，还需要有所发明。对作品意义的理解，或者说，作品的意义构成物，永远具有一种不断向未来开放的结构。其主要代表人物是伽达默尔，他认为理解和解释的方法是过去与现在的中介，或者说，作者视域与解释者视域的融合，理解的本质不是更好理解，而是"不同理解"（Andersverstehen）。①

中国古代虽然没有形成像西方那样纯正、系统的解释学理论，但在源远流长的儒家经学解释和诸子解释活动中深藏着解释学意蕴，有丰厚的解释学资源。一般来说，中国古代解释学依赖经典解释产生和发展，属于经典解释学。这种解释学以

① 洪汉鼎《何谓诠释学》，见《理解与解释》，东方出版社，2001年，第18—19页。

文本为解释对象，以客观解释文本固有的意义为宗旨，从文本出发达到解释经典意义的目标。因而，解释的首要任务是甄别、选择和整理文本。由于自然和人为因素，文本在流传过程中经常会出现遗失、散乱、文字缺漏、衍文、误写和错简等问题，故校勘整理文本是保证文本解释客观性的关键，这也是中国古代重视文本的重要原因。如汉代，因秦燔书，儒家经典书缺简脱，刘向父子奉诏"校经传诸子诗赋"。安帝时以经传之文多不正定，乃博选诸儒及五经博士刘珍、马融等于东观校订五经及其他文献，"整齐脱误，是正文字"（《后汉书·刘珍传》《后汉书·蔡伦传》）。灵帝"诏诸儒正定五经，刊于石碑，为古文、篆、隶三体书法以相参检，树之学门，使天下咸取则焉"（《后汉书·儒林传序》）。唐代太宗以经籍去古久远、文字多讹谬，故令颜师古考定《五经》。至清代校书之风日盛。高邮王念孙、引之父子倾尽一生精力"用小学说经，用小学校经"，把纠正文本错误视为疏通经义的前提，因而在纠正通假、衍文、形讹、误写、妄改经文等方面很下功夫，形成了整理经典文本的规范。王引之在论经文文字形讹时指出："经典之字，往往形近而讹，仍之则义不可通，改之则怡然理顺。"（《经义述闻·通说下》）王念孙《读书杂志》、王引之《经义述闻》、阮元《十三经注疏校勘记》，是乾嘉时期校勘整理经学和诸子文本的代表作。焦循也十分关注《周易》文本的校勘，其手书题记《周易正义》云："余初学《易》，有所得则书于阑上，然一时偶会，非定说也。以今所撰《易释》《易注》校异同，柄凿十之五六。后人比而观之，可知余用力于此经之勤。"[1]

同时，经典解释学承认文本乃圣人之作，承载了圣人的观点和思想，其文本意义是唯一的、固定不变的，作为解释者无需质疑。解释的任务，则是以文本为依据，以传注、解说、疏证、章句等为主要形式，运用训诂、考辨、历史、义理等解释方法，通过解说、考察文本和相关的历史文献，恢复和再现作者的生活世界，最大限度地展示文本固有的、真实的意义，杜绝己见的掺入，避免产生对文本的误解和偏见，其意义在于纠正脱离文本解释而滋生的见解，捍卫文本的权威性、真实性、合法性，这其实接近于西方"独断型解释学"。如汉代尊崇儒家经典，唯圣人之言是从，通过"师法""家法"传授、研习经学，倡导以文字训诂治经，以象数治《易》，在易学和经学解释中表现出重文本和再现文本意义的特征。清代继之，以训诂与考辨为主要方法，以探求文本的本义为目的，如乾嘉时期吴派汉学创始人惠栋等人主张"汉犹近古，去圣未远"，汉儒能识三代以前训诂，故"训诂必依汉儒"（《臧玉林经义杂说序》），汉代"古训不可改，经师不可废"（《九经古义序》），故其解释《周易》重视汉代家法，以汉易为权威。同时代的张惠言尊崇汉末虞翻易，全面解释和阐发虞翻易学。姚配中继承郑玄易学的传统，以郑玄易学方法解读《周易》。出自皖派的高邮王氏父子则不是以恢复汉易和汉学为旨归，而是以回归《周

---

[1]　赖贵三《焦循手批〈十三经注疏〉研究》，台北里仁书局，第 5 页。

易》和经学文本为出发点，奉儒家原始经典文本为圭臬，独尊经典文本，其云："说经者，期于得经意而已。前人传注不皆合于经则择其合经者从之，其不皆合则以己意逆经义，而参之他经，证以成训，虽别为之说，亦无不可。"(《经义述闻序》)这种凡符合文本则为是、凡脱离文本者则为非的易学和经学研究，从解释方法和目标来说，与惠栋等人有同工异曲之妙。焦循主张易学和经学解释从文本出发，重视文本在理解和解释中的绝对地位，提倡运用训诂方法求其义，严格区分经、注、疏，反对脱离文本的臆造，应该说是典型的独断型经典解释学。如他在谈论经学时说：

经学者，以经文为主，以百家子史、天文术算、阴阳五行、六书七音等为之辅，汇而通之，析而辨之，求其训故，核其制度，明其道义，得圣贤立言之指，以正立身经世之法。(《与孙渊如观察论考据著作书》)

学经之法，不可以注为经，不可以疏为注。(《里堂家训》)

按照他的意思，经学研究当以经文为主，以诸子百家为辅，通过训诂考辨"明其道义"，而经学解释当分清经、注、疏，不可混同。显然，经典文本在经学解释中占举足轻重的地位。为了保证易学和经学解释的客观性和真实性，避免主观臆造，他专门提出一种本于文本的"实测"方法：

夫《易》犹天也，天不可知，以实测而知。七政恒星，错综不齐，而不出乎三百六十度之经纬。山泽水火，错综不齐，而不出乎三百八十四爻之变化。本行度而实测之，天以渐而明；本经文而实测之，《易》亦以渐而明。非可以虚理尽，非可以外心衡也。(《易图略序目》)

"实测"本于古代自然科学方法，有观测、考察、验证之义。古代天文学以实测为主要方法，通过观测日月星辰变化，通晓天文，制定历法。凌廷堪说："西人言天，皆得实测，犹之汉儒注经，必本诸目验。"(《复孙渊如观察书》)数学也以计算和实测为方法。阮元认为，数学实测是评判和衡量一切事物的标准："数为六艺之一，而广其用则天地之纲纪，群伦之统系也。天与星辰之高远，非数无以效其灵；地域之广轮，非数无以步其极；世事之纠纷繁颐，非数无以提其要。通天地人之道曰儒，孰谓儒者而可以不知数乎？"(《里堂学算记序》)"欲使学者知算造根本，当凭实测，实测所资，首重仪表。"(《畴人传·凡例》)

焦循将这种自然科学方法用于《周易》研究，其实是指仔细考察、验证《周易》经传，达辞义，明理；或以文本为依据，衡量检验易学体例是否真实可靠，易学解释是否符合作者本义。"实测"作为一种易学方法，既是通释文本、把握本义的方法，也是判断易学是非的尺度。它具有客观性和普遍性，从根本上杜绝了脱离文本空谈义理的倾向。焦循提倡"实测"，就功能而言，与清初以来盛行的考据学一致。考据作为乾嘉学派主要的经学方法，是立足历史语境，运用相关的历史文献和典籍，对经典文本中的疑难文字和问题加以详细甄别、辨析，还原、再现文本固有的意义，此为中国经典解释学的重要标志之一。但焦氏的"实测"又与清代其他学者的考据学有本质区别。乾嘉以来，考据学注重汉儒之学，焦循倡导的则是以经学为主、旁征博引百家之学。基于此，他不同意将经学等同于考据的观点："近之学者，无端而立一'考据'之名，群起而趋之，所据者汉儒，而汉儒中所据又唯郑康成、许叔重，执一害道，莫此为甚……近之学者，专执两君之言，以废众家，或比许、郑而同之，自擅为考据之学，余深恶之也。"（《里堂家训》卷下）他对袁枚"考据为器、著作为道"的观点予以批驳："若袁太史所称，择其新奇，随时择录者，此与经学绝不相蒙，止可为诗料策料，在四部书中为说部。世俗考据之称，或为此类而设，不得窃附于经学，亦不得诬经学为此，概以考据目之也……乃无端设一'考据'之目，又无端以著作归诸抒写性灵之空文，此不独'考据'之称未明，即'著作'之名亦未深考也。袁氏之说不足辨，而'考据'之名不可不除。"（《与孙渊如观察论考据著作书》）

焦循宣称，自己的易学完全建立在"实测"的基础上：

> 余学《易》所悟得者有三：一曰"旁通"，二曰"相错"，三曰"时行"。此三者皆孔子之言也。孔子所以赞伏

義、文王、周公者也……余初不知其何为"相错"，实测经文传文，而后知比例之义出于"相错"，不知"相错"则比例之义不明。余初不知其何为"旁通"，实测经文传文，而后知升降之妙出于"旁通"，不知"旁通"则升降之妙不著。余初不知其何为"时行"，实测经文传文，而后知变化之道出于"时行"，不知"时行"则变化之道不神……十数年来，以测天之法测《易》，而此三者乃从全《易》中自然契合。(《易图略·叙目》)

他认为，"旁通""相错""时行"等易学体例并非自己凭空杜撰，而是得自于"以测天之法测《易》"。在他看来，实测是易学与经学解释最根本的方法，也是衡量易学与经学解释最权威、最有效的标准。若无实测方法，不可能悟出"旁通""相错""时行"。可见经典文本在焦氏易学解释中的根本地位。

（二）"自得性灵"在文本解释中的作用

清代乾嘉学派重视文本本义，反对个人偏见，基本否定个人在经典解释中的作用和创新。即使谈论创新，也是在圣人之意或经典之意固定不变、普遍唯一的大前提下，理解程度有深浅差别而已，根本不可能超越圣人之意或经典之意，这是汉学和清代汉学的一个重要特征。如汉末郑玄就经学门户提出"但念述先圣之元意，思整百家之不齐，亦庶几以竭吾才，故闻命罔从"(《后汉书·郑玄传》)。又如清初毛奇龄、黄宗羲、胡渭等人对宋易的图书之学进行了严厉批判，开创了清代求实的新学风。至乾嘉时期，惠栋、张惠言等人继起，以恢复汉学为宗旨。随着汉学盛行，泥古、支离、拘谨、缺乏思辨等弊端日益展露，于是，有的汉学家开始反思汉宋之学。较早提出这个问题的是戴震。他说："贤人、圣人之理义非它，存乎典章制度者是也。""故训明则古经明，古经明则贤人圣人之理义明。"(《题惠定宇先生授经图》)又说："经之至者道也，所以明道者其词也。"因此，他提出"由字以通其词，由词以通其道"(《与是仲明论学书》)的经学理路。其弟子段玉裁亦曾对宋学的经世意义予以肯定："愚谓今日大病在弃洛、闽、关中之学不讲，谓之庸腐，而立身苟简，气节败，政事芜。天下皆君子而无真君子，未必非表率之过也。故专言汉学，不治宋学，乃真人心世道之忧，而况所谓汉学者如同画饼乎。"(陈寿祺《左海文集》卷四《附慰堂先生书三通》之三)阮元说："圣人之道，譬若宫墙，文字训诂，其门径也。门径苟误，跬步皆歧，安能升堂入室乎？学人求道太高，卑视章句，譬犹天际之翔，出于丰屋之上，高则高矣，户奥之间，未实窥也。或者但求名物，不论圣道，又若终年寝馈于门庑之间，不复知有堂室矣。"(《拟国史儒林传序》)戴震、段玉裁、阮元等人通过反思汉学，提出经学研究应当汉宋兼采、不可偏废，经学研究必须由汉学至宋学、由训诂至义理。焦循更是客观冷静地分析了汉宋经学的价值与弊端，提出"证之以实，运之于虚"的经学解释路数：

> 有明三百年来，率以八股为业，汉儒旧说束诸高阁。国
> 初，经学萌芽，以渐而大备。近时数十年来，江南千余里
> 中，虽幼学鄙儒，无不知有许、郑者，所患习为虚声，不能
> 深造而有得。盖古学未兴，道在存其学；古学大兴，道在求
> 其通。前之弊，患乎不学；后之弊，患乎不思。证之以实，
> 而运之于虚，庶几学经之道也。(《与刘端临教谕书》)

实，是实测，虚，是虚理。"证之以实"，是说易学和经学
解释当以经典文本为根据，绝不可游谈无根。"运之于虚"，是
说经学研究应当阐发义理，表达见解。因而，经学解释的理路
应当是先实测后义理，由实测推出义理。文本实测是解释的出
发点，义理是解释的目标。这种观点，显然是针对乾嘉以来
的经学研究而发。基于此，他从经学发展的角度评价了吴派
和皖派的功过是非：吴派惠栋在"古学未兴"之时整理和解
释汉学，目的是"存其学"，以纠其"患乎不学"之弊；皖派
戴震等人在"古学大兴"之时，由文字训诂而引申义理，以
正"患乎不思"之失。从经学历史发展中，焦循推演出"实"
与"虚"、"学"与"思"结合的经学解释理路，从而使其经学
解释从文本解释上升到哲学解释。在他看来，宋学是"心性之
学"，"不求于经、但求于理，不求于故训典章制度、但求之于
心"。无论求于理还是求于心，就哲学而言，都是借助解释者

由外而内或由内而外的主观活动实现对"理"或"道"的思考与体认。就解释学言之，这种偏于内心阐发和创造的经典解释，即是西方"探究性诠释学"所谓的解释本身不是简单的复制和再现文本的本意，而是以自我的理解方式去创造和阐发作者的思想，以此达到"比作者更好地理解作者的思想"。这就是伽达默尔所说的"所有这种理解最终都是自我理解，即使对某个表达式的理解，最终也不仅是对该表达式里所具有的东西的直接把握，而且也指对隐藏在表达式内的东西的开启，以致我们现在也了解了这隐藏的东西……谁理解，谁就知道按照他自身的可能性去筹划自身"[1]。在这个意义上说，焦循的"运之于虚"，其实是认可了文本解释形式下宋学主观活动的作用。

如何在经学解释中落实"证之以实，运之于虚"？如何由训诂考辨上升到义理阐发？焦循提出"依经文而用己之意"的观点：

> 乃总其大要，惟有二端，曰意，曰事……明其事，患于不实；明其意，患于不精。学者知明事之难于明意矣，以事不可虚，意可以纵也。然说经之文，主于意……依经文而用己之意以体会其细微，则精而兼实。(《与王钦莱论文书》)

---

① （德）伽达默尔著，洪汉鼎译《真理与方法》，上海译文出版社，2004年，第335页。

以他之见，经学研究有"明其事"和"明其意"之分，前者训诂名物，揭示文本之本义；后者阐发义理，凸显圣贤大义。经学解释以"明其意"为旨归，这就是"说经之文，主于意"。前所言"求其训诂，核其制度，明其道义，得圣贤立言之旨"和"证之以实而运之于虚"也是此意。如何"明其意"？即"依经文而用己之意"。"依经文"，指以文本为据。"用己意"，指在经学解释中充分发挥解释者的作用，强调解释的主体性和反权威性。这与同时期王念孙父子提出的"以己意逆经义"的观点一致。王引之引其父语曰："说经者，期于得经意而已。前人传注不皆合于经，则择其合经者从之，其不皆合则以己意逆经义，而参之他经，证以成训，虽别为之说，亦无不可。"（《经义述闻序》）"以己意逆经义"是说，在前人解释完全不符合经义的前提下，自己辨别分析，推测文本的本来意义。不同的是，王氏父子的"经义"，是指经典文本的文字意义，而非抽象的、具有普遍意义的大道，而焦氏的"明其意"，是指明"圣贤立言之旨"。值得注意的是，焦氏的"己意"，不是一般意义上个人的主观思想，而是理解诸家之说基础上形成的一种悟性或理解力。"用己意"就是用这种悟性或理解力去解释文本。他说：

> 盖惟经学可言性灵，无性灵不可以言经学。故以经学为词章者，董、贾、崔、蔡之流，其词章有根柢无枝叶；而相如作《凡将》、终军言《尔雅》、刘珍著《释名》，即

专以词章显者，亦非不考究于训故名物之际……是又词章之有性灵者，必由于经学，而徒取词章者，不足语此也。（《与孙渊如观察论考据著作书》）

说经不能自出其性灵，而守执一之说以自蔽，如人不能自立，投入富贵有势力之家，以为之奴。（《里堂家训》卷下）

学经者博览众说而自得其性灵，上也；执于一家而私之，以废百家，惟陈言之先入，而不能自出其性灵，下也。（《里堂家训》卷下）

夫人各有其性灵，各有其才智。我之所知不必胜乎人，人之所知，不必同乎己。惟罄我之才智，以发我之枢机，不轨乎孔子可也。（《说矜》）

焦循在评价袁枚与孙星衍的争论时赋予了"性灵"新的涵义。陈居渊指出："'性灵'一词，其本义是指人之性情……焦循提倡'性灵'，是指经学研究在'博览众说'的基础上提出的个人创见，表达自己的思想。"[①] 吴根友认为，性灵"即是研究者个人的独立思考精神与切实的人生体验"。[②] 李贵生认为："性灵即所谓性善，与尧舜通变神化之旨实相贯通，而通变神化之

---

① 陈居渊《焦循评传》，见《焦循阮元评传》，南京大学出版社，2006 年，第 145 页。

② 吴根友《"性灵"经学与"后戴震时代"个体主体性之增长》，《学术研究》，2010 年第 8 期。

道在于执中用两……此外，他所理解的性情变化，主要指人心的认知或判分能力的提升，这些能力需要好学敏求始能达到，不能徒凭空悟。"[1] 笔者认为，从经学言之，其"性灵"不仅是一种创见或独立思考精神，更是解释者长期学习积累而产生的悟性和理解力，或称认知判断力。焦循说过："学问之道，在于体悟，不在拘执。"[2] 他还把这种早于他人形成的悟性和理解力称为"先知先觉"："人未知而己先知，人未觉而己先觉，因以所先知先觉者教人，俾人皆知之觉之，而天下之知觉自我始，是为作。已有知之觉之者，自我而损益之，或其意久而不明，有明之者，用以教人，而作者之意复明，是之谓述。"（《述难二》）焦氏的"性灵"主要有两个重要规定：一是"性灵"产生于"博览众说"，而不是"守执一之说"；二是"自出""自得"，张扬个性，主张"夫人各有其性灵，各有其才智"。人之性灵"不必同乎己"，也不必受制于圣人。显然，他承认主体个性即"性灵"在经学解释活动中的价值。

经学与性灵的关系是：经学解释不是支离的、死气沉沉的笺注之学，而是充满生气的、具有"性灵"的学问。只有"自得其性灵"，融会贯通诸家之说，才能"得圣贤立言之旨"，"日新其要"，这是真正高层次的经学解释。反之，"用力未深，

---

[1] 李贵生《论焦循性灵说及其与经学、文学之关系》，《汉学研究》，第19卷第2期。

[2] 《焦循致王引之书》，见赖贵三编著《昭代经师手简笺释》，台北里仁书局，1999年，第201页。

无所成就",流于"俗学之拘执",则属于低层次的经学。在这个意义上,他提出经学研究必须"自得性灵",即所谓"惟经学可言性灵,无性灵不可以言经学",把"性灵"视为经学解释的前提,凸显了解释者个体在解释中的地位与作用。其实,焦氏的"性灵"说,类似于西方解释学中的"视域",或称为身处历史传统中的解释者之"前识"或"前理解"。海德格尔在讨论经典解释时指出:"把某某东西作为某某东西加以理解,这在本质上是通过先行具有、先行视见与先行掌握来起作用的。解释从来不是对先行给定的东西所作的无前提的把握。准确的经典注疏可以拿来当作解释的一种特殊的具体化,它固然喜欢援引'有典可稽'的东西,然而最先的'有典可稽'的东西,原不过是解释者的不言而喻、无可争议的先入之见。任何解释工作之初都必然有这种先入之见。"① 伽达默尔说:"一切诠释学条件中作为首要的条件总是前理解,这种前理解来自于与同一的事情相关联的存在。正是这种前理解规定了什么可以作为统一的意义被实现,并从而规定了对完全性的先把握的应用。"② 海德格尔和伽达默尔的"前见"或"前理解",是已形成的思维方式、知识结构和判断力。"实际上前见就是一种判断,它是在一切对于事物具有决定性作用的要素被最后考察之前被

---

① （德）海德格尔著,陈嘉映译《存在与时间》,北京三联书店,2012 年,第 176 页。
② （德）伽达默尔著,洪汉鼎译《真理与方法》,第 378 页。

给予的。"①

　　不过，焦氏的"性灵"更强调基于历史传统即融合前人思想观点而形成一种超越一般人的独特理解力、创新力，他排斥只用历史传统中某一家之言来解释经学。正是这种理解力和创新力，促成了圣人之道精益求精、日新不已。"圣人之道，日新而不已，譬诸天度，愈久而愈精，各竭其聪明才智以造于微，以所知者著焉。"（《述难一》）这种强调解释者在解释过程中的作用和创新意义的观点，客观上否定了圣人之道永恒不变的信念，在那个时代具有非凡的胆识和勇气。焦循的这一看法，与伽达默尔所说的"理解就不只是一种复制的行为，而始终是一种创造性的行为"②完全吻合。

（三）解释者与文本的"通"与"合"

　　按照西方解释学的说法，理解与解释既不是文本意义上的复制和再现，也不是解释者的自我理解。文本的意义固然重要，它规定了解释者理解和解释的向度，但其意义不是固定的、唯一的，理解与解释不完全取决于文本；解释者的"前见"或"前理解"是理解和解释的前提，若没有这样一个前提，理解和解释不会发生，但若过分凸显解释者"前见"和"前理解"的作用，认为任何理解与解释皆依赖"前见"和

---

① （德）伽达默尔著，洪汉鼎译《真理与方法》，第347页。
② （德）伽达默尔著，洪汉鼎译《真理与方法》，第380页。

"前理解"，忽略文本在解释中的意义，把解释仅仅局限为解释者的创造和复制意识，这种解释必然流于虚空。真正的经学解释应当是一种视域融合，是解释者与文本、历史与现实、客观与主观视域的融合。伽达默尔指出："每个时代都必须按照它自己的方式来理解历史流传下来的本文，因为这本文是属于整个传统的一部分，而每一时代则是对这整个传统有一种实际的兴趣，并试图在这传统中理解自身。当某个本文对解释者产生兴趣时，该本文的真实意义并不依赖于作者及其最初的读者所表现的偶然性。至少这种意义不是完全从这里得到的。因为这种意义总是同时由解释者的历史处境所规定的，因而也是由整个客观的历史进程所规定的。"[①] 按照伽达默尔的解释，文本是客观的，也是历史留下的。而解释者的"前见"和"前理解"是现实的，却也是基于历史传统形成的。当解释发生时，历史与现实、主观与客观、解释者与文本相互交感，形成一种新的视域。"如果没有过去，现在的视域就根本不能形成……理解其实总是这样一些被误认为是独自存在的视域的融合过程……在传统支配下，这样一种融合过程是经常出现的，因为旧的东西和新的东西在这里总是不断地结合成某种更富有生气的有效的东西，而一般来说这两者彼此之间不需要有明确的突出关系。"[②] 中国古代的经学家虽然没有提出视域融合概念，但不乏类似的

---

① （德）伽达默尔著，洪汉鼎译《真理与方法》，上海译文出版社，2002年，第380页。

② （德）伽达默尔著，洪汉鼎译《真理与方法》，第393页。

概念。如《易传》的"感通",即蕴含人与文本、人与自然、过去与未来交感会通、视域融合的意义。宋代朱熹讲"贯通",即物我、天人、主客浑然一体,也是一种视域融合。《大学章句》云:"至于用力之久,而一旦豁然贯通焉,则众物之表里精粗无不到,而吾心之全体大用无不明矣。"朱熹的贯通偏向主体心理感受,而清代朴学家在经学解释中提出的"通"与"合"主要涉及主客关系。如戴震讲"心知通乎条理",心知是主观,条理是客观,"在天为气化推行之条理,在人为心知通乎其条理而不紊,是乃知之为德也"。这个理解是"深思自得"而达到的"十分之见",不是个人的偏见。焦循说:

> 通核者,主以全经,贯以百氏,协其文辞,揆以道理。人之所蔽,独得其间,可以别是非、化拘滞,相授以意,各慊其衷。(《辨学》)
>
> 夫学《易》者,亦求通辞而已矣。横求之而通,纵求之而通,参伍错综之而无不通。则圣人系辞之本义得矣!(《易图略》卷六《原辞》下)
>
> 以己之性灵,合诸古圣之性灵,并贯通于千百家著书立言者之性灵。(《与孙渊如观察论考据著作书》)

所谓"通核",是指以经文为主,通过训诂、考核、辨析,融会诸家之说,以达到通释经文的目的。"通"是经学解释的目标。"古学大兴,道在其通。""通"有两层意思:一是贯通经文。"融会经之全文，以求经之义，不为传注所拘牵，此诚经学大要也。"这种解释"着眼于全经前后是否贯通，通过对局部与某些细节上文字名物的考证，参考各种现有成果，得出己见"①。易学之"通"，即是"参伍错综之"，综合运用"旁通""时行""比例"贯通全部《周易》经传之辞。二是以一经融通诸经、以经学融通诸家。如其所云："自学《易》以来，于圣人之道稍有所窥，乃知《论语》一书，所以发明伏羲、文王、周公之旨。盖《易》隐言之，《论语》显言之，其文简奥，惟《孟子》阐发最详最凿……以《孟子》释《论语》，即以《论语》释《周易》，无不了然明白，无容别置一辞。"（《论语何氏集解补疏·自序》）以经通百家与以百家通经类似，即"以经文为主，以百家子史、天文术算、阴阳五行、六书七音等为之辅，汇而通之"。

"合"，是在"通"的基础上把握圣人之意或经典之意。在焦循看来，古代圣贤、诸子百家所阐发的意义是一致的，经学解释立足于传统，经学家通过博览群书形成自己的"性灵"，然后以自己特有的"性灵"进入文本或圣贤的语境，通过实测方法考核验证，体悟把握文本或圣人之意，做到"以己之性灵，合诸古圣之性灵"。因此，经学解释的最高境界就是符合圣贤之意。阮元也有类似主张。他说："笃信好古，实事求是，汇通前圣微言大义而涉其藩篱，此为通儒之学也。"（《传经图

---

① 陈居渊《焦循儒学思想与易学研究》，齐鲁书社，2000 年，第 131 页。

记》）反之，"守一先生之言不能变通，而下焉者则惟习词章，攻八比之是务"是"陋儒之学"。

　　焦循指出，不同时代的经学解释存在很大的差别，任何一种解释都有合理成分，也都有偏见。他说："近世考据之家，唯汉儒是师，宋元说经，弃之如粪土，亦非也。自我而上溯之，汉，古也；宋，亦古也。自经而下衡之，宋，后也；汉，亦后也。唯自经论经，自汉论汉，自宋论宋，且自魏晋六朝论魏晋六朝，自李唐五代论李唐五代，自元论元，自明论明，抑且自郑论郑，自朱论朱，各得其意，而以我之精神血气临之，斯可也。何考据云乎哉！"（《里堂家训》下）阮元亦有同论："两汉名教，得儒经之功；宋明讲学，得师道之益，皆于周孔之道，得其分合，未可偏讥而互诮也。"（《拟国史儒林传序》）四库馆臣言："汉学、宋学两家互为胜负。夫汉学具有根柢，讲学者以浅陋轻之，不足服汉儒也。宋学具有精微，读书者以空疏薄之，亦不足服宋儒也。消融门户之见而各取所长，则私心祛而公理出，公理出而经义明矣。"（《四库全书总目·经部总叙》）因而对经典解释活动来说，最重要的是创新。如前所言，圣人之意不是一成不变的，而是发展的。视域融合不仅是接近圣人之意，而且是发展圣人之意，发展圣人之意就是创新。

　　总之，焦循延续了乾嘉学派的传统，其经学解释以文本为中心，运用实测方法、考辨方法、文字训诂方法理解与解释文本，探求文本的固有意义，以防"患于不实""患乎不学"，偏于一家之言。同时，他不满于当时易学与经学研究停留于训诂考证，提出"证之以实，而运之于虚"的观点，把以文本为中心、恢复和再现文本意义的文本解释学提升到"说经之文主于意"、以探索经学义理为主旨的哲学解释学层面，肯定解释者个体"性灵"在解释活动中的作用和意义。这种强调解释者主体内在价值的解释学，彰显了焦氏解释学别开生面的独特性和充满活力的创新性，"体现了'后戴震时代'的乾嘉学者在追求经学的原初的、客观性意义的目标下，重视一种保证客观性、原义的训诂学与制度史的考证方法的同时，还在追求另一种新的精神，即强调研究者主体性的方法"①，为乾嘉经学注入了新的活力，反映了乾嘉后期、道咸时期经学研究的新趋势。

当然，应该看到，虽然焦循肯定了"己意""性灵"在解释过程中的作用，并以其"证之以实，而运之于虚"的解释进路穷索多年，建立了自己的易学体系，但其经学解释学预设了圣人之意是永恒的、普适的、一以贯之的真理，内涵圣人之意的经典文本则是解释的对象，这就决定了其解释永远不会超越文本之意即圣人之意，解释的本质不是视域融合而形成新的观点，而是"通""合"圣人之意。也就是说，无论他的解释在易学和经学上有多么大的创新，也只能归功于圣人。所有新的

---

① 吴根友《"性灵"经学与"后戴震时代"个体主体性之增长》，《学术研究》，2010 年第 8 期。

见解都不会说成是自己的发明，而是早已存在于文本之中的圣人之意。就此而言，焦循并未真正超越乾嘉汉学以文本为中心的解释学。之所以如此，除了中国的经典解释必须遵循一套规则和范式外，还与中国古代长期的崇圣、崇经观念密切相关。这显然与西方的解释学存在本质区别。

二、"本实测"以解构汉魏象数易学

焦循自幼好《易》，博览群书，尝自言："余之学《易》也，自汉魏以来，至今二千余年中，凡说《易》之书，必首尾阅之。"（《易广记》卷一）其中，对他影响最大的是汉代象数之学。"包牺之卦，参伍错综，文王周公之系辞，亦参伍错综……孔子十翼亦参伍错综赞之，所以明《易》之道者备矣。七十子殁，道在孟子……故孟子不明言《易》，而实深于《易》。其商瞿所受，杜田生所传，散见于孟喜、京房、郑康成、虞翻之说，不绝如缕。"（《易通释叙目》）汉易诸家，又首推虞翻："汉魏以来，说《易》诸家，最详善者，莫如仲翔虞氏。"（《易图略原辞》）事实上，焦循易学受汉代象数之学影响极深，但另一方面，焦循发现以汉代象数学解释《周易》文本无法贯通，更有许多牵强附会之处。基于此，《易图略》以"实测"之法，对汉代象数易学的卦变、纳甲、卦气、爻辰等体例展开了深入的检讨，这与同时代笃守汉易的惠栋、张惠言形成了鲜明的对比。

（一）卦变之说不能画一

卦变说是汉代象数易学的重要体例。卦变说始于荀爽和虞翻。在焦氏看来，卦变说的最大问题是前后不一而不能圆融。他说："卦变之说，本于荀虞，其说皆不能画一。"（《易图略·卦变》）以荀爽为例，荀氏卦变有本于六子者，有本于乾坤者，有本于十二消息卦者，有用焦氏《易林》法者，有用京房世应说者，体例不一。虞氏卦变则以十二消息卦生出其他卦：三阴三阳之卦本于泰、否，二阴四阳之卦本于大壮、遁，二阳四阴之卦本于临、观。焦循认为，虞氏卦变说的问题是不能一以贯之，一阴一阳之卦即是明证："三阴三阳既本诸泰、否，二阴四阳、四阴二阳既本诸临、观、大壮、遁，则一阴五阳、五阴一阳亦宜本诸复、姤、剥、夬矣。"然而，在虞翻易学中，谦来自乾、坤，豫来自复初之四，比来自师二之五，履来自讼初变，小畜来自需上变，"无复、姤、夬、剥之例"。另外，二阳四阴之卦屯、蒙、颐、坎四卦不来自临、观，二阴四阳之卦大过、离、中孚、小过不来自大壮、遁。无妄、大畜、损、益是一爻位置变、其他爻皆变之例，违反了卦变两爻互易之例。

焦氏把虞翻卦变说的问题归结为五点：一卦之来由爻之变，一谬；六子与诸卦互生，二谬；一阴一阳之卦"参差不一"，三谬；鼎、革、屯、蒙、颐、坎、大过、离之于临、观、大壮、遁等卦，"无所归附"，四谬；晋、讼生中孚、小过，噬噬生丰，贲生旅，"蔓延无宗，不能自持其例"，五谬。（《易图略·卦变》）焦循认为，对于卦变中的问题，虞翻不是不知，而是故意掩盖其蔽："虞氏自知其不可强通，姑晦其辞，貌为深曲，而究无奥义也。""虞氏而后，若蜀才、卢氏、姚信、侯果之流，皆言卦变，宋李挺之、朱汉上，复整齐而更张之，皆不免支左诎右。王弼屏而去之，郑东谷、俞石涧力辨卦变之非，而东谷取错卦，石涧取反对，明人来矣鲜本石涧之书，而以反对为卦综，以旁通为卦错。东谷谓以乾坤为本，而取刚柔之变相错。然而'八卦相错'，自卦之相错也。而以为旁通，非其义矣。"（同上）

历史上言卦变者，多以《彖传》"刚柔""上下""往来""进退"为据，证明卦变为《易》文本所固有。焦氏指出："说《易》者，必沾沾于卦变、反对者，何也？以《彖传》有'往来''上下''进退'之文。荀、虞以来，大抵皆据以为说，传文不可以强通，故不能画一耳。"（《易图略·卦变》）焦氏对照《彖传》文辞一一予以批驳。如《彖传》释晋、鼎、睽言"柔进而上行"，按照汉儒解释，观䷓四进五为晋䷢，遁䷠二进五为鼎䷱，似晋与鼎本消息卦。而大壮䷡三之上为睽䷥，三爻为阳，当为刚进，而非柔进，故与消息卦不符。无妄䷘二进五为睽，讼䷅初进五为睽，中孚䷼四进五为睽，但无妄、讼、睽不是消息卦。《彖》释无妄、讼、中孚皆曰"刚中"，而不言"柔进而上行"。以经文言之，"柔进而上行"是释晋"康侯锡马"之辞，观四进五，是以正位变不正位，则无法理解

"康侯锡马"。又，"柔进而上行"释暌"小事吉"、释鼎"元亨吉"，而暌五柔为丧马、为恶人（作者按：暌初爻为"丧马"、为"恶人"），则与"小事吉"意义不符，鼎五柔为"覆餗"，为"形渥"（作者按：鼎四爻为"覆公餗，其形渥"），与"元亨吉"意义不符。

又如《彖传》言"刚来"者有随、讼、涣、无妄四卦。前三"刚来"似本自消息卦，即否上之三为随，遁三之二为讼，否四之二为涣。但《彖》释无妄言"刚自外来而为主于内"，若以无妄本之遁卦，遁☶初三互易为无妄☳，初三皆在内卦，则非自外卦。因无法解通，有学者强解之。或解释为遁上阳爻居其初则为无妄，即一爻居初爻，其他四爻皆变。或将三解释为下卦之外。然以下卦为内、上卦为外属常例，故不可解。"以三为外，是内外混淆矣。若以三为外，虞氏何必迁移其说以自紊。"也有将"外"强行视为衍文者。《彖》以"刚来而得中"释讼"有孚窒惕中吉"，若依卦变说，遁☶三之二为讼☵，则二三由得位变失位，则与"吉"辞意义相违。在此基础上，焦循提出："凡传称外内、刚柔、往来、上下皆指旁通，以为卦变，非也。以为反对，亦非也。"他分析了卦变说流行的原因："盖汉魏之时，孔门说《易》之遗，尚有景响，而荀虞不求其端，不讯其末，不知各指所之之义，而以为卦爻可随意推移，遂成千古谬说之所由来。"（《易图略·卦变》）

不过，他对虞翻卦变说并非一味否定。如虞注《升·彖》"柔以时升"云："柔，谓五，坤也。升，谓二。坤邑无君，二当升五虚。"此言升䷭二五失位，当二五互易。焦氏称赞虞翻此解颇有见地，与"时行"相合："虞氏此说最精最明，可推诸所称柔进而上行者，所谓时行也。"（《易图略·卦变》）而焦循所作《当位失道图》，与虞翻卦变亦有关联。"余既为当位失道等图，以明其所之之吉凶、悔吝，此即为荀、虞之卦之说之所本，去其伪，存其真，惜不能起荀、虞而告之耳。倘殁后有知，当与之畅谈于地下也。"（同上）

（二）纳甲说"牵合不能贯通"

纳甲之说最早见于西汉《京氏易传》。书中写道："分天地乾坤之象，益之以甲乙壬癸；震巽之象配庚辛，坎离之象配戊己，艮兑之象配丙丁。"（《京氏易传》卷下）京氏纳甲依据的是天地阴阳之道："乾坤者，阴阳之根本。"（同上）故乾坤生"六子"也有阴阳之分，震、坎、艮为阳，巽、离、兑为阴。天干亦分阴阳，甲丙戊庚壬为阳，乙丁己辛癸为阴，故八卦与天干相配的原则是以阳配阳、以阴配阴。陆绩注《京氏易传》云："乾坤二分，天地阴阳之本，故分甲乙壬癸，阴阳之始终。庚阳入震，辛阴入巽。戊阳入坎，己阴入离。丙阳入艮，丁阴入兑。"沈括则以天地胎育之理解释纳甲说："《易》有纳甲之法，未知起于何时。予尝考之，可以推见天地胎育之理。乾纳甲壬，坤纳乙癸者，上下包之也。震巽坎离艮兑纳庚辛戊己丙丁者，六子生于乾坤之包中；如物之处胎甲者……乾坤始于甲乙，则长男、长女乃其次，宜纳丙丁；少男、少女居其末，宜纳庚辛。今乃反此者，卦必自下生，先初爻，次中爻，末乃至上爻。此《易》之叙，然亦胎育之理也，物之处胎甲，莫不倒生，自下而生者。卦之叙而冥合造化胎育之理，此至理，合自然者也。"（《梦溪笔谈》卷七）

东汉魏伯阳作《周易参同契》，援《易》入道，凭借易理建立了炼丹的理论体系，易学纳甲就是其中一例。魏伯阳以京房纳甲为基本框架，杂糅当时天文学中有关月体运动变化的知识，创立了月体纳甲说，以阐发炼丹火候。他说：

> 三日出为爽，震受庚西方；八日兑受丁，上弦平如绳；十五乾体就，盛满甲东方。蟾蜍与兔魄，日月气双明，蟾蜍视卦节，兔魄吐精光，七八道已讫，屈折低下降。十六转受统，巽辛见平明；艮直于丙南，下弦二十三；坤乙三十日，东北丧其朋。节尽相禅与，继体复生龙。壬癸配甲乙，乾坤括始终。（《周易参同契》卷下《朔受震符章》）

虞氏援道入《易》，用纳甲解《易》。如虞注《系辞》"县象著明，莫大乎日月"云：

> 谓日月县天成八卦象，三日莫震象出庚，八日兑象见丁，十五日乾象盈甲，十七日旦巽象退辛，二十三日艮象消丙，三十日坤象灭乙，晦夕朔旦，坎象流戊，日中则

离，离象就己，戊己土位，象见于中。日月相推而明生
焉，故县象著明，莫大乎日月者也。

虞翻纳甲与《周易参同契》纳甲略有不同：其一，虞翻
主十七日晨巽卦用事，《参同契》则主十六日巽卦用事。其二，
虞翻以二十九日为坤卦用事，纳乙，以三十日为日月会合之
时，纳壬，而《参同契》只言"乾坤括终始"，不言坎离会壬
癸。其三，虞氏根据纳甲方位提出"乾坤生春，艮兑生夏，震
巽生秋，坎离生冬"，其中坎离生冬之说，异于魏伯阳。

焦循考察了纳甲说的发展演化之后，对京氏纳甲及陆绩、
沈括的解说表示认同，认为其符合《说卦传》"乾坤生六子"
的理论。他说：

> 沈括《梦溪笔谈》说之最精，乾坤始于甲乙，则长男
> 长女乃其次，宜纳丙丁，少男少女居其末，宜纳庚辛。乃
> 反此者，卦必自下生，先初爻，次中爻，末乃至上爻。其
> 说是也。盖由壬癸而庚辛，而戊己，而丙丁，而甲乙，自
> 终而始，亦循环之义也……然其以甲乙为始，壬癸为终，
> 丙丁戊己庚辛次壬癸而上，第以纪后先之叙，于《说卦
> 传》东南西北之位未尝紊也。（《易图略·论纳甲》）

而后，焦循批评了魏伯阳的月体纳甲说，认为魏氏纳甲用
月体位置变化比附八卦以用于修炼，不合阴阳之理，有悖京氏

之意。他说：

> 其说用以明修炼之法。假庚辛丙丁甲乙，为月出没之方。然兑少阴而以为二阳，艮少阳而以为二阴，固非阴阳之义。而同一东方，何生甲而没乙？同一西方，何生庚而没辛？同一南方，何生丁而没丙？如谓生于阳，没于阴，则甲庚为阳而生，丁为阴而亦生，乙辛为阴而没，丙为阳而亦没。戊阳入坎，以坎中男属阳也。己阴入离，以离中女属阴也。今依坎月离日言之，而以坎纳戊，以离纳己，异乎京氏之义矣。（《易图略·论纳甲》）

依焦氏之见，魏伯阳月体纳甲之错误有三：其一，兑为少阴卦，取二阳之义；艮为少阳，取二阴之义，与《易》阴阳之理相悖。其二，以月体方位看，同一方位或阳生阴生，或阴没阳没，不符合阳生阴没之理。"生于阳，没于阴，则甲庚为阳而生，丁为阴而亦生，乙辛为阴而没，丙为阳而亦没"。其三，坎为月为阴、离为日为阳，与京房"坎中男属阳""离中女属阴"相抵牾。

进而，焦氏又对虞翻以纳甲注《易》的做法提出批评。如虞氏言"乾坤生春，艮兑生夏，震巽生秋，坎离生冬"，焦氏认为此是据魏伯阳之误，"定八卦方位四时之所生"。"于孔子离南坎北之位既悖，于孔子兑正秋之位亦悖"。又，虞翻言三十日日月会于壬，又有人认为三十日日月会于癸。焦氏认为，日生于东，日夕入西；月生于西，月晦入东，此为"有定"。日月之会不在北，"谓会于壬不可，谓会于癸亦不可"。魏伯阳不言坎离会于壬癸，"而虞翻乃执以为八卦之列，如此而附会坎离生冬之说，又乖于魏氏之义矣"。总之，纳甲之方位"已牵合不能贯通"。

从注经看，虞氏以纳甲注《易》，不能一以贯之。如《蛊》有"先甲""后甲"之辞，《巽》有"先庚""后庚"之辞。虞氏注解《蛊·彖》云："谓初变成乾，乾为甲，至二成离，离为日，谓乾三爻在前，故'先甲三日'，贲时也。变三至四体离，至五成乾，乾三爻在后，故'后甲三日'，无妄时也。"注《巽·九五》云："震，庚也。变初至二成离，至三成震，震主庚，离为日，震三爻在前，故'先庚三日'，谓益时也。动四至五成离，终上成震，震三爻在后，故'后庚三日'也。"焦氏认为，按照虞翻之说，巽☴初与二同变成离，为三日，三爻变下卦成震，震纳庚，故曰"先庚"（即巽☴变益䷩）。四与五同变又成离，为三日，上爻变成震，震纳庚，为"后庚"。按照以上思路与方法，蛊䷑应先变初、二、三爻，但若变初与二为离，不能得乾，故虞翻"不得不变其说"，只能改变思路，言蛊䷑初变成乾☰，为"先甲"，乾三爻在先，二变成离，为日，故"先甲三日"。变至二爻，蛊䷑变贲䷕，再变三爻为震，则无用。变四爻成噬嗑䷔，其上卦为离。变五为乾，乾三爻在后，则为"后甲三日"。显然，蛊"与巽之初二同变为离，三变为震，已自不合"。在焦氏看来，虞翻的爻变方法不严谨，前后不贯通，即由巽卦推不出蛊卦，由蛊卦推不出巽卦，即所谓"'先甲''后甲'不能达于'先庚''后庚'，并'先甲三日'且不能达于'后甲三日'也"（《易图略·原辞下》）。

（三）《易》与历"其义可通，其用不可合"

卦气说是易学与历法相结合的产物。按照一定的规律，将《周易》六十四卦、三百八十四爻与一年中的四时、十二月、二十四气、七十二候相配，就是卦气说。卦气说是两汉易学家借以解说《周易》、建立筮法体系的重要方法之一。一般说来，系统的卦气说始于孟喜。孟喜以《周易》中坎、震、离、兑四卦分主四方四季。从方位看，坎居正北，震居正东，离居正南，兑居正西。从节气看，四卦主四季，一卦六爻，四卦二十四爻分主二十四气，所谓"坎震离兑，二十四气，次主一爻"。《周易》六十四卦，减去四正卦，余六十卦配以十二个月，每月主五卦，以辟、公、侯、卿、大夫命名，其中以辟卦为主，十二辟卦主十二月：复主子月，临主丑月，泰主寅月，大壮主卯月，夬主辰月，乾主巳月，姤主午月，遁主未月，否主申月，观主酉月，剥主戌月，坤主亥月。由复至乾六卦自下而上阳长阴消，故称息卦；姤至坤六卦阴长阳消，故称消卦。阴阳周流消息，表示十二个月交替循环，这就是孟喜所谓的"五六相乘，消息一变，十有二变而岁复初"。以六十卦与一年三百六十五又四分之一日相配，每卦值六日八十分之七日，此即"六日七分说"（即 $365 \div 60 = 6\dfrac{7}{80}$）。孟喜卦气说已失传，今见于《唐书》所载僧一行《十二议》之《卦议》。京房与《易纬》在继承孟喜卦气说的基础上有所发展。如京房不同意孟喜四正卦主二十四节气的说法，而是别出心裁地将震、兑、坎、离、巽、艮六卦与二十四节气匹配，提出了六卦主二十四节气的思想。坎、巽、震、兑、艮、离六纯卦每卦取初四两爻，一爻值两节气，配法是：坎卦初爻主立春、立秋，四爻主立夏、立冬；巽卦初爻主雨水、处暑，四爻主小满、小雪；震卦初爻主惊蛰、白露，四爻主芒种、大雪；兑卦初爻主夏至、冬至，四爻主春分、秋分；艮卦初爻主小暑、小寒，四爻主清明、寒露；离卦初爻主大暑、大寒，四爻主谷雨、霜降。（见《京氏易传》卷下）又如，京房以六十四卦与三百六十五又四分之一日相配，从颐、晋、井、大畜四卦所主的六日七分中分别减去七十三分，则为五日十四分 $\left(6\frac{7}{80} - \frac{73}{80} = 5\frac{14}{80} \right)$，

七十三分则由四正卦分主之，即颐、晋、井、大畜分主五日十四分 $\left(5\frac{14}{80} \right)$，坎、离、震、兑分主七十三分 $\left(\frac{73}{80} \right)$，其余卦各主六日七分。

汉代完整的卦气说主要见于《易纬》。《易纬》除沿袭孟京卦气说以外，还提出了新的卦气说。如用八卦表示八方和一年的月份及相关节气。《乾凿度》认为，震位在东方，主二月；巽位在东南，主四月；离位在南方，主五月；坤位在西南，主六月；兑位在西方，主八月；乾位在西北，主十月；坎位在北

方，主十一月；艮位在东北，主十二月。《通卦验》认为八卦各主一节气：震主春分，巽主立夏，离主夏至，坤主立秋，兑主秋分，乾主立冬，坎主冬至，艮主立春。震离兑坎为四正卦，巽坤乾艮为四维卦，这就是"四正四维"说。

焦氏在考察汉代卦气说之后，对汉代卦气说提出了批评。他认为，《易》与历法是不同的领域，"《易》自为《易》，历自为历，其义可通，其用不可合"，"以《易》说历，与以历说《易》，同一牵附"。以孟喜卦气说为例，十二月主六十卦，一月主五卦，五卦三十爻主三十日，一爻主一日，每卦六爻主六日，而据历法则每卦主六日七分，"而此七分未尝以当一日"。京房为附会经文之"七日来复"，"乃割颐七十三分益于中孚之六日七分"，以合成八十分为一日，而称"七日"。"若是卦不起于中孚而起于颐，不合此法，故以此七十三分归诸坎，而颐之六日七分乃仅有五日十四分，于是割晋以归震，割井以归离，割大畜以归兑，错乱不经，诚如一行所诮，不知京氏固非，孟亦非是"，故"又京氏减七十三分为四正之候，其说不经，欲附会纬文'七日来复'而已"。

东汉郑玄曾以十二消息卦注复卦"七日来复"：建戌之月剥卦阳气尽，经过亥月纯阴坤卦，至建子之月值复卦。坤主六日七分，举成数言之，为七日。焦氏认为，这种解释与京房不同。京氏之说，"无论自坎来、自颐来、自中孚来，皆非经之所有"。而郑玄以剥、坤、复三卦相次，改为自剥隔坤而来复，这种解释同样错误。"然则六日七分者，六十卦所值，以坤言

之，则相隔一月，何止七日？"并引李覯《易图论》和毛奇龄
《易小帖》之说，以六日七分说自剥卦全复卦不止隔一卦，故
言"七日"误。虞翻自称传孟喜易，却以震释七日，按孟喜卦
气，震不在六日七分。若依京氏割晋七十三分归震，也不是
七日。

由此，他认定卦气说本与《周易》无关，为术家所用：
"夫《易》六十四卦三百八十四爻，与一岁三百六十五日四分
之一，本不可以强配，术家取卦名以纪之，以坎、震、离、兑
为四正，以乾、坤侪于十辟，以艮、巽为六日七分杂卦。彼原
无取于八卦、六十四卦之义……乾、坤、复、姤等既用以配
十二月，又用以当一月中之六日七分，譬之罗经二十四向，于
十干则舍戊己，于八卦止用乾、巽、坤、艮，其别有用意，原
无关于《易》也。"故"用以说经，则谬矣"（《易图略·论卦
气六日七分下》）。

南宋王应麟以《系辞上》解释《中孚》、《系辞下》解释
《咸》为据，主张《易》有六日七分说，焦氏对于《系辞传》
所涉诸卦排列进行了分析，认为"殊不可解"。而李覯则以扬
雄《太玄》证卦气驳刘牧。焦氏辨之曰："然此卦气之序，非
《易》之序，太玄所准者，卦气也。非《易》也。《易》之序，
孔子传之矣。《太玄》所准，用以训释卦名可耳，举《太玄》
以证卦气之序，不可也。"（《易图略·论卦气六日七分下》）

不过，焦氏并未完全否认《易》与历法之间的关系。如他
说："其取坎、离、震、兑为四正，本诸《说卦传》东西南北

之位。其取十二辟卦，第以阴爻阳爻自下而上者以为之度，其余不足以配。"由此观之，焦氏肯定卦气说中的四正卦和十二消息卦，认为其符合《易》之精神，亦与历法有相通之处。但六日七分纯属牵强附会，当否定之。

此外，焦氏还对爻辰说提出了批判。首先，他认为郑玄爻辰说本于《易纬》的说法是错误的。《易纬》爻辰以两卦主一岁，六十四卦为三十二个周期，泰否、小过中孚为特例，其余从乾坤始，乾贞于十一月子，左行阳时六；坤贞于六月未，右行阴时六，两卦主一年十二个月。焦氏认为，《易纬》"本无深意"，并引胡煦之语说"其浅薄可知"。而郑注"非《乾凿度》本意，然所谓左右交错者，无有异也"。有人说郑玄注《易》所用爻辰本之乐律，南宋朱震作"阳律阴吕和声图"，清惠栋谓《乾凿度》之说与"十二律相生图"合。焦氏指出："汉上所由混合于前，惠氏不免舛误于后也。要之，纬家之书，混杂无定，原无与于圣经。郑氏注《乾凿度》，自依纬为说。其注《易》不用《乾凿度》为爻辰之序。"基于此，他提出："自为郑氏一家之学，非本之《乾凿度》，亦不必本之乐律也。"对于郑玄以爻辰注《易》，焦氏认为"谬悠非经义"，"非圣人之意"。同时，焦氏认为虞翻注《易》所用的"半象"和"两象易"也颇为牵合。至于"纳音"，属"西汉末纬家所造，而又谬悠其数"，"牵合未得其自然"。

值得注意的是，反思与检讨汉易并非始于焦循，而是起自魏晋王弼。清初顾炎武、毛奇龄、黄宗羲等人在清理、批判宋易图书之学时也承袭了王弼的传统。如顾炎武认为，汉儒离开《周易》原本的卦爻象，"象外生象"，以此解释《周易》必然陷入"穿凿附会"的弊端。他说："荀爽、虞翻之徒，穿凿附会，象外生象……十翼之中，无语不求其象，而《易》大指荒矣。"（《日知录》卷一）他明确反对汉儒采用互体卦变注经，认为《易》之互体卦变、《诗》之叶韵、《春秋》之例日月，经说之缭绕破碎于俗儒者多矣"。毛奇龄认为，汉儒卦变说虽与自家"移易说"相合，但诸家卦变多偏于某一方面，"或主旁通，或主正变，或以乾坤为父母，或以泰否为胚胎，或兼宗六子，或专本十辟，而罝十漏一，依彼失此，初未尝不与推移相合，究之守一则不能相通，遍易则无所自主，补苴傅会，未免牵强"（《推易始末》）。尤其是汉儒卦变，一卦因阴阳爻互易而成另一卦，一卦只能生一卦，即他所说的"推一谓止移一爻，遍易谓凡爻可易"。黄宗羲对汉易中的纳甲、卦气、互体、卦变等做了深入剖析，提出汉易中的"月体纳甲说乱其序，于五行不符"；卦气说"于象于名两无当"，与历法不符合；互体"其相传必有自，苟非证之经文而见其违背，未尝可以臆弃矣"。反思、检讨汉易的另一高潮是乾嘉中后期。乾嘉时期，惠栋、张惠言、姚配中等人以否定宋易、恢复汉易为主要内容的易学成为当时研究的主流。这种过度推崇汉易、疏于义理的易学，弊端愈发暴露，使得汉易之是非再次成为学术焦点，于是，反思、检讨汉易象数学便成为历史的必然。高邮王念孙、王引之父子不崇尚汉易，而是以回归《周易》文本为旨归，奉经典文本为圭臬，不取汉易卦变、纳甲、爻辰、之正诸说。与之不同的是，焦氏对汉易的检讨与批判是以文本实测为方法，在吸收汉儒升降、卦变的基础上，以脱离文本、不能贯通、牵强附会为原因否定了纳甲、爻辰、卦气说，重建了以旁通、爻变为核心，内涵时行、相错的象数易学体系。他与王引之等人一并开启了从汉学内部反思、检讨汉易的思潮。这是焦循对易学发展的重要贡献。

焦氏从文本解释出发，以文本为尺度品评汉易象数，指出汉代象数易学在注经时表现出的种种弊端，其批评有理有据、一针见血。这对深入探讨汉易、推进象数易学的发展有重要的学术意义。他提出"实测"方法，主张以文本为尺度考察验证汉易象数，这从解经的角度看来极为可贵。然而，实测所得结果与文本是否符合，与文本解读的正误有关。若准确无误地理解了文本，则实测所得必定与文本相符。反之，若误读了文本，并以这种误读来实测，即使能贯通文本，也一定不符合经典本义。焦循只看到了汉代象数易学在解经中的弊端，却未能揭示汉易的根本弊病源于对《易传》"观象系辞"的误读，夸大了象的作用。事实上，圣人并非以严格对应的方式依象作辞，故以严格对应的方式以象解辞，必定会陷入支离破碎、牵强附会的境地。就此而言，焦循对汉易的批评仍然缺乏深度。他的象数易学虽不同于汉儒，实质上只是用一种象数易学取代另一种象数易学，仍然没有也不可能摆脱和超越汉代易学。另外，汉代象数易学确实有与《周易》文本不符的问题，从文本解释的角度说，确实应当指出。但是，从思想发展的角度言之，汉易是否真的全无可取之处？这一问题值得深思。

三、"本实测"以重建汉易象数

焦循《易图略序目》开明宗义，称自己由"实测"《周易》经传发现了"旁通""相错""时行"三大规则。他说：

> 余学《易》所悟得者有三：一曰旁通，二曰相错，三曰时行。此三者皆孔子之言也，孔子所以赞伏羲、文王、周公者也。夫《易》犹天也，天不可知，以实测而知。七政恒星，错综不齐，而不出乎三百六十度之经纬。山泽水火，错综不齐，而不出乎三百八十四爻之变化。本行度而实测之，天以渐而明；本经文而实测之，《易》亦以渐而明。非可以虚理尽，非可以外心衡也。余初不知其何为"相错"，实测经文传文，而后知比例之义出于"相错"。不知"相错"，则比例之义不明。余初不知其何为"旁通"，实测经文传文，而后知升降之妙出于"旁通"。不知"旁通"，则升降之妙不著。余初不知其何为"时行"，实测经文传文，而后知变化之道出于"时行"。不知"时行"，则变化之道不神。未实测于全《易》之先，胸中本无此三者之名。既实测于全《易》，觉经文传文有如是者，乃孔子所谓相错；有如是者，乃孔子所谓旁通；有如是

者，乃孔子所谓时行。测之既久，益觉非旁通、非相错、非时行，则不可以解经文传文，则不可以通伏羲、文王、周公、孔子之意。(《易图略序目》)

焦氏此段话有三层意思：其一，指出自己研究易学的最大创见在于发现了"旁通""相错""时行"，三者都来自孔子，是孔子解释伏羲、文王、周公之《易》而提出的。伏羲、文王、周公、孔子一以贯之，故以此可以揭示经传本义，洞悉四圣之意。其二，"旁通""相错""时行"不是焦循个人的凭空杜撰，而是"实测"而得，即三者是《周易》经传固有的思想。其三，这三个象数体例不是彼此孤立的，而是相辅相成的，它们共同构成了一套象数方法系统。牟宗三指出："(焦循)自己发现出三个原则：(i)旁通；(ii)时行；(iii)相错。由旁通中又引出一个附属原则曰：(iv)当位失道。由相错中又引出一个附属原则曰：(v)比例。由此五根本原则钩贯了一部《周易》之错综。"[1]此外，"假借"也是焦循解《易》的重要方法之一。以下逐一论之。

(一)旁通说

焦循的"旁通"，就内容而言，并不是来自伏羲、文王、

---

[1] 牟宗三《清焦循的道德哲学之易学》，见《周易的自然哲学与道德涵义》，台北文津出版社，1988年，第266页。

周公、孔子，而是源于汉儒荀爽的"升降说"、虞翻的"旁通说"和荀虞两家的"成既济定"。用"升降"注《易》是荀爽易学的一大特色。从注经来看，"升降"说非常灵活，有时表现为某一别卦内部阴阳爻的升降互易，有时表现为两卦之间的卦爻交换，如乾坤升降。虞翻的"旁通"本于《易传》"六爻发挥，旁通情也"一句，意谓六对同位之爻阴阳相反的两卦互为旁通。"成既济定"，是指阴阳失位之爻通过互换位置而成六爻阴阳全得位之既济卦。在此基础上，焦循提出了自己的旁通说：

> 凡爻之已定者不动，其未定者，在本卦，初与四易，二与五易，三与上易。本卦无可易，则旁通于他卦，亦初通于四，二通于五，三通于上……初必之四，二必之五，三必之上，各有偶也。初不之四，二不之五，三不之上，而别有所之，则交非其偶也。（《易图略》卷一）

按焦氏的说法，旁通两卦十二爻共六爻失位，此失位六爻按初与四、二与五、三与上的应位原则互换位置，从而使其阴阳得位。如乾与坤旁通，☰乾六爻二、四、上阳居阴位而失位，初、三、五阳居阳位而得位，坤☷六爻初、三、五阴居阳位而失位，二、四、上阴居阴位而得位，则两卦失位的六爻二五、初四、三上互易，即乾二之坤五、乾四之坤初，乾上之坤三；坤五之乾二、坤初之乾四、坤三之乾上。又如同人与师旁通，同人☲四、上失位，师卦☷初、二、三、五失位，则师二与五易位、初之同人四、三之同人上。再如既济☵六爻得位，未济☲六爻全失位，则未济二五易位、初四易位、三上易位。焦循曾以儒家的"成己成物""正己正人"为据，论证旁通两卦升降互易的合理性。他说：

> 成己所以成物，故此爻动而之正，则彼爻亦动而之正，未有无所之，自正不正人者也。枉己未能正人，故彼此易而各得正，未有变己正之爻为不正，以受彼爻之不正也。（《易图略》卷一）

成己，是就本卦而言，本卦阴阳失位，易位变正，是"成己"。与此同时，旁通之卦亦通过阴阳爻升降互易而变正，是谓"正人"。就此而言，"旁通"蕴含着儒学义理，表达了人与人之间的相互关系。

为了说明"旁通"符合《周易》本义而非个人杜撰，焦循在《易图略》中以"实测"的方法列举了三十个例证。如《同人》卦九五爻辞："同人，先号咷而后笑，大师克，相遇。"《象》曰："大师相遇，言相克也。"焦循认为，其中的"师"字是指《师》卦。《同人》卦九五爻辞之所以言"师"，是由于《同人》卦☲与《师》卦☵旁通。"若非《师》与《同人》旁通，则师之相克、师之相遇与同人何涉？"又如，《周易》《小畜》卦卦辞："小畜，亨，密云不雨，自我西郊。"《小过》六五爻辞："密云不雨，自我西郊，公弋取彼在穴。"焦循认为，"密云不雨，自我西郊"之所以见于《小畜》卦和《小过》卦，是因为《小畜》☰与《豫》☷旁通，《小畜》上九与《豫》卦六三两爻互易后，《豫》卦变成了《小过》卦☷。"《小畜》'密云不雨，自我西郊'，其辞又见于《小过》六五。《小畜》上之《豫》三，则《豫》成《小过》……解者不知旁通之义，则一'密云不雨'之象，何以《小畜》与《小过》同辞？"这些例子证明，"《易》之系词全主旁通"（《易图略》卷一）。

由此可见，虽然焦循的旁通说本于荀爽"升降"和虞翻"旁通"，但并非二者的简单组合，而是有自己的独到创见。如前所言，他的旁通说富有逻辑性，前后贯通，实测经传，持之有据，自圆其说。"实测经文传文，而后知升降之妙出于旁通。"在他看来，汉代的升降说与旁通说不尽完善："升降说，见于荀爽；旁通说，见于虞翻。但荀爽明升降于乾坤二卦，而诸卦不详。虞氏以旁通解《易》，而不详升降之义。顾乾坤之升降，即乾坤之旁通。而诸卦之旁通，仍乾坤之升降。"（《易图略》卷一）

（二）当位、失道

旁通两卦失正六爻共构成初四、二五、三上三对互易，哪对率先互易，会引发不同的结果，由此便引申出"当位""失道"与吉凶的问题。焦循说：

> 《易》之动也，非当位，即失道，两者而已。何为

当位？先二五，后初四、三上，是也。何为失道？不俟二五，而初四、三上先行是也。当位则吉，失道则凶。然吉可变凶，凶可化吉。吉何以变凶？乾二先之坤五，四之坤初应之，乾成家人，坤成屯，是当位而吉者也。若不知变通，而以家人上之屯三，成两既济，其道穷矣。此"亢龙"所以为"穷之灾"也。此吉变凶也。凶何以化吉？乾二不之坤五，而四先之坤初，乾成小畜，坤成复，是失道而凶者也。若能变通，以小畜通豫，以复通姤，小畜、复初四虽先行，而豫、姤初四则未行，以豫、姤补救小畜、复之非，此"不远复"所以"修身"也。此凶变吉也。惟凶可以变吉，则示人以失道变通之法。惟吉可以变凶，则示人以当位变通之法，《易》之大旨，不外此二者而已。（《易图略》卷二）

　　在易学传统中，当位是指阳爻居阳位、阴爻居阴位；反之，阳爻居阴位、阴爻居阳位则为失位。当位者吉，失位者凶。焦循不然。他的当位、失道是就旁通两卦三对爻互易的次序而言的。在初四、二五、三上三对爻变中，二五率先易位，则当位而吉，初四或三上率先易位，则失道而凶。以乾坤为例。乾坤旁通，三对互易之爻分别为初四、二五、三上。若乾二之坤五，乾成同人䷌、坤成比䷇，则为当位。在此基础上乾四再之坤初（实为同人四之比初）而成家人䷤、屯䷂，或者乾上之坤三（实为同人上之比三）而成革䷰与蹇䷦，亦当位而吉。

反之，乾坤三组互易若初四先行，乾成小畜☴、坤成复☷，则为失道。在此基础上，乾二再之坤五（实为小畜二之复五）成家人☲、屯☵，或乾上再之坤三（实为小畜上之复三）成需☵、明夷☷，亦为失道。三上先行与初四先行同理。总之，只要三对互易爻中二五先行，即属当位；初四或三上先行，即属失道。

（三）时行

不过，吉凶并不是一成不变的，吉可以转化为凶，凶也可以转化为吉。如果旁通两卦初四或三上先行，即属失道。若要想由凶转吉，就要采取"变通"又称"时行"的方法。变通时行的实质，就是取旁通卦，并重新开始卦爻运行。以乾坤为例。如果乾坤初四先行，即乾四之坤初成小畜☴、复☷，失道而凶。为了由凶转吉，令小畜、复各取其旁通卦。小畜旁通豫☳、复旁通姤☴。乾坤虽然未能二五先行，但小畜和豫、复和姤两对旁通则可以二五先行。小畜二之豫五，小畜成家人☲、豫成萃☱。姤二之复五，姤成遯☶、复成屯☵。此两对旁通均能二五先行，当位而吉。于是乾坤初四先行之失道，便转为小畜豫、复姤二五先行之当位，这就是凶变吉的"时行"方法。

不仅凶可以转化为吉，吉也可能转化为凶。仍以乾坤为例。乾坤二五先行成同人☲与比☵，当位而吉。初四跟从二五而变，又成家人☲与屯☵，仍属当位。这时，若继续进行三上互易，即家人三再之屯上，那么就会成为两个既济卦☶☵。需要特别说明的是，与汉易的"成既济定"说不同，在焦循易学中，成两既济被认为是最坏的结果。换言之，"凶"有两种情况，一是指失道，二是指成两既济。为了有所区分，焦循又把成两既济这种凶象称为"终止道穷"。显然，任何一对旁通卦，如果初四、二五、三上三组互易连续进行，结果必定会成终止道穷。要避免这种结果，旁通两卦最多允许进行两组互易。两组互易完成后，绝不可以再进行第三组互易，必须"时行"。也就是说，乾坤二五、初四接连进行互易而成家人与屯之后，家人与屯必须各取旁通，家人☲☴旁通解☵☳，屯☵☳旁通鼎☴☲，然后开启新的卦爻运行。由上可见，"时行"既是转失道之凶为当位之吉的方法，也是防止成两既济的方法。

焦循认为，《周易》当中频繁出现的"元""亨""利""贞"四字，都与"时行"有关。他说：

> 《传》云："变通者，趣时者也。"能变通，即为时行。时行者，元、亨、利、贞也……大有二之五，为乾二之坤五之比例。故《传》言元亨之义，于此最明，云"大中而上下应之"。大中，谓二之五为元，上下应则亨也。盖非上下应，则虽大中不可为元亨。《既济·传》云"利贞，刚柔正而位当也。"刚柔正，则六爻皆定，贞也。贞而不利，则刚柔正而位不当。利而后贞，乃能刚柔正而位当。由元亨而利贞，由利贞而复为元亨，则时行矣。（《易图略》卷三）

这里先要解释焦循易学中"元""亨""利""贞"的含义。焦循通过实测，认为"元"的意思是"二五先行"，"亨"的意思是初四跟从二五，或三上跟从二五。其中，初四跟从二五称"下应"，三上跟从二五称"上应"，"利"的意思是卦爻互易之后再取旁通，"贞"的意思是卦爻互易得出既济卦。这四个字都与时行有关。《系辞》曰"变通者，趣时者也"，说明"变通"和"时行"是同义词。《彖传》释《大有》曰："大有，柔得尊位，大中而上下应之，曰大有。其德刚健而文明，应乎天而时行，是以元亨。"焦循从自己的象数学出发，对"大中而上下应之"做了新的解释。"元"为二五先行，又称"大中"。"大指刚也，中指五也。谓二以刚爻上行于五。"（《易章句》卷三）"亨"即上下应。据此，"大中而上下应之"是说比☷☷与大有☰☲旁通。二五先行，即大有二五互易成同人☲☰、比不变，为"大中"、为"元"。而后初四跟从二五成家人☴☲，屯☵☷为"下应"，或三上跟从二五成革☱☲、蹇☵☶为"上应"。上应或下应皆称"亨"。至此，比与大有已进行两组互易，不可以进行第三组互易，必须各取旁通卦，取旁通卦即"利"。家人☴☲通解☳☵、屯☵☷通鼎☲☴；蹇☵☶通睽☲☱、革☱☲通蒙☶☵，而后开启新的卦爻运行。家人与解、屯与鼎大中上应皆成既济☵☲与咸☱☶，蹇睽、革蒙大中下应皆成既济与益☴☳。成既济，即"贞"。

由此可知，时行的本质就是取新的旁通。任何一对旁通卦，只要完成了两组互易，就必须引入新的旁通。新的旁通卦再次完成两组互易，又要取旁通。新旁通的不断引入，使《周易》六十四卦得以成为相互连接的整体。而"元""亨""利""贞"，则是这个无穷无尽的动态运行过程中的一个个步骤。焦循说："其行也，以元亨利贞。而括其要，不过元而已。反复探索，觉易道如此，易之元如此，盖合全《易》而条观之，而后知《易》之称元者如此也。"（《易通释》）

（四）相错

"相错"说是旁通说的延续。旁通卦以爻之变动为特征，如二五、初四、三上爻之易位变动，是一种爻变的基本形式。爻之变动有"得位""失道"，无论得位失道，则以变通为指向，即所谓"时行"。此为爻变基本形式的进一步展开。这种方法被焦氏称为"变通之法"。然而，在焦氏看来，这种"变通之法"仍然未穷极爻变之意，换句话说，仅有旁通二爻之变与时行，仍然不能达到融通经文的目的，故焦氏又提出旁通卦之"相错"，成为有别于"旁通""时行"的另一种爻变的形式。如赖贵三教授所言："相错所以济旁通之穷，亦易道变通之一重要法则也。旁通之道，初通于四，二通于五，三通于上，而以当位、失道变通之。相错则初通于初，二通于二，三通于三，或四通于四，五通于五，上通于上，而比例错综之，故《周易》六十四卦之变通，不外乎此旁通、相错二法而已。"[①]

---

① 赖贵三《焦循雕菰楼易学研究》，台北里仁书局，1994 年，第 187—188 页。

"相错"之辞，取之于《说卦传》"天地定位，山泽通气，雷风相薄，水火不相射，八卦相错"。焦氏通过解释《说卦传》发明了"相错"之说。他说：

> 《说卦传》云："天地定位，山泽通气，雷风相薄，水火不相射。"天地，乾坤也。山泽，艮兑也。雷风，震巽也。水火，坎离也。天地相错，上天下地成否，二五已定，为定位。山泽相错，上山下泽成损，二交五为通气。雷风相错，上雷下风成恒，二交五为相薄。水火相错，上水下火成既济，六爻皆定，不更往来，故不相射。此否则彼泰，此损则彼咸，此恒则彼益，此既济则彼未济，而统括以八卦相错一语……知雷风指恒，则知其为震、巽所错。知雷风为震、巽所错，则知天地为乾、坤所错，山泽为艮、兑所错，水火为坎、离所错也。（《易图略》）

焦循理解的"八卦相错"，不是传统意义上的八卦相重，而是指相关两卦互易下卦。具体而言，相错可以分为四种形式。第一种形式是旁通两卦直接相错即互易下卦，得到的两卦也互为旁通。如乾坤两卦互易下卦为否泰，否泰亦旁通。艮兑相错得损䷨咸䷞，损咸旁通。震巽相错为恒益，恒䷟益䷩旁通。坎离相错为既济未济，既济未济旁通。此即所谓"此否则彼泰，此损则彼咸，此恒则彼益，此既济则彼未济"。同理，其他旁通卦也是如此，如同人䷌师䷆相错得讼䷅明夷䷣，比䷇大有䷍相错得需䷄与晋䷢。此为相错的第一种形式。

第二种形式是旁通两卦二五互易后形成的两卦相错。三十二对旁通卦二五先行的结果有八种：乾坤、坎离、同人师、比大有成同人比，震巽、艮兑、随蛊、渐归妹成随渐，家人解、小畜豫、贲困、大畜萃成家人萃，屯鼎、复姤、节旅、临遁成屯遁，革蒙、夬剥、丰涣、大壮观成革观，蹇睽、谦履、井噬嗑、升无妄成蹇无妄，需晋、明夷讼、泰否、既济未济成既济否，损咸、恒益、中孚小过、大过颐成咸益。所成两卦互易下卦，即是相错的第二种形式。如乾坤二五互易成同人与比，同人䷌与比䷇相错得否䷋与既济䷾。需䷄二之晋䷢五成既济与否，既济䷾与否䷋相错成比与同人。震巽二五互易成随渐，随䷐与渐䷴相错成咸䷞益䷩。

第三种形式是旁通两卦初四或三上失道先行后所得两卦相错。例如，乾坤初四先行，失道成小畜䷈复䷗，小畜与复相错成益䷩和泰䷊。乾坤三上先行成夬䷪谦䷎，夬谦相错成咸䷞泰䷊。又如，坎离初四先行成节䷻贲䷕，节贲相错成既济䷾损䷨。坎离三上先行成井䷯丰䷶，井丰相错为既济䷾恒䷟。

第四种形式是旁通两卦完成两组卦爻互易后相错。如乾坤二五先行、初四从之成家人䷤屯䷂，家人与屯相错成益䷩与既济䷾。又如，乾坤二五先行、三上从之成革䷰蹇䷦，革与蹇相错为咸䷞与既济䷾。又如，乾坤初四先行、三上从之成需䷣明夷䷣，需明夷相错成既济䷾泰䷊。

　　焦循又用实测的方法，证明"相错"是《周易》经传之本义。第一种相错之例证，如困、贲相错为蒙、革，故蒙六四"困蒙"涉及困卦；旅、节相错为暌、蹇，故蹇九五《象传》"中节"涉及节卦；屯、鼎相错成井、噬嗑。《杂卦》："噬嗑，食也。"鼎九三："雉膏不食。"鼎卦与噬嗑皆有"食"字，目的在于提示这一相错关系。第二种相错之例证，如家人䷤解䷧二五先行成家人与萃䷬，观䷓大壮䷡二五先行成观与革䷰。萃、家人与革、观互为相错，故家人与观两卦皆言"利女贞"。第三种相错之例证，如姤䷫上之复䷗三，复成明夷䷣，姤成大过䷛。大过䷛与明夷䷣相错为革䷰升䷭。明夷䷣通讼䷅，革䷰通蒙䷃。大过言"大"，明夷言"难"，"蒙"即蒙卦，故《明夷·象传》言"蒙大难"。第四种相错之例证，需䷄与晋䷢旁通，初四、三上接连失道成需䷄、明夷䷣。解䷧与家人䷤旁通，初四、三上接连失道成泰䷊既济䷾。需、明夷与泰、既济互为相错，故需九三与解六三皆言"致寇至"。由此可证，相错为《周易》经传固有之义。

（五）比例

　　焦循的"比例"之说受启于数学。他二十五岁开始学习九九之术，明九章之学，得秦九韶、李治之书，得闻数学中的"洞渊九容"之义，并由此悟得"圣人作《易》所依之数，正如此同"。他说：

夫九数之要，不外乎齐同比例。以此之盈，补彼之朒，数之齐同如是，《易》之齐同亦如是。以此推之得此数，以彼推之亦得此数，数之比例如是，《易》之比例亦如此。（《易图略》）

此处所说的"比例"，与现今数学所说的比例概念基本相同。简单地说，如果a、b、c、d四个数满足a∶b＝c∶d的条件，那么a、b与c、d互为比例。焦循认为，圣人作《易》时也运用了类似的思想。具体地说，易学中的比例有两种情况。第一种是：如果两对旁通卦按同样的规则运行所得之结果相同，那么这两对旁通卦互为比例。例如，节☷与旅☶旁通、小畜☴与豫☷旁通。节、旅三上先行成需☵、小过☶，小畜、豫三上先行也成需、小过，则节三之旅上为小畜上之豫三之比例。又如，乾坤二五先行、初四从之成家人☲屯☵，渐☶归妹☳二五先行、初四从之也成家人屯，则乾坤"大中下应"为渐归妹"大中下应"之比例。

第二种情况是：两对旁通卦互为相错，或者两对旁通卦按同样的规则运行所得之结果互为相错，那么这两对旁通卦互为比例。例如，乾坤旁通，否泰旁通，乾坤与否泰互为相错，则乾坤与否泰互为比例。又如，坎离旁通，革☲蒙☶旁通，坎离初四先行成节☵贲☶，革蒙初四先行成既济☵损☶。节贲与既济损互为相错，则坎初之离四为革四之蒙初之比例。

在《易图略》中，焦循给出了"比例"的十二个示例。兹举两例。"升通无妄而二之五成蹇,为睽通蹇而二之五成无妄之比例。"升☷无妄☰旁通,二五先行成蹇☵无妄。蹇睽☲旁通,二五先行也成蹇、无妄,故升(通无妄)二之五(成蹇)为睽(通蹇)二之五(成无妄)之比例。"小畜二之豫五成家人萃,为夬二之剥五成观革之比例。"小畜☴豫☷旁通,二五先行成家人☲萃☱。夬☱剥☶旁通,二五先行成革☲观☴。家人萃与观革互为相错,故小畜二之豫五(成家人萃)为夬二之剥五(成革观)之比例。

焦循同样用"实测"的方法来证明"比例"是经传固有之意。例如,艮兑旁通,相错为损☶咸☱,故四卦中多有同辞。艮六五言"艮其辅",咸上六言"咸其辅";咸六二言"咸其腓",艮六二言"艮其腓";损六三《象》曰"一人行,三则疑也",兑初六《象》曰"行未疑也";兑《象》言"朋友讲习",损六三曰"得其友"。又如,"睽二之五为无妄,井二之噬嗑五亦为无妄,故睽之'噬肤'即噬嗑之'噬肤'"。蹇☵睽☲、井☵噬嗑☲两对旁通卦二五互易皆成蹇无妄☲,则睽二之五为井二之噬嗑五之比例,所以睽六五"厥宗噬肤"与噬嗑六二"噬肤灭鼻"皆言"噬肤"。

(六)假借

假借是古人造字的方法之一。东汉许慎于《说文解字叙》中提出了造字的六种方法,即所谓"六书":一曰指事,二曰象形,三曰形声,四曰会意,五曰转注,六曰假借。他说:"转注者,建类一首,同意相受,'考''老'是也。"段玉裁注:"转注,犹言互训也。注者,灌也。数字展转,互相为训,如诸水相为灌注,交输互受也。""建类一首,谓分立其义之类而一其首……同意相受,谓无虑诸字意恉略同,义可互受相灌注而归于一首……独言考老者,其显明亲切者也。老部曰:'老者,考也。考者,老也。'以考注老,以老注考,是之谓转注。"(《说文解字注》卷十五上)许慎说:"假借者,本无其字,依声托事,'令''长'是也。"段玉裁注曰:"托者,寄也。谓依傍同声而寄于此,则凡事物之无字者,皆得有所寄而有字。如汉人谓县令曰令长……令之本义,发号也;长之本义,久远也。县令、县长本无字,而由发号、久远之义引申展转而为之,是谓假借。"(同上)焦循解释说:"六书有假借,本无此字,假借同声之字以充之,则不复更造此字。如许氏所举'令''长'二字,'令'之本训为发号,'长'之本训为久远,借为官吏之称。而官吏之称但为令、为长,别无本字。"汉儒注经常讲假借、转注,以郑玄等人最为典型。乾嘉汉学复兴,戴震及其弟子段玉裁、王念孙、王引之等人专心研究文字训诂,其经学研究皆以文字训诂见长。戴震言"故训明则古经明,古经明则贤人圣人之理义明",强调训诂在经学研究中的重要作用。王引之在《经义述闻序》中引其父之言曰:"训诂之旨,存乎声音,字之声同声近者,经传往往假借,学者以声求义,破其假借之字,而读以本字,则涣然冰释。"焦循深受王念孙父子的影响,认为假借与转注是理解经文的重要方法。

他说："凡训诂不外假借、转注，而假借、转注全以声音。故明乎声音，乃知训诂；明乎训诂，乃识义理。舍声音、训诂而谈义理，乃一人私臆之见，非能通古圣之心者也。"（《论语何氏集解补疏》）具体到易学上，焦循认为，假借对理解《周易》经传来说尤为重要。他说：

> 近者学《易》十许年，悟得比例引申之妙，乃知彼此相借，全为《易》辞而设。假此以就彼处之辞，亦假彼以就此处之辞。如豹、祔为同声，与虎连类而言，则借祔为豹；与祭连类而言，则借豹为祔……盖本无此字而假借者，作六书之法也；本有此字而假借者，用六书之法也……《易》辞之用假借也，似俳也而秒也，似凿也而神也。（《易话·周易用假借论》）

《革》上六爻辞曰"君子豹变"，《既济》九五爻辞曰"东邻杀牛，不如西邻之祔祭"。焦循认为，"豹""祔"同音，两字假借。之所以革上六用"豹"不用"祔"，是因为革九五爻曰"大人虎变"。与虎连类，故用"豹"。既济九五言杀牛祭祀，则只能用"祔"而不能用"豹"。

必须说明的是，焦循易学中的"假借"有异常特殊的作用，与其他经学家讲的"假借"不能轻易等同。这集中表现在，焦循易学的"假借"往往与其象数体例密不可分。兹举一例：

　　《履》上九"视履考祥"，古"祥"字通作"羊"，"考祥"即"考羊"也。《履》二之《谦》五成《无妄》，能视能履，故云"视履"。上之三成《革》，《革》上兑，羊也，故云"考祥"。《大壮》"羝羊触藩"，则四之《观》初成《泰》，故不能退不能遂，《传》云"不详也"，不详即不祥，亦即不羊。盖用壮则成《革》，上有兑羊为祥，二不用壮于五，而四触藩且羸其角，不成《革》，故不祥也。《困》六三《传》云"入于其宫，不见其妻，凶，不祥也"，已成《大过》，上原有兑羊，入于其宫，而四又之初成《需》，上无羊，故不祥。《困》《贲》相错为《革》，失道成《需》，与《大壮》成《泰》同矣。《大壮》二之五与《涣》二之《丰》五同，《大壮》不成《革》为不祥，《丰》成《革》则祥，故上六《传》云"丰其屋，天际翔也"。际，接也。《革》五互乾为天，上接兑羊，乾天与兑羊相接，故云"天际翔"。孟喜、郑康成、王肃皆详、翔作祥。不可云"考羊"，故借作祥。不可云"天际羊"，故借作翔。《易》经传以声音假借为钩贯，其例如此。祥有吉义，兑在五当位吉，则变羊而称祥。《大壮》成《泰》，四虽亦互兑，乃失道不吉，第为羝羊而不可为祥，此假借中取义之妙也。（《易通释》卷十）

焦循认为，"祥""详""翔"音同"羊"，《说卦》"兑为羊"，因而经传中的"祥""详""翔""羊"四字都与兑卦有关。

具体地说，履䷉谦䷞旁通，二五先行、三上从之，当位成革䷰蹇䷦，革上卦兑，所以履上九言"考祥"。大壮䷡观䷓旁通，初四互易得泰䷊益䷩，泰二至四互体兑，故上六言"羝羊"。《小象》曰："不详也。"初四先行为失道，故"不详"。困䷮贲䷕旁通，三上先行得大过䷛明夷䷧。大过上卦兑，若初四从三上则成需䷄明夷，兑羊消失，故困六三《小象》言"不祥"。丰䷶涣䷺旁通，二五先行成革䷰观䷓。革上兑羊，三至五互乾，乾为天，故丰上六《小象》言"天际翔"。"际"的意思是"接"，指乾兑共享九四爻与九五爻。

基于此，焦循宣称，如果不通假借与转注，则无法解通《易》辞，通达圣人之意。"宜按辞以知卦，泥辞以求义理，非也。惟其显然易见，而用转注，用同声之字假借者，非明六书训诂，鲜可信之。循近年得力于《广雅疏证》，用以解《易》，乃得焕然冰释。"（《易话》）要真正贯通《周易》经传，"旁通""当位失道""时行""相错""比例"等象数体例与转注、假借等文字学方法缺一不可："非明九数之齐同、比例，不足以知卦画之行；非明六书之假借，转注，不足以知象辞、爻辞、十翼之义。"（《与朱椒堂兵部书》）

焦循易学的假借说，是一种兼有训诂学和象数学性质的解《易》方法。《易学三书》大量地使用这种方法来注解《周易》经传。对此，皮锡瑞称赞说："焦氏自明说《易》之旨，其比例通于九数，其假借、转注本于六书，而说假借之法尤精，可谓四通六辟。学者能推隅反之义例，为触类之引申，凡难通者无不可通。"(《经学通论》卷一）不过，更多学者持否定态度，并予以严厉批评。孙剑秋教授评价道："与其称为假借说《易》，不如称为附会说《易》，还比较符合实情。"[1] 廖名春教授也批评焦循"滥言通假、转注，把它们变成制造联系、勉强求通的工具"[2]。

四、焦氏易学的评价

焦循一生淡泊名利，博览群书，潜心学术，精通经学、史学、辞赋、文字训诂、地理、数学、天文历法、中医等，且能融为一体，形成了以易学为核心的思想体系。焦循于易学的贡献在于：其一，提出"证之以实，而运之于虚"的解释学进路，实现了从以文本为中心的解释学向以探索经学义理为主旨的哲学解释学的转向，强调解释者个体"性灵"在解释活动中的作用和意义，以中国独特的话语系统和思维方式表述了解释学。其二，从易学文本出发，对汉魏易学进行了深刻的反思和解构，揭露了汉魏象数易学支离破碎、牵强附会的弊病。其三，以"实测"为方法，融天文、数学、训诂、易学为一体，发明了"旁通""相错""时行""比例"等象数易学概念，重建了象数易学体系。其四，由象数而义理，结合"旁通""当

---

[1] 孙剑秋《易理新研》，台北学生书局，1997年，第89页。
[2] 廖名春、康学伟、梁韦弦《周易研究史》，湖南出版社，1991年，第391页。

位""时行""相错"等象数规则阐发了儒家的义理之学。焦氏于易学并未停留在建构圆融象数体系的层面，而是以追求深邃的义理为易学的终极目标。为了实现此目标，他以象数为出发点，竭力寻找象数与义理的内在联系，推演和构筑出具有哲学意义的理论体系。如以旁通说二之五先行，生生不息为元、为大中、为太极，为道。复以元、大中、太极、道等概念说明世界的根源。他说："凡六十四卦之生生，皆从八卦而起，而八卦生生，则从二五而起。初四、三上未行，而二五先行，乃为之元。"（《易通释》卷一）"大中即大极也。大指刚也，中指五也。谓二以刚爻上行于五。"（《易章句》卷三）"未成既济之先，阴阳变化，生生不已，是之谓道。"（《易通释》卷五）他又从阴阳二五之道推演出命、性、情等概念。他说："通诸卦之二五言之，为道。自一卦之二五言之，为命。有命斯有性，故云'各正'。'各'之云者，分于道之谓也。""性即道之一阳，情即道之一阴，一阴化为一阳，为命即为性。"（同上）然后由普遍意义的事物之性情落实到人之性情及其道德修养。他说："性为人生而静，其与人通者，则情也欲也。……成己在性之各正，成物在情之旁通。非通乎情，无以正乎性。……以己之情，通乎人之情，因有以正人之情，即有以正人之性，是人之性自我而率，人之命自我而立。性已定故静，情未定故动……故天命谓之性，率性之谓道，修道之谓教。"（同上）又说："以血气心知之性，为喜怒哀乐之情，则有欲。欲本乎性，则欲立立人，欲达达人。己所不欲，勿施于人。有以通神明之

德，类万物之情，类犹似也。以己之情，度人之情，人己之情通，而人欲不穷，天理不灭，所谓善矣。"（同上）

又例如，焦循认为，儒学之"仁"本于《周易》之"旁通"。旁通两卦二五先行，则六二、九五皆正，依此反思待人接物，则可明晓"成己成物""立人达人"之理。又如，在一卦六爻中，二五两爻居中，象征尊贵。因而，二五先行，初四、三上后于二五，正如卑者听命于尊者，合乎礼，故当位而吉。反之，初四、三上先于二五而动，则属僭越，故失道而凶。因此，就易学而言，在以恢复汉易为主流、重视象数、训诂的乾嘉时期，焦循是少有的从象数、训诂开出义理的学者，为后世提供了易学研究之范式。

正因为如此，他受到同时代和后世易学家的高度的评价。如同时代的阮元曰："读大著《易学》大略，实为石破天惊。昔顾亭林自负古音，以为天之未丧斯文，必有圣人复起，未免太过。兹之处处从实测而得，圣人复起，洵不易斯言矣。""取《易》之经文与爻文，反复实测之。得所谓旁通者，得所谓相错者，得所谓时行者，举六十四卦三百八十四爻，尽验其往来之迹，使经文之中所谓当位、失道、大中、上下应、元亨利贞诸义例，皆发之而知其所以然。盖深明乎九数之正负比例，六书之假借转注，始能使圣人执笔著书之本意豁然于数千年后，闻所未闻者惊其奇，见所未见者服其正，卓然独辟，确然不磨。"王引之曰："日者奉手书，示以说《易》诸条，凿破混沌，扫除迷雾，可谓精锐之兵矣。一一推求，皆至精至宝。"

　　如果说同时代阮元、王引之等学者对焦循的评价出于友情或有溢美之词的话，那么后世学者的说法更有说服力。如晚清学者章太炎指出："焦循为《易通释》，取诸卦爻中文字声类相比者，从其方部，触类而长，所到冰释，或以天元术通之，虽陈义屈奇，诡更师法，亦足以名其家。"① 晚清今文经学者皮锡瑞对于焦循的易学贡献尤其是用比例、假借注《易》给予高度评价："焦氏说《易》，独辟畦町，以虞氏之旁通，兼荀氏之升降，意在采汉儒之长而去其短。《易通释》六通四辟，皆有据依；《易图略》复演之为图，而于孟氏之卦气、京氏之纳甲、郑氏之爻辰，皆驳正之以示后学；《易章句》简明切当，也与虞氏为近。"焦氏自明说《易》之旨，其比例通于九数，其假借、转注本于六书，而说假借之法尤精，可谓四通六辟。学者能推隅反之义例，为触类之引申，凡难通者无不可通。"今人熊十力、牟宗三先生对焦氏易学亦予以高度评价。熊十力曰："焦循承汉人之卦之说，而异其运用。本荀虞旁通与升降之意，而兼采比例之法，以观其会通。其于大《易》全经之辞，无有一字不勾通缝合。"牟宗三曰："焦氏把汉人的灾异感应下的易例：卦变，卦气，爻辰，互体，纳甲，纳音……一概除消，目之为各家之学而非《易》中所有。他自己发现出三个原则：（ⅰ）旁通；（ⅱ）时行；（ⅲ）相错。由旁通中又引出一个附

---

① 章太炎《清儒》，见《章太炎全集》第三卷《訄书》，上海人民出版社，1984年，第158页。

属原则曰：（iv）当位失道。由相错中又引出一个附属原则曰：（v）比例。由此五根本原则钩贯了一部《周易》之错综。以经解经，就《易》论《易》，不假《易》外一字，干净得多了，漂亮得多了。”“焦里堂的‘旁通情也，而元亨利贞’，皆是人间的真正发现，皆是抉破了人间的秘密而趋向于赤裸的真人生，这是人间的复活，人间的自我实现，毫不必藉助于万能的神及超越的宗教。这是有功于人类的发现。他这道德哲学的系统之完美，在这个人间是不多得的。”① 赖贵三教授也指出：“要而言之，里堂《雕菰楼易学》旨在建立一套完整之符号系统，以逻辑化、形式化、数学化之方法论，以统一《周易》象数辞理之内涵，而达到其一贯之均衡论，此其卓识也。”②

然而，焦循易学的思路本质上与汉易并无不同，即笃信《周易》象与辞之间严格对应，并以逐一指示象辞相应为解《易》的主要目标。就此而言，他的易学并未真正摆脱汉易，不过是用一种更为精致的象数易学取代原来的象数易学而已。虽然他屡次声称“旁通”“时行”“相错”由实测《周易》经传而得，其实是在汉代象数易学基础上的个人创见。以之解释《周易》文本看似有理有据、圆融贯通，其实较汉易有过之而无不及。晚清郭嵩焘说：“焦氏著《易通释》，其辞博辨不穷矣。而颇病其舍本义，而专意于互卦。‘参伍以变，错综其

---

① 牟宗三《清焦循的道德哲学之易学》，第266—267页。
② 赖贵三《雕菰楼易学研究》，第530页。

数',未闻错综其言也。汉儒之释经也,强经以就己之说。焦氏之弊,以《易》从例。今之《释例》,以例从《易》,无当于《易》之高深,而以经释经,由象以通其词,由词以通其义,亦期不以己意为歧说,以乱经而已矣。"(《周易释例序》)尚秉和说:"其以荀、虞为宗者,号为汉易,以别于野文家,极力复古。惟其所宗,适当易象失传之后,于象之不知者,仍用卦变、爻变,奉虞氏遗法,为天经地义。于是焦循变本加厉,于象之不知、义之不能通者,以一卦变为六十四,以求其解,其弊遂与谈空者等。"[1]今人李镜池说:"焦氏《易学三书》,被评为'石破惊天'之作,而其实割裂文义,支离破碎,不可卒读。"[2]高亨说:"焦循《易学三书》素称绝作,而最为荒滥。"[3]

---

[1] 尚秉和《周易尚氏学总论》,见《周易尚氏学》,中华书局,1988年,第11页。

[2] 李镜池《周易通义》,"前言",中华书局,1981年,第1页。

[3] 高亨:《周易古经今注》,"述例",中华书局,1984年,第11页。

第五章 王念孙、王引之父子的易学训诂

王念孙（1744—1832），字怀祖，号石臞，江苏高邮人。其子王引之（1766—1834），字伯申，号曼卿，撰有《经义述闻》。该书序言称："引之过庭之日，谨录所闻于大人者以为圭臬，日积月累，遂成卷帙。既又由大人之说触类推之，而见古人之诂训有后人所未能发明者，亦有必当补正者。其字之假借，有必当改读者。"（《经义述闻序》）依此观之，王引之的音韵训诂学主要是得自庭训。不仅如此，书中还频繁引用王念孙的观点，故一般将《经义述闻》视为王氏父子的共同成果。值得注意的是，该书虽非易学专著，但对《周易》和易学多有涉及，并深入论析了汉易之得失。兹以《经义述闻》为中心对王念孙父子的易学成就加以阐述。

一、诸说并列，则求其是

众所周知，汉代经学有师法、家法之分。皮锡瑞曾云："汉人最重师法。师之所传，弟之所受，一字毋敢出入；背师

说即不用。师法之严如此。""前汉重师法，后汉重家法，而后能成一家之言。师法者溯其源，家法者衍其流也。""汉时不守家法之戒，盖极严矣。"①这一特征，迫使乾嘉学者面对汉代经学成果时必须有所分判、取舍。那么，是应专守一家，还是博取众家？在此问题上，王氏父子提出"诸说并列，则求其是"的原则：

> 故大人之治经也，诸说并列，则求其是，字有假借，则改其读，盖熟于汉学之门户，而不囿于汉学之藩篱者也。(《经义述闻序》)

一方面，治经必须精于汉学训诂之法，并以探求经典本义为终极目标；另一方面，对汉学又不可盲目据守，而应以"求其是"的态度客观审视之。概言之，经学研究须以回归原典为指向，并以经典本义为尺度检讨包括汉代在内的历代传注，并列诸说，择善而从，不主一家。凡合经义者皆从之，反之则理应摒弃。

以《周易》为例，历代易家对《屯》六二"女子贞不字"之"字"的训解各不相同：虞翻训为妊娠，郭璞注《山海经》训为生，陆绩《京氏易传》注训为爱，耿南仲训为许嫁。王引之认肯虞说；《师》六五"田有禽"，荀爽训"田"为"狩猎"、

---

① ［清］皮锡瑞《经学历史》，台北艺文印书馆，2004 年，第 70、139—140 页。

"禽"为"擒"，虞翻训"田"为"田野"、"禽"为"禽兽"，王弼则训"禽"为"阴柔之物"。王引之认为："荀解'田'字是也，解'禽'字非也。虞解'禽'字是也，解'田'字非也。"（《经义述闻》第一）即他训田为猎、训禽为禽兽；《坎》六四曰："樽酒簋贰用缶"，郑玄、虞翻断句为"樽酒簋，贰用缶"，王弼断句为"樽酒，簋贰，用缶"。王引之指出，由《象传》"樽酒簋贰，刚柔际也"可知郑玄、虞翻断句有误，且文义不通，当以王弼之说为是。需要说明的是，王氏父子并不是简单地支持和重复前人的观点，而是用更多的论据加以补证。如《复》初九："不远复，无祗悔。"《释文》："祗，音支，辞也。"马融同，音之是反。韩康伯云："祁支反，云大也。"郑玄云："病也。"王肃作"禔"，时支反。陆绩云："禔，安也。"《九家易》作"祋"，音支。王引之则先列诸说而从《九家易》与韩康伯，再证之于经义、《说文》，最后引高诱注作旁证："《九家》作祋，是也。《广雅》：'多也'。'无祗悔'者，无多悔也。……祋字以多为意，以支为声，古音支歌二部相通，故支声与多相近。《说文》：'芰字，从艸，支声。'或从多声，作芕，是其例也。故多谓之祋。祗，从氏声，古音氏在支部，亦与多声相近。《说文》'姼'字，从女多声，或从氏声，作妷，是其例也。故多亦谓之祗。……多则大，少则小，高诱注《吕氏春秋·知度篇》曰'多，大也'是也。故韩注又训为大，义与《九家》相表里也。"（《经义述闻》第一）

由此可见，王氏父子诚可谓"熟于汉学之门户，而不囿于

汉学之藩篱者"。这种出于汉学又不囿于汉学的研究路数，与
惠栋、张惠言等人明显不同。惠栋以整理、解释汉代易学为
己任，其《周易述》《易汉学》兼用象数与训诂方法综述汉易
诸家，虽无门户之见，却鲜有是非判断；张惠言作《周易虞氏
义》和《虞氏易消息》等书，发凡起例，旨在全面彰显虞翻易
学。与此有别，王氏父子并不专主一家，而是以"求其是"为
最终目标，并依经文本义评判取舍历代注疏，表现出更为求实
严谨的学风。

二、秉承汉儒以音求义之法释《易》

汉代是训诂学发展的重要时期。这不仅表现在《说文》
《尔雅》《方言》等文字训诂学著作的问世上，也反映在汉儒普
遍使用的因文立训、引申假借、以声求义等治经方法之中。受
清初顾炎武等人的影响，王氏父子对训诂音韵之学怀有浓厚兴
趣，并倾注了极大的精力。王引之自述学术经历时曾云："年
廿一，应顺天乡试，不中式而归。亟求《尔雅》《说文》《音学
五书》读之，乃知有所谓声音文字诂训者。越四年而复入都，
以己所见质疑于大人前，大人则喜曰'乃今可以传吾学矣'，
遂语以古韵廿一部之分合、《说文》谐声之义例、《尔雅》《方
言》及汉代经师诂训之本原。"(《经义述闻序》)

王氏父子非常推崇"以音求义"之法。所谓"以音求义"，
是指突破字形限制，引申触类，通过字的声音探求其本义。如

其所云："夫训诂之要，在声音不在文字；声之相同、相近者，义每不相远。"（王引之《经义述闻·春秋名字解诂》）"是以汉世经师作注，有读为之例，有当作之条，皆由声同声近者，以意逆之，而得其本字，所谓好学深思，心知其意也。"（《经义述闻》第三十二）以音求义的关键，又莫过于明晓"通假"与"假借"。王引之说：

> 许氏《说文》论六书假借曰："本无其字，依声托事，令、长是也。"盖无本字而后假借他字，此谓造作文字之始也。至于经典古字，声近而通，则有不限于无字之假借者。往往本字见存，而古本则不用本字，而用同声之字。学者改本字读之，则怡然理顺，依借字解之，则以文害辞。（《经义述闻》第三十二）

在王引之看来，通假源于六书之"假借"，即造字之初本无此字，遂以读音相同相近之字表达其意。以许慎所言"令""长"为例，"令"字的本义是"发令"，"长"字的本义是"久远"，故表示县级行政长官的"令""长"字互为假借。然而，除无字而假借之外，更不乏本字却借用同音近音字的情况，亦即"通假"。这就意味着，唯有破除通假、还原本字，才能准确把握文献的意思。否则，强以借字解之，势必会造成误读。正如王念孙所指出："诂训之指，存乎声音，字之声同声近者，经传往往假借。学者以声求义，破其假借之字，而读

以本字，则涣然冰释。如其假借之字而强为之释，则诘屈为病矣。"（《经义述闻序》）

由此出发，王引之对《周易》一书进行了详细考察，并发现了前人未曾指出的二十四个通假字：借"光"为"广"、借"有"为"又"、借"簪"为"撍"、借"蛊"为"故"、借"辨"为"蹁"、借"祇"为"疧"、借"易"为"场"、借"繘"为"矞"、借"井"为"阱"、借"楝"为"蠥"、借"时"为"待"、借"繻"为"襦"、借"尊"为"撙"、借"圻"为"毛"、借"财"为"载"、借"荣"为"营"、借"闻"为"问"、借"纶"为"论"、借"贡"为"功"、借"洗"为"先"、借"辨"为"蹁"、借"杂"为"帀"、借"噫"为"抑"、借"盛"为"成"。（《经义述闻》第三十二）。"有改之不尽者，迄今考之文义，参之古音，犹得更而正之，以求一心之安，而补前人之阙。"（《经义述闻》第三十二）

与此同时，王引之还对这些通假字予以细致考证。如他认为，前人将《剥》六二"剥床以辨"之"辨"训为"指间""膝下""床席"者皆未得其正，"辨"字实为通假。他说："今案，辨当读为'蹁'。《释名·释形体》曰：'膝头曰膊。膊，团也。因形团圝而名之也。或曰蹁。蹁，扁也。亦因形而名之也。''蹁'，盖髌之转声。《说文》：'髌，膝耑也。'髌之为蹁，犹獱獭之为猵獭也。"（《经义述闻》第一）以经文证之："膝头在足之上。故初爻言足，二爻言蹁，二居下卦之中，犹膝头居下体之中，故取象于蹁焉。古声辨与蹁通。"基于此，他逐一否定了郑玄、虞翻、王弼、崔憬等人的解释。"若如王说'剥床以辨'犹云剥床之辨，则下文'剥床以肤'亦可云剥床之肤乎？《集解》引崔憬曰'床之肤谓荐席，若兽之有皮毛也'，其说尤谬。肤为人身之皮肉，不可云床之肤，则足与辨亦当为人之形体，岂得云床之足、床之辨乎？郑以近膝之下为辨，虞谓指间称辨，以形体言之，虽义胜于王，而亦皆无依据。"（《经义述闻》第一）又如，王氏父子将《归妹》九四"归妹愆期，迟归有时"和《杂卦》"大畜，时也"之"时"字视为"待"之通假字。证据是《象传》"愆期之志，有待而行也"释时为待，"是《传》之'有待'，亦或借'时'为之，愈以知经之'有时'为'待'之假借也"。又，"待""时"皆"寺"声。《蹇·象》"宜待也"之"待"张璠本作"时"；《方言》"萃，离，时也"，《广雅》"时"作"待"；《月令》"毋发令而待"，《吕氏春秋》作"无发令而干时"，俱是"时""待"通假之证据。

从学术史的角度观之，王氏父子提倡的以音求义及以通假释《易》的方法，无疑是对汉代经学传统的继承与发扬。仅就文字训诂而言，应当承认，王引之以其指认的二十四个通假字解释经文，可谓持之有故、言之成理。但若着眼于易学本身，则不得不说王氏的许多解释未必符合《周易》本义。事实上，《周易》由象数、文辞、义理、筮占等要素共同构成，故文字训诂绝非易学研究的唯一方法。倘若执一而废百，必然会失之偏颇。

三、以己意逆《易》义，证以成训

前文已言，王氏父子的经学研究并非一味盲从汉人成说，而是以恢复经典原义为旨归，并将其作为评判前人成果的唯一标尺。更重要的是，当以往解说皆不能契合经义时，"以己意逆经义"亦无不可。王引之说：

> 大人又曰：说经者期于得经意而已。前人传注不皆合于经，则择其合经者从之。其皆不合，则以己意逆经意，而参之他经，证以成训，虽别为之说，亦无不可。(《经义述闻序》)

"以己意逆经意"，是王氏父子提出的重要命题。"逆"，即推测之意。孟子曰"以意逆志"(《孟子·万章上》)，是说用自己的理解和体会推测《诗经》的本意。所谓"以己意逆经意"，是指在前人解释有违于经义的情况下不妨明抒己见。当然，这绝不等于毫无根据的主观臆测，而是要贴合文本，旁征博引，以经解经，证以成训。

以易学为例，王引之把《大过》《小过》之"过"字训为"差""失"，指两爻不遇。"过者，差也，失也。两爻相失也。阳爻相失则谓之大过，阴爻相失则谓之小过。故《太玄》有《差》首以象《小过》，有《失》首以象《大过》也。凡卦爻相应则相遇，不相应则相失，故不遇谓之过。"(《经义述闻》第一）他以《大过》《小过》卦爻辞和《彖》《象》二传为据，分析了"过"的涵义："《彖传》曰：'大过，大者过也。'阳称大，阴称小。'大者过也'者，阳爻与阳爻两相失也。《传》又曰'刚过而中'，言二五皆刚，两爻不相应而相失，但所处之位尚得中也。不曰'刚中而应'而曰'刚过而中'，则过者不相应之谓也。《小过》六二：'过其祖，遇其妣。不及其君，遇其臣。'过，不遇也。不及，亦不遇也。皆彼此相失之谓也。二与五相应，五爻若为阳爻，则为祖、为君。今六五是阴爻，则为妣、为臣。六二失九五之应，而应六五，故曰'过其祖，遇其妣。不及其君，遇其臣'。谓不遇其祖而遇其妣，不遇其君而遇其臣也。《象传》曰'不及其君，臣不可过也'，谓已不遇其君，不可又不遇其臣也。'臣不可过'乃释经文'遇其臣'三字。不及也，过也，皆不遇之谓也。"(《经义述闻》第一）他还用同样方法解释了《小过》九三"弗过防之"、九四"弗过遇之"、上六"弗遇过之"及《大过》上六"过涉"等爻辞。此外，王引之又引郑玄注《乐记》、高诱注《秦策》作为旁证，并对荀爽的解释予以反驳。依此例观之，王引之解《易》约有三个层面：首先从文字学角度训解字义，如据《尔雅》"爽，失也"、《方言》"爽，过也"、《广雅·释诂》"过，误也"证明"过"为"差""失"之意；其次，结合卦爻象判定该字的象数涵义，如"过"指两爻敌应而相失；最后，确定经传辞句原义，并提供文献旁证。

王引之极力反对增字解经。他说："经典之文自有本训，得其本训，则义义适相符合，不烦言而已解。失其本训而强为之说，则阢陧不安，乃于文句之间增字以足之，多方迁就而后得申其说，此强经以就我，而究非经之本义也。"（《经义述闻》第三十二）以王弼、韩康伯、孔颖达之注疏为例，《既济》六四"繻有衣袽，终日戒"，王注云："繻，宜言濡。衣袽，所以塞舟漏也。……夫有隙之弃舟而得济者，有衣袽也。"王引之指出，此"于'繻'上增'舟'字，'有衣袽'下增'塞'字"（《经义述闻》第三十二）；韩康伯注《系辞》"圣人以此洗心"云"洗濯万物之心"，王引之说"则于'心'上增'万物'字矣"（《经义述闻》第三十二），"夫传言洗心，不言洗万物之心，增义以解经，于文有所不合"（《经义述闻》第二）；《蹇》六二"王臣蹇蹇，匪躬之故"，孔颖达疏曰"尽忠于君，匪以私身之故而不往济君"，王引之说是"于'躬'上增'以'字'私'字，'故'下增'不往济君'字矣"（《经义述闻》第三十二）。

"以己意逆经意"，集中反映了王氏父子经学解释学的特点。由于历史文化语境的变迁和中国文字音义的复杂性，古代经典文本往往意义模糊、隐而不显。因此，恢复文本原貌、再现作者本义就成为古代学者孜孜以求的目标。然而，因为解释者的知识结构及其所处文化语境存在差异，诸家见仁见智、众说纷纭，甚至往复辩难、相互攻讦，个中是非曲直实难裁断。有鉴于此，王氏父子提出了"以己意逆经意"的解释原则。他们既承认个体差异的合理性，又确信解释活动可以揭示出经典本义。今天看来，这种看法与德国哲学家伽达默尔"解释是基于前识并接近真理的'偏见'"的观点类似。但与之不同的是，王氏父子非常重视文字学方法和以经解经、证以成训的原则，从而最大限度地排除了主观臆断的倾向，确保了解释的客观性。也就是说，王氏父子虽重"己意"，但强调"己意"必须契合文本原意。就此而言，其观点更接近法国学者保罗·利科以文本为中心的文本诠释学。

四、针砭汉代象数之学

王引之是清算汉易象数学的又一重镇。他接续了清初顾炎武、黄宗羲、毛奇龄等人的易学辨伪之风，在回归原典的治经宗旨指引下，运用文字训诂方法对汉代易学予以猛烈攻击。其批判矛头，直指融今古文于一体的郑玄和集两汉象数之大成的虞翻，批评纳甲、之正、旁通、爻辰等《易》例可谓不遗余力。

（一）月体纳甲

王引之指出，虞翻以月体纳甲注经自相矛盾，且与经传之意不相符合。如虞注《坤》卦卦辞"西南得朋，东北丧朋"曰："月三日变而成《震》出庚，至月八日成《兑》见丁。庚西丁南，故'西南得朋'谓二阳为朋。"王引之则认为，兑二阳居南纳丁，可以称朋。"《震》甫得一阳，未可谓之朋也。经文但云'南得朋'可矣，何得云西乎？"乾纳甲壬，"三阳并著，乃得朋之最盛者，东北亦有得朋之时，何以独云丧朋乎？"（《经义述闻》第一）

他又以虞注《蹇·象》为例，批评月体纳甲说混淆概念。在王引之看来，坤卦位在西南，月体纳甲之方位则是月相出没变化的位置，二者不可混同。虞氏的错误即在于以月相方位代替卦位。并且，即便以月体纳甲解之，西南、东北皆有利与不利，与经文所云"利西南，不利东北"不能尽合。（《经义述闻》第一）

进而，他分析了虞翻以《蛊》卦"先甲三日，后甲三日"和《巽》卦"先庚三日，后庚三日"作为纳甲说依据的五大谬误：其一，纳甲说只能解释"先甲一日，后甲一日"与"先庚一日，后庚一日"，不能解释"先甲三日，后甲三日"与"先庚三日，后庚三日"；其二，"三日"之"日"是指时间，而非日月星辰之"日"，虞翻混淆了二者；其三，《蛊》初变阳，内乾纳甲，此时卦无离日。变至二，内成离日则无乾甲，即"乾甲""离日"不能一时俱在。《巽》卦之"震庚""离日"同理；其四，虞注云《蛊》变三四成《未济》，二三四互体离日。续变五爻外成乾甲，乾三爻在后而为"后甲三日"。然而，《蛊》二三爻在前，无二三爻则无离日，有二三爻则不可称"后"，即虞翻据《蛊》卦后三爻解"后甲三日"不能成立；其五，《蛊》初变阳，下体成乾，又变三四，下互成离。三爻成阴下

体不为乾，故无甲，更无所谓先三甲、后三甲。（见《经义述闻》第一）

总之，在王引之看来，经传本无纳甲之例，故以纳甲解《易》必定错谬百出。他总结说："月体纳甲，见于魏伯阳《参同契》，乃丹家傅会之说，原非《易》之本义，而虞氏乃用之以注经，固宜其说之多谬也。"（《经义述闻》第一）

（二）之正

王引之对虞翻易学的之正说有如下评论："虞仲翔发明卦爻多以之正为义，阴居阳位为失正，则之正而为阳，阳居阴位为失正，则之正而为阴。盖本《彖》《象》传之言，位不当者而增广之，变诸卦失正之爻以归于《既济》，可谓同条共贯矣。"（《经义述闻》第一）尽管如此，之正说却没有文本上的依据，非《周易》固有之意。"然经云位不当者，惟论爻之失正，未尝言其变而之正也。夫爻因卦异，卦以爻分，各有部居，不相杂厕。若爻言初六、六三、六五而易六以九，言九二、九四、上九而易九以六，则爻非此爻，卦非此卦矣，不且紊乱而无别乎？遍考《彖》《象》传文，绝无以之正为义者。"（《经义述闻》第一）他进一步指出，《坤》《蒙》《临》《无妄》《大畜》《恒》《大壮》《明夷》《萃》《革》《渐》《兑》《涣》《中孚》《小过》诸卦《象传》及《坤》六三、《讼》九四、《履》九二、《咸》九四、《大壮》九二、《晋》初六、《解》九二、《损》九二、《升》六五、《艮》初六、《归妹》

九二、《未济》九二、九四之《象传》"绝无以之正为义者",故虞翻依之正说释《周易》经传"无所根据矣",是"经所本无之义而强为之说"。"至于爻不当位者而言贞者,虞氏皆以之正为解,寻文究理,实不当如虞氏所说。""于经所本无之义而强为之说,其能若合符节乎? ……理由牵合,文则龃龉,未见其为不易之论也。虞氏言之正者不可枚举,而其释'贞'以之正最足以乱真,故明辨之。"(《经义述闻》第一)

（三）旁通

王引之认为,虞氏旁通以《文言》"六爻发挥,旁通情也"一语为据,实属误解《易传》。依他之见,"六爻发挥","谓刚健中正之卦,发动而成六爻。非谓已成六爻,又发动而成他卦也"。旁,溥徧之意,"旁、溥、徧一声之转","旁之言溥也,徧也",故《文言》此句"言六爻发动,溥通乎万物之情也","非谓变而通坤,以成六十四卦也"(《经义述闻》第二)。关键在于,《周易》观象系辞皆立足本卦而非卦外之象。虞氏之失,"乃于诸卦之爻皆以旁通取义,遂令本卦之爻不取象于本卦,而取于所通之卦,而阴阳相反之卦爻,皆杂糅而无辨矣"(《经义述闻》第二)。以《师》卦为例,王引之说:"《师》与《同人》旁通也。案《同人》上乾下离,《师》则上坤下坎,刚柔相反,不得取象于《同人》也。如相反者而亦可取象,则《乾》之初九亦可取象于《坤》而曰'履霜',《坤》之初六亦可取象于《乾》而曰'潜龙'矣而可乎?"王引之还详细考察了《履》《豫》《离》《革》四卦《象传》及《坤》《小畜》《履》《同人》《大有》《谦》《复》《离》《夬》《姤》《革》《兑》诸卦《象传》之虞注，进而证明虞氏旁通与《彖》《象》二传不合，并在此基础上得出结论："虞仲翔以旁通说《易》，动辄支离，所谓大道以多歧亡羊者也。"（《经义述闻·述一》）"夫《彖》《象》，释《易》者也。不合于《彖》《象》，尚望其合于《易》乎？今世言《易》者多宗虞氏，而不察其违失，非求是之道也。"（《经义述闻》第二）

（四）爻辰

王引之对郑玄爻辰说也提出了批评。首先，郑氏爻辰与《说卦》不符。"《易》之取象见于《说卦》者较然可据矣。汉儒推求卦象，皆与《说卦》相表里，而康成则又以爻辰说之，阳爻之初二三四五上值辰之子寅辰午申戌，阴爻之初二三四五上值辰之未酉亥丑卯巳，而以十二辰之物象、十二次之星象配之。舍卦而论爻，已与《说卦》之言'乾为''坤为'者异矣，而其取义又多迂曲。"（《经义述闻》第一）其次，王引之视卦气为"《易》之例"，即《周易》固有之意。因爻辰与卦气矛盾，故他认为爻辰"乱次夺伦，莫此为甚"，故绝"无此例"。最后，王引之分析了郑氏爻辰的学术渊源。他认为，郑氏爻辰本于《汉书·律历志》，但"阴阳十二律与乾坤十二爻次序绝不相同"："案律吕以阴阳相间，而乾坤之爻则初、二、三、四、五、上六位相连，断无相间主月之理。《京氏易传》曰：

'建子起潜龙，建巳至极，主亢位。建午起坤宫初六爻，《易》云履霜坚冰至。建亥龙战于野。'是《乾》六爻主前六辰，《坤》六爻主后六辰，以类相从，岂如六律之相间乎？黄钟下生林钟，三分损一也。林钟上生太簇，三分益一也。而《乾》之初九不能下生《坤》之初六，《坤》之初六不能上生《乾》之九二，然则阴阳十二律与乾坤十二爻次序绝不相同。以爻配律，斯不通之论矣。"（《经义述闻》第一）既然《汉书·律历志》之说难以成立，则郑氏爻辰之误不言自明。王引之也不赞同《易纬》爻辰说。在他看来，《乾凿度》爻辰说"与郑氏爻辰相似而不同"，但二者同属附会之论。"盖西汉之末，好事者务为穿凿，言人人殊，总之，非《易》之本义也"（《经义述闻》第一）。

值得注意的是，王引之对汉易象数并非一概排斥。他说："圣人设卦观象，象本即卦而具，所谓视而可识，察而可见也"。在他看来，卦气和互体乃是《周易》固有之例，应予继承保留；而那些远离文本的象数体例，如纳甲、之正、爻辰，则必须摒弃。王引之对汉易的这种辩证态度，反映出乾嘉汉学已由拘执汉人之说转向兼采圆通。平心而论，王氏以经传本义为尺度审视汉代象数学，逐一批驳其牵强附会之处，对恢复《周易》原貌、廓清易学源流不无裨益。然而，他笃信卦气、互体并据此批判爻辰，则是厚此薄彼，实难令人信服。

五、王氏父子易学的价值及影响

王氏父子承接清初顾炎武之端绪，以恢复《周易》本义为指向，大量运用文字训诂方法，建立了一套行之有效的、具有方法论意义的经典解释学。其价值主要表现在：倡导因声求义，善用通假解释文辞，把易学解释的重点重新转向文本，杜绝了易学研究中随意发挥、曲解经文的弊端，尤其是发现了前人未曾指出的通假字。这对解释《周易》的疑难卦爻辞具有重要意义，是其他方法不能取代的。同时，王氏父子奉文本为圭臬，重新审视检讨了汉代易学。对其中聚讼纷争的问题，并列诸说，不主一家，唯以经义是从，即所谓"诸说并列，则求其是"，其严谨学风和求是精神远超惠栋、张惠言等人。当前人解说皆与文本不合时，王氏父子则充分发挥其文字训诂专长，以己意推测经文意义，并用以音求义、以经解经、参引他经之法，证以成训。他们反对脱离文本的象数解《易》，更反对增字解经、随意改经。王氏父子的解《易》方法及由此建立的经典解释学，无疑是清代乾嘉时期以文字学治经的巅峰，其《经义述闻》一书，为后世解释《周易》及其他经典文本树立了典范，并对阮元、李富孙、宋翔凤、俞樾、闻一多、高亨等人影响深远。阮元曾言：

我朝小学训诂远迈前代，至乾隆间，惠氏定宇、戴氏东原大明之。……怀祖先生家学特为精博，又过于惠、戴二家。先生经义之外，兼核诸古子史。哲嗣伯申继祖……引而申之，所解益多，著《经义述闻》一书，凡古儒所误解者无不旁征曲喻，而得其本义之所在。(《经义述闻序》)

方东树《汉学商兑》卷中亦云：

> 高邮王氏《经义述闻》，实足令郑、朱俯首，汉唐以来，未有其比。

史学家赵尔巽赞曰：

> 国朝经术，独绝千古。高邮王氏一家之学，三世相承，自长洲惠氏父子外，盖鲜其匹云。(《清史稿》卷二百六十八《王念孙传》)

俞樾称：

> 高邮王氏父子，发明诂训，是正文字，至为精审。(《群经平议序》)

> 本朝经术昌明，训诂之学超逾前代，而余尤服膺高邮王氏之书，其所著《经义述闻》《读书杂志》发明义理，是正文字，允足以通古今之言，成一家之学。(《春秋名字

解诂补义序》）

徐世昌在《清儒学案》中说：

> 汉学大师，惠、戴称首。石臞学于东原，有出蓝之
> 誉，文简继之，小学训诂，实集大成。高邮一派，遂与
> 苏、皖鼎峙。嘉道以来，有多宗王氏父子者。（《石臞学
> 案》上）

上述评价虽着眼于王氏父子的文字音韵学成就，但同样适
用于易学。尤其是，他们以《周易》文本为据揭示汉易之失，
可谓切中要害。今人杨向奎指出："他们驳斥惠定宇说，同时
也驳斥了荀爽说。这不是个别文字的解诂，而是有关易学的看
法。荀爽易学是惠定宇所遵奉的汉易学派，这是一个由西汉图
谶之学传下来的流派。王氏父子虽然是个别训诂的驳斥，但也
触及荀、惠易学的整体。惠氏家学渊源，为汉学正统流派之
一，声势显赫，称为显学，《四库全书总目》的评论，可见一
斑。在《经义述闻》中更有长文驳斥《虞氏易》。他们虽然没
有从思想角度出发进行批判，但他们实事求是的精神，起了驳
斥乌烟瘴气的汉易的效果。"[1]

然而，《周易》象数理占圆融一体，故解《易》理应象数、

---

[1]　杨向奎《清儒学案新编》（五），齐鲁书社，1994年，第324页。

义理、训诂三者并重，不容偏废。就此而言，王氏父子的易学和经学研究仅仅停留在文字训诂的层面上，未能进一步开显义理。较之戴震，显然略逊一筹。如杨向奎所说："就训诂考据言，就训诂文字之成熟言，王氏父子在乾嘉汉学中实达顶峰，但偏枯学风亦自此始。惠定宇、戴东原皆为汉宋兼备的思想家，戴东原更为哲学大师，至段玉裁注《说文》犹及理学，而王氏父子于此绝缘。"[①] 这不能不说王氏父子治学的一大缺憾。

① 杨向奎《清儒学案新编》（五），第 312 页。

第四编

晚清：汉易的衰落与
象数学的转型

概　述

　　清代后期，学术风气发生了很大变化。按照梁启超划分，清代学术分为三个时期：一为清初学术启蒙时期，二是乾嘉清学全盛时期，三是道咸后"清学蜕变即衰落"时期。[①]而皮锡瑞则与梁启超不同，他将清代经学研究分为三个时期，称为"三变"：清初汉宋兼采期，乾隆后专门汉学实证期，嘉道后西汉经今文复明期。[②]

　　本书采取梁氏划分法，以道咸后为汉学易式微时期。早在汉学极盛时期，方东树已站在宋学立场上对汉学多有非议。道咸以后，宋学更是迎来复兴之势，相继涌现出一批认肯宋学的经学家。他们主张道学即圣学，注重义理阐发，并以不合三圣本义为据大肆指责汉易象数，极力扭转此前"辟图象""宗虞氏""论变通""说升降"的易学风气[③]。例如，陈澧批判郑玄、

---

①　梁启超《略论"清代思潮"》，见梁启超《清代学术概论》，上海古籍出版社，1998 年，第 3—7 页。

②　[清]皮锡瑞《经学历史》，台湾艺文印书馆，2004 年，第 376 页。

③　[清]方东树《汉学商兑》卷下，见徐洪兴编校《汉学师承记（外二种）》，第 338、339 页。

荀爽、虞翻，亦否定惠栋、张惠言、钱大昕①。另一方面，汉
学阵营内的学者也态度坚决地予以回击。如林庆炳作《周易述
闻》，将矛头对准批判汉代象数学的王念孙、王引之父子，试
图为汉易翻案。正是双方的相互攻讦、往复辩难，造就了晚清
易学汉宋对峙的局面。在此过程中，汉宋易学和经学的是非优
劣也得以全面显现。因而有以丁晏及黄式三父子为代表的汉宋
兼采式的易学研究。即便如此，晚清时期的汉学易仍有一定程
度的发展。例如，纪磊作《虞氏易义补注》和《虞氏易象考》
补惠栋、张惠言之缺，又倾数十年之功作《周易消息》发明
《杂卦》消息之说；俞樾是乾嘉之后的象数易学重镇。他一面
吸纳焦循等人的象数建构，一面沿袭王氏父子的训诂方法，通
过对汉宋象数易学的双重解构，铸就了融象数、训诂于一体的
新汉学体系；曾钊的《周易虞氏义笺》较之张惠言，虽"不过
循途守辙，小有补苴"，"不可同日而语"，但"补惠言之疏漏，
一准虞氏家法，其驳证惠言之义，尤为审细"（柯劭忞语）；戴
棠撰《郑氏爻辰补》，以郑玄爻辰说通释《周易》六十四卦
三百八十四爻；陈寿熊的《读〈易汉学〉私记》、吴翊寅的
《〈易汉学〉考》对惠栋《易汉学》之失当处多有纠正。此外，
黄奭的《黄氏逸书考》大量搜辑散存古代文献，成为有清一代
汇辑易学资料最全的著作；孙诒让《札迻》之校勘《易纬》，
有极高的学术价值。尽管这些著作的规模和深度已无法与乾嘉

---

① ［清］陈澧《东塾读书记》，中西书局，2012 年，第 49—65 页。

汉学易相媲美，但它们在一定程度上纠正了清代汉学所暴露的弊端，使乾嘉学派的研究方法得以延续、流传，且在某些方面取得了新的成就。

随着晚清封建社会的解体、民族矛盾的加深和西学的持续传入，传统的易学也开始了现代转型，日益呈现新的面貌。自鸦片战争以来，灾难一次又一次降临到神州大地。鸦片战争中，西方军队凭借洋枪洋炮，打开了中国的大门，之后中法、中日战争先后爆发，一系列不平等条约的签订，使中国一步一步沦为殖民地与半殖民地社会。轰轰烈烈的太平天国运动、捻军运动和义和团运动，重创腐败的清政府，使之奄奄一息，大清帝国的威严和神圣已不复存在，随之而来的是西学大量传入，中西文化发生激烈的碰撞。在此之际，经过几千年积淀的易学和整个经学研究，面对着中国社会的强烈的震动及西学的传入，根本无法改变自身以解经为目的的脱离现实的致命弱点，不可能对突变的社会现象做出合理的解释，而成为消除内忧外患、救亡图存的理论工具。因而，借助于西学，运用新的思维方法和思想观念，梳理和检讨传统易学和经学，重建一种适用时代需求的全新的理论体系，是历史发展赋予这一代学者的使命。探寻中国贫瘠落后的原因，思索救亡图存、富国强兵的道路，成为当时社会的主题。因而在中西交汇的新的语境下，有时代责任感的近现代的易学家和经学家，把易学和经学研究与时代命运联系起来，或根植于传统学术，或立足于西学之用，把研究的问题焦点落实在汉宋关系、中西关系、体用关系、道器关系等问题上，力图为解释和解决现实问题找到合理的理论根据，从而实现易学和经学研究的转向。

与易学密切相关的是道器关系问题。晚清学者们从当时中国社会现实出发，再度把道器关系问题凸显出来，并赋予道器关系新的意义。他们认为，《易传》提出的道器关系，不再是纯哲学意义上的抽象的形而上本体和具体的形而下事物的关系，而是精神文明与物质文明的关系，或思想与科技的关系。虽然《易传》以及后儒反复论证二者不可偏废。但就其政治之诉求和社会的实践而言，道重于器，成为中国儒家哲学的主流。由于过度追求形上之思想境界，忽略了形下之科学技术，形成重道轻器的传统；与之相反，近代西方依靠发达科技，迅速改变生产方式，极大提高了生产力，创造了大量财富，尤其是生产出先进的武器，极大凸显了"器"在社会生产发展、征服异族、争夺世界资源中的价值与意义，被视为重器轻道的典范。因而在近代新的语境下的道器关系讨论，其实质是中学与西学、精神与物质、思想与科技之争。《易传》提出的"观象制器"、"制器尚象"成为近代思想家和易学家在探讨道器关系时关注的重要命题。

"观象制器"和"制器尚象"，本来的意义是指易象不仅在易学文本形成、易学文本解释、易学筮法中占有重要地位，而且在理解把握世界和改造世界活动中具有非常重要的意义。如古代圣贤通过观察卦象，创造发明了文字符号、文明制度、生产和交通工具等，此为"观象制器"和"制器尚象"（《系辞下》)。虽然这种说法未必符合历史事实，但近代学者却从中找到中国古代有重器观念的证据，以此说明，早期儒家既重道，又重器。重道不重器不是先秦儒家的过失，而是后世儒家偏离了先秦儒家方向，导致近代在制器方面落后西方，这是鸦片战争、甲午战争失败之原因。因此，实行西化，发展科技，重视"制器"，是富国强兵、救亡图存之路。林则徐、魏源等人从鸦片战争的失败中反思，提出"师夷之长技以制夷"的思想。他们所谓"夷之长技"，主要指用于战争的武器，即优于中国的战舰、火炮等利器。林则徐（1785—1850）作《四洲图志》，用意即在于"师夷之长技以制夷"。他说："是书何以作？曰：为以夷攻夷而作，为师夷以技以制夷而作。"（《四洲图志·卷首》）魏源（1794—1857）说："夷之长技有三：一战舰，二火炮，三养兵练兵之法。"（《海国图志》卷二《筹海篇三》）魏源用易学话语批评了时人将"师夷之长技"诬为"奇技淫巧"和"形器之末"。他认为先秦儒家不乏重器具和实用的思想，儒家在解释《周易》时就有"观象制器"之说。他说："古之圣人刳舟剡楫，以济不通；弦弧剡矢，以威天下，亦岂非形器之末？而《睽》《涣》取诸易象，射御登六艺，岂火轮火器不等射御乎？指南制之周公，挚壶创自《周礼》，有用之物，即奇技而非淫巧。今西洋器械借风力、水力、火力，夺造化，通神明，无非竭耳目心思之力以前民用，因其所长而用之地，即因其所长而制之。"（《海国图志》卷二《筹海篇三》）

一大批晚清士人赞同魏源的观点，崇尚"格物之理、制器尚象之法"，高度重视"夷务"，将夷务视为"第一要政"。如冯桂芬，虽然在中西关系上主张"以中国之伦常名教为原本，辅以诸国富强之术"（《采西学议》）[①]，但仍然赞赏魏源"师夷制夷"观点："魏氏论驭夷，其曰以夷攻夷，以夷款夷……独'师夷之长技以制夷'一语得之。"（《制洋器议》）[②] 郑观应（1842—1922）也有同论。他主张中西结合，以中为主，以西为辅。"中学其本也，西学其末也。主以中学，辅以西学。"（《西学》）[③] 在道器关系上，他提出"道为本，器为末，器可变，道不可变"的思想。[④] 并且道器不可分："实者道也，实中有虚，虚者器也。合之则本末兼赅，分之乃放卷无具。"（《道器》）[⑤] 他进而从《易传》"观象制器"出发解释道器关系："观《易系》下传第二章，包牺、神农、尧、舜诸帝，以及后世圣人之制器尚象，莫非斯道之流行，器固不能离乎道。……盖太极未判、形体未坏者，即乾坤成列，氤氲元气，而易立乎其中。乾坤毁，即形体已坏。无以见易，是朴散而为器，不得谓之道矣。然道之见端不能不散而为器。凡天下有名相者，莫非道朴之所散。道非器则无以显其用，器非道则无以资其生。"[⑥] 他所谓

---

① ［清］冯桂芬《校邠庐抗议汇校》，上海社会科学院出版社，2015年，第127页。
② ［清］冯桂芬《校邠庐抗议汇校》，第111页。
③ ［清］郑观应《郑观应集》，中华书局，2014年，第54页。
④ ［清］郑观应《郑观应集》，第18页。
⑤ ［清］郑观应《郑观应集》，第21页。
⑥ ［清］郑观应《郑观应集》，第22页。

的道是"弥纶宇宙、涵盖古今、成人成物、生天生地"的阴阳之理，他所谓器是"名物象数之学"或"后天形器之学"。他以"约""博"说明道器："夫博者何？西人之所骛格致诸门，如一切汽学、光学、化学、数学、重学、天学、地学、电学，而皆不能无所依据，器者是也；约者何？一语已足以包性命之原、通天人之故，道者是也。"

与郑观应同时代的王韬（1828—1897），在中体西用前提下，大量翻译和介绍西学。又基于《系辞传》"穷则变、变则通"的变化观点，提出道器不分、道器皆变思想："形而上者曰道。形而下者曰器。道不能通，则先假器以通之。"（《原道》）[1] 他所谓的道，指阴阳之天道与男女伦理之人道。"天之道一阴而一阳，人之道一男一女。"（《原人》）[2] 无论天道与人道，皆是不断变化，即："盖天道变于上，则人事不得不变于下。《易》曰：'穷则变，变则通。'"（《答强弱论》）[3] 他所谓器，指具体社会事物，如取士，练兵、办学，制造等。就其西学而言，西方机械制造业、兵器是谓"器"，而制造之理、用兵之道等西学之法，是谓道。因此，他提倡学西学，不是简单模仿西学，而是真正学习西方之道。他认同郑观应等人"师夷制夷"观点，却以"道器皆可变"回应郑观应等人的"器可变道不变"思想（《杞忧生〈易言〉跋》）。虽然近代学者在中学和西学关系

---

① ［清］王韬《弢园文新编》，中西书局，2012年，第2页。
② ［清］王韬《弢园文新编》，第5页。
③ ［清］王韬《弢园文新编》，第90—91页。

问题上观点不尽一致，甚至针锋相对，但是提倡发展科技，重视制器以富国强兵，是晚清时期所有有识之士的共识。

杭辛斋在综合前人思想基础上，除了纠正传统易学沉湎训诂不求新解、空谈义理不能自拔的学术之偏外，更重要的是看到了易学象数的价值在于"尽天下之利"，即所谓经世致用。在象数与义理、道与器的关系上，杭氏更加关注象数和与象数相关的形下之器。他提出了"制器尚象，而器以立。载道以器，而道不虚"的观点，看到了由义理到象数，由道到器，是一个由抽象到具体、由理论到应用的必然的过程，这个过程是易学发展的必然和社会发展的需求。因此，他从"理象数一贯之道，皆出诸《易》"的命题，提出研《易》当以"明道"，明道在于"致用"。他秉承了魏源的观点，特别重视《易传》提出的"观象制器"。他分析了"观象制器"的内涵与意义。他认为"尚象"之"象"，指《周易》卦爻符号和易数。象数象征了自然界的有形事物的形态、数量等属性。"器"，不仅指狩猎、农耕、交通、生活等人类物化的有形的器具，也包括社会典章制度，如《系辞传》和《象传》所涉及的历法、礼仪、法律、道德、文化。在他看来，凡是与技术应用相关的事物皆属于"器"，民间流行的应用之术即术数亦属"器"。

他把中国物质文明不发达的原因归于后世儒者未深入研究《易传》提出的"制器尚象"，尤其不理解其中包含的"变通尽利"的内涵与意义，未能以此推陈出新，创造出近代科技，反而让西方人用数理推动科技发展，创造出近代物质文明，致使中国落后于西方，此是一大失误。以他之见，易学"讲汉学者溺于训诂，宗宋学者空谈性理"的研究理路和学术趋向决定了中国古代未能从观象制器开显出建立在试验基础上的近代科学，这与整个儒家经学研究重玄道不重器用的传统密切相关，而西学则恰恰与之相反。

因此，他崇尚象数之学，对于易学象数之典籍情有独钟，"凡与象数有涉，足与《易》道相发明者，博采旁搜，不限时地，更无所谓门户派别也"。[①]通过解读和检讨历代诸家之象数易学，融会贯通，建立起了内涵汉宋象数易学的庞大易学体系；同时，他把易学置于他所处的新时代背景之下，提出"师西人之所长"，以补己之短。

晚清以杭辛斋为代表的易学家们通过道器关系论证，从理论上完成了易学的转型，即由传统易学转变为现代易学，传统的象数易则转变为科学易。民国年间形成的以薛学潜、沈仲涛、丁超五等为代表的用易学解释西方科学或用西方科学诠释易学的科学易思潮，亦受启于杭辛斋。因此，杭氏易学是晚清象数易学的集大成者。

---

① ［清］杭辛斋《学易笔谈》，天津古籍出版社，1988年，第6页。

第一章　俞樾会通汉宋的象数易学

俞樾（1821—1907），字荫甫，浙江德清人。曾在苏州马医科巷购地建宅，题名曲园，故自号曲园居士。晚清著名经学家、文学家、教育家、书法家。道光三十年（1850）殿试以"花落春仍在，天时尚艳阳"一诗博得阅卷官曾国藩赏识，列部试第一名，授翰林院庶吉士，后历任翰林编修、国史馆协修、河南学政。咸丰七年（1857），御史曹登庸弹劾其出题试士割裂经文，故革职回乡。受时任江苏巡抚的李鸿章之聘担任苏州紫阳书院主讲，晚年复讲学于杭州诂经精舍、菱湖龙湖书院、上海诂经精舍、德清清溪书院、长兴箬溪书院等处。

俞樾"为学无常师，左右采获，深疾家法"。撰著颇丰，代表作品有《群经平议》《诸子平议》《曲园杂纂》等，后辑为《春在堂全书》500卷。其《论语》《春秋》学多得自宋翔凤。如其弟子所说："先是浙江治朴学者，本之金鹗、沈涛，其他多凌杂汉宋。邵懿辰起，益夸严。先生教于诂经精舍，学者向方，始屯固不陵节。同县戴望以丈人事先生，尝受学长洲陈奂，后依宋翔凤引《公羊》致之《论语》，先生亦次何邵公

《论语义》一卷。始先生废，初见翔凤，言《说文》始一终亥即《归藏经》，先生不省，然治《春秋》颇右公羊氏，盖得之翔凤云。"①同时他亦秉承了高邮王氏的朴学学风："最先著《群经平议》，自谓窃附《经义述闻》之后；又著《诸子平议》，校正误文，发明古义，则继《读书杂志》而作。又以周秦两汉至于今远矣，执今人寻行数墨之文法而读周秦两汉之书，执今日传刻之书而以为古人之真本，此疑义之所日滋，因刺取九经、诸子，为《古书疑义举例》七卷。为例八十有八，每条各举古书数事，使读者习知其例，有所据依，盖小变《经传释词》之例而推衍之。"②俞氏尤精易学，"所著《易穷通变化论》，以虞氏旁通行荀氏之升降，力辟焦循先以本卦相易之谬，其说最为精确。又著《卦气直日考》《卦气续考》《邵易补原》《互体方位说》，皆得先儒说《易》之要。不专主先儒之说。若《艮宦易说》则不离乎训诂之学，《易贯》则发明圣人观象系辞之义，《玩易》五篇则自出新意，不专主先儒之说"（《清儒学案·曲园学案》）。

一、"穷通变化"说的推出

《杂卦》曰："既济，定也。""未济，男之穷也。"按照俞

① 章太炎《俞先生传》，引自杨向奎《曲园学案》，见《清儒学案新编》第五卷，齐鲁书社，1994 年，第 513 页。
② 徐世昌《清儒学案》卷十《曲园学案》，人民出版社，2010 年，第 4773 页。

樾的理解，"既济定"是指《既济》卦六爻皆正，即阳爻居阳位、阴爻居阴位；"未济男之穷"是指《未济》卦六爻皆不正，即阴爻居阳位、阳爻居阴位。他说：

> 《易》之大义归于《既济》，定而已。六十四卦为三百八十四爻，初九、九三、九五、六二、六四、上六，阴阳得正者一百九十二爻；九二、九四、上九、初六、六三、六五，阴阳失正者一百九十二爻。得正则定矣，所谓"既济，定也"；失正则宜化不正为正，然后可以定。①

得位者定，不得位化为得位后亦定。由此引申出"通"和"穷"：

> 故于旁通之卦彼此互易。如以此卦之二易彼卦之五，则即以彼之五爻为此之二爻；如以此卦之五易彼卦之二，则即以彼之二爻为此之五爻。初与四、三与上亦然。然此一百九十二爻中，阴遇阳，阳遇阴，可得而易者九十六；阳遇阳，阴遇阴，不可得而易者亦九十六。可得而易，斯谓之通；不可得而易，斯谓之穷。《系辞传》曰："往来不

---

① ［清］俞樾《易穷通变化论》，《春在堂全书》第三册，凤凰出版社，2010年，第355页。

穷谓之通。"然则往来不通谓之穷矣。(《易穷通变化论》)

俞樾认为，若旁通两卦失位六爻存在卦间应位关系，即此初彼四、此二彼五、此三彼上，则可以互换，此谓"通"。如《乾》☰二、四、上失位，《坤》☷初、三、五失位，则乾二与坤五、乾四与坤初、乾上与坤三可以互易，即《乾》之二、四、上通，《坤》之初、三、五通。"可得而易，斯谓之通"，即"往来不穷谓之通"；反之，若旁通卦组失位之爻不存在卦间应位关系，则不能互换，此谓"穷"。"不可得而易，斯谓之穷"，即"往来不通谓之穷"。例如，《同人》《师》旁通，《同人》☰四、上失位，初、二、三、五得位，《师》☷初、二、三、五失位，四、上得位，则《同人》四与《师》初、《同人》上与《师》三可以互易，即《同人》之四、上通，《师》之初、三通。《师》二与《同人》五、《师》五与《同人》二不可易，即《师》之二、五穷。又如，《恒》《益》旁通，《恒》☳初、二、四、五失位，三、上得位，《益》☲三、上失位，初、二、四、五得位，旁通两卦失位六爻无卦间应位关系，则《恒》之初、二、四、五穷，《益》之三、上穷。同理，《既济》《未济》旁通，《既济》六爻皆定，《未济》六爻皆不定，则《未济》六爻皆穷。在此基础上，俞樾对三十二组旁通卦的定、不定、通、穷进行了统计："以三百八十四爻观之，定者半，不定者半。以不定之一百九十二爻观之，通者半，穷者半。"(《易穷通变化论》)

进而，俞樾以《易传》"物不可穷""穷则变，变则通"为据，提出"变"的思想："夫物不可以终穷也，于是有变而通之之法，所谓'穷则变，变则通'也，所谓'变而通之以尽利'也。"所谓"变"，是指化不正之"穷"为正：

> 何谓变？谓变其阴阳也。变则化矣，化不正以为正者，所谓"化而裁之存乎变"也。二爻穷者，二变而化；四爻穷者，四变而化；六爻穷者，六变而化。（《易穷通变化论》）

俞樾列举了三十七卦由穷而变的情况。以《师》《益》《解》三卦为例：

> 师　初三通同人　成泰　二变成明夷　五变成既济
> 益　三变成家人　上变成既济
> 解　三通家人　成恒　五变成大过　二变成咸　初变成革　四变成既济（《易穷通变化论》）

《师》䷆初三通、二五穷，《师》之初、三与旁通卦《同人》之四、上互易则成《泰》䷊。尔后，二爻穷则变而成《明夷》䷣，五爻穷而复变又成《既济》䷾；《益》䷩三、上穷，三变成《家人》䷤，上变则成《既济》䷾；《解》䷧三通、初二四五穷，三通《家人》成《恒》䷟，五穷变又成《大过》䷛，二穷变成

《咸》䷞，初穷变成《革》䷰，四穷变成《既济》䷾。

综上可见，得正之爻已定，故不可变；不正而通者亦可互易得定，亦无需变，唯穷者用变。概言之，"通于他卦谓之通，不通于他卦谓之穷。穷于他卦而自变其阴阳，化不正以为正，谓之变化。"（《易穷通变化论》）在俞樾看来，通、穷、变是圣人化天下的智慧。"变也者，圣人之所不得已也。其已定之爻，无所用吾变也；未定之爻而有可通，则亦不必用吾变也。穷而无所通，乃不得已而变以求通，此圣人所上以赞天地之化育，而下以左右民也。学者不知穷通之故，安足与言变化之道哉！"（同上）

尽管俞樾宣称其穷通变化说的理论依据在于《易传》，但事实上，其思想显然是对汉代荀爽的升降说和虞翻旁通说的继承整合。对此，俞氏亦直言不讳："然而欲知穷通，必先知升降。荀慈明谓：'坤五之乾二成离，乾二之坤五成坎。'又谓：'乾二居坤五为含，坤五居乾二为弘，坤初居乾四为光，乾四居坤初为大。'此升降之说也。欲知升降，宜先知旁通。虞氏谓：'比与大有旁通，小畜与豫旁通，履与谦旁通，同人与师旁通。'此旁通之说也。然非旁通，何所施其升降？荀氏升降之说，实已具旁通之说。"（《易穷通变化论》）不仅如此，穷通变化论更是与清儒焦循的象数体系极为相类。俞樾承认："焦氏说《易》，独辟畦町，以虞氏之旁通行荀氏之升降，为自来说《易》者所莫及。"（同上）但他认为，焦氏易学之病在于"知通而不知穷"。具言之，约有如下三点：首先，焦循主张旁通两卦失位六爻皆按应位关系两两互换，而无卦间互易的限制条件。如《未济》六爻皆不定，故应"五之二,二之五,初之四,四之初,三之上,上之三"。如此一来，"则《未济》不穷矣"，显然与《序卦》所云"未济，男之穷"一语不符。一言以蔽之，焦氏之误在于"先以本卦相易，本卦无可易，乃始旁通于他卦"。其次，穷通变化宛如异性通婚，焦氏旁通则如家庭内部通婚。"夫阴阳之往来，犹男女之嫁娶也。男女辨姓，故男必娶于他姓之女，女必嫁于他姓之男。荀氏之言升降也，乾二之坤五，坤五之乾二，乾四之坤初，坤初之乾四，譬犹男居女室，女归男家，夫妇之道，嫁娶之礼也。……焦氏不务求之旁通之卦，而先于本卦相易，则是先于一家之中，兄弟姊妹自为配也；至本卦无可易，然后旁通于他卦，是必兄弟姊妹无可配，然后求之他族也。于人道不大悖欤？"（同上）最后，焦循仅知旁通而不知穷变。"夫既得与本卦之爻相易，又得与旁通之卦之爻相易，则无不可易之爻，故曰未有无所之者，而知有通不知有穷矣。夫有通而无穷，则何所施其变？而圣人通变宜民之道不见矣。愚故本荀、虞两家之说，参用焦氏之例。其通者半，焦氏所知也，其穷者半，焦氏所不知也。"（同上）

二、"刚柔相易"说与"变卦" 说的象数创造

变易是《周易》的重要思想。《系辞传》曰："《易》之为

书也不可远，为道也屡迁，变动不居，周流六虚，上下无常，刚柔相易，不可为典要，唯变所适。"依俞樾之见，所谓"刚柔相易"，并非指爻变、变卦、卦变，而是指"反对"，亦即"覆卦""综卦"。"不得其义例之所在，则必至于颠倒错乱而不可知。"他指出，一卦反覆为另一卦，其阴阳爻必定发生变化。反之，某卦之初上、二五、三四两两互易，此卦遂成其覆卦。具体而言，"刚柔相易"共有两爻易、四爻易、六爻易、不易等四种情况。

两爻相易，有初上易、二五易、三四易三种可能。其中，初上易者凡八卦：《剥》《复》、《夬》《姤》、《丰》《旅》、《涣》《节》。如《剥》《复》互为覆卦，《剥》䷖上爻与初爻相易成《复》䷗，《复》䷗上爻与初爻相易成《剥》䷖。二五易者凡八卦：《师》《比》、《同人》《大有》、《咸》《恒》、《损》《益》。如《师》《比》互为覆卦，《师》䷆二爻与五爻相易成《比》䷇，《比》䷇二爻与五爻相易成《师》䷆。三四易者亦八卦：《小畜》《履》、《谦》《豫》、《噬嗑》《贲》、《困》《井》，如《小畜》《履》互为覆卦，《小畜》䷈四爻与三爻互易成《履》䷉，《履》䷉四爻与三爻互易成《小畜》䷈。

四爻相易，有初上与二五、二五与三四、初上与三四三种可能。初上、二五等四爻易者凡八卦：《屯》《蒙》、《临》《观》、《遁》《大壮》、《革》《鼎》。如《屯》《蒙》互为反覆，《屯》䷂初上、二五互易成《蒙》䷃，《蒙》䷃初上、二五互易成《屯》䷂。二五、三四等四爻易者凡八卦：《无妄》《大畜》、

《家人》《睽》、《蹇》《解》、《萃》《升》。如《无妄》与《大畜》互为反覆，《无妄》☲二与五、三与四互易成《大畜》☶。《大畜》☶二与五、三与四互易成《无妄》☲。初上、三四等四爻易者亦八卦：《需》《讼》、《晋》《明夷》、《震》《艮》、《巽》《兑》。如《需》《讼》互为反覆，《需》☵初与上、三与四互易成《讼》☶，《讼》☶初与上、三与四互易成《需》☵。

六爻皆易者有八：《泰》《否》、《随》《蛊》、《渐》《归妹》、《既济》《未济》。如《随》☶初上、二五、三四两两互易成《蛊》☶，《蛊》☶初上、二五、三四两两互易成《随》☶。

不易之卦有八：《乾》《坤》、《坎》《离》、《颐》《大过》、《中孚》《小过》。（以上参见《玩易篇》[①]）

俞樾特别指出，《需》《讼》、《师》《比》、《同人》《大有》、《泰》《否》、《晋》《明夷》、《既济》《未济》不仅互为反对，亦互为"两象易"。他认为，《周易》之两象易唯此六组，并不像虞翻理解的那样可以脱离反对而独存。"虞氏知有两象易之说，而不求其义例之所在，乃以《大壮》《无妄》《大过》《中孚》《夬》《履》皆为两象易，然则六十四卦上下两象皆可以随意易置，其何以为圣人之经乎？"

显然，俞樾所理解的"刚柔相易"不同于易学史上的变卦说和卦变说。他曾对虞氏卦变提出批评："若虞仲翔谓

---

① ［清］俞樾《玩易篇》，《春在堂全书》第二册，凤凰出版社，2010 年，第 446—447 页。

《屯》自《坎》来，《蒙》自《艮》来，既非反对，又非旁通，
六十四卦可以随意命之曰是从某卦来，而易道大乱矣。"（《玩
易篇》）然而，俞樾并不否认卦之变化。他相信，变卦（或称
卦变）乃是《周易》固有之意："圣人言之矣，'以言者尚其
辞，以动者尚其变，以制器者尚其象，以卜筮者尚其占'。然
则变固《易》中自有之义，非占者揲蓍求之而后见也。文王、
周公之经，孔子之传，固亦有及于变卦者，故曰：'坤至柔而
动也刚'，非谓其变而《复》而《临》而《泰》而《大壮》而
《夬》乎？安得谓《易》无此义也哉？"（同上）需要说明的
是，俞樾理解的卦之变化，实为其匠心独具的象数创造。它既
不同于爻之阴变阳、阳变阴导致的变卦，也不是某卦因阴阳两
爻互易而成另一卦的卦变。俞氏自称，其卦变"皆从八纯卦
和八交卦而来"。"八纯卦"，即《乾》《坤》《坎》《离》《震》
《巽》《艮》《兑》共八个别卦。"八交卦"则指四组旁通经卦相
交所得之卦，即乾坤相交所得之《泰》☷☰《否》☰☷、坎离相交
所得之《既济》☵☲《未济》☲☵、震巽相交所得之《恒》☳☴《益》
☴☳、艮兑相交所得之《咸》☱☶《损》☶☱。

俞樾所制"变卦图"共分四组。第一组以《乾》《坤》《既
济》《未济》四卦为统领，其中《乾》《坤》属纯卦，《既济》
《未济》属交卦；第二组以《坎》《离》《泰》《否》为统领，
《坎》《离》为纯卦，《泰》《否》为交卦；第三组以《震》《巽》
《咸》《损》为统领，《震》《巽》为纯卦，《咸》《损》为交卦；
第四组以《艮》《兑》《恒》《益》为统领，《艮》《兑》为纯卦，

《恒》《益》为交卦。每组四卦均遵循如下卦变之法："惟上爻
不变，自初至五变成五卦，自二至五变成四卦，自三至五变成
三卦，自四至五变成二卦，以五变之又成一卦。"（《玩易篇》）
兹以第一组为例：

乾☰	姤☴	遁☶	否☷	观☴	剥☶
	同人☲	无妄☳	益☴	颐☶	
	履☱	中孚☴	损☶		
	小畜☴	大畜☶			
	大有☲				
坤☷	复☳	临☱	泰☰	大壮☳	夬☱
	师☵	升☴	恒☴	大过☱	
	谦☶	小过☶	咸☱		
	豫☳	萃☱			
	比☵				
既济☵	蹇☵	井☵	坎☵	困☱	解☳
	需☵	节☵	兑☱	归妹☳	
	屯☵	随☱	震☳		
	革☱	丰☳			
	明夷☷				
未济☲	睽☲	噬嗑☳	离☲	贲☶	家人☴
	晋☲	旅☶	艮☶	渐☴	
	鼎☲	蛊☴	巽☴		
	蒙☵	涣☴			
	讼☰				

由上图可见，无论纯卦、交卦，变化皆得十五卦。四卦
共得六十卦，再加统领四卦恰为六十四卦。其余三组概与此
同。俞樾强调，八纯卦是体，八交卦是用，二者同时变卦，体

现了体用互根的思想："以图所列观之，八纯卦之中八交卦在焉，八交卦之中八纯卦在焉，体用互根而秩然不紊，窃以俟后之君子备变卦之一义焉。"（《玩易篇》）事实上，俞氏变卦并未止步于此，而是进一步将余下四十八个交卦分为十二组，即《屯》《鼎》《履》《谦》、《蒙》《革》《小畜》《豫》、《需》《晋》《师》《同人》、《讼》《明夷》《比》《大有》、《随》《蛊》《中孚》《小过》、《临》《遁》《噬嗑》《井》、《观》《大壮》《贲》《困》、《剥》《夬》《家人》《解》、《复》《姤》《睽》《蹇》、《无妄》《升》《旅》《节》、《大畜》《萃》《丰》《涣》、《颐》《大过》《渐》《归妹》，并逐一作出"变卦图"。"若夫不用八纯卦而但以交卦变之，则亦各得十五卦，合四卦而成六十四卦，盖亦法象之自然有条而不紊者也。"（同上）

不难发觉，俞樾的变卦体系在一定程度上借鉴了京房的八宫易学，即自初至五相继爻变，而不变上爻。但俞樾并不取游魂、归魂，而是分别以二爻、三爻、四爻作为起点，自下而上变至五爻。不仅如此，八宫爻变始于八纯卦，俞氏变卦则兼取交卦、变卦。就此而言，俞樾的变卦说与京房易学颇有不同，在易学史上可谓独树一帜。

三、对汉易卦气说的考辨与修正

卦气说是易学与历法结合的产物，它是易学家解说《周易》、建立筮法的重要方法之一。所谓卦气，是指按一定的规律，将《周易》六十四卦、三百八十四爻与一年的四时、十二月、二十四节气、七十二候相配。传统观点认为，卦气理论成熟于西汉孟喜。但孟氏著作早已散佚，其卦气思想仅见于唐代僧一行《卦议》一文。据后人解释，孟氏卦气包括四正卦、十二消息、六日七分等内容。京房亦有卦气说，与孟氏六日七分略有不同。"京氏又以卦爻配期之日，坎、离、震、兑，其用事自分、至之首，皆得八十分日之七十三。颐、晋、井、大畜皆五日十四分，余皆六日七分。"（《卦议》，《新唐书》卷二十七《历志》引）汉易著作中论卦气最详者莫过于《易纬》。该书不仅论述了《周易》的性质、起源、卦爻结构、易数等问题，更整合了孟、京的卦气和爻辰等象数思想。在《卦气值日考》和《卦气续考》中，俞樾秉承清代朴学方法，以《易纬》卦气说为核心论题，对与汉易卦气有关的一系列问题进行了详细考辨。

"四正卦"说见于《易纬》之《稽览图》与《乾元序制记》。《稽览图》曰："坎六震八离七兑九。已上四卦者，四正卦为四象。""冬至日在坎，春分日在震，夏至日在离，秋分日在兑。"《乾元序制记》曰："坎初六冬至，广莫风；九二小寒；六三大寒；六四立春，条风；九五雨水；上六惊蛰。震初九春分，明庶风；六二清明；六三谷雨；九四立夏，温风；六五小满；上六芒种。离初九夏至，景风；六二小暑；九三大暑；九四立秋，凉风至；六五处暑；上九白露。兑初九秋分，阊阖风，霜下；九二寒露；六三霜降；九四立冬，始冰，不周风；

九五小雪；上六大雪也。"后世据《乾元序制记》所载作图如下：

震六三惊蛰 震六二雨水 震初六立春 坎九五四立 坎六六春

离 震

兑

坎

离九四立秋 离六五处暑 离上九白露 兑初九秋分 兑九二寒露 兑六三霜降

坎六三大寒 坎九二小寒 坎初六冬至 兑上六大雪 兑九五小雪 兑九四立冬

俞樾指出，《乾元序制记》的四正卦说有两点问题：一是与《稽览图》不合。《稽览图》但言"冬至日在坎，春分日在震，夏至日在离，秋分日在兑"，未言"冬至在坎初爻，春分在震初爻，夏至在离初爻，秋分在兑初爻"。二是以四正卦二十四爻配二十四节"跨历两时不得其正"。依他之见，《后汉书·樊英传》注举《七纬》之名而无《乾元序制记》，足以证明此书"乃后人于各纬书掇拾而成"，其说"未足据"。有鉴于此，俞樾将四正卦说订正如下：坎北方卦，值亥子丑三月，自初至上分别配立冬、小雪、大雪、冬至、小寒、大寒；震东方卦，值寅卯辰三月，自初至上分别配立春、雨水、惊蛰、春分、清明、谷雨；离南方卦，值巳午未三月，自初至上分别配立夏、小满、芒种、夏至、小暑、大暑；兑西方卦，值申酉戌三月，自初至上分别配立秋、处暑、白露、秋分、寒露、霜降。(《卦气续考》[①]) 应当承认，俞樾对四正卦所作的修改确实避免了"跨历两时"的问题，可成一家之言。

汉儒又以四正卦之外的六十卦分配一年十二月，即每月五卦。《稽览图》载：小过、蒙、益、渐、泰五卦配寅月；需、随、晋、解、大壮五卦配卯月；豫、讼、蛊、革、夬配辰月；旅、师、比、小畜、乾配巳月；大有、家人、井、咸、姤配午月；鼎、丰、涣、履、遁配未月；恒、节、同人、损、否配申月；巽、萃、大畜、贲、观配酉月；归妹、无妄、明夷、困、剥配戌月；艮、既济、噬嗑、大过、坤配亥月；未济、蹇、颐、中孚、复配子月；屯、谦、睽、升、临配丑月。坎、震、离、兑四正卦则各主三月十五卦。俞樾指出，六十卦之排列除每月有一主辟卦外，其余诸卦"非有他义，直取阳爻阴爻之数，以寓阴阳消长之象，而为寒暑往来之候耳"。(《卦气续考》) 他详细考察了每季、每月所配之卦的阴阳爻数量：坎所属十五卦阳爻三十五、阴爻五十五，阴爻多于阳爻二十，故为冬至；震所属十五卦阳爻四十五、阴爻四十五，阴阳相等，故为春分；离所属十五卦阳爻五十五、阴爻三十五，阳爻多于阴爻二十，故为夏至；兑所属十五卦阳爻四十五、阴爻四十五，阴阳相等，故为秋分（同上）。这一解说与《稽览图》所云

---

① ［清］俞樾《卦气续考》，《春在堂全书》第三册，凤凰出版社，2010年，第366页。

"冬至日在坎，春分日在震，夏至日在离，秋分日在兑"完全
吻合，揭示了汉易卦气说六十卦排列的内在根据，从学理层面
证明了卦气说的合理性。

《易纬》又以爵位命名卦爻。《乾凿度》曰："易始于乙，
分于二，通于三……初为元士，二为大夫，三为三公，四为诸
侯，五为天子，上为宗庙。"又曰："一卦六爻，爻一日。凡六
日初用事，一日，天子诸侯也；二日，大夫也；三日，卿；四
日，三公也；五日，辟；六日，宗庙也。"俞樾认为："此两文
不同，上云'初为元士'，下云'一日，天王诸侯'，违舛殊
甚，疑当从上文。"（《卦气直日考》[1]）另外，上文有大夫无卿，
"卿即在大夫中"，下文有卿，又有大夫。"分卿与大夫而二之
故，合天子诸侯而一之，虽小异无大殊也。"（《卦气续考》）重
要的是，俞樾区分了《易纬》的两种爵位说，即《乾凿度》之
爵位是爻值日法，《稽览图》之爵位是卦值日法，《乾元序制
记》则"主卦言非主爻言，然其文不备。其言之最详者，莫如
《稽览图》，齐《天保历》实出于此"（同上）。

"六日七分"说在易学史上并无太大争议。简言之，六十
卦均分一年三百六十五又四分之一日，则每卦皆值六日八十
分之七日。此说"卦与日并尽，是亦数之至简而明者"。不过，
俞樾发现，当每卦所余七分积累到一定程度，便会致使该卦越

① ［清］俞樾《卦气直日考》，《春在堂全书》第三册，凤凰出版社，2010
年，第98页。

出所属月份而跨入临近之月。他说：

> 每卦余七分，自中孚至泰十二卦，余八十四分，依日
> 法逾一日有奇，而泰侵卯矣。至乾二十七卦，余一百八①
> 十九分，依日法逾二日有奇，而乾侵午矣。至遯三十七
> 卦，余二百五十九分，依日法逾三日有奇，而遯侵申矣。
> 至观四十七卦，余三百二十九分，依日法逾四日有奇，而
> 观侵戌矣。至坤五十七卦，余三百九十九分，依日法不及
> 五日者，止一分，而坤且全入之子矣。古法既湮，今亦莫
> 得其说。（《卦气直日考》）

这是说，中孚到泰历经十二卦，积累余分共八十四分，比
一日之八十分多四分。泰卦本来在寅月之末，多出四分则入
卯月。照此计算，至乾卦比两日多二十九分，则入午月。至坤
卦差一分为五日，故坤卦全入子月。李鼎祚以"通闰余者"释
之，"亦未详其法"，孔颖达《周易正义》"于卦气值日之说，
固无当也"。总之，言卦气"最详者莫如《稽览图》"，然卦气
值日余分问题却"莫得其说"。

俞樾也对京房卦气说进行了探讨。在他看来，"言卦气
者惟京房之说为最密"。一般认为，京氏六日七分是以六十四
卦配一年三百六十五又四分之一日，即四正卦各主七十三分，

---

① 八，原文作"九"，误，当为"八"。

颐、晋、井、大畜四卦各主五日十四分，其余五十六卦仍主六日七分。俞樾则称：

中孚、解、咸、贲四卦无余分，以其所余之七分已入四正卦也。晋、井、大畜、颐四卦各余十四分，以其所直止五日也。四卦余五十六分，其余五十二卦各余七分，为三百六十四分，合之为四百二十分，适合五日四分日之一之数。(《卦气直日考》)

按照他的理解，京氏六日七分法是以颐、晋、井、大畜四卦各主五日十四分，中孚、解、咸、贲四卦各主六日而无余分。颐、晋、井、大畜所值日数与六日七分相差七十三分，中孚、解、咸、贲所值日数与六日七分相差七分，前后二者相加恰为四日，实为冬至、春分、夏至、秋分，由四正卦坎、震、离、兑分主之。其余五十二卦每卦仍主六日七分。具言之，冬至第一日八十分，是兑部颐七十三分与中孚七分之和，坎主之；二日至七日为公卦中孚，主六日无余分；八日至十三日为辟卦复；十四日至十九日为侯卦屯；二十日至二十五日为大夫谦；二十六日三十一日为卿睽；三十二日至三十七日为公升；三十八日至四十三日为辟临；四十四日至四十九日为侯小过；五十日至五十五日为大夫蒙；五十六日至六十一日为卿益；六十二日至六十七日为公渐；六十八日至七十三日为辟泰；七十四日至七十九日为侯需；八十日至八十五日为大夫随；

八十六日至九十日为卿晋，主六日十四分。同理可推，春分第一日是坎部晋七十三分与解七分之和，震主之。解、大壮、豫、讼、蛊、革、夬、旅、师、比、小畜、乾、大有、家人、井主春分后三月九十天，除解主六日、井主五日十四分外，其余十三卦皆主六日七分。夏至第一日是震部井卦七十三分与咸七分之和，离主之。咸、姤、鼎、丰、涣、履、遁、恒、节、同人、损、否、巽、萃、大畜主夏至后三月九十天，除咸主六日、大畜主五日十四分外，其余十三卦皆主六日七分。秋分第一日是离部大畜七十三分与贲七分之和，兑主之。贲、观、归妹、无妄、明夷、困、剥、艮、既济、噬嗑、大过、坤、未济、蹇、颐主秋分后三月九十天，除贲主六日、颐主五日十四分外，其余十三卦皆主六日七分。俞樾相信，从颐、晋、井、大畜四卦中割出七十三分"非无故割之"。原因在于，此四卦本为六日七分，割去七十三分则为五日余十四分。四卦共余五十六分，其余五十二卦共余三百六十四分，五十六分加三百六十四分恰为四百二十分。京氏卦气所配日数看似多寡不齐，错乱不明，但"古说本如此，此非京氏所创也"（《卦气直日考》）。《稽览图》言"四时卦，十一辰余而从"，由一日十二辰为八十分可推算出七十三分为十一辰，故京房从颐、晋、井、大畜四卦中各取七十三分归入四正卦。

俞樾还分析了后世历法与汉易卦气的理论渊源。他认为，东汉《乾象历》采用了卦气值日法，《魏书·律历志》之《正光历》所载卦气说"必京氏以来相承之旧说也"，"至北齐《天保历》乃始变其法"，"以五卦初爻相次用事"，如未济、蹇、颐、中孚、复五卦初爻各配十一月一日至五日，五卦二爻分主十一月六日至十日，其余依此类推，则此五卦三十爻合主十一月之三十日。此法亦本于《易纬·稽览图》。

综上，俞樾系统地考辩了汉易卦气说的承传与内容，指出其理论缺陷并试图解决之，对后人全面理解卦气说具有重要的意义。当然，其中不无失考之处。如余分积累逾月问题。事实上，十二月虽然递相连接，但每卦所余七分不容相混，每月五卦所余日数亦相互区分。只要不混合计算，卦与卦、月与月便不会越位，某月之卦绝不会跨入另一月。又如，俞氏称京氏分割四卦七十三分之举本于《稽览图》，却未明言京氏与《稽览图》所说四正卦主二十四节是否一致，更径直以"跨历两时"之说释四正卦各主一日，皆有失考之嫌。

四、汉易方法的运用与创新

俞樾发扬了乾嘉朴学传统，主张治经当以文字训诂为主，即通过"正句读、审字义、通古文假借"的方法解释经文，通达圣人之意。他明确指出："本朝经学之盛，自汉以来未之有也。余幸生诸老先生之后，与闻绪论，粗识门户。尝试以为，治经之道大要有三：正句读、审字义、通古文假借，得此三者以治经，则思过半矣。《诗》曰：'昔我有先正，其言明且清。'圣人之言岂有不明且清者哉！其诘鞫为病，由学者不达此三者故也。三者之中，通假借为尤要。"(《群经平议序》[1]）他极力推崇王念孙、王引之父子："诸老先生，惟高邮王氏父子发明故训、是正文字，至为精审。所著《经义述闻》用汉儒'读为'、'读口'之例者，居半焉；或者病其改易经文，所谓焦明已翔乎寥廓，罗者犹视乎薮泽矣。"(《群经平议序》）基于这一看法，俞樾仿《经义述闻》作《群经平议》，以文字训诂治经。需要说明的是，其以训诂解《易》是建立在检讨以往《易》注的基础上的。众所周知，孔颖达《周易正义》取王弼、韩康伯注本加以疏解，排斥象数、糅合道家、宣扬义理，深刻影响了唐代以后的易学研究。以程颐为代表的宋易义理派仍未脱离王、韩、孔等人确立的既定方向。清初易学风气大变，反对空谈义理，文字训诂上升为经学的主要方法。但《周易正义》影响犹在，尊之者不乏其人。有鉴于此，俞氏《群经平议》之《周易评议》的一百零八条《周易》文辞解释中，有七十余条引王、韩、孔注疏于前，并从训诂学出发，旁征博引，通过解读《周易》卦爻辞的文字意义力辟《正义》之失。与此同时，他也不满于汉易、清易成说，而是独辟蹊径，重新解析《周易》的疑难卦爻辞，提出了许多独到见解。如训《蒙》"利用刑人"之"刑人"为"常人"，训《比》"原筮元永贞"之"原"为"本"，训《比》九五"邑人不戒"之"戒"为

---

① ［清］俞樾《群经平议序》，《春在堂全书》第一册，凤凰出版社，2010年，第1页。

"骇"，训《大有》九四"匪其彭"之"匪"为"分"，训《蛊》
"先甲""后甲"为"以春之日言见始事之义"，训《巽》"先
庚""后庚"为"以秋日言见继事之义"，训《蛊》初六"幹父
之蛊"之"幹"为"斡"，训《临》初九"咸临"之"咸"为
"速"，训《剥》六二"剥床以辨"之"辨"为"胖"，训《明
夷》九三"得其大首"之"首"为"道"，训《睽》六三"天且
劓"之"天"为"兀"（刖），训《归妹》六五"其君之袂不如
娣之袂"之"袂"为"决"，训《鼎·象》"鼎象"之"象"为
"养"，训《系辞》"其静也专"之"专"为"圜"、"不易乎世"
之"易"为"施"、"善世而不伐"之"世"为"大"等。从训
诂学的角度而言，其说可谓持之有故、言之成理，可备一家。
其中某些解释极具见地，如训《系辞》"其静也专"之"专"
为"圜"，帛书《系辞》亦作"圜"。但部分训读实可用本字解
之，俞氏却人为出新，如训《蒙》"利用刑人"之"刑人"为
"常人"、《剥》六二"剥床以辨"之"辨"为"胖"、《睽》六三
"天且劓"之"天"为"兀"（刖）等，不无附会之嫌。

关键在于，俞樾的易学解释并不像王氏父子一样停留在
文字训诂的层面上，而是沿袭了汉学以象[①]解《易》的传统。为
了证明以象解《易》方法的合理性，俞樾以《周易》文本为
据，重点探讨了取象及相关问题。他坚信，《周易》文辞是依

---

① 古者有以数为象者，称为数象。俞樾亦如此，其所言"象"，包含数，
　　即以数为象。其所著《易贯》有以数为象、以数解《易》者。

据卦爻象而作，即《系辞传》所云"圣人设卦观象，系辞焉而明吉凶"。但因卦象简单而抽象，无非由阴爻阳爻构成，故圣人观象系辞乃是随机的、不固定的。因此，以象解《易》亦须引而申之、触类旁通，进而通过文辞把握圣人之意。"孔子称：'圣人设卦观象，系辞焉而明吉凶。'夫卦象，不过阴阳奇偶而已，圣人于何观之而各系以辞哉？曰：机之所触，象即呈焉。今日观之如是，明日观之或未必如是矣。圣人之辞亦姑就所见者而系之耳。然而'舆说輹''臀无肤'之类又一见再见，何也？曰：此圣人示人以端倪之可见者也，引而申之，触类而长之，则'舆说輹''臀无肤'又岂止此两卦哉？其不必皆同者，机之所触无一定也。其不妨偶同者，使人得由此而测之也。若并无此一二卦之偶同，则圣人之情不见于辞矣。"（《易贯序》[①]）

　　由此出发，俞樾对《易》辞取象进行了详细的解说。他认为，"大川""寇""戎""雨""缶""禽""忧""臀""狱"本于坎；"舆"本于坤、坎；坎为月，离为日，故"月既望"本于坎、离；"虎"本于乾、艮；"金""君""首"本于乾；"马"本于乾、震、艮；"牛"本于坤、兑、离；"言""说""食""福"本于兑；"朋"指阳得阴、阴得阳；震为足，艮为手、指，指通手足，故"趾"本于震、艮；

① ［清］俞樾《易贯序》，《春在堂全书》第二册，凤凰出版社，2010年，第395页。

"国""邑""邦"本于坤；阳实阴虚，故"实""富"就阳爻而言；艮为门，震为户，故"门户"本于艮、震；凡《易》言数者，如"三""十""七"，皆具爻而言，等等。(《易贯序》)

总体上看，俞樾基本采取了汉易的思路，其取象有本于《说卦》者，亦有从《说卦》、经传文辞乃至其他文献中引申而来者。如《说卦》言坎为水、兑为泽，未言坎兑为大川。俞樾则称："坎为水，兑为泽，泽亦水也。经言涉大川，不言涉大水，则不必专以坎言。《大过》上卦为兑，而上六有'过涉'之文，是坎水可涉，兑泽亦可涉也。《需》《讼》两卦皆有坎，故皆言大川，其象固甚明矣。"(《易贯序》)又如，《说卦》无虎象，经文有虎辞。俞樾曰："《说卦传》无虎象，京房谓坤为虎，马融谓兑为虎，《九家易》又谓艮为虎，言人人殊。按《风俗通·祀典篇》曰：'虎者阳物，百兽之长也。'……盖正取虎为阳物之义，而以坤兑阴卦当之，失其旨矣。至艮固阳卦也，以艮为虎，疑若得之，乃愚求之于经，则其义尤未尽。盖虎实乾象也，孔子以'云从龙，风从虎'释《乾》九五之义，则龙与虎并为乾象明矣。"(同上)再如，《说卦》并未指明"朋"字对应何卦，俞樾则认为："《周易》'朋'字始见于《坤》彖辞曰'利西南得朋，东北丧朋'。西南东北，以坎离震兑居四正者而言，凡阳以得阴为朋、阴以得阳为朋。西南者，兑离也，其卦一阴而二阳，二阳即朋也。东北者，震坎也。其卦二阴而一阳，一则阳不为朋矣，故宜乎'西南得朋，东北丧朋'也。若就乾而言之，又以震坎二阴为得朋，兑离一阴为丧

朋。"（同上）

然而，《周易》象与辞其实并不是严格对应的。也就是说，同辞未必基于同象，同象未必对应同辞。这正是象数派学者以象解辞往往不能一以贯之的原因所在。为了摆脱这一困境，俞樾像汉儒一样，或变换取象方式，或采用互体、升降、反覆等体例，逐一证明象辞相应，基本做到了前后一贯。如俞樾认为"大川"本于坎、兑，然《同人》言"大川"却无坎无兑，故其以升降说释之：《坤》五之《乾》二为《同人》，《乾》二之《坤》五为比，《比》上体坎，坎为大川；《蛊》《大畜》亦无坎兑，但两卦二三四皆互兑，故言"大川"，此为互体之法；《颐》卦无坎无兑，而六五言"不可涉大川"、上九言"利涉大川"。俞樾解之曰："当以两爻交易取义，虞仲翔所谓五上易位者是也，易位则成坎矣。"此是两爻交易而之正，《大畜》上艮变坎，故"利涉大川"。若六五、上九未能之正，则"不可涉大川"。又如，由《说卦》"兑为口舌"可引申出兑为"言"。《困》《夬》《革》上体皆兑，故经文有"言"字。对那些无兑象而有"言"字的卦，俞樾则以各种方法迂回取象释之。"若夫无兑象而称言者，实皆从兑取义，比例观之，无不可见。"他用爻变解《需》九二、《讼》初六之"小有言"：《需》六四变阳为《夬》，《讼》上九变阴为《困》，《夬》《困》上体兑，故《需》《讼》"有言"；用旁通解《明夷》初九之"主人有言"：《明夷》旁通于《讼》，《讼》之"言"本于《困》卦，"主人"指《困》卦，故"主人有言"；用旁通、反对解《震》

之"笑言哑哑""婚媾有言"：《震》《艮》反对，《艮》《兑》旁通，故《艮》称"言有序"，《震》卦亦有"言"字。

不仅如此，俞樾还对其运用的取象体例进行了论证。《周易互体征》认为互体是在孔子之前已存在的古法，《玩易篇》提出"《易》之为象，非反对则旁通也"，《易穷通变化论》则吸收了荀氏升降和虞氏旁通，故俞氏解《易》多用互体、反对、旁通、升降。显然，俞樾所取之象虽与汉儒不尽相同，但其以象解《易》的思路并无二致。当然，他煞费苦心地引申《说卦》之象、变换取象方法、采用汉易体例来揭示象辞对应，且基本做到了前后贯通，但仍然无法摆脱汉儒面临的困境，即仅是以辞寻象，而不能以象寻辞。也就是说，俞樾和汉儒一样仅能把所有的"言"字都归于兑卦，却不能解释为何兑象未必一定有"言"。譬如《兑》上下皆兑，经传为何未见"言"字？更重要的是，《周易》版本历经演化，早期《周易》版本与后世经整理的版本存在不少的文字差异[①]，即汉儒、清儒所见版本已非《周易》原本。因此，其揭示的"辞本于象"貌似有理有据，却必定与《周易》本义不符。

五、对易学起源的探索

关于八卦的形成，《易传》但言是伏羲仰观俯察而作，却

---

① 如上博藏战国楚简《周易》、汉初马王堆帛书《周易》与今本《周易》在文字方面即有不少差异。

未对其具体过程予以说明。及至宋代，邵雍、朱熹等人据《系辞》"易有太极"一段及《说卦》"天地定位"一节创作伏羲先天八卦图与六十四卦图，并指认《说卦》"帝出乎震"一节所云为文王八卦。在《玩易篇》中，俞樾一反宋人之说，独出心裁，画伏羲八卦图如下：

此图八卦顺序依次为艮、巽、震、坎、离、兑、乾、坤。俞樾解释道，伏羲仰观俯察，"见天以阳而位乎上，地以阴而位乎下，人兼阴阳而位乎中，于是则而象之"（《玩易篇》[①]）。艮、巽初爻皆阴偶以象地，上爻皆阳奇以象天，中爻一阴一阳、一奇一偶以象人，故八卦始于艮巽；"又见阴阳有交感之理，天气下降、地气上升而万物生焉，故艮之上爻下行而为震，以艮之下爻上行而为坎，以巽之上爻下行而为离，以巽之下爻上行而为兑"（同上），即震坎离兑本于艮巽；艮、震、坎三阳积而为乾，巽、离、兑三阴积而为坤，故八卦"极于乾坤"。显然，这一八卦以艮为首而非起于乾坤的说法与前人迥然有异。对此，俞樾进行了辩解："圣人画卦之始，吾固不得而知也，然而其不始于乾坤则可知也。"他认为，圣人画卦始于一奇一偶，"乃必层累而积之，至于三画而后已"（《玩易篇》)。夏朝距伏羲时代较近,夏易首艮,"艮所以终万物而始万物也",故可推知伏羲八卦始于艮。至于《周易》之"父母六子",则是晚于夏易的后起之说。"以乾坤为父母,特周人一代之学而已,未可泥《周易》之说而以定画卦之次第也。"不过,由《说卦》"乾君坤藏"居"六子"之后可见,《周易》亦有此意。客观地讲,俞樾此说颠覆了传统观点,不妨视作一家之言。然而,他所提供的证据并不充分:首先,夏易首艮是指六画卦,其八卦次序仍无从得知;其次,画卦始于一阴一阳,也可以理解为先积阴阳而成乾坤,然后方有六子;最后,《说卦》"乾君坤藏"一节所示八卦次序固然不起于乾坤,但也不始于艮巽,而是始于震巽。

尤有进者,俞樾又以《说卦》"帝出乎震"一节为据,称震东、巽东南、离南、坤西南、兑西、乾西北、坎北、艮东北为伏羲八卦方位。此"自古相传之说,孔子述之,非孔子之言"。至于邵雍据《说卦》"天地定位"一节排列的乾南、坤北、离东、坎西、兑东南、震东北、巽西南、艮西北之位,俞氏认为"非伏羲氏之八卦,乃邵子之八卦也,然则朱子所治者,邵子之易非伏羲氏之易也"。(《八卦方位说》[①])俞樾指出,伏羲八卦"自汉以来实亦未有能确言其理者"。为了解决这个问题,他先将八卦按四正四隅排列如下:

---

① [清]俞樾《八卦方位说》,《春在堂全书》第三册,凤凰出版社,2010年,第363页。

正东一，正西二，正北三，正南四，东北五，东南
六，西北七，西南八。

俞樾此间的四正四隅排列是以古代宗庙和朝廷上下尊卑
之位为依据的。"以东西言，则东为上，故宗庙之位左"；"以
南北言，则北为上，故朝廷之位君北而臣南"。（同上）因而，
"正东一、正西二、正北三、正南四"之位，"此不易之序也"。
依此东先于西、北先于南之理，不难推知"东北五、东南六、
西北七、西南八"。而后，再将四正四隅方位与《说卦》"帝出
乎震"一段之方位结合，便可确定八卦次序方位图如下：

震一	兑二	坎三	离四	艮五	巽六	乾七	坤八
☳	☱	☵	☲	☶	☴	☰	☷

俞樾强调，伏羲画卦次序与八卦成列次序不同："就画卦
言之，则必自下而上，故巽一阴在下而为长女，兑一阴在上而
为少女"。（《玩易篇》）八卦形成以后，阴阳之理不如此，"乃
合八卦而观之，观其阴阳升降以定八卦之序"（同上）。也就是
说，伏羲八卦排列及方位完全符合阴阳升降之理，且与《杂
卦传》契合："阴自上而降者也，阳自下而升者也。兑一阴生
于二阳之上，象夏至之日，一阴自天而生也；震一阳生于二阴
之下，象冬至之日，一阳自地而生也。由是而为离坎，则兑之
一阴降而在二阳之中，震之一阳升而在二阴之中矣。又由是而
为巽艮，则离之一阴又降而在二阳之下，坎之一阳又升而在二

阴之上矣。是故阴始见于兑，至巽而伏。阳始起于震，至艮而止。《杂卦传》所以有'兑见巽伏''震起艮止'之说也。……由是以震坎艮之三阳积而为乾，以兑离巽之三阴积而为坤，而八卦备矣，八卦之序亦定矣。"(《八卦方位说》)需要说明的是，俞樾《玩易篇》按殷人《坤乾易》先阴后阳的原则将八卦次序排列为兑、震、离、坎、巽、艮、坤、乾，与《八卦方位说》按先阳后阴的原则所列震、兑、坎、离、艮、巽、乾、坤的次序稍有出入。依此推断，他对八卦次序的理解前后有所变化，即由先阴后阳改为先阳后阴。俞氏本人虽未对此作出解释，但从其伏羲八卦说之证据"夏易首艮""乾君坤藏"皆阳先阴后来推测，此一改动得以确保其理论前后一致。俞樾又根据阴阳升降作八卦次序图如下：

"大明生于东、月生于西"，震兑为阴阳之始，故居正东、正西；君南向答阳，臣北面答君，坎离"阴阳之极盛，其居中用事"，故位于正北、正南；"功成者退"，艮巽为阴阳之终，

故艮退东北、巽退东南；鬼神"非可以人事言"，乾为神，坤为鬼，故乾居西北、坤居西南。在此基础上，俞樾严格区分了伏羲易、《周易》和邵氏易。他指出，伏羲易与《周易》的关键区别在于：伏羲易"乾君坤藏"，即乾坤居六子之后，《周易》则是"乾称父，坤称母"，即乾坤居六子之前；伏羲易符合阴阳升降之理，《周易》八卦则与之不符，"盖《周易》首乾坤，故以乾坤为父母而生六子，而有震长男、巽长女、坎中男、离中女、艮少男、兑少女之说，然阴阳之理实不如此"。至于邵雍据《系辞》"易有太极，是生两仪，两仪生四象，四象生八卦"而定伏羲八卦之序，"虽有巧思，其布而为乾南坤北之图则不免有安排之迹，一家之学，无足深论者也"（《八卦方位说》）。总之，三者不可混同，"邵易之不足以言伏羲之易也"，"执《周易》以言伏羲之易亦犹未得"。不过，俞樾并未因此否定《周易》、邵氏易和其他学说的价值。在他看来，无论《周易》的父母六子说还是后世学说，实属诸家见仁见智，未可执一而论。这种态度无疑值得肯定。

在此基础上，俞樾又讨论了六十四卦的形成问题。《系辞》曰："八卦成列，因而重之。"依他之见，"八卦成列"即始于兑震、中经离坎巽艮而终于乾坤，"阴始于兑之一阴，历离巽，而下极于坤；阳始于震之一阳，历坎艮，而上极于乾，所谓八卦成列也"（《玩易篇》）。"因而重之"，则是指八卦相重而形成的四类卦象。具言之，"阴降之卦十有六，阳升之卦十有六，阴阳交之卦十有六，阴阳不交之卦十有六"（同上）。

　　阴降之卦，是指阴卦与阴卦相重，阴自上而下呈下降之势，共十六卦：

　　　　兑与兑、离、巽、坤重分别为：兑䷹、革䷰、大过䷛、萃䷬。

　　　　离与兑、离、巽、坤重分别为：睽䷥、离䷝、鼎䷱、晋䷢。

　　　　巽与兑、离、巽、坤重分别为：中孚䷼、家人䷤、巽䷸、观䷓。

　　　　坤与兑、离、巽、坤重分别为：临䷒、明夷䷣、升䷭、坤䷁。

　　阳升之卦，是指阳卦与阳卦相重，阳自下而上呈上升之势，共十六卦：

　　　　震与震、坎、艮、乾重分别为：震䷲、屯䷂、颐䷚、无妄䷘。

　　　　坎与震、坎、艮、乾重分别为：解䷧、坎䷜、蒙䷃、讼䷅。

　　　　艮与震、坎、艮、乾重分别为：小过䷽、蹇䷦、艮䷳、遁䷠。

　　　　乾与震、坎、艮、乾重分别为：大壮䷡、需䷄、大畜䷙、乾䷀。

阴阳交卦，指阴卦居上、阳卦居下而阴阳相交，共十六卦：

兑与震、坎、艮、乾交分别为：随䷐、困䷮、咸䷞、夬䷪。

离与震、坎、艮、乾交分别为：噬嗑䷔、未济䷿、旅䷷、大有䷍。

巽与震、坎、艮、乾交分别为：益䷩、涣䷺、渐䷴、小畜䷈。

坤与震、坎、艮、乾交分别为：复䷗、师䷆、谦䷎、泰䷊。

阴阳不交卦，指阳卦居上、阴卦居下而阴阳不交，共十六卦：

震与兑、离、巽、坤重分别为：归妹䷵、丰䷶、恒䷟、豫䷏。

坎与兑、离、巽、坤重分别为：节䷻、既济䷾、井䷯、比䷇。

艮与兑、离、巽、坤重分别为：损䷨、贲䷕、蛊䷑、剥䷖。

乾与兑、离、巽、坤重分别为：履䷉、同人䷌、姤䷫、否䷋。

　　显然，俞氏的六十四卦排列既与汉宋易学不同，亦与出土的帛书《周易》有别，实属全凭己意、戛戛独造之论。

　　俞樾还对邵氏先天学予以检讨。在他看来，先天图的症结在于阴阳错乱。他说："宋人先天图推六十四卦之序，自谓整齐，实则阴阳错乱甚矣。"（《八卦方位说》）其集中表现有二：一是八卦生两仪四象，二是"四五无名，三六无住"。之所以如此，乃是因"伏羲之易出于古之真图书，邵子之易必出于陈图南五十五点、四十五点之伪图书"，即邵雍易学源自陈抟而非本于伏羲。不过，俞氏并未因此否定邵氏易，其云："邵子之易虽非伏羲、文王、周公、孔子之易，然亦自成一家之学，其推原伏羲画卦次第，其意甚巧，故朱子亦颇信之。"（《邵易补原》[①]）不仅如此，他更按照自己的理解，从数的角度重新解说八卦与六十四卦之形成：河图五十五数与洛书四十五数合为一百，一百之整体为太极，即太极为一；一百可分为两个五十，则二为两仪；以二十五分之则为四，四为四象；以十二分之得八余四，八为八卦，一不能分者"则数穷矣，于是八八六十四卦定矣"。再以十二为天地之数、为太极；以六分之得二，二为两仪；以三分之得四，四为四象；以一分之得八余四，八为八卦；一百中有八个十二，每个十二中又有八个一，即八八六十四而余三十二，故三画之卦止于八，六画之卦止于六十四。

―――――――――――

① ［清］俞樾《邵易补原》，《春在堂全书》第三册，凤凰出版社，2010年，第122页。

六、俞樾易学的价值及影响

俞樾一生淡泊名利、潜心治学，撰写了大量的经学著作。后人曾对俞樾的文字训诂水平和学术成就予以高度评价。如章太炎曰：

> 治群经不如《述闻》，谛诸子乃与《杂志》抗衡，及为《古书疑义举例》，轪察觋理，疏紾比昔，牙角才见，紬为科条，五寸之梊，极巧以㧮，尽天下之方。(《清儒学案新编·曲园学案》)

梁启超曰：

> 然在此期中，犹有一二大师焉，为正统派死守最后之壁垒，曰俞樾，曰孙诒让，皆得流于高邮王氏。樾著书，惟二三种独精绝，余乃类无行之袁枚，亦衰落期之一征也。[1]
>
> 训诂学之模范的名著，共推王引之《经传释词》、俞樾《古书疑义举例》。[2]

---

[1]　梁启超《清代学术概论》，上海古籍出版社，1998年，第6—7页。
[2]　梁启超《清代学术概论》，第63页。

徐世昌曰：

> 曲园之学以高邮王氏为宗，发明古训，是正文字，而
> 务为广博，旁及百家，著述闳富。同光之间，蔚然为东南
> 大师。(《清儒学案·曲园学案》)

杨向奎曰：

> 及俞曲园，都能寻章摘句，有所发挥，而成一家言，
> 是为章句儒。(《清儒学案新编·曲园学案》)

> 曲园先生一章句儒也，学问虽不成体系，但寻章摘
> 句，往往因一字之诂而通解全章，功不可没。(同上)

具体到易学上，俞樾的成就不仅在于以文字训诂治《易》，
还在于对象数之学的发展。就训诂而言，他仿照王引之的《经
义述闻》作《群经平议》，以"正句读，审字义，通古文假
借"为要旨，提出异于前人的独到见解。就象数而言，他在梳
理、解构汉宋易学的基础上，形成了具有汉易特色的易学观点
和解易理路。一方面，他紧承乾嘉学风，精于汉易，以《易
传》的变化理论为依据，糅合荀虞的升降、旁通体例提出穷通
变化说，并建立了"非反对则旁通"的刚柔相易说与基于八纯
卦和八交卦的变卦说。同时，他凭借渊博的学识对汉易卦气
说存在的问题进行了辨析，且表达了一己之见。他引申《说

卦》之象，广采互体、升降、反对、旁通、爻变、之正等体例解《易》，逐一指示象辞之相应，基本做到了前后贯通；另一方面，俞氏对宋易象数学的伏羲八卦、六十四卦之说也进行了检讨。他以夏易为据，提出八卦始于艮巽、终于乾坤的全新观点，进而把"八卦相重"解释为阴阳升降、交与不交等四种类型。由此可见，俞樾的贡献不仅在于继承了乾嘉汉学发扬汉易、注重考据的学风，更表现在其融旧铸新、继往开来的易学重建上。正是这些贡献，使得俞氏易学当之无愧地成为乾嘉以后易学研究的最强音。

俞樾享誉海内外。如今人所说："他在经学、诸子学和文字学方面取得的研究成果不仅具有极高的学术价值，而且对传统学术在晚清的传承发挥了至关重要的承前启后作用。俞樾不仅在当时国内学术界具有很高的学术地位，在日本、韩国学术界也有重要影响。"① 当时学者纷纷负笈来学，章太炎、吴昌硕、黄以周和日本的井上陈政等著名学者均出自其门下。其中，章太炎以文字训诂治经，于易学多有发明。黄以周易学兼采汉宋，择善而从，求古求是，无所偏执，除得自家传外，亦受俞氏启发颇多。此外，今人高亨作《周易古经今注》时曾对俞氏著作多有参考，可见俞樾易学影响之深广。

---

① 罗雄飞、赵剑《俞樾在日本、韩国的影响及其与外国友人的交往》，《首都师范大学学报》（社会科学版），2004 年第 2 期。

第二章　纪磊的虞氏易象与易学消息①

　　纪磊，字位三，号石斋，乌程（今浙江吴兴）人。生卒年不详，《南浔志》载其卒于七十三岁。据其著《周易消息》序，是书完成于同治元年（1862），而《南浔志》称纪氏"积三十余年成书数种"，前推三十年即道光十二年（1832），可知其大约生活在道光至同治年间。自幼家贫，就学于义塾，"言笑不苟，聪颖异常，弱冠入郡庠，授徒以养亲"。早年有诗名，但纪磊"以吟风弄月非儒者分内事"，"思治一经"，故矢志研读《周易》。孳孳矻矻，著书数种。读《易》之余，旁及堪舆之学，晚年谢去馆政，藉以自给。凡邀请者，"无论亲疏远迩必尽心相度"，但堪舆之学不著书、不传徒，去世前嘱咐其子不得传习。②易学著作有《虞氏逸象考正》《虞氏逸象考正续纂》《九家逸象辨证》《虞氏易义补注》《汉儒传易源流》《周易本义辨证补订》《周易消息》《读易随笔》《周易集说》《传义经文订伪》《朱子卦变考正》等。其中后四种仅载于籍，而未见其书，

---

① 本章前半部分由胡士颖撰写。
② 纪磊生平事迹见《南浔志》卷二十一《人物四》，民国十一年刻本。

或已佚失。另有《纪氏诗录》《风雨楼文集吟稿》《南浔诗录》《震泽镇志》等著作。

一、汉易流传与《正义》补正

易学传承载于《史记》《汉书》者，颇有异同，今亦不能究明其详。汉易虽盛，而传至唐代，则多尊王弼《周易注》与孔颖达《周易正义》。散存汉易著述虽赖李鼎祚之《周易集解》得以传世，然汉易传承系统终难明晰，故后世学者多发心于斯，考述不绝。殆至清朱彝尊著《经义考》，方得稽考甚详。而后，纪磊又在朱氏基础上，据《汉书》《经典释文》《周易正义》《周易集解》等典籍记载加以补录并独抒己见。

体例上，《汉儒传易源流》虽为考究汉儒易学传承统序之作，但并未仅限于此，人物所列盖如史传，下及魏晋以至隋唐。汉代部分起于田何、王同、周王孙等人，止于刘表、宋衷诸家，凡列人物一百二十余位，事迹、师承详而有据者六十余人；魏晋至唐代则概略而论，人物描画盖重易学之承传、著述，所列人物七十余人。纪氏所列涵括了大部分汉唐易学家，其编写方式为了解和研究汉唐易学提供了极为方便的人物线索，是较为简明的易学参考材料。每条人物下除记录易家著述、师承之外，还以按语形式提出自己的意见。如关于淮南九师，纪氏按语云："刘向《别录》：'《九师道训》者，淮南王安所造。王聘善为《易》者九人，从之采获，故中书署为《淮南

九师书》。'则九师皆汉初说《易》者。传记不载姓名，高诱
《序》以为苏飞、李尚左、吴田由、雷被、毛被、伍被、晋昌
等八人。洪迈谓寿春有八公山，正安所延致客之所。因传受未
明，姑附志于此。"又如，纪磊于钟会条下按曰："互体之说始
于左氏，汉儒争以为说，虽非《易》之本体，然较之爻辰、纳
甲之类，犹近自然。"

　　学界对此书之评点历来有两种意见。刘承幹《汉儒传易源
流跋》予以了肯定："先生是书……自两汉下逮隋唐，师师相
传之绪，信者著之，疑者阙之，不附会以失真，抑亦求汉易师
承者所可征信也。"不过，该书一如纪氏本人所云，其辑录简
略，文献征引有限而考证之功殊为草率，故难免有不核之处。
是以民国经学家吴承仕曾批评此书"意为去取"，"疏略无所
发明"。

　　纪磊对《周易本义》亦有研究。除较为详细地探讨了惠栋
的《周易本义辨证》之外，他还写过关于朱子卦变说的考证文
章。惠栋《周易本义辨证》成书于《易汉学》之后，本意是以
古代《易》义和《朱子语类》《周易折中》等辨证朱子《本义》
之是非，或推明其义，或考校异同，或纠正其未当，或补足其
未备。然惠栋不信图书之学、先后天之说，往往以宋代义理与
汉代易象合而论之，故有推本发明之长。纪磊认为，惠氏"以
汉儒之象数，参宋儒之义理，剖析详明，折中至当，允为朱子
功臣"，但其间亦有疏略之处，有待进一步补辑、参订。观纪
磊之书，其所补订之较为重要者约有如下数端：

其一，驳惠氏河图、洛书之说。惠栋认为，河图、洛书之史料记载不可援以为据，传世的所谓《古文尚书》乃晋人伪撰，刘歆之说不载《汉书》，而关子明戴九履一之说乃见于《洞极真经》，乃是宋代阮逸（或云杨杰）伪造，故而河洛之说于史无征。纪氏则认为惠栋之说过当，河图、洛书可从经传中找到根据，即《系辞》天地十数一节，不能因汉儒未曾说过、史书缺乏记载就遽疑不信。

其二，《易经》只是"元亨利贞"四字。《本义》释"大哉乾元"至"万国咸宁"，先以天道阐明乾道，后又阐发元亨利贞作为四德之义。纪磊也强调元亨利贞四者在《易经》中的重要性："《易经》只是元亨利贞四字而已"，"此四字兼消息、该终始，天道人事一以贯之，以下六十三卦只是发明此四字而已"。在《周易消息》一书中，纪磊又以六十四卦之变化生成规律详细阐述了这一观点，并强调此象辞乃文王所作，古义如此。

其三，《本义》最可质疑之处在于朱子屡言"不可便以孔子之说为文王之说"。纪氏指出了朱子严格区分文王、孔子的用意："朱子之意以文王之《易》专为卜筮，孔子之说兼及义理。"依他之见，朱子此举有三点不妥：过度区分文王、周公之异同，造成了一些解释上的对立；太过强调《易》本卜筮之书，虽言及义理而每每置文王、孔子于两端，有失经传之旨；再度引起"十翼"是否为孔子所作的争论，"惑世诬圣，莫此为甚"。

综观纪氏之书可见，他对朱子、惠栋《易》说多有质疑而少有肯定，如认为惠栋过分笃遵汉代《易》说，朱子则过于强调卜筮之旨，等等。此外，纪氏解释经文常以己意推测，如对经文进行辨伪、以消息说论解经得失，但许多内容都标以"见某书"，亦以该书散佚而难详其说。依此推断，此书当成书于纪氏其他易著特别是《周易消息》之后，故而其意见虽如珠玑散落，亦多以消息思想一以贯之，根本上还是以汉易方法解释宋易著作，其进路与惠栋颇合一辙。

由《汉儒传易源流》《周易本义辨证补正》二书大致可见，纪磊固然觉察到吴派汉学的疏漏，亦对朱子《本义》有所发明，但其学问大体仍是遵从汉易的象数理路和乾嘉以考证为主的治学之道，并未从根本上有所超越，尤其是在义理上鲜有建树。准确地说，纪氏并不是像刘承幹所言的那样主张兼通汉宋，而是力求以易象、消息说通贯前后的易学家。

二、虞氏易研究

三国虞翻可称汉易之集大成者。对于虞氏易学，清代惠栋、张惠言诸家已有深入研究。在此基础上，纪磊又进一步考正得失，并对虞氏易义和逸象间有议论发明：

首先，补注虞氏易义。纪磊认为虞翻之于《参同契》与郑玄推重《乾凿度》不当混作一说，故而对张惠言著作中以《乾凿度》阐解虞翻易的部分悉加改正，从而还原虞翻易学之旧观。其屡言"《稽览图》之说亦不足采""《乾凿度》文不可以混虞氏者此也"，甚至"虞义足以明矣，张注亦似可省"云云。例言之，张惠言将"一阴一阳之谓道"解作阴阳相并而生三极，则各正性命、保合太和为道，或言庖牺氏参天两地、六位时成之道，或言易之消息既成，万物复归于道。纪氏提出反驳，认为一阴一阳并非阴阳并生之理。以消息言之，正月为寅、二月为卯，此即为"一阴一阳之谓道"；三月为辰、四月为巳，即所谓"继之者善"；十一月为子、十二月为丑，即为"成之者性"也。由此例结合纪氏之书可见，其反驳前人，每每以消息、七八九六之位等汉代易说为据。然而，纪氏虽多称当如何如何，却不交代何以作此说，令人不能释怀。就此而言，吴承仕批评纪氏固然欲辨张惠言之误，却不及张氏考据有本，"进不本传，退不成义，则惠张诸儒所不为矣"，不无道理。

再者，考正虞氏逸象。众所周知，汉代乃至后世易家使用逸象最多者莫过于虞翻。其书虽散佚，后学不断稽考，数量亦颇可观，如惠栋《易汉学》列虞翻逸象三百二十七例，张惠言《周易虞氏义》增一百二十五例，方申《虞氏易象汇编》得逸象一千二百八十七，但其稽考辨证往往不能免于错误、遗漏。纪磊指出，《荀氏九家逸象》举虞翻逸象三百三十一例，虽大略本自经书，授受有据，却也如惠栋所言"间有未和"，故其连同惠栋、张惠言对虞翻逸象之注一并考正，撰作《虞氏逸象考正》等书。此外，纪氏另有对《九家逸象》及惠栋注的考正，同时提出了他对取逸象方法的一些意见。其特点有三：其一，判断多本经传。如虞氏将"破"归为坎象，纪磊则称"破字不经见，据象当属兑，兑为毁折，故为破。虞氏以坎为破，非"（《虞氏逸象考正》）。又如艮为狼，纪云"狼字不经见，亦狐类也，黔喙之属"（《虞氏逸象考正》）。其二，在惠栋、张惠言之虞氏学研究的基础上试图有所推进，体现了客观、求是的治学态度。其三，其考正分条列目，只闻片语，不免细碎，却也有意识地总结相对普遍的易例，如以乾卦三爻为君子之象、为道，"《易》中凡称君子皆谓三也"，"《易》中凡言道者皆指三，言三体艮，故与艮同象"；艮为时，"《易》中凡言时者皆兑象，虞氏以艮为时，非"；乾为易，"《易》中凡言《易》者皆谓艮也"。

总体而言，纪磊易学以汉易为宗趣，其著述多以汉易研究为主，而带有个人特色的消息说亦汉易理路之承续；就其易学架构言之，纪氏关注之重点则在于虞翻易学，这与其消息说关系紧密。可以说，虞氏易正是纪磊消息说的理论基础。然而，纪磊之书多随手抄撮，在声音训诂、文字考证、诸经互证等方面有所欠缺。诚如吴承仕所言："纪氏专研易学，而声音训诂之术似非所长。其于他经，复多粗略。故说义拘滞，是亦有之。"[1]

三、《周易》新消息说及其意义

纪磊所撰《周易消息》十五卷，"为其生平精力所萃，其余各种，皆其支流余裔"。"消息"二字，见于《易传》。

---

[1] 吴承仕《检斋读书提要》，北京师范大学出版社，1986年，第58页。

《象·剥》曰："君子尚消息盈虚，天行也。"《象·丰》曰：
"日中则昃，月盈则食，天地盈虚，与时消息，而况于人乎，
况于鬼神乎。"西汉孟喜融历入《易》，以《周易》卦爻涵摄符
示年复一年的阴阳消息、四时交替、节气变化，卦气说遂大发
其皇。东汉末，五世家传孟氏易的虞翻不仅重申了消息之义，
更确立了乾坤消息生十辟、十辟再生杂卦的卦变体系。值得注
意的是，纪磊此书虽以消息为名，但对孟京卦气及宋易象数一
概不取。他认为："汉列学官，侪谶纬而多杂，或传卦气，或
尚爻辰、纳甲、纳音，既象悬乎日月，主世主应，亦位协乎玑
衡，虽各得夫一偏，究未皙乎全体。洎王韩之虚寂，迄孔陆之
迂疏，筌蹄既忘，图书何有？况乎主张经世，复滋图象于先
天；推本无为，遂别卦爻于太极。与夫错综驳杂，交互支离，
均未窥三圣之心，究孰测六爻之变。"有别于此，他以《杂卦》
为据，建构出独特的阴阳消息说。《周易消息序》称：

　　某也年已知命，质犹童蒙，虽雅慕乎同人，敢妄祛
夫大过。唯是十年不字，空怀女子之贞；三接无缘，绝少
康侯之锡。既汇征兮失望，遂居业而潜心。体艮时行，法
乾不息，参盈虚于剥复，验感应于咸恒。开国承家，道不
外乎君臣父子；仰观俯察，理不越乎幽明死生。乐则行而
忧则违，既识潜龙之妙；气相求而声相应，还思品物之
亨。否泰循环，坎离交媾，欣既济之由渐，惕家人之反
暌，遂乃抉三古之微，拯一篇之要，图宗出震，义辨中

爻，黜京焦之游魂，补荀虞之逸象，前民用于十有八变之内，范周天于六十四卦之中。乃知六日七分，法犹差乎微杪；一十二万，言更近于荒唐。既倚数而生爻，遂穷理以至命。探赜索隐，敢言心圣之心；两地参天，聊可数易之数。岂无知我，请挟策而嬉太昊之天；如有从游，愿持书而论中古之世。(《周易消息序》)

纪磊此间谈及自己研《易》的心路历程及深切体悟。于他而言，学《易》不是终日辗转书册，而是躬行易道、切实践履。这种情结，其实是古代许多学者的信念。正是通过"体艮""法乾""参剥复""验咸恒""识潜龙"等一系列功夫，纪磊才得以"抉三古之微，扼一篇之要"。事实上，他所谓的"三古之微""三圣之心"，即是自己发现的三圣消息说："伏羲传十言之教，消息为先。文王演六画之辞，吉凶以断。既弥纶乎天地，自该括乎阴阳。然而道有至微，理难遽喻。……唯我夫子，矢志韦编，源敦厚于一画之先，泄忧患于二篇之内。刚柔立本，造化悉出于乾坤；变通趋时，尽神不离乎鼓舞。既述《文言》之蕴，复传《杂卦》之篇。"(《周易消息序》) 纪磊认为，伏羲消息、文王重卦、孔子《杂卦传》一脉相承。《杂卦》"次序亦文王所定，孔子乃为作传以明之"。他释其名曰："杂者，杂也。谓刚柔相杂也。刚柔相杂而成变化，此《易》之所以为《易》也。"(《杂卦传》) 纪氏认为，《杂卦》以阴阳消息变化为主旨，反映了易学的基本精神。《杂卦》一篇，即古之卦变消息，皆从此推出。"(《凡例》)至于《说卦》《系辞》《序卦》《象传》等传文同样内涵消息之意，是对《杂卦》的补充解释。如其所云："《说卦》一篇，即释《杂卦》之说也。"(同上)《序卦》"上篇三十卦首乾坤、终坎离，下篇三十四首咸恒、终既未济，两两相次，一往一来，消息存焉"(《序卦传》)。《系辞》云"天地之数"，又云"河出图，洛出书，圣人则之"。《象传》曰："大明终始、六位时成。"《说卦》有"天地定位""帝出乎震"两节。依《杂卦》推之，"河图是数，故自一至十，皆数也；洛书是文，故自一至九，皆文也。所谓圣人则之者，河图即'天地定位'一节，乃《杂卦》方位，以变化既成言也。洛书即'帝出乎震'一节，所谓'大明终始，六位时成'也，以变化言也"(《凡例》)。"'河出图，洛出书，圣人则之'，经有明文'则'，圣人之作《易》并则图书可知也。然以十为图，以九为书，先儒虽有是说，而所谓'则之'者，多未明确，故终无以解世人之疑。今从《杂卦》推之而知《说卦》一篇即圣人之图说也。"(《河图洛书》)

　　基于上述看法，纪磊通过解读《杂卦》建立了阴阳消息的象数体系。首先，他以《杂卦》首句"乾刚坤柔"为据，确立乾坤为消息之本："乾坤为易之门，消息皆从此出，所谓'刚柔以立本者'也。故曰：'乾刚坤柔'以下即消息，所谓刚柔相推而生变化也。"(《杂卦图》)"乾为刚，坤为柔，刚为一三五也，柔为二四上也。'刚柔者，立本者也'，消息皆从此变，故曰'乾刚坤柔'。"(《杂卦传》)在他看来，《周易》

六十二卦、三百七十二爻皆为乾坤之阴阳爻。"六十二卦皆出自乾坤，至乾坤之来，则疑无所自也。"这一思想，与王夫之的"乾坤十二位"、胡煦的"体卦说"颇为相类。既然六十二卦消息的实质是乾坤两卦消息变化，故其论六十二卦消息时皆用乾坤之爻，而不用本卦之爻。

其次，他以《杂卦》卦序为消息变化之序。《杂卦传》六十四卦排列两两一组，共三十二组：乾坤、比师、临观、屯蒙、震艮、损益、大畜无妄、萃升、谦豫、噬嗑贲、兑巽、随蛊、剥复、晋明夷、井困、咸恒、涣节、解蹇、睽家人、否泰、大壮遁、大有同人、革鼎、小过中孚、丰旅、离坎、小畜履、需讼、大过姤、渐颐、既济归妹、未济夬。纪磊认为，每组两卦，前者为息卦，后者为消卦。息卦生息卦，消卦生消卦，皆依《杂卦》之序前后相生。具言之，乾坤阴阳消息生诸卦。比为息卦，自乾来，师为消卦，自坤来；临为息卦，自比来，观为消卦，自师来；屯为息卦，自临来，蒙为消卦，自观来。其余依此类推。兹以乾生比、比生临为例说明消息生卦的过程：

乾	比	临
乾上坤上	坤五乾五	坤上乾五
乾五坤五	乾初坤初	坤五乾上
乾四坤四	坤上乾上	坤四乾四
乾三坤三	坤四乾四	坤三乾三
乾二坤二	坤三乾三	乾二坤初
乾初坤初	坤二乾二	乾初坤二

　　乾伏坤。乾初爻居坤五而坤五升上、坤上降四、坤四降三、坤三降二、坤二降初，则成比。比伏大有。比初爻本为坤二，故伏爻为乾二。乾二居比二而比二即坤三升三、比三即坤四升四、比四即坤上升上与乾五合、比上即坤五降五与乾上合、比五即乾初降初与坤二合，则为临卦。

　　坤生师、师生观，与此同理：

坤	师	观
坤上乾上	坤五乾五	乾上坤五
坤五乾五	坤四乾四	乾五坤上
坤四乾四	坤三乾三	坤四乾四
坤三乾三	坤初乾初	坤三乾三
坤二乾二	乾上坤上	坤二乾初
坤初乾初	坤二乾二	坤初乾二

　　坤伏乾，乾上居坤二而坤二降初、初升三、三升四、四升五、五升上、上降二与乾上合，则为师卦。师上爻伏乾五。乾五居师五，而师五即坤四降四、师四即坤三降三、师三即坤初降初与乾二合、师二即乾上升上与坤五合，则为观卦。由此可见，纪磊的阴阳消息说，形式上是每一卦阴阳爻的变化，但因其以乾坤之爻表示诸卦，故每卦之爻变及由此引起的卦变，实质上都是乾坤两卦阴阳刚柔的推移消息，即由乾坤两卦卦变而来。

　　再次，阴阳消息周流循环、首尾相续、无有穷止。依纪氏之见，六十四卦按息卦生息卦、消卦生消卦的原则消息变化，乾坤生比师、临观、屯蒙、震艮、损益直至未济夬，而后未济夬复生乾坤。"由《杂卦》推之，乾变至夬，夬复变乾；坤变至未济，未济复变坤，则乾自夬、坤自未济矣，此所以循环不穷欤。"（《杂卦图》一）夬生乾的过程，是"乾初息夬初，初升二、二升三、三升四、四升五、五升上"（同上）。夬上爻伏乾初，乾初居夬初，夬之初至五爻分别升为二至上爻，即成乾卦。未济生坤的过程，是"乾上息未济上伏，上降五伏，五伏降四伏，四降三伏，三伏降二伏，二伏降初伏"（同上）。未济初爻伏乾上，乾上居未济上，未济上爻至二爻依次降为五爻至初爻。根据乾坤爻位和阴阳相伏的原理，未济变为坤卦。

纪磊以《杂卦》卦序为据，不遗余力地推演六十四卦的消息过程，建立了独特的消息说体系。从其推导过程中，不难看到汉易升降、爻位、伏卦、爻变、卦变等体例及王夫之和胡煦易学的影响。纪氏此说，无疑凸显了《杂卦》的地位，纠正了易学史上长期轻视《杂卦》的倾向，并深刻体现了《周易》的变易精神。以此解说《周易》文本和宋易图书之学可谓新意迭出，且对后世易学研究不无启发，这是不容否认的。然而，其立论太过牵强，推导极尽烦琐，确实是一大弊端。诚如吴承仕所言："纪氏书名'消息'，乃不用孟京相传之法。自谓《杂卦》一篇为文王所定而孔子述之。始乾坤比师，归妹为女之终，未济为男之穷。乾变至夬，夬复变乾；坤变至未济，未济复变坤，循环不穷。此即古之卦变，而消息皆从此出。因据此以立体例、作卦图，即据图例以解二篇之经、十篇之传，牵引

穿穴，繁言不杀，似有理致而实违旧法。"(《续修四库全书总目提要》)

四、纪磊易学的价值

纪磊"覃思易学积三十年"，"学兼综汉宋，而以汉师为归"，于汉易"多自道心得，又与惠、张二家专守师法者不同"（刘承幹《周易消息跋》）。其贡献主要有三点：第一，综述汉易传承脉络，考正虞氏逸象，订正补充惠栋、张惠言等人的著作；第二，补订《周易本义》，继续推进《本义》研究；第三，重视《杂卦》，推演阴阳消息，并以之解释《周易》经传和图书之学，对后世检讨整合汉宋易学具有重要意义。尽管纪磊并非清代易学史上举足轻重的人物，但其易学反映出当时学界的一种倾向，即拒绝墨守成说，力求独辟蹊径、卓异前人，即"与汉唐宋说不相沿袭，卓然成一家言"[①]。就此而言，纪磊易学固然存在一些问题，却不可断然否定其发明创获。

[①]《南浔志》卷二十一《人物四》，民国十一年刻本。

第三章　杭辛斋贯通中西的象数易学

　　杭辛斋（1869—1924），名慎修，又名凤元，字一苇、夷则，浙江海宁人。清光绪十五年（1889）得县试第一，补博士弟子员，次年入北京国子监。后考入同文馆，攻读历算、法文。1897年在天津与严复等人创办了我国第一张民办报纸《国闻报》，宣扬变法维新。甲午战争后上书光绪皇帝，条陈变法自强，两次被密旨召见，授内阁中书。因其无意为官，光绪帝赠"言满天下"象牙章一枚以示尊敬。戊戌变法失败，避居山东德州，以行医为生。1904年末，又与其连襟彭翼仲在北京创办《中华报》《京话报》，倡导恢复国权、开启民智。1905年先后加入同盟会、南社，锐意革命。因揭露清廷腐败被捕下狱，报馆遭封闭，幸得各界舆论支持，免于一死。1908年被聘为浙江农工研究会会长，主办《农工杂志》，又与许行彬合办《浙江白话报》。辛亥革命期间，他不顾个人安危，单身入旗营，劝降负隅顽抗的清兵，使杭城免遭兵燹。1915年，因坚决反对袁世凯称帝被捕入狱。出狱后南下广州，参加孙中山领导的护法运动，出席国会非常会议。1921年受孙中山委派，到上海担任宣传部长，并创办新闻学会。1922年召集部分议员反对曹锟贿选总统。后积极参加国民党改组活动，并于 1923 年被选为国民党"一大"代表，但因病未能参会。1924 年 1 月 24 日于上海逝世。

　　杭辛斋与易学结缘始于反袁入狱时。传说其囚禁期间结识被袁世凯镇压的河南农民运动领袖白朗的军师。此人身怀绝学，在墙壁上写出杭氏入狱及出狱的时间，杭辛斋大为惊奇，随即拜师学《易》，得其易学心法。袁世凯之子袁克文记载称："当丈之入狱也，忽见壁上题'某月日杭辛斋当来此'，诧之，犹以为知者所戏书耳。诘其人，则河南寇'白狼'之记室某也。"[①] 杭氏《学易笔谈自序》云："顾念吾师忍死犴狴，克期以待，密传心法，冀绵绝学，又曷敢自弃？"出狱后，遂"搜集古今说《易》之书"，组织《周易》学术研究会"研几学社"并担任主讲，撰写讲义《易楔》六卷。此外，又撰《学易笔谈初集》《学易笔谈二集》《易数偶得》《读易杂识》《愚一录易说订》《沈氏改正揲蓍法》等著作。1919 年，研几学社印行上述诸书，合称《杭氏易学七种》。

一、"显明象数，必知物理"的易学宗旨

　　尽管历代易学家普遍主张象数理占四要素相即不离、无可或缺，但其研究进路每每各有侧重。概言之，象数派认为象数

---

① 　袁寒云《袁寒云自述》第三编《三十年闻见行录》，"辛斋戏语"条，安徽文艺出版社，2013 年，第 111 页。

先于义理，义理本于象数，故其解《易》以辨明象数为重心；义理派则认为先义理后象数，象数不过是阐发义理的工具，故解《易》应以阐发义理为宗旨。此两派攻讦不休而又相互渗透，不断推动易学的发展。在此问题上，杭辛斋继承了乾嘉易学传统，明确主张象数是《周易》的核心内容：

> 《易》之为书，合象数而言。言数必兼象，言象必兼数，二者恒相互而不相离。……《易》数既兼象，而又与阴阳之理及天地流行之气无不相合。(《学易笔谈二集》卷三《数之体用》)

在他看来，象数足以符示宇宙万有及其变化。"《易》准天地，广大悉备。虽人事递演，世变日繁，要不能出乎此象数之外。"(《学易笔谈初集·学易笔谈述旨》)儒家易学如此，佛道二教之易学亦复如是。"佛教、道教之象数备于《易》"，"全《易》阴阳爻数各一百零八，故佛之纪数皆一百零八"，"魏伯阳之《参同契》借《易》卦以明丹学，与《易》义无涉者犹不与焉"。(《学易笔谈初集》卷四《佛教道教之象数备于易》)。因此，易学研究的根本任务即在于"阐明卦爻象数之原理原则"。为了落实这一识见，杭辛斋极毕生之力，精研象数并辨其得失。他说：

> 讲《易》与诂经不同。诂经当有家法，有体例，义不

容杂。而讲《易》则以阐明卦爻象数之原理原则，但以经文为之证明。故凡与象数有涉，足与《易》道相发明者，博采旁搜，不限时地，更无所谓门户派别也。(《学易笔谈初集·学易笔谈述旨》)

这一做法，往往不被学《易》之人理解，"以只言象数、不谈身心性命相责"。对此，杭氏反驳道：

　　显明象数，必知物理。离物理以言象数，亦与离象数而谈性理者，敝正相等耳。(《学易笔谈初集》卷四《化学之分剂学与象数合》)

　　数与象合，而道无不可见。(《学易笔谈初集》卷四《十字架》)

简言之，知物理方可明象数，明象数才能通易道。依他之见，孔子身逢乱世，其赞《易》"有因时忌不能显言者，不得不以微言大义，隐寓于象数之中"，故"果象数通解，则身心性命之理胥在其中，更无待言说为也。"然而，"向来说《易》者，以空谈性理为高，能精研象数者已不可多得。间有谈象数者，又莫明象数之原理，于是东牵西扯，曲折附会以求合，而不知去《易》之道愈远，而象数为说《易》之累矣"。他指出，宋明儒者及清代宋学派空谈性理而不论象数，其弊尤甚："宋后讲《易》，开口言性理、言道统，是犹指梯而称高，看饭而说饱也。今之谈道者无宋人之学，而立说更高出宋人，自误误人，更不待言。"（《学易笔谈初集·学易笔谈述旨》）正因空谈性理者多，明晓象数易学者少，才造成了易道晦而不明的局面。基于这一识见，杭氏总是"以象数之未能尽明为憾"，他虽撰写了多部易学著作，但用力最勤亦最为精善者，始终是象数易学。

二、"心生象数""即数即象"的象数观

象数起源及二者关系是易学的重要问题之一。对此，历代学者多有论及。春秋韩简主张象先数后："龟，象也；筮，数也。物生而后有象，象而后有滋，滋而后有数。"（《左传·僖公十五年》）今本《易传》在筮法层面上提出由数定象的思想："极其数，遂定天下之象。"《易纬·乾坤凿度》曰："易起无，从无入有，有理若形，形及于变而象，象而后数。"晋韩康伯认为，至精至变至神为万物变化之母，由万物之母而立象数，"斯盖功用之母，象数所由立"（《周易正义》卷七）。他还认为数定象，象尽数："卦，象也。蓍，数也。……蓍极数以定象，卦备象以尽数。"（同上，卷九）唐孔颖达又云太虚生象数："言象之所以立有象者，岂由象而来，由太虚自然而有象也；数之所以有数者，岂由数而来，由太虚自然而有数也。是太虚之象、太虚之数，是其至精至变也。"（同上，卷七）就《周易》起源而言，伏羲八卦之象在先，文王之蓍数、重卦在

后；就行著求卦而言，则是由数而立象，"倚数生数，在生著之后、立卦之前，明用著得数而布以为卦"（同上，卷九）。合而言之，即是"数从象生，故可用数求象。"（同上）及至北宋，邵雍又将《易》之根本归之于数："太极不动，性也。发则神，神则数，数则象，象则器。""数立则象生，象生则言彰，言彰则意显。"（《皇极经世·观物内篇》）杭辛斋考察了易学史上的种种看法之后，提出了异于前人的观点：

> 万物之数皆天地之数也，然万物之数非人不明，故参天两地而生人。人即参天两地而倚数。是惟人心之灵于万物，心动而数以生。物无穷尽，数无穷尽，而人心之限量亦无穷尽。（《易数偶得》卷一《数有心生》）
>
> 盖数由心生，象由心造，故规生于心，心应万事，澈上澈下，由博返约，殊涂同归，万方归一。（《易数偶得》卷二《乾易坤简》）
>
> 卦因数衍，数缘象起，象由心生。（《学易笔谈初集·学易笔谈述旨》）

"人心"，实指人的思维器官——大脑。"心动"，即人的思维活动。杭氏认为，"盈天地之间惟万物"，万物皆有象数，而唯人具备思想意识，故万物象数"非人不明"。进一步说，《周易》象数是人类大脑对世间万物的概括抽象，客观事物是无限的，人的意识和思维也是无限的。因此，意识和思维可以用象数反映，可以表达世界上无限的事物。在这个意义上说，人的思维活动才是象数产生的根源。杭氏又以《管子》《孟子》为据加以论述："《管子》曰：'心生规，规生矩，矩生方。规与矩皆生于心。天地万物之情，莫能越乎此规矩之外。'所以范围天地而不过，曲成万物而不遗者，惟《易》，而《易》实具于人心。孟子曰'万物皆备于我'，又曰'求其放心而已矣'，诚善言《易》者也。"

人的思维活动如何产生象数？杭氏凭借丰富的知识构成对此问题作出了解释。他说，心动是"心应万事，澈上澈下，由博返约"的过程，其实就是大脑对接收到的信息进行处理、加工、抽象的过程。他又把人心分为"本一"与"始一"两个状态，并借用佛教的"本觉""始觉"概念来解释心之发动："在人本一惟心，心不可见，动念之始即属始一，佛经谓之'本觉''始觉'。本觉者，无念心体，《易》之'无思无为，寂然不动'是也。始觉者，一念乍起，《易》之'感而遂通'，'不疾而速，不行而至'者是也。"（《易数偶得》卷一《本一始一》）有人质疑说，"半"也是数，若"心生数"，则"半"亦生于心，可人心如何言半？对此，杭氏反驳道："数生于心，心不可见，所谓本一。即始即终，无在而无不在，数将于何征之？数之起由于动，动则有对。半者，对也，正对心而言也。动则阴阳分（善恶亦阴阳也），半者分也，皆由此心一动而分者也。"（《易数偶得》卷一《半》）

在"心生象数"的基础上，杭辛斋进一步讨论了象数先后及关系问题。在宇宙起源的层面言之，他以《左传》"物生而后有象，象而后有滋，滋而后有数"一段为据，肯定了象先数后的观点。宇宙生万物，当先有物之象，而后有物之数，"象先而数后，理固然也"（《学易笔谈二集》卷四《象义琐言》）。但就易学起源而言，象数一时并在、本无先后，象即数，数即象。如伏羲"一画开天，一即数也，画即象也。即象即数，何从分析？更何有先后？"（同上）若以象推数，似先有象而后有数。但以象推数之前，"数已即象而具，非至既推以后而数始生也"（同上）。人们往往从象的角度言说天地阴阳的盈虚消息，如"乾消则坤息，坎盈则离虚"，殊不知阴阳之象的变化同时也是数的变化，"象数相连，象根于数，数亦寓于象，繁复奥衍"（《易数偶得》卷一《盈虚消息》）。

总之，象数实为一体，绝无先后可言。《易》之有象，以表数也。象之有辞，以演数也"（《易数偶得》卷一《数有心生》）。象是数的符号，"乾兑离震巽坎艮坤，只为其数之符号耳"（《易楔》卷四《先天数》）。行蓍过程则是因数生象，"象由数生"。无论易学起源、经传文本、行蓍过程，还是对现实世界的解释表达，都是"即象即数"的。"执片面之词以攻击非难，已为学人之通病。象数先后，未有一定。强词辨之，无当也。"（《学易笔谈二集》卷四《象义琐言》）因此，易学研究必须坚持"言数必兼象，言象必兼数"的原则："盖《易》之为书，合象数而言。言数必兼象，言象必兼数，二者恒相互而不相离。"（《学易笔谈二集》卷三《数之体用》）"凡言象者，不可忘其数，天一地二天三地四天五地六天七地八天九地十。
黄帝而后，皆以干支纪之。卦有定位，即有定数。《易》数乾
元用九，乃天一不用，用地二至地十。数定而象之无定者，可
因数而定，故观象必倚数。如体物者必准诸度量，测远者必察
其角度。自舍数言象，而象茫如捕风矣。"（《学易笔谈初集》
卷三《象义一得》）"言数之体用者，亦必能与象及理气相准，
而后能融会贯通，曲畅无遗。"（《学易笔谈二集》卷三《数之
体用》）

三、"即象求经""玩经合象"的象学

杭辛斋秉承汉易传统，相信圣人系辞皆本于象，《周易》
象与辞一一对应。他说：

> 圣人彖象之辞皆根于卦象，无一字之虚设，无一义
> 之虚悬。即假借之虚字，亦均与卦象有关。（《学易笔谈初
> 集》卷一《观象之方法》）
> 夫《易》之彖爻，无一不根据于卦象而演绎者
> 也。……故全《易》经文，无一字虚设，无论为虚字、为
> 助辞或假借字，断无不与卦象相关。（《学易笔谈二集》卷
> 一《畸象》）

需要说明的是，杭辛斋理解的象，既包括有形可见的物

质，也包括精神层面的内容。他说："象也者形也。其不曰形而曰象者，形仅以状其物质，而象则并著其精神；形仅能备阴阳之理，而象则兼备阴阳之气也。"（《学易笔谈二集》卷三《数之体用》）他全面考察历代易学之后，发现精通易象且解《易》能一以贯之者委实不多。两汉孟喜、京房、荀爽、郑玄、虞翻等人贡献甚巨，然"自王弼有'得意忘象'之言，后人未得其意，辄以扫象为廓清芜秽，易学由此荒矣。南宋而后，渐知象之重要，然又未能求诸根本，以邵子大小方圆各图为易象之标准。而《说卦传》八卦之象义，反略焉不讲，或以不解解之。有明来知德氏，研求象学二十余年，颇有发明，然未解者亦尚什之七八也。前清经师，如黄、毛、朱、王、胡、钱、惠、段、桂、张、焦、端木诸家，各有心得，而是丹非素，不相会通"（《易楔》卷三《卦象》）。有鉴于此，杭辛斋"不限时地，更无所谓门户派别"，"爰萃众说，择善而从"，在检讨汉宋易学的基础上详细论述了自己的易象观。

（一）执片面以言象，象不可得而见

杭辛斋认为："盈天地间唯万物生生不已，《易》亦生生不已。万物之孳乳，日积月累，其数量为巧历所不能计，而《易》之八卦，足以尽之，非神而明之，其孰能与于斯！"（《易楔》卷三《意象·影象》）"易道广大，无所不包，象足以尽物，物不足以尽卦。"（《学易笔谈初集》卷三《逸象》）因此，"执片面以言象，象不可得而见"（《学易笔谈初集》卷三

《象义一得》)。具言之，卦象可分为八卦之象、卦别之象与爻象三类。

1. 八卦之象

杭辛斋在《易楔·卦象》中指出，八卦之象有"大象""本象""广象""逸象""补象""参象""五行象""意象""影象"等等。

"大象"指最基本的自然之象，即"天、地、山、泽、雷、风、水、火，为八卦之大象，《易》之本也"（《易楔》卷三《大象》）。"本象"象征不同物类，主要指动物、人身之象，"昔者圣人之作《易》也，观象画卦，近取诸身，远取诸物，以通神明之德，以类万物之情。而物各有所本，象以象物，亦莫不各有其本，故本象著焉"（《易楔》卷三《本象》）。"广象"，指"大象""本象"推广引申而来的象。圣人"恐人之泥于物而滞于象也，更推而广之，于一卦各立无方之象以尽其变"（《易楔》卷三《广象》）。"大象""本象""广象"三者皆见于《说卦》。

然而，仅凭《说卦》给出的八卦之象远远无法融通全部《易》辞，证明象辞相应，因此，汉代及后世易学家每每以《周易》经传和其他文献为据拓展取象。为了达到注经目的且避免非议，他们把这些《说卦传》以外的卦象称为圣人"逸失"之象，即"逸象"和"补象"。对此，杭氏表示肯定。他说："孟氏逸象，传自焦氏，亦自本经采取为多。间有互异者，以两汉经师各守师说，传述不同。"（《易楔》卷三《逸象》）

"《荀九家易》八卦逸象共三十有一，云出自河内女子献《说卦》后，实皆由本经《彖》《象》采取。其未见者，只坤之浆、巽之鹳二象，去留皆无关宏旨。惟荀爽《集解》去古未远，当有所本。而朱子亦仍陆氏《释文》之旧。"（同上）不过，孟喜与《九家易》所录逸象不无遗漏。"右举象至四百四十余，然犹未能尽也。别本坎下有'窃'象，巽下有'系'象，兑下有'窥'象，殆逸之中又有逸欤。"（同上）杭氏相信逸象并非后世杜撰，并论述了其逸失的原因及后世不断发现逸象的过程："易象掌于太卜。周室版荡，典章散迭。东迁而后，未能尽复故物。孔子《说卦》所传，即为掇拾残阙之遗，而又历经劫火，简策散失。比及西汉，两篇、十翼犹阙《说卦》三篇。后得河内女子发于废屋，即今之《说卦》是也。卦象残阙，自所不免。《荀九家》补象，乾有四、坤八、震三、巽二、坎八、离一、艮三、兑二，都三十有一，朱子已取以列入《本义》。而孟氏之逸象，文十倍于《九家》。计乾之象六十有一、坤八十一、震四十九、坎四十七、艮三十七、巽二十、离十九、兑九，共三百二十三，亦云夥矣。而后儒如何妥、干令升、侯果、朱震、来知德及胜清毛奇龄亦均有补象，要皆采自二篇、十翼者为多。如《九家》所补之三十一象，惟坤之帛与浆、震之为鹄、巽之为鹤未见于经，余皆经传所有者也。易道广大，无所不包，象足以尽物，物不足以尽卦。《易·说卦》于象曰'其于物也''其于人也'，亦举一隅而已。触类旁通，非列举所能尽也。"（《学易笔谈初集》卷三《逸象》）

　　"参象"是指参合两卦之象而引申出的象。"参象者，乃八卦阴阳交变，未能以一卦之本象或变象尽之，因而参合两卦之象而会通之。"（《易楔》卷三《参象》）例如，离之艮，为火焚山，即山败之象。于人为言，败言为谗，故又有谗言之象；震之离，火反烧木，有女嫁反害其母之象；巽见艮，为山之材，而之乾有照以天光之象。事实上，杭氏所谓"参象"得自郑氏《易谱》，"顺德郑氏《易谱》，触类引伸，并证以前史占验之词，列为参象"（同上）。

　　"五行象"是五行之气见于八卦之象。"五行非质也，实天地阴阳之气。气有盛衰，而时位乘之，而生克变化之迹著也。气不可见，仍见之于八卦之象。"（《易楔》卷三《五行象》）如乾金，刚；坤土，柔；艮土，阳；兑金，阴；震木，刚；巽木，柔；坎水，阳；离火，阴。值得注意的是，此前学者一般认为八卦五行为二土、二木、二金、一火、一水，杭辛斋则主张八卦有五行十种，即二土、二木、二金、二火、二水。他解释说："兑为坎月之精，天泽明水，太阴真水也。""震得乾阳之初，龙雷之火，太阳真火也。""水火木金土，分阴分阳，有柔刚，各有配偶，共为十象。旧称八卦土金木皆有二，惟水火各一，实不知震兑各具水火之用也。震兑为阴阳出入之门，日月往来之路，不啻五行生化之原，故后天与坎离皆居中位，坎离居先天乾坤之位，震兑即居先天坎离之位。"（同上）

　　"意象、影象者，日本易学之名词也。"（《易楔》卷三《意象·影象》）所谓"意象"，是指人的思维引申想象出的八卦取象，"卦象取用，有所谓意象者，如以震为船、巽为翳、离为镜、艮为亭，类取形似，无甚深意。但象本无方，意动成象，故得意既可忘象，亦能成象"（同上）。"日本之所谓意象，类似吾国之伏象，惟不限以震伏巽、艮伏兑，大概与意象略同"（同上）。"我国虽无意象之名，而京、焦、管、郭之占象，见于本传及《易林》《洞林》诸书者，其以意广古人之象者，固不胜指数"（同上）。关键在于，意象可以彰明现代事物。如《小过》曰"飞鸟遗之音"，已有今日飞机之象。《既济》《未济》之"曳其轮"，已有汽机之象。至于"影象"，实本于"卦影"说。"影象之说，当本于吾国相传之卦影。卦影之术，始于晋唐，而盛于南宋。严君平亦即其侪，今已失传。"（同上）

2. 卦别之象

"卦别"本于别卦，又不同于别卦。杭辛斋赞同《易传》八卦相重而成六十有四卦的说法，但他基于《周礼》"三易之法"的记载，相信文王之前已有六画别卦。如其所言："三《易》法虽不同，而经卦、别卦之数皆同，可见文王以前早有六画之卦。"（《易楔》卷三《卦别》）所谓"卦别"，是指历代学者从六画别卦中派生出的卦象。他说："三代而后，师说纷歧。因卦有正反及上下、左右相易，而皆别成一卦，故类别日多，称名互异，后人几无所适从。爰择要疏录，并各举其例，以便初学。其名异而实同，或名同而各家之说互异者，各从其朔。要皆由别卦所孳乳，故署曰卦别。"（同上）概言之，卦别之象有内卦外卦、贞卦悔卦、阴卦阳卦、消卦息卦、往卦来卦、对卦（旁通、错卦、类卦）覆卦（反卦、综卦）、交卦（两象易、上下易）、半对卦、半覆卦、上下对易卦、上下反易卦、之卦、互卦（中爻、约象）、辟卦、月卦、包卦、像卦、命卦（动在其中）、声应卦等。

杭氏对易学史上"名异实同"和"名同实异"的卦别之象进行了梳理甄别。例如："交卦者，本卦内外两象交相易位，内卦出外，外卦入内。虞氏谓之'两象易'，亦有谓'上下易'者，向无定称。今以其内外交易，故名之曰交卦。""对卦者，阴阳相对，如乾对坤、坎对离、屯对鼎、蒙对革、颐对大过、中孚对小过之类。虞氏谓之'旁通'，来知德氏谓之'错卦'，《周易指》谓之'类卦'，皆对卦也。""覆卦者，一卦覆之而又别成一卦者也，如屯之覆为蒙，需之覆为讼，师之覆为比。六十四卦除乾坤坎离等八卦，余五十六卦皆覆卦也。[①]汉人亦曰'反卦'，来知德氏谓之'综卦'。"不过，他对来知德以"综卦"称之表示反对。"来氏谓：'综者，如织布扣经之综，一上一下者也，故名反复之卦为综。'然覆实上下相倒置，非一上一下之谓，综之名殊未确合，故非议者甚多。"

杭氏十分推崇清儒端木国瑚，并专门介绍了其《周易指》一书的"命卦"说。"凡卦六爻，象下所系之辞言卦名者是也，卦有阴阳，不论其爻之刚柔。爻无卦名，卦阳六爻以阳论，卦阴六爻以阴论。"以乾、坤、屯、蒙、震为例，乾☰阳卦，惟

---

① "皆"，底本作"昔"，据文意改作"皆"。

九三爻辞有卦名"乾"字，故九三为阳，余以阴论，即命为谦☷☶；坤阴卦，诸爻爻辞均无卦名，故皆以阴论，仍为坤；屯☵☳阳卦，二五两爻辞有卦名为阳，余爻皆以阴论，即命为坎☵；蒙☶☵为阴卦，初、二、四、五、上爻辞有卦名为阴，三爻以阳论，则命为谦☷☶；震☳为阳卦，六爻皆有卦名为阳，命为乾☰。其余六十卦依此类推。端木氏又有声应卦之说。"声应卦，亦发例于《周易指》。同声相应，孔子于六爻《象传》赞语，皆有韵以分阴阳，平为阳，仄为阴。"以《乾》卦为例，《象传》"阳在下也""德施普也""反复道也""进无咎也""大人造也""盈不可久也"为六阴声，故应坤卦；《乾·文言》"下也""时舍也""行事也""自试也""上治也""穷之灾也"五阴一阳，故应剥卦；又如，"阳气潜藏""天下文明""乾道乃革""位乎天德""与时偕极"，三阴三阳，故应泰卦。即坤、剥、泰是乾之应声卦。又如，《象传》释《坤》卦六爻曰"致坚冰也""地道光也""知光大也""慎不害也""文在中也""其道穷也"，初二四上皆阳、二四为阴，故坤应声中孚。

　　杭氏不仅转述他人易象，亦有"半对卦""半覆卦""上下对易卦""上下反易卦"等独到发明。他说："半对半覆以下，古人皆未尝言之。观象玩辞，发见各卦之互见其义，或互见其名者，与卦象无不相关。反复推求，始知皆由于上下两象各有正对反对之故。象象经传，不啻自举其例，至为明显。遍征各卦，无不贯通。一旦豁然，如拨云雾，而见天日。"具言之，"半对者，本卦之内外两象有一象易为对卦，如乾易

坤、震易巽之类。或内或外，均与所易之卦象义相关"。如
《归妹》䷵上体震易为巽，则成风泽《中孚》䷼，是上半对卦
即"上对"，故《归妹》《中孚》皆言"月几望"。下卦对易者，
如《履》䷉内象之兑易为艮而成《遁》䷠，故《履》曰"履虎
尾"、《遁》曰"遁尾"。由此可见，半对卦可证之经文："无论
上下卦对易，与所易之卦象义必相联贯。惟有见于彖象者，有
不见于彖象者。然虽不见于彖象，而其意义自在。潜心玩之，
必有所得也。"

"半覆卦者，与半对卦同例。或内或外，各以覆象所得之
卦求之，其义自见。"如水雷《屯》䷂内卦之雷覆为山而成水
山《蹇》䷦，是为"下覆"，故《屯》《蹇》皆有"难"。又如，
山天《大畜》䷙外象之山覆为雷，则成雷天《大壮》䷡，是为
"上覆"，故《大畜》"利贞""舆说輹"、《大壮》"利贞""壮于
大舆之輹"。覆卦又谓反易，则半覆卦之义往往相反。如地山
《谦》，下覆为地雷《复》。《谦》曰"利用征伐"，《复》曰"十
年不克征"，其最显著者也。

"上下对易者，本卦上下两象自相对易，如泰否、既未济
之类。象既对易，卦义必自相对。"如《泰》《否》对易，《泰》
"小往大来"，《否》"大往小来"。"上下反易者，本卦上下两象
自相反易，如颐如大过及中孚小过之类。象既反易，卦义亦
往往见相反之意"。《颐》䷚上下两象自相反易，故《象》曰：
"道大悖也。""悖字古文本从两或字，正反相对。一字之微，
其与卦象之适合精当至此，谓非造化之笔哉？颐之名取上下相

合，而上止下动，非颐亦无以确肖其象，而象之上下又为反易。玩《彖》《象》六爻，无不各显其义，神矣哉！"《大过》䷛亦上下两象自相反易，故辞曰"枯杨生稊""枯杨生华"，以示反常之意。

3. 爻

爻是构成卦的基本单元。《系辞传》曰："爻也者，效天下之动者也。"有见及此，杭辛斋对爻的地位和作用予以如下概括：

> 积爻而成卦，故爻为卦之体。爻动而卦变，故爻又为卦之用。卦之体用，具在于爻。（《易楔》卷五《明爻》）

为了更好地说明爻的属性、意义和特点，他以《系辞》《说卦》《象传》的相关论述为据，作有既济、未济两卦六爻图：

"卦气由下生，故以下为初"。初为本，上为末，"而元亨利贞，亦可以阴阳之升降上下而明其序也"。"重三画之卦为六画，仍分三才。"阴阳配天、仁义配人、刚柔配地。其中，人道两爻至关重要，"中爻为人，曰仁曰义，上下进退，为内外两象之中枢"。就《易传》而言，"《象传》以内外两象之阴阳刚柔释一卦之义，《象传》则专取中爻联合上下象数，以人合天。……即以人事明天地之道者也。天地之道往复不穷，而人事之千变万化，皆在三四两爻之反复"。在此基础上，杭氏又对爻位、爻象、爻变、爻辰等问题逐一予以讨论。

（1）爻位

依杭氏之见，爻位有阴阳之位、上下之位、三才之位三种。阴阳之位，"即初二三四五上之位也。……位有阴阳，一三五为阳，二四六为阴。刚柔杂居，刚居阳、柔居阴，为当"，反之，则为不当。上下之位专指初上两爻："若以用言，则一卦六爻惟中四爻得用。初未用事，而上则失位。"故《乾》上曰"高而无位"，《需》上曰"位不当也"，王弼谓"初上无位"。三才之位，即"初爻二爻为地位，三爻四爻为人位，五爻上爻为天位"。以《乾》卦为例，初九在地之下，故称"潜"。九二在地之上，故称"田"。三爻为人之正位，故曰"君子"。四爻不当位，故曰"或"。五爻天位，故曰"在天"。上九在天之上，故曰"亢也"。

杭氏指出，凡爻皆有位，爻是有位之爻，无位则无爻。位是爻之位，无爻则位无所用。然而，二者又有本质区别，即爻动、位不动："位有一定，而爻则变动无常。"爻有刚柔，位分阴阳，刚柔为实，阴阳为虚。实者为飞，虚者为伏。"六爻之下，尚有六虚，皆与此所见之六爻相关。爻为飞，位为伏，实易辨而虚难知。必由实而究其虚，庶遇爻而知其用，于《易》之道思过半矣。"

从卦的角度着眼，爻又有正位、定位和体用。"爻位六而卦有八，八卦于六爻各有其当位之爻，曰正位。"《既济》六爻皆正，则八卦于《既济》皆有"正位"。乾、坎以九五为正位，坤、离以六二为正位，震以初九为正位，艮以九三为正位，巽以六四为正位，兑以上六为正位。"卦各有其正位，故六爻具六子之位。"不难察觉，杭氏所谓的八卦正位，明显受到了郑玄爻体说的影响。所不同者，在于杭氏在六子卦的基础上又规定了乾坤二卦的正位。

兑 ━━━ ━━━ 上

坎 ━━━━━━ 五乾

巽 ━━━ ━━━ 四

艮 ━━━━━━ 三

离 ━━━ ━━━ 二坤

震 ━━━━━━ 初

八卦正位图　　　　**六爻定位图**

"定位"是就六爻三极而言的。上极即五上两爻为天，中极即三四两爻为人，下极即初二两爻为地。杭氏指出，《未济》离上为南、坎下为北，自下而上依次为巽爻、震爻、离爻、坎爻、兑爻、艮爻，即"六爻上山泽、下雷风、中水火，六爻三极"。他解释说，地极二爻震、初爻巽，上震下巽为《恒》。《恒·象》曰："君子以立不易之方。"天极五、上为兑艮爻，上艮下兑为《损》，《损》曰"三人行"，"三人行，乾极与时偕行"。人极四、三为坎离爻，上坎下离为《既济》，"于天地上下初终首尾续终，中为人极，兼三才而两之，定上下中极"。"六爻三极，天地南北居方，六爻辨物辨等，乾坤六十四卦终下坎北极"，"此《易》居方、上下、六爻、三极之道也"。综上，杭氏以《既济》言八卦正位、用《未济》言六爻定位，《既济》自下而上为震爻、离爻（坤）、艮爻、巽爻、坎爻（乾）、兑爻，《未济》自下而上为巽爻、震爻、离爻、坎爻、兑爻、艮爻，二者阴阳相反，上下居位不同，有隐有显。如《既济》初爻为震位、二爻为离位，《未济》初爻为巽位、二爻为震位。在此基础上，杭辛斋又吸纳了京房易学的飞伏、爵位、世魂诸说作《爻位体用合图》，用以展示"爻位之隐见变化""爻之飞伏交互"：

宗庙	———	兑兑爻位
天子	—— ——	坎坎爻位
三公诸侯	———	巽巽爻位
诸侯三公	—— ——	艮艮爻位
大夫	———	离离爻位
元士	———	震震爻位

六世	———	艮兑爻位
五世	—— ——	兑坎爻位
游魂四世	———	坎巽爻位
归魂三世	—— ——	离艮爻位
二世	———	震离爻位
一世	———	巽震爻位

爻位体用合图

　　杭氏又借解说《彖传》"大明终始，六位时成"一语阐发了六位形成的理论。在他看来，坎为月、离为日，"日月为大明象"。《文言》曰："本乎天者亲上，本乎地者亲下。"离火炎上，坎水润下，故坎离分居上下而成未济六位。"终始"，是指坎离贯穿于未济卦中。未济三上相应，三爻兑、上爻艮；初四相应，初爻巽、四爻震。兑艮中为离、震巽中为坎，坎离为日月，故曰"大明终始，六位时成"。

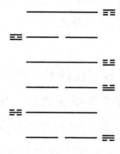

　　不仅如此，"乾坤上下六十四卦六位，皆此离坎六位终始之"。《周易》上经始于乾坤终于坎离、下经始于咸恒终于既济未济的卦序安排，正蕴涵着此一深意：

　　　　上经始乾坤终坎离，其往来卦十八。下经始咸恒终既未济，其往来卦十八。十八为二九数，乃离坎二卦日月终始。离一九，寅数止戌。坎一九，申数止辰。此离坎二九，皆乾用九圆。日月为大明象，乾二九十八卦，上经始乾坤、终坎离，大明终始六位是也。离坎二卦，南北终始，皆出入于震兑二卦，东西往来，震一九亥数止未，兑一九巳数止丑。此震一九离出震，兑一九坎出兑，皆乾用九圆，而上下经各往来卦十八，始乾终既未济，乾六位成而坤天下平。此离坎上下六位、南北居方卦大明日月也。上下卦十八终始三十六，是为乾四九出入，南北上下为之极。其卦三十六，皆离坎首尾终之始之。而乾坤上下六十四卦六位，皆此离坎六位终始之，是乾用九乾圆象，而六十四卦以成终成始。乾"大明终始，六位时成"是也。（《易楔》卷五《八卦正位》）

上经三十卦、下经三十四卦，除去乾、坤、颐、大过、坎、离、中孚、小过八个不变之卦，其余皆为覆卦。上经二十四覆卦合为十二卦，加上六个不变卦为十八卦。下经三十二覆卦合为十六卦，加上两个不变卦为十八卦。离为午火，火起自寅、止于戌，自寅至戌（寅、卯、辰、巳、午、未、申、酉、戌）数九。坎为水，水起于申、止于辰，自申至辰（申、酉、戌、亥、子、丑、寅、卯、辰）数亦九。坎离合二九得十八，故上经、下经皆十八卦。离坎又出入于震兑，震为木，木起亥止未，数九，兑起巳止丑，亦九。二九十八，"震一九离出震，兑一九坎出兑"，坎离震兑共计三十六。乾用九，其策三十六，是故六十四卦皆以坎离为终始。

（2）爻象与爻变

卦由爻构成，积爻而成卦，故卦象、爻象不可分离："爻分于卦，卦之象即爻之象。卦由爻变，爻之象亦卦之变象也。"因此，"仅知卦象，而不明爻象，仍未能尽象义之蕴也"。既然卦象有正象和变象，则爻象亦有正象与变象。爻之正象，是指卦象不变，其爻所显现的象。"本卦不变，而分爻取象者，则以其位之上下而象异。"例言之，震为足属正象，震初爻为趾则是爻之正象；乾为首属正象，乾之上爻为颠、为额或为项，即爻之正象。至于六子分乾坤之爻者，皆可依此类推。如艮分乾之上爻，故亦有首象；离得坤之中爻，亦有腹象。

爻之变象，是"因本卦已变，而爻即随其变而易其象，则必以其时其位之不同而各异其义，即各异其象"。如离为目是正象，变巽则为多白眼，是为变象；艮为山是正象，反为震则成陵，是为变象；巽为鸡是正象，反为兑而称鹤，是为变象。

究其根本，卦变与爻变实为一体两面。杭辛斋指出：

> 卦变皆由爻变，言爻变即所以言卦变也。卦变可图，爻变则非图所能尽也。

在他看来，虞翻、李之才、朱震、朱熹等人的卦变图"参差不一，亦不能自圆其说"。至于朱升的卦变图，"更自邻以下，无足言矣"。尽管来知德、胡煦、钱大昕等人"各有变通修正，均不能越其范围"。其共同特点，在于"皆爻变，而不尽为卦变也"。同时，杭氏也反对就卜筮言卦变。他认为，朱熹《易学启蒙》中的变占之法"决非古人所有"，"其无当可断言也"。因《系辞》"大衍"章"挂一""再扐"之义不明，唐代以来意见纷呈，"要皆书生之见，无当于事，无与于《易》。故历代精于占筮者，皆屏不用，徒留为经生家聚讼之资而已"。

为了明示爻变与卦变，杭氏作《爻变略例图》如下：

爻变略例图

杭氏接续了清初王夫之、胡煦等人的观点，将六十二卦之三百七十二爻皆视为由乾坤十二爻而来："爻分阴阳奇偶二者而已。卦有六爻，乾坤十有二爻而已。"因而，乾坤阴阳爻的变化即是爻变，爻变又引发卦变。一卦可变为六十四卦，六十四卦可变为四千零九十六卦，以此尽天下万事万物之变。杭氏指出，爻变"有时有位，有主有应，有物有事，而数与象犹不预焉"。不过，"事""物""主""应""时""位"等概念只是用于表达事物的属性而已，与乾坤阴阳爻符号并不存在绝对的对应关系。"非事物之必初上，主应之必二五。六爻皆具此六者，而六者又各有变化之不同。如今昔时也，盛衰亦时也，月建日符亦时也；位则有方位，有地位，有贵贱之位。千态万状，何可数限？"

同时，他还指出了"不变之变"的两种情况：一是卦爻不变，时与位有变，则吉凶利害情伪不同；二是七八易九六，则爻之阴阳如故，而数与象已不相同。依此观之，"仅知卦爻之变而不知不变之变，不足以言卦，不足以言爻，并不足以言变也"。

（3）爻辰

杭氏对爻辰亦有论及。他说："先天八卦以阴阳升降应日月之晦朔弦望，于是乎有纳甲。因而重之，为六十四卦。卦有六爻，卦纳干而爻纳支，于是乎有爻辰。辰者，天度十二宫之次舍。而地支之十二，与天度相应者也。"在易学史上，京房、郑玄皆有爻辰说。京氏爻辰"为古今术家所遵用，证之于象象、《十翼》，多能相合。有与经义相发明，为经学家所不能道者"。其法以"阳顺阴逆，交错为用"为原则，先将十二支纳入八纯，然后"以本宫为体"，其余五十六卦皆视作由八纯交错而成。郑氏爻辰则"以乾阳坤阴十二爻顺逆交错以应十二月，而又以六十四卦之爻合乾坤，分二十八宿之度数、星象合卦爻之象以释经"。

杭氏比较了京房、郑玄的爻辰说："郑氏爻辰亦以阴阳六爻相间用事。乾辰子寅辰午申戌，其次与京氏同。而坤则为未酉亥丑卯巳，与京氏异。盖阴阳虽间一位而皆顺行，盖以十二律相生为据也。他卦分乾坤之爻，亦分乾坤之辰，不论纳甲。"二者有三点不同：其一，京房以八纯为体，郑玄以乾坤为体；其二，京房纳支阳顺阴逆，郑玄纳支阴阳皆顺；其三，京房纳甲纳支相即不离，郑玄但取纳支不论纳甲。

木宫震	土宫艮	水宫坎	金宫乾
土戌庚	木寅丙	水子戊	土戌壬
金申庚	水子丙	土戌戊	金申壬
火午庚	土戌丙	金申戊	火午壬
土辰庚	金申丙	火午戊	土辰甲
木寅庚	火午丙	土辰戊	木寅甲
水子庚	土辰丙	木寅戊	水子甲

木宫巽	火宫离	金宫兑	土宫坤
木卯辛	火巳己	土未丁	金酉癸
火巳辛	土未己	金酉丁	水亥癸
土未辛	金酉己	水亥丁	土丑癸
金酉辛	水亥己	土丑丁	木卯乙
水亥辛	土丑己	木卯丁	火巳乙
土丑辛	木卯己	火巳丁	土未乙

京房爻辰图　　　　　　　　郑玄爻辰图

此外，杭辛斋还讨论了爻数、六亲、六神、爻征、六气等内容，这些内容无疑皆属爻象范围。就此而言，杭氏仅把"正象""变象"归于爻象，恐有一失。

（二）"无不与《易》义悉相通"的图书之学

事实上，杭辛斋的象数学研究始于图书之学。在此问题上，他一面接受了清代易学辨伪的成果，主张"图与《易》犹不相属也"，一面又对其合理性有所肯定。在他看来，即便前人力辟易图之非，"仍不能废阴阳四象及五行生成、九宫变化之义，而为之图者层出不穷。盖数理繁赜，卦爻错综，表之以图，说乃易明"（《易楔》卷一《图书》）。

首先，他在考察了宋代以来的种种太极图之后断言，周敦颐太极图出自陈抟，而本于《参同契》。赵㧑谦太极图实为阴阳仪图，"八卦所出此以画"，绝非后人伪造。因老子西出函关挟有此图，故遗留关中。来知德太极图则系从古太极图中研索而出，"悉合消息之自然"。不过，"太极"无形无象、不可言说，因而三图虽各有精妙之处，却与《系辞》"太极"之义不能

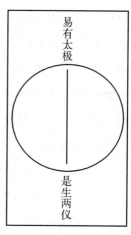

易有太极是生两仪图

契合。另一方面，"非图又不足以明阴阳显化之妙"，"无象之象，亦因象而显"，所以杭氏又取端木国瑚《易有太极是生两仪图》以明太极、两仪。该图内画一圆，有一竖线中分，即"一至而二分"，"是一是二"。杭氏称："不名曰'太极图'，更无语病。学者与前三图合而观之，'太极'二字之义，可了然矣。"（《易楔》卷一《图书》）

其次，杭氏也对河图、洛书展开了详细讨论。他认为，"河图""洛书"见于《系辞》，其具体内容已不可考。然而，由陈抟龙图发端的图书之学虽然未必是伏羲时代的产物，但其合理性毋庸置疑。原因在于，汉代扬雄、郑玄等人以五行生成释"天地之数"，极为清晰，"虽未绘为图，已与图无异矣"。宋易河图、洛书中的奇偶相得之数，与《系辞》之天地十数数理相通，亦可证之于《彖传》《象传》。他说："所谓神变化而

行鬼神者，无不与《易》义悉相通，而《彖》《象》所不可解者，亦得以数象相证而通其义。虽未敢谓此即为古之河图、洛书，而数理之神化，则固建诸天地而不悖，质诸鬼神而无疑，百世以俟圣人而不惑者也。"（《易楔》卷一《河图洛书》）所以，绝不可因后世争议而简单否定之："虽有苏、张之舌，决不能指其为非者也。其数之悉符于易象，顺逆变化之与天地同流，亦虽有张、苏之舌，不能辨其为否者也。"

在河图、洛书的关系问题上，杭氏接受了朱熹等人的观点，主张河图为体、洛书为用："其实河图为体，洛书为用。河图即先天，洛书为后天。河图为体，而体中有用。洛书为用，而用中有体。此即万氏图中分圆分方、方含圆、圆又含方之意也。"自宋代程大昌以来，学者多从十数河图一六三八不易、二七四九互易即成九数洛书之说。杭辛斋则取"二八易位"说，即一二三四顺排、六七八九逆排，尔后二八互易而成洛书。

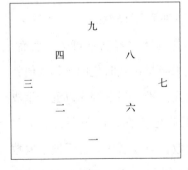

原数

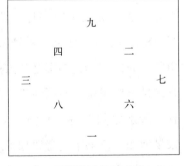

二八易位成洛书之数

需要指出的是，"二八易位"并非新说。但杭辛斋的创见，在于指出二八易位有五、十之变化。他说，二八之位"在先天卦则巽、震也，在后天卦则坤、艮也。坤艮皆土，为五、十之数。万物皆生于土，皆归于土。成始成终，而皆在于艮之一位矣"。因此，就先天卦而言，二八易位即震巽相易。震上巽下为《恒》，《象传》曰"立不易方"，此言未易之体也。震巽相易则成《益》，《象传》曰"自上下下""天施地生"，言其已易之用也；就后天卦而言，二八易位即艮坤相易。艮上坤下为《剥》，相易成《谦》。《谦》之《象传》"天道下济而光明，地道卑而上行""天道亏盈而益谦，地道变盈而流谦，鬼神害盈而福谦，人道恶盈而好谦"及《象传》"哀多益寡"等语，实指二八两位互易。由此可见，二八易位说与《易传》相合。

不仅如此，"二八易位"亦即周敦颐所言"二五之精，妙合而凝"："原数左五六而右三二，数偏倚而不平。虽有中五，无从化生。以二五交易其位，则左右皆八。《谦·象》曰：'君

原数

二五交易

子以裒多益寡，称物平施。'《谦》为坤艮二八之位。二八交易即二五交易也。二八合十为土，二五亦合十为土，阴阳生化，因以不穷。"这是说，二八之位即六数图的二五之位，故"二八易位即二五构精之妙用"，"实为万物生化之源"。

杭氏声称，二八互易之理"数似浅而义蕴极深，二千年来无人道破"，遂使河图、洛书如万古长夜："古今丹家千言万语，譬喻百端，皆以玄机隐秘，终不肯一语道破，皆由不知图书、易象早已显示其端。学者畏难苟安，不肯从易学根本下手，致枉费心血，暗中摸索，千古长夜，有白首无成者，有终身由之而莫明其妙者，良可慨矣。"

基于这一立场，杭辛斋又试图对清初学者力辟图书的做法予以重解解释。他说，毛奇龄、胡渭等人对图书之学的批判不过是一种名称之辨，并未否定其学理价值："自明季以来，言汉学者虽尽力攻击，但只能争河洛之名，而于其数则无能置喙焉。欲探易道无尽之蕴，发千古神秘之扃者，端在于是。乃舍其实而骛其名，不亦惧哉？"他还认为，黄宗羲对图书之学的驳斥是为了避嫌，而非其本意。表面上看，黄宗羲驳斥图书不遗余力，实则正是为了证明河洛之学的合理性："余姚黄氏《易学象数论》，其排斥河洛、先天及《皇极经世》诸说最力，为毛西河、胡东樵诸氏之先驱，实则皆梨洲先生违心之论焉。盖先生非不知象数者，少壮之时泛滥百家，于阴阳、禽遁等学实有心得。至晚年学成而名亦日高，恐平日之研求术数近于小道，足为盛明之累，故撰此书，极力排斥，以存大儒之身份。

是以言之甚详，斥之正所以存之也。即毛氏、胡氏之书，虽极端辨驳，然所断断以争者，亦仅于名称。而其援引之博，考据之详，且适足为河洛、先天之疏证，较宋学家之崇奉河洛而空谈性理、羌无故实者，力且倍蓰焉。"（《学易笔谈二集》卷二《河洛平议》）

最后，杭氏对宋易的先天后天之说亦持肯定态度。在他看来，"《周易》八卦方位之有先天、后天虽始于有宋，然推之于数而悉符，求之于象而胥合，证之于《彖》《象》《十翼》而确有可据，是乃易象之所固有。"（《易楔》卷二《卦位》）他同宋人一样，将先后天之根据归诸《说卦》："《说卦》自'天地定位'至'神也者'四章，详言先后天八卦方位功用，备极明显。虽未有图，亦与图无异。而'《易》逆数也'以下，如动、散、润、烜、说、止、君、藏，与下两节之摹拟虚神，更有非图之所能描画者。"不仅《周易》有先后天之学，《连山》《归藏》亦有之。不过，杭氏并不赞成宋人对伏羲先天易、文王后天易的分判，而是主张伏羲并用先天卦与后天卦："谓'天地定位'为'伏羲八卦'可也，谓'帝出乎震'为'文王八卦'未免无据。盖伏羲画卦，体用一源，当然先后天并有，不能至文王而始有此八卦之用也。"（同上）基于上述识见，他运用考辨方法，分析卦序排列和卦爻象，力证先天、后天乃《周易》本义。

以卦序言之，《周易》上经首乾坤，下经首咸恒，非'天地定位，山泽通气，雷风相薄'乎？上经终坎离，下经终既未济，非'水火不相射'而'相逮'乎？是《周易》全经，固以先天卦位为体也"(《学易笔谈二集》卷二《先后天八卦评议》)。这是说，《周易》上经始于乾坤，乾为天、坤为地，即"天地定位"；下经始于咸恒，咸上兑泽、下艮山，即"山泽通气"；恒上震雷、下巽风，即"雷风相薄"；下经终于既济未济，上下体或坎水或离火，即"水火不相射"而"相逮"。

以卦象言之，比、同人有亲比之意。比上坎下坤，后天坎与先天坤同居北方。同人上乾下离，先天乾与后天离同居南方。噬嗑、节有合之意。噬嗑上离下震，先天离与后天震同居东方。节上坎下兑，先天坎与后天兑同居西方。中孚，有交孚之意。中孚上巽下兑，后天巽与先天兑，同居东南。颐、观有相合之意。颐上艮下震，后天艮与先天震同居东北。观上巽下坤，先天巽与后天坤同居西南。"此以卦之名义，可证先、后天卦位之不妄者也。"(《学易笔谈二集》卷二《先后天八卦评议》)

以爻象言之，爻辞有取象于先后天者。如同人内卦与睽外卦皆离，后天离与先天乾同位，故有同宗之象。"同人之'同人于宗'，睽之'厥宗噬肤'皆离与乾，先后天之同位也。此爻象足为先、后天卦位之证也。"又如，损上艮山、下兑泽，益上巽风、下震雷，"《损》六五曰'弗克违'，《益》六二曰'弗克违'，山泽通气，雷风相薄，皆先天相对之卦，此'先天不违'者也"。《蛊》卦称'干父之蛊''干母之蛊'，本卦无父母之象，虞氏以卦变言，谓由于泰卦之乾坤。然卦自泰变者，不尽称父母也。观于先后天之八卦，先天之山风，即后天乾坤之位，此父母两象所由来，不较虞说明确乎？"(《学易笔谈二集》卷二《先后天八卦评议》）更重要的是，经文"先""后"之辞皆本于先后天卦象："《同人》五曰'先号咷而后笑'，《象》曰'同人之先，以中直也'，《旅》五之'先笑后号咷'，《震》之'后笑言哑哑'等'先''后'字，求之卦象，无不与先后天卦位相关。此先天、后天之名，不可更易者也。"（同上）"及他卦之取象，属于先天卦位者尤多。潜心求之，其义自见，有神妙莫可思议，为康节所未言者。又乌可执一以求之哉？"（同上）

　　杭辛斋还指出，汉代魏伯阳的月体纳甲之顺序震、兑、乾、巽、艮、坤，加上坎离二卦即成先天图。依此推断，月体纳甲"虽出于《参同契》、虞氏翻说《易》，皆本于此，与先天八卦方位之阴阳消长悉合。可见自汉以前，必有此说"（《易楔》卷二《卦位》）。其实，南宋朱震的《汉上易传》、熊朋来的《五经说》早已指明月体纳甲与先天图相合。但杭辛斋的用意，在于以此证明先天图并非宋人臆造，而是存在已久。"然赵宋以前，虽未有先天之图，而乾坤坎离震巽艮兑之卦位，固早散见于汉人之《易》注。荀慈明之'升降'、虞仲翔之'纳甲'，细按之殆无不与先天之方位相合。"（《学易笔谈初集》卷三《先天卦位不始于邵子》）"汉《易》虽鲜传书……取象于先天卦位者甚多。而《参同契》尤先后天并用，特未立此先天、后天之名目耳。"（同上）

　　杭氏还对清初学者的辨伪工作予以反驳。胡渭等人认为，《说卦》"天地定位"章是言匹对，"与八卦之位无涉"。杭氏则云："夫《说卦传》明明曰'天地定位'，而曰'与位无关涉'，且自为匹者，无位又安见其相匹乎？其恣意辨驳、不顾前后如此。"（《易楔》卷二《卦位》）并且，经传虽无乾南坤北、离东坎西之文，"然先王制礼，推本于《易》，固汉学家所公认焉。乾天坤地，离日坎月，亦汉学家所公认焉。《祭义》：'祀天南郊，祭地北郊，朝日东门，夕月西门。'岂亦'帝出乎震'一章之方位乎？"（《学易笔谈初集》卷三《先天卦位不始于邵子》）针对部分学者提出的先后天卦位相互抵触的问题，如后天方位乾居北而寒、坤居南而暑，先天卦位乾居南而暑、坤居北而寒，杭辛斋立足于《周易》变易之理予以解释。他说："易者，一易而无不易，上下易，阴阳易，此所以成天地之用。而乾坤之位，岂有一定而不易之理？"（《易楔》卷二《卦位》）依他之见，先天乾南坤北是本位，但随着日月运行不已、寒暑昼夜更替，乾坤之位亦有变化。"乾南坤北者，天地之体。阴阳升降，冬寒夏暑，布五行而成四时，天度一岁而一周，此天地之南北以一年而言者也。而日行一日而一周，子南午北，以分昼夜；卯酉东西，以正昏旦，此昼夜之南北以一日而言者也。"（同上）就其卦位而言，一日昼夜之南北，是子北为夜、午南为昼，离午坎子，即后天坎离之位。一年寒暑之南北，是冬至日至南、夏至日至北，乾北而坤南，即后天乾坤之位。"故论卦位，有一年之南北，有一日之南北。一日之南北，子北在夜，午南在昼。午南而子北，离午而坎子，此人人所知者也。而论一年之南北，则冬至日南至，而夏至日北至，体用

相错，则子午不啻易位，坤居南而乾在北矣。"（同上）

杭辛斋在全面研究了汉宋易学的种种象数学说之后，就易象在解《易》中的作用提出了自己的观点。他说：

> 即象以求经，而意固可通；即经以求义，而象无不合。"书不尽言，言不尽意"，故"圣人立象以尽意"。经有不得者，当求诸象。（《学易笔谈二集》卷四《象义琐言》）
>
> 学者宜详玩经文，而合之于象，准之于数，融会贯通，由一卦以推各卦。而观一卦，更必遍取各卦，参互比例，而后能得其真确之意义。不可因字义注释之已明，而不复研求深意之所在焉。（《易楔》卷一《卦材》）

此间，"即象以求经，而意固可通"是说解《易》的方法，"即经以求义，而象无不合""详玩经文，而合之于象"则是说解《易》的标准。那么，如何以象解《易》呢？杭氏强调，取象应在本于经文的基础上灵活处理："盖圣人仰观俯察，实见乎易之为道，无时无地而不在焉，无人无物而不赋焉。……近取诸身，吾身则全乎易也。远取诸物，则一物皆有一易也。然犹恐人之泥于物而滞于象也，更推而广之，于一卦各立无方之象以尽其变，俾读《易》者即象可以见《易》，即物可以求象，不滞于理而能妙乎理。"（《易楔》卷三《广象》）既不可"扫象"，又不可"泥象"。"扫象者忘，泥象者凿，皆未知《易》也。"（《学易笔谈二集》卷二《先后天八卦平议》）所谓"扫象"，显然是指王弼重义理而不重象数的解《易》路数。"自王弼有'得意忘象'之言，后人未得其意，辄以扫象为廓清芜秽，易学由此荒矣。"（《易楔》卷三《卦象》）"泥象"，则是仅仅拘泥于三画、六画之象而不知灵活变通。"腐儒不明象义，又不熟经文，仅知于一卦三画中求象。求而不得，于是以刚柔之卦画，以己意揣测而附会之，而不顾其理之是非。此言象者之所以授人口实也。"（《学易笔谈初集》卷三《象义一得》）"执片面以言象，象不可得而见；泥一义以言象，象不得可而通也。"（同上）"实则《说卦》广象，简而能赅，提纲挈领，各卦象爻之象，无不可会通演绎，而各得其变化，及根本之所在。必字字而拟之补之，则泥象以言《易》，而《易》反不可见矣。"（《易楔》卷三《补象》）

综上可见，杭辛斋在精研历代易学的基础上，通过整合融通汉宋以来的象学成果建立起包罗万象、囊括古今的庞大象数学体系。在这个意义上说，杭氏可谓象数学之集大成者。

四、"古今中外算术初无二理"的数学

数在古代早期社会中主要用于计算和纪事。当它被运用到古代巫文化活动中成为筮数时，便逐渐成为古人崇拜的对象。上世纪以来考古发现的大量数字卦，足以证明数与古代宗教活动息息相关。在《周易》成书过程中，数的作用仍然不可或缺，它是大衍筮法赖以成立的关键。因乎数与《易》关联紧

密，历代易学家尤其是象数派学者多有会通数学与易学之举。杭辛斋有感于"易数晦盲，沉沉千载"，再度凸显了易数的重要意义。他说：

> 辛斋愚不自量，钻研群籍，偶获一隙之明，恍然易数非他，与《九章》《十书》初无二理，与西来之《几何原本》及近今之代数微积尤一一吻合。古今中外之种种算术，无不根本于河洛之百数、大衍之五十。而古圣人相传之修身、齐家、治国、平天下之道，无不由于絜矩，即无不以数理为之节度。更悟孔门"忠恕"一贯之道皆实有其理、实有其数，非空言心性所能了解也。尧之传舜，舜之传禹，皆曰"天之历数在尔躬"，实古圣帝王相传之心法。（《易数偶得》）

杭氏所说的易数，包括卦爻之数、天地之数、大衍之数、五行之数、九宫河洛之数等等。他在"数由心生""易数根于心"的立论基础上，进一步强调了易数的普遍性。在他看来，数不仅可以表征自然事物，亦可以表征社会伦理。如其所云："人第知一二三四之为数，而不知善恶、是非之亦为数也。人第知加减乘除之为数，而不知进退、往来之亦为数也。数以纪事，亦以纪物。物生无尽，事变无穷，惟数足以齐之壹之。"《周易》象辞，同样也是数的表现形式："《易》之有象，以表数也；象之有辞，以演数也。乾坤坎离震巽艮兑，亦代数之符号，与几何之甲乙丙丁亦相类耳"。易数作为解释世界的理论工具，不仅可以表达事物的多少、繁简，还可以表达吉凶善恶的价值判定。"有理有气，非特表其数之多寡、象之繁简而已。而吉凶情伪，醇漓善恶，莫不奇偶阴阳而判别之。"为了最大限度地解释世界，易数也在不断拓展："八卦不足，因而重之为六十四；又不足，益之以天干地支六十甲子；又不足，更益之以星宿神煞诸名。无非皆为代数之符号而已"。这就意味着，"学者必能返求之心，明乎心之体用，然后可以言数，然后可以言《易》"。

杭辛斋详细地解释了天地十数的意义。他把"一"视为易数之本体，万物之数以一为本，一生万物之数。一又有"本一"和"始一"两层涵义。"本一"是具有本体意义的一，它的特点之一是超乎阴阳，不能用感官把握。"本一可见而不可见，如天之有形而无迹也，如道之有名而无可状也"。"本一者，'大衍之数五十，其用四十有九'，虚其一不用，是即太乙，超乎两仪之上，无实无虚，目不可得见，耳不可得闻，而实确有此一为诸数之根。"其特点之二是永恒不变。一乘一，再乘一，乘至无穷仍为一："不但一乘之，其数不变也，即再乘之，而一之数仍不变。盖一乘平方，为面得一百，一也；再乘立方，为体得一千，象虽再易，而一之为一，仍如故也。即累至亿兆京垓，一之为一，仍如故也。此不变之一为本一。""始一"，则是说"一"为诸数之源，"积数无穷，莫不由一起"。此"一"为形下之一，是有形可见的成数。杭氏曾从三方面加以论述："始一者，天地成形之始，一画开天，在数积十还一，已属成数之一，而非不成数之一矣。'挂一以象三'之一，即此一也；《老子》曰'天得一以清，地得一以宁'，即此一；'一生二'之一，亦此一；在人本一为心，心不可见，动念之始，即属始一。"从"心生数"的角度言之："一者心，心静止不动，则为一；动则起念，有念则有对象，对象与所动之念便为二，故曰'一生二'。""一者中也，正也。于文，一止为正，止则寂然不动。《中庸》曰'喜怒哀乐之未发谓之中'，一也；发则一生二矣；发而皆中节，或不中节，二生三矣。""本一"与"始一"都是"一"，其本质区别在于前者是形上的不变之体、后者是形下的象变之用。"本一体也，天地一体。始一用也，其用不穷。"

　　进而，他又借几何学的点、线、面、体论说一二三四五六："一为点，二为线，三为角而成面，四加一成五则为心，至六则成立方体，而体之用备。"

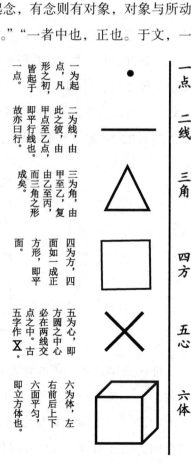

一为点，凡此之彼，由点之初，形之始，皆起于一点。

二为线，由甲点至乙点，由甲至乙，即平行线也。

三为角，由甲至乙，复由乙至丙，而三角之形成矣。

四为方，四面如一成正方形，即平面。

五为心，即方圆之中心，必在两线交点之中。古五字作✕，即立方体也。

六为体，左右前后上下六面平匀，即立方体也。

一点　二线　三角　四方　五心　六体

天数一、三、五为阳之生数，其和为九，九是成数；地数二、四是阴之生数，其和为六，六是成数。六六三十六，将六十四卦反覆两卦合为一卦，则为三十六卦。二四六之和为十二，十二为地支数。一三五之中数三，二四六之中数四，三四为七，二五、一六之和亦七，"故七能尽一二三四五六之用"。七七四十九，恰为大衍用数。其中，成数九、六至关重要。筮法有九六之变，故爻亦以九六名之。九六之和为十五，即生数一二三四五之和。九六相乘得五十四，"即天地之数五十有五，虚一不见之数"。"夫阳九阴六，故乾九坤六，皆天地阴阳自然之数，非可以人意为加减去取者也。天圆地方，奇圆偶方，观夫方圆而九六之数可不言自明矣。"几何图示如下：

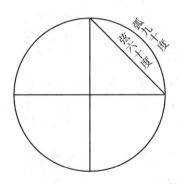

杭氏指出，弧、弦内含九六之数。"圆周三百六十分为四象，每一象限之弧线各得九十，则其弦必为六十。四九三十六，四六二十四，即尽方圆之度。是故乾策三十六，坤策二十四，用九用六，以御方圆各度，无不尽之。"不仅如此，

"以测阴阳各候"，"天地之理之数"，"亦无不尽之"。总之，"用九用六不但《易》卦，即《九章》《几何》算理，亦莫能外此。而道家释家，亦无不用此。道家用九而藏六，释家用六而藏九。"如佛教"六成就"之说即用六："六者何？曰时、曰处、曰主、曰伴、曰法、曰闻。其最显见者，至华严数之乘除，其数更无不与《易》相合。而九六之为用不穷，更可知矣"。

杭辛斋又用勾股定理解释大衍数及洛书数。众所周知，数学中的勾股定理是说任意直角三角形两直角边长的平方和等于斜边长之平方。杭氏则认为："句股之数，确出于河图洛书。黄帝造甲子，著《九章》，推日迎策，历数已备句股之法，与《九章》相表里，必创于黄[1]帝无可疑矣也。"具言之，大衍之数五十恰为勾三、股四、弦五之平方和。"句三自乘九，股四自乘十六，弦五自乘二十五，皆正方。三数合并共五十，适符大衍之数也。"

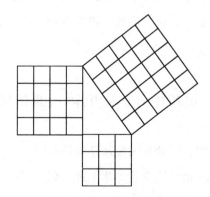

勾股亦可得洛书九数。勾股拉直为一，勾弦拉直为二，勾股弦分别为三、四、五,三四五相乘得六十,六十即六，勾三股四和为七，勾三弦五和为八，股四弦五和为九，故有一二三四五六七八九之数，即所谓"句三股四弦五，其幂为六，句股较为一，句弦较为二，句股和为七，句弦和为八，股弦和为九，备具自一至九之数，合洛书四十五数。与勾股弦各自乘五十，又有暗藏一五数在，其微妙良不可思议也"。

此外，他还用数学方法论证了乾坤策数、圆方互容、天干地支、龙图分合、音声律吕等与易学相关的问题。事实上，会通数学解说易学者历代不乏其人，如汉代郑玄、北宋邵雍、明代黄道周、清代焦循等。杭辛斋接续了象数派的这一传统，广泛运用中西数学知识讨论易数，确有超越前人之处，对开阔易学研究的视野不无裨益。然而，为了印证易学与数学的相互契合，他不遗余力地引入数学，不仅模糊了二者的应然分界，更有弄巧成拙之嫌，以致其易数论极为庞杂，牵强附会的缺点亦暴露无遗。

五、贯通中外、融旧铸新的新易学

晚清的中国，正处在天翻地覆的剧变之中。自鸦片战争以来，灾难的阴霾始终笼罩着中华大地。列强军队陆续打开了中国的大门，一系列不平等条约的签订，使中国一步步沦为半封建半殖民地社会。加之轰轰烈烈的太平天国运动、捻军起义和义和团运动也在不断重创着风雨飘摇的清廷，"天朝上国"的神圣威严早已荡然无存。就在欧西诸国凭借先进的枪炮武器闯进中国的同时，西学亦得以源源不绝地传入中华大地。随之而来的，便是中西文化间激烈的冲突与碰撞。在此时局之下，一批内心激荡着高度家国天下情怀的知识分子迅速从天崩地裂般的惊悸中醒来，随即踏上了反思中国贫瘠落后之深层原因的文化征程。他们发现，作为中国传统学术主流形态的经学，千百年来始终囿限在解经的固有条框之中，从未真正弥缝脱离现实的致命弱点。因而，面对晚清中国的强烈震动和急剧变化，传统经学不可能提供合理的解释。若要摆脱忧患、救亡图存，唯有把经世致用确立为学术的根本宗旨。同时，军事实力的鲜明对比和中西文化的冲撞交融，也使部分中国学者原本牢固的华夷之防愈发松动，逐渐意识到西学确有所长。于是，自觉地吸纳西学积极成果，通过涵化其思想观念和思维方法来梳理检讨传统经学，进而重构一种符合时代需求即"民富国强、众安道泰"的全新学术理论，就成了晚清学者的历史使命。在此文化时局之下，杭辛斋一面尊重传统，一面以其强烈的社会责任感和高度的学术使命感，用新知识、新方法、新思维来审视检讨传统易学，进而形成了异于传统、极具时代特色的新易学。

（一）冲破旧式经学，提倡"以世界之眼光观其象"

中国经学以经典注疏为主要形式，通过训解、诠释古代典籍揭示出天人之道和圣人之意。就风格而言，传统经学又有汉学、宋学之别：前者长于文字训诂，以探求经典本义为归，类似于陆九渊所说的"我注六经"；后者注重义理阐发，着力表达解经者个人悟得的深层意蕴，即陆氏所谓"六经注我"。此两派经学各有渊源，相互攻取，几经辗转而又绵延不绝。及至清代，经学诸家针对此两种研究方法往复辩论，是为"汉宋之争"。具体到易学，则表现为象数派与义理派的双峰对峙。杭氏论及汉宋易学时曾云：

> 自来言《易》者，不出乎汉宋二派，各有专长，亦皆有所蔽。汉学重名物，重训诂，一字一义，辨析异同，不惮参伍考订，以求其本之所自、意之所当，且尊家法，恪守师承，各守范围，不敢移易尺寸，严正精确，良足为说经之模范。然其蔽在墨守故训，取糟粕而遗其精华。且《易》之为书，广大悉备，网罗百家，犹恐未尽，乃株守一先生说，沾沾自喜，隘陋之诮，云胡可免？宋学正心诚意，重知行之合一，严理欲之大防，践履笃实，操行不苟，所谓"和顺于道德而理于义，穷理尽性以至于命"者，亦未始非《羲经》形而上学之极功。但承王弼扫象之遗风，只就经传之原文，以己意为揣测，其不可通者，不惮变更句读，移易经文，断言为错简脱误，此则非汉学家所敢出者也。（《学易笔谈》卷一《汉宋学派异同》）

　　杭氏对汉宋两派易学特征的概括可谓平正公允、完备精确。然而，作为传统学术的汉宋经学，毕竟都根植于中国旧有的社会形态，这决定了儒家经学所涵具的政治方略、现实关切在很大程度上只能适用于传统社会。换言之，无论怎样在汉学与宋学间去两短、合两长，终究还是传统学术体系内部的抉择互补，根本不能对此一时期中西文化碰撞的宏观文化语境作出积极回应，更无从实现在激烈动荡的新社会格局下救亡图存的现实理想。对此，杭辛斋深有觉察。他意识到，传统经学的根本症结即在于门户深峻、故步自封、方法守旧、思想僵化，重玄道而轻实用、重家法而排异端。"历来讲《易》家，无论其为汉学、为宋学，而有一宗牢不可破之锢蔽，即将'经学'二字横梗于胸中是也。埋其庞然自大之身于故纸堆中，而目高于顶，不但对于世界之新知识、新思想深闭锢拒，而于固有之名物、象数、气运、推步之原本于《易》者，亦皆视为小道，而不屑措意。凡经传所未明言、注疏所未阐发者，悉目为妄谈、为异端，排斥攻击，不遗余力，而不知'《易》之为书，广大悉备'，上自天地之运行，下及百姓所日用，无不弥纶范围于其中。"（《学易笔谈初集》卷一《讲易家之锢蔽》）

　　正是开放精神和包容心态的严重缺乏阻碍了经学自身的发展，使学者们无法直面当下的社会剧变，进而与时代脱节。依杭辛斋之见，当下唯有会通西学方能弥补汉宋易学之不足。汉易善训诂、重名物。然而，在社会变迁的过程中，新生事物层出叠现，传统文字学、训诂学早已无法涵盖纷繁复杂的新内容。因此，新形势下的易学诠释，必须有意识地吸纳"世界通用之名词"："世界大通，事物之纷纭繁变什伯倍蓰千万于古昔，而所用之文字，乃不能随世事递演递进以应所需。且小学中绝，音移义晦，经典固有之字，因废置已久，不复为人所识者十殆四五，故说《易》者往往于《易》之一字一义，累千万言之解释而仍不能明。然必待小学既明而说《易》，又如临渴掘井，不能济目前之用。且不能令多数之学子尽通小学焉，则虽说亦如无说，而《易》不能明，则不如假世界通用之名词以代之，以补文字之阙憾，而阅者亦易于了解也。岂非《易》之一助乎？"（《学易笔谈初集》卷一《新名词足与经义相发明》）宋易则以形上废形下，重玄思轻应用，蹈空涉虚而不知践履实地，"崇虚黜实，末流之弊，举国皆无用之学"（《学易笔谈初集》卷四《十字架》）。相形之下，西学"不尚空谈，立一说必征实验，制一器必极其效用"（同上）。杭氏基于"理学空疏之害，尤备尝苦痛，力求自拔于沉沦"的一己经历，号召学者"和中西之学，融会而贯通之，以此所余助彼所不足，截此之所长补彼之所短"（同上）。"吾人既能师西人之所长，以极数致其用，则由数而求象，亦已事半而功倍。更变而化之，以合穷变通久之道，则由物质文明而进于精神，由形下更进而形上。"（《学易笔谈二集》卷一《制器尚象》）

西学与易学何以能相互融通？杭氏深信，《周易》博大精深，包罗万有，弥纶天地之道，涵盖宇宙万象，宛若明镜，物来即照："《易》如大明镜，无论以何物映之，莫不适如其本来

之象。如君主立宪、义取亲民为《同人》象；民主立宪、主
权在民为《大有》象；社会政治无君民上下之分为《随》象；
乃至日光七色见象于白《贲》；微生虫变化物质见象于《蛊》。
凡近世所矜为创获者，而《易》皆备其象、明其理。"（狄楼
海《学易笔谈初集序》）① 基于这一识见，他广泛援引"世界通
用之名词"即当时传入中国的西方哲学、法学、地理、物理、
化学、生物、进化论等知识来注解《周易》。如以哲学释"太
极"："'太极'二字，均无物质、无精神可言，更无其他之词
义足以相并相对，可以谓之名，亦可以谓之非名。"（《易楔》
卷一《太极》）以法学之"司法独立"释《贲》《丰》两卦《象
传》："《贲》之《象》曰'君子以明庶政，无敢折狱'，明示以
折狱之必有专职，行政者虽明，亦无敢越俎。非司法独立之精
义乎？《丰·象》曰'君子以折狱致刑'，明示以用刑为折狱
者之专责，凡非折狱者，皆不许有用刑之权。非司法独立之明
证乎？"（《学易笔谈初集》卷二《司法独立》）以"博爱""自
由""平等"观念解释"元亨利贞"四德："夫'元者善之长'，
仁也，博爱则近乎仁矣；尊重自由，不侵他人之自由，则协乎
礼矣；平等则'哀多益寡，称物平施'，事无不当，而合于义
矣；具此三者，则贞固干事，自绰乎有余裕矣。故博爱、自
由、平等，与文王'元亨利贞'、孔子'立仁与义'之旨，均
异地而同情、殊途而同归。"（《学易笔谈初集》卷二《进化新

---

① ［清］杭辛斋《学易笔谈》，天津古籍出版社，1988年，第2页。

论》)以地理知识释八卦之象："今则万国交通，重洋无阻，《易》卦象数，即推诸五大洲仍无不合也。试以先天八卦方位言之，乾为南极、坤为北极，南北皆冰洋，故'乾为寒'、'为冰'，坤亦为'坚冰'。自震东北至兑东南，为东半球之象，故曰'震旦'。自艮西北至巽西南为西半球之象，故曰'泰西'。"（《读易杂识·八卦合天地之象》）以物理学的向心力和离心力解说《系辞》之"辟翕"："如《易》言'坤，其静也翕，其动也辟'，而翕与辟之义以旧文字释之，则翕为聚也、合也，辟为开也。……若假新名词以解之，则辟者即物理学之所谓离心力，翕者即物理学所谓向心力也。凡物之运动能循其常轨而不息者，皆赖此离心、向心二力之作用。地球之绕日，即此作用之公例也。以释辟翕则深切著明，而阅者亦可不待烦言而解矣。"（《学易笔谈初集》卷一《新名词足与经义相发明》）又以声光雷电现象释《噬嗑》卦象："是以测雷之远近者，以见光及闻声相距之时间求之，此可见雷电之相合也"。（《学易笔谈二集》卷四《雷电噬嗑》）以化学六气配六子卦象，即轻气震象、养气坎象、淡气艮象、绿气巽象、炭气离象、喜气兑象。进而依此解说别卦，如《蒙》上艮为淡气、下坎为养气。"西人物质之化分，译之为化学者，乃近世纪所发明者也。不谓地隔三万里、时阅七千年，而吾《易》之象数，能与之一一吻合无毫厘之差。"（《学易笔谈初集》卷四《化学之分剂与象数合》）以微生物论《蛊》卦："《蛊》卦，变化之卦也。"蛊乃从虫，而物之变化"皆微生蛊为之"。（《学易笔谈二集》卷一

《蛊为变化之卦》）以进化论审视《周易》一书："《易》者进化之书也。……天地间万事万物，由变化而进化之理，亦莫备于《易》。"（《学易笔谈二集》卷一《进化新论》）

总之，中西学术碰撞交融的文化时局，造就了杭辛斋的宏伟期许。如何让中国易学朝着世界化、现代化的方向迈进，是他心头久久萦绕、挥之不去的问题意识。最终，杭氏以其开放的心灵、敏锐的目光和卓荦的器识，在深入省察传统易学之不足的基础上，竭力以会通西学的方法改造之。经过他的解释，西学之"新思想与新学说足与吾《易》相发明者甚多"（《学易笔谈初集》卷一《新名词足与经义相发明》）。他的易学不再拘于传统囿限，而得以成为贯通古今中西的全新象数之学。尤为难得的是，杭氏敏锐地觉察到，中西学术的相互融合已成不可扭转之势。欲挺立中华文化之主体性，绝不可拘执墨守、因循守旧，必须积极主动地回应这一历史潮流。有鉴于此，他以高昂的学术担当和文化使命感，热烈呼吁学界冲破旧学桎梏，以世界眼光研究易学："吾辈丁兹世运绝续之交，守先待后，责无旁贷，亟宜革故鼎新，除门户之积习，破迂拘之谬见。以世界之眼光观其象。"（《学易笔谈初集》卷一《今后世界之易》）"辛斋知浅力薄，又未能专心一志，惟不敢稍存成见，不立门户，不分派别，不论古今，不限中西，但求其说之足与吾《易》相发明。"（《读易杂识序》）并且，他对这种新型学术满怀自信，认为中西会通有如婚姻，二者深度融合生发出的全新中国文化，日后必将在世界范围内发出耀眼光芒："自西教东渐，于是天然配偶之两代表乃日相接近。又迭经几许之岁月，始得消除种种之障害隔阂，而日即亲洽。今殆去自由结婚之期会不远矣。结婚以后，必能产生新文明之种子，为我全世界放一异彩。吾将掺券期之，拭目俟之矣。"（《学易笔谈初集》卷四《十字架》）

（二）"师西人之所长"，"尽制器之能事"

鸦片战争以来，清军的屡屡惨败，在不断摧残着晚清士人的民族尊严和民族自信的同时，也激发了他们深深的思索。知识精英们相继从"天朝上国"的迷梦中惊醒，他们意识到，大清帝国面对西方军队的坚船利炮之所以如此不堪一击，正是因为千百年来的传统中学太过于偏重"闻道"的一面，而对"器物"文明多有遗落。这一反思，使得传统哲学的"道器之辨"再度成为当时学界的核心论题。对他们而言，《易传》所谓"道""器"，不再单纯指涉哲学领域形而上的抽象本体和形而下的具体事物，而应从思想与科技、精神文明与物质文明的角度加以理解。尽管《易传》及后世儒者多番申明道器相即、不可偏废，但中国学术一向重道轻器，即热衷弘扬道体而忽略器物之用。相反，西方世界则是重器轻道的典范。他们依托科学的高度发展创造出大量财富，铸就了强大的军事武器，进而充分显发了"器"在社会生产、征服世界、掠夺资源中的巨大作用。在中西会通的文化格局下，晚清道器之辨的核心，实质上是精神与物质、思想与科技的关系问题。为了实现这一话语转换，学者们围绕中西、体用、本末等范畴纷纷展开论证。其中，《周易·系辞下》提出的"观象制器""制器尚象"等命题，一跃成为讨论焦点。"观象制器"和"制器尚象"，其原本涵义是指《易》象不仅在《周易》形成、文本解释、筮法应用中不可或缺，在认识世界和改造世界的活动中也意义非凡。《易传》的作者认为，上古先圣创造文字、发明工具、建立制度与其对卦象的观察体悟密不可分。当然，这一说法未必符合历史实情，可晚清学者却从中找到了中国古代重器思想的早期渊源。在他们看来，《系辞》的"观象制器"说足以证明古圣先贤原本道器并重，后世儒者不明此旨，在重道轻器之路上渐行渐远，才造成了近代中国器物文明大大落后于西方的局面，并最终导致了鸦片战争以来大清帝国的屡战屡败。惨痛的现实已经证明，唯有富国强兵，方能救亡图存。更重要的是，经过这种解释，重视"制器"、发展科技就非但不是以西废中、一味西化，反而是对中国早期传统的复归。

在晚清思想家中，杭辛斋的道器之辨可谓别出机杼。首先，他对《周易》的性质进行了判定，"《易》者，明道之书也"(《学易笔谈初集》卷一《孔子之易》)，明确反对朱熹"《易》本卜筮之书"的论断，"占筮固《易》之一端，而圣人修《易》以明道，实非尽为占筮"。(《学易笔谈述旨》)究其根本，则"明道"又以"用世"为旨归："《易》者，用世之书也。……《周易》六十四卦无一不用。"(《易楔》卷六《正辞》)具言之，《周易》用世之功的实现当有两途：一是圣人本于易道开出政道与治道，规范人伦，化民成俗；二是通过体察《易》象制造出生产、生活和文化器具，观象制器，为民所用。也就是说，《周易》既以"义理"显"道"，又以"象数"制"器"。这样一来，"道""器"二者便分别对应"义理"与"象数"。进而，杭氏又在象数、义理一体圆融的易学语境下重申了道器之间合一不二的关系：

> 夫理与数，本不可以须史离，故圣人倚数，必参天而两地。故形上之道与形下之器虽相生相成，无偏重亦无偏废。舍道而言器，则器为虚器；离器而言道，则道尽空谈。……道不可见，故圣人示之以象。象无可稽，故圣人又准之以数。数与象合，而道无不可见。制器尚象，而器以立。载道以器，而道不虚。理象数一贯之道，皆出诸《易》。(《学易笔谈初集》卷四《十字架》)

此段文字内涵两层深意。就经学本身而言，杭氏所论无疑是对传统易学两派争胜局面的深刻反省。象数、义理原本相即不离、无所偏重，可《易传》之后，诸家言《易》往往落入一偏、不见中道：义理派注重弘道，却对象数符示的器多有忽略，故其言道未免空疏玄远；象数派拘执于器，牵连缠绕，繁杂琐碎，以致遮蔽了义理大道。其实，《周易》道不离器、器以载道，理假象显、象中有理。唯有道器相即、象数义理一贯，方为易学研究之正途。当然，杭氏此论绝非单纯的经学兴趣使然。一如其他学者早已不再沉醉于书斋里的穷经皓首，杭辛斋的道器之辨也同样涵具着高度的现实关切。在道器被赋予精神文明与物质文明的时代语境下，二者"无偏重亦无偏废"的结论乃是意在呼吁思想发展与器物创制的齐头并进。在此问题上，他吸收了同时期学者的思想，再次点明了《系辞》"观象制器"说的重要意义："《易》穷则变，变则通，通则久"一语晓示后世"通变"之道，并透过乾坤两卦揭示出"通变"即"观象制器"之关键所在；圣人复举"作结绳而为网罟，以佃以渔，盖取诸《离》"等十三卦令后世效法；"上古穴居而野处，后世圣人易之以宫室。古之葬者厚衣之以薪，后世圣人易之以棺椁。上古结绳而治，后世圣人易之以书契"等三例，"皆所以通变宜民，而致世道日进于文明者也"。总之，"孔子不惮烦复，一再言之，深望后之人能变通尽利"（《学易笔谈二集》卷一《制器尚象》）。值得注意的是，杭氏所谓"器"相较其他学者更为宽泛。依他之见，《周易》的卦爻象数足以符示世界上的一切存在及其属性。所以，观察《易》象不仅能发明与狩猎、农耕、交通、生活等密切相关的有形器具，还可以据此制定历法、礼仪、法律、人伦和种种典章制度。遗憾的是，"向来说《易》者，以空谈性理为高，能精研象数者已不可多得。间有谈象数者，又莫明象数之原理，于是东牵西扯，曲折附会以求合，而不知去易之道愈远，而象数为说《易》之累矣"（《化学之分剂与象数合》）。千百年来义理兴盛、象数式微的易学格局，使得《易传》"制器尚象"的要义屡遭漠视。既然不能了悟到《周易》象数对于变通尽利、经世致用的巨大价值，自然也就不能推陈出新、发展科技，这才最终造成了中国的物质文明远远落后于西方的被动局面：

> 乃三千年来，易学晦塞，讲汉学者溺于训诂，宗宋学者空谈性理，视"制器尚象"之一道，以为形而下者，不屑深究。于是，网罟仍为结绳，不能易之以新法；耕稼仍为耒耜，不能易之以机器；日中为市仍守墟集之旧，不能易之以通商；舟楫仍刳木剡木，不能易之以机轮；引重致远仍赖牛马，不能易之以汽机；重门击柝，不能易之以警察；臼杵之利，不能易之以滚轮；弧矢之威，不能易之以枪炮。种种利器，古圣既尚象作之于先，吾人乃不能变通改进于后，而一一皆让西人占其先着。(《学易笔谈二集》卷一《制器尚象》)

正是出于矫枉纠偏的目的，杭辛斋高扬象数，并在解读、检讨历代诸家的基础上融会贯通，"凡与象数有涉，足与《易》道相发明者，博采旁搜，不限时地，更无所谓门户派别也"(《学易笔谈述旨》)，从而建立了熔汉宋象数成果于一炉的宏大易学体系。他期望，这种"阐明卦爻象数之原理原则，但以经文为之证明"（同上）的易学解释方式能够唤起知识精英们对"制器尚象"的普遍关注，进而积极投身于创造器物、振兴中国的历史潮流之中。同时，杭辛斋也清醒地意识到，若要走出中国时下的现实困境，绝不可仅凭一己之力闭门造车，亦须师西人所长以补己之短。与"我国数千年来专尚儒家，以空言谈经，鄙术数为小道，崇虚黜实，末流之弊，举国皆无用之学。所谓形而上者，几坠于地矣"（《学易笔谈初集》卷四《十字架》）的积弊恰恰相反，"泰西之学则不尚空谈，立一说必征诸实验，制一器必极其效用，不以理想为止境，不以无成而中辍，千回百折，精益求精。于是科学功能，几侔造化；器物利用，无阻高深。形学发达，于斯为盛"（同上）。"西人未尝见吾圣人之象，但得其数，极深研几，已能尽制器之能事，极物质之文明。吾人既能师西人之所长，以极数致其用，则由数而求象，亦已事半而功倍。"（《学易笔谈二集》卷一《制器尚象》）

　　殊为难得的是，杭辛斋在客观认肯西方科技发达、物质文明繁盛的同时，也冷静地洞察到其物欲横流、恃强凌弱，发动侵略战争、破坏世界秩序的残暴："然极其弊，则谓世界将可以力争，强权几足以胜天演。物欲无限，而生人者适以杀人，杀人者即以自杀。物质之文明浸成儳焉不可终日之势。"（《学易笔谈初集》卷四《十字架》）在他看来，这深刻反映出西学重器轻道、崇尚物质而漠视精神的内在缺陷。"此倚重于数之一偏，与倚重于理之一偏，各趋极端，其末流之失，亦正相等也。"（同上）对此，西方世界已有觉察。他们深刻反思一味注重器物所导致的偏失，更极力以哲学之道弥补之："近西人极物质文明之益，既倦而知返，更探其原于哲学。"（同上）与此相反，中学症结在于扬道抑器，故理应尊奉《周易》道器不二、象数义理一贯的原则，大力推动科技发展，以"观象制器"来落实义理，在中西之间合两长、去两短，"更变而化之，以合'穷变通久'之道，则由物质文明而进于精神，由形下更进而形上"（《学易笔谈二集》卷一《制器尚象》），从而真正改变中国贫弱不堪的现状。

（三）"悟易理进化之道"，"力求改革"

在大清帝国遭遇的一系列重创中，尤以甲午战争的失败对国人民族尊严和自信的伤害最深。如果说清军不敌欧洲各国的坚船利炮更多暴露的是中国科技、军备方面的落后，那么，败于蕞尔邻国日本则只能归咎于清廷的昏庸无能。晚清思想家们由此领悟到，中国积贫积弱、被动挨打的真正原因绝不仅仅是器物建设的停滞不前，政治制度的千疮百孔、治国之道的根本缺陷才是核心症结所在。所以，要彻底扭转中国的弱势局面，除了学习西方先进科技、大力发展实业以外，关键在于摒弃陈旧腐朽的政治观念、改革弊端丛生的政治体制。

在亲历了戊戌变法、辛亥革命等一系列重大历史事件之后，杭辛斋接受了达尔文的进化论。按照他的理解，进化论并非西方所独有，中国古代的《周易》即是一部讲进化之理的经典。"《易》者，进化之书也。进化者何？'随时变易以从道也。''穷则变，变则通，通则久。'自有天地以来，气运之迁移殆无日不变、无时不变，但变之微者，人不自觉。积微成著，阅时已千百年，人之寿又不能待。是以世之人恒不能睹其变之迹，而穷变通久非征之历史无以见焉。"（《学易笔谈二集》卷二《进化新论》）比如，《系辞》"制器尚象"之十三卦即是对社会进化的描述："由游牧而进于农商，由穴居野处而进于宫室，由衣薪葬野而进于棺椁，由结绳为治而进于书契，上古进化之迹因历历可考焉。"（同上）继而，杭氏在进化论的学术视野下对《周易》进行了一番系统考察后指出，六十四卦的排列实已将自然与人类社会的进化史囊括殆尽：

> 考之吾《易》之卦象，则文王所序，固已将世界开辟以来逐渐进化之次序，已列举无遗，与西人进化史所述不但大致相同，且其爻象之显著俨如图绘，有不待烦言而解者。（《学易笔谈二集》卷四《卦象进化之序》）

具言之，《周易》卦序所反映的世界进化历程共分十六期：《乾》《坤》象第一期，天开地辟；《屯》象第二期，地球初成，水陆未分；《蒙》象第三期，水陆既分，万物滋长；《需》象第四期，万物既生，各得所养，制作初创；《讼》象第五期，争讼乃进化之渐，因竞争而进步；《师》象第六期，民众立法之时代；《比》象第七期，天灾人祸，有君出而临万邦；《小畜》象第八期，开国之君比贤而亲民；《履》象第九期，皇权极盛之时，君道愈尊、臣道愈卑；《泰》象第十期，上下交而其志同；《否》象第十一期，天地不交，万物不通；《同人》象第十二期，君主立宪政体实现；《大有》象第十三期，民主政治之时代；《谦》象第十四期，"哀多益寡，称物平施"，财产平均分配，无有贫富之别；《豫》象第十五期，礼明乐备，万象休和；《随》象第十六期，进化至此，生人之道始见完备。天地人相合，仁至义尽。人皆安守其职而自力自治，政府不复存在，此乃太平盛世。尔后终则有始，《蛊》《临》"又从乾坤另起一局，别开生面"。

根据这一理论，杭辛斋解释了中国落后于西方的原因。在他看来，尽管《周易》一书涵具的进化思想十分完备，可千百年来，从未有人真正了悟圣人的良苦用心，以至于中华之进化每每在泰否两期之间往复循环，不得突破而进入同人："吾国数千年以来之历史，皆颠倒往复于否泰，如牛之转磨，盘旋不已，始终不离此一圈之地，无进步之可言者，则以不悟易理进化之道，未能变易其方式以求之也。"（《卦象进化之序》）"吾国数千年历史皆一治一乱、循环往复，致人事永无进步，不能与世界列强相抗衡者，正以吾人只知以益求益，而不能以损求益。故极其功只能转否，而不能化否。……孔子赞《易》，又一再言之。乃三千年来竟无一人能察圣人之象，味圣人之言，以求日进而无疆。坐令锦绣之乾坤，困于一治一乱之轮回，而无发展之机，不亦深可痛哉！"（《学易笔谈初集》卷四《损益盈虚》）杭辛斋进而指出，当下时势已刻不容缓，唯有改革社会、革除积弊，方能推动进化、顺应潮流，亦即"化否而变同人"："今值世运日新，环球大通，当午运离明、万物皆相见之会，虽深闭固拒而有所不能，即不欲自变其方式，亦必有强迫而为之者。于是国中知几之士，猛然觉悟，力求改革。此乃由否而进于同人，不反于泰，庶可免历来一治一乱之复，以求日进于文明。此其义，作《易》之圣人已昭示于数千载于上，即'物不终否，而受以同人'之深意也。"（《学易笔谈二集》卷四《卦象进化之序》）"能化否，则否变同人，同人而进于大有，世运始有进步，始避泰否之循环线而入于倾否之螺旋线，然后得合于进化之正轨也。故孔子又于《益》之《象传》申明之曰：'益动而巽，日进无疆。'此损益之大道。"（《学易笔谈初集》卷四《损益盈虚》）

　　总之，经过杭辛斋的上述解释，进化论就成了《周易》一书的固有之义。依他之见，这不仅足以证明我国的进化论思想早于欧洲，就理论本身而言，中学亦有远超西学之处。"达、赫二氏之误，在混人物而一之，谓人之竞争等于物之竞争，人之优劣等于物之优劣，是已自绝灭其人道。无怪弱肉强食，卒之有强权而无公理，安得不陷人类于惨境，遗世界以荼毒哉？"（《学易笔谈二集》卷二《进化新论》）西方进化论的根本失误在于抹杀了人与其他动物的区别，以为自然界"物竞天择，适者生存"的原则同样适用于人类。正是由于这种进化论思想的错误指引，西方世界才屡屡发动战争："二十年来，一因朝鲜而酿日俄之大战，再因塞尔维亚而酿联邦与协约国之互争，劳师逾千万，血战经五年，名城为墟，白骨蔽野，流毒几遍于全球，损失数难以亿计，皆此不经之学说阶之厉也。"（同上）在这一点上，《周易》的进化论思想恰可以纠正西方之偏，秉持世界公义、避免战乱频仍："吾作《易》之圣人，在距今七千年以前，忧天下后世，必有生齿日繁，非争不能自存之一日。故参天两地而倚数，观变阴阳而立卦，发挥刚柔，穷理尽性，乘示《易》象以树之准，以立万世精神上之宪法。使强权无可恃之道，而公理有必伸之日；使弱肉强食之祸，不能蔓延于世界，而天下万世胥莫能违其则焉。"（同上）既然我国的进化论思想相比西方渊源更为久远、理论更加优越，则有识之士自当奋力以求。只要在《周易》进化之道的理论指引下，顺应时势、积极改革，中华之再度崛起必将实现。关于这一点，杭氏虽谦称其学力远不足以弥补传统学术之不足，实则内心深信自己所揭示的《周易》进化之理终将在未来彰显光大："辛斋何人，于古先大师大儒之学，曾不能仰望其肩背，讵谓能发前人所未发、明前人所未明，以补数千年之罅漏。或者时事相催，劫运当复，天诱其衷，困诸图圄，导诸良师，开其一隙之明，畀引其端。庶圣意不致终晦，后人得藉此发挥而光大之，以臻世界之大同，未可知也。九仞之山，成于蚁垤，辛斋其亦一蚁而已。"（《学易笔谈初集》卷四《损益盈虚》）

六、杭辛斋易学与近现代易学转型

文化总是时代的镜子。晚清经学的演变，同样与其所处的历史发展进程息息相关。面对大清帝国的迅速败落和社会的急剧震荡，囿于解经、脱离现实的传统经学无法作出合理的解释，更不可能成为救亡图存的良药。加之西学东渐的巨大冲击，旧式经学已然奄奄一息。值此内忧外患之艰难时局，冲破传统、学习西学进而融会中西，就成为当时学者的不二选择。换言之，晚清学术之变乃大势所趋。对此，史革新先生曾从三个方面予以论述："晚清时期，中国学术发生的变化是异常剧烈的。在治学宗旨上，进步知识分子改变了乾嘉汉学漠视社会现实生活、崇古信古的治学老路，把治学与救国救民的历史责任联系起来，注意发挥学术在现实生活的作用。在治学内容上，他们引进丰富的西方学术知识，运用活泼的学术风格，深刻影响了中国知识界，使中国学者进一步认识到封建文化专制主义的束缚与弊端，开始批判儒学思想，破除儒学本位观念，扩大学术研究的范围，开始对中国传统学术作初步的研究和清理。在治学方法上，进步知识分子把当时传入中国的一些科学方法，如历史进化论、比较研究法、逻辑学方法等，广泛地引进学术研究领域，提出了一系列有价值的观点，取得初步的研究成果，为民国年间近代学术事业的开展奠定了基础。"[①]

　　作为经学分支之一的易学，也必然同步于时代学术的整体脉动。乾嘉时期，惠栋、张惠言、姚配中等人重拾汉学训诂、象数之法解《易》，汉易遂成易学之主流。在此过程中，其种

---

① 史革新《晚清学术文化新论》，北京师范大学出版社，2010年，第254页。

种弊端也随之暴露无遗。于是，方东树等人基于宋学立场对汉学大加指责，进而引发了清代的"汉宋之争"。同时，这种汉宋易学的对峙局面，也使学者们对双方的是非短长有了进一步的认识，并催生出丁晏、黄式三父子等人汉宋兼采式的易学研究。然而，道咸以来大清帝国的屡屡挫败，造就了晚清易学格局的深刻变化。学者们在对国运衰败原因的追寻中渐渐悟出，传统学术脱离现实的痼疾与国家政治层面的软弱乏力不无关联。继续拘执门户之见、沉溺于汉宋之争，对扭转衰势、富国强兵毫无裨益。唯有彻底凸显易学的经世功用，并吸纳西学所长，才能使易学成为救亡图存的理论指导。基于这一理念，严复、章太炎、刘师培等一批晚清学人一面深入反思传统经学之偏弊，一面冲破旧学桎梏，积极援引西学来解释中学。他们或在重释道器关系的易学话语下提倡学习西方先进科技、发展器物制造，或用进化论思想比附《周易》，力主改革、宣扬革命。总之，晚清的社会剧变，使得此时期易学的内容和方法都呈现出融会中西、兼收并蓄，融旧铸新、继往开来的崭新面貌，并由此开启了传统易学向现代易学过渡的历程。

在晚清易学发展史上，杭辛斋的易学可谓独树一帜、极具慧见。尽管晚清学人不乏以西学解《易》的尝试，但大多只有零散的论述，尚未形成系统。如钱基博云："严复非《易》家也，不过为阐易道以欧学者之大辂椎轮而已"。① 章太炎、刘

---

① 钱基博《周易题解及其读法》，上海书店出版社，1991 年，第 56 页。

师培等人，亦复如是。在同时期的思想家中，全面而系统地融通西学与易学者当属杭辛斋。仍如钱基博所言："至海宁杭辛斋出，精研《易》义，博及诸家传注……推而大之以至于无垠，而异军突起，足为易学辟一新途者焉。"①概言之，杭辛斋本着救亡图存的宗旨，以其宏大的学术视野和淹博的文化知识，建立了饱含现实关切的易学体系。他在深入分析象数、义理两派易学各自偏失的基础上，突破了传统易学研究或偏于象数训诂、或侧重义理阐发的既定框架，并在中西学术会通的时代文化背景下广泛吸纳西学知识，提出了"以世界之眼光观其象"的易象论；从象数、义理一贯和道器相即不离的角度论证了象数在易学和科技发展中的地位，力图从《周易》象数中开显出物质文明，以此扭转传统学术重道轻器的倾向，提倡学习西方先进科技以富国强兵；又用西方进化论学说比附《周易》，否定中国几千年来的封建帝制，宣扬变法、革命等先进思想。杭氏强调，易学研究的目的在于"明道"，而"明道"终究以"致用"为旨归。因此，他每每在重释传统易学问题的过程中赋予其崭新的内容，从而直接回应救亡图存的时代课题，积极探索扭转现实危机的良策。

一方面，杭辛斋综合继承和全面阐发了晚清以来的易学思想，极为典型地反映出晚清学术演变的自身特点，同时还对传统易学发展史上的重大问题和研究方法均有涉及，堪称晚清

---

① 钱基博《周易题解及其读法》，第 58 页。

象数学之集大成者；另一方面，他也深刻改变了易学研究的旧有形态，开启了易学话语的现代转换。依此观之，杭辛斋易学实乃古代易学向现代易学过渡的标志性成果。民国初期，中国文化正式转型，科学与民主成为时代的主题。相应地，学界争论的焦点集中在科学与玄学、中西文化的关系问题上。与此同时，这一全新的学术文化语境"使古老的《易》发生转变，出现了以新思想、新方法研究易学的新思潮。主要表现在义理易学变为人文易学，使传统儒家之学向现代学术思想发展；象数易学由传统的互体、爻辰、河图洛书等向科学易学转化；考据易学受实证主义的影响，向传统观念提出挑战，引史证《易》，建立了比较系统的颇有进化论特色的《易》古史观。总之，易学突破了固有的框架，开始向现代易学迈进。此乃易学新思潮的最大特色"①。受此时代思潮的感召，杭辛斋也自觉地将科学、民主等思想引入到易学研究当中。更重要的是，他在象数易学与西方科学之间建立互诠关系的"格义"方法，对此后学者以西方哲学和现代科学解说《周易》产生了深远的影响。易学前辈高明指出，杭氏"调剂中西末流之偏"，"为后来易学辟无数之新门径矣"②。尤其是民国学人薛学潜、沈仲涛、丁超五掀起的以易学解释西方科学、或用西方科学诠释易学的科学易思潮，

---

① 汪学群《易学新思潮的兴起》，见《清代中期易学》，社会科学文献出版社，2009 年，第 439 页。

② 高明《五十年来之易学》，引自黄寿祺、张善文编《周易研究论文集》（第一辑），北京师范大学出版社，1987 年。

在很大程度上得益于杭辛斋的开创之功。关于这一点，丁超五在其《科学的易·自序》中曾直言不讳①。综上可见，杭氏易学可谓承前启后、继往开来，它既宣告了晚清易学的终结，也标志着现代新易学的开端。

_____

① 见丁超五《科学的易》，收于《无求备斋易经集成》，台北成文出版社，1976 年。

参考文献

古籍文献

1. ［汉］郑玄撰，［宋］王应麟辑，［清］惠栋补：《新本郑氏周易》,《四库全书》本。

2. ［三国魏］王弼撰，楼宇烈注解：《王弼集校释》，中华书局，1980 年。

3. ［唐］孔颖达撰：《周易正义》，中华书局，1987 年。

4. ［唐］李鼎祚撰：《周易集解》，巴蜀书社，1991 年。

5. ［宋］邵雍撰，郭彧整理：《邵雍集》，中华书局，2010 年。

6. ［宋］周敦颐撰，陈克明点校：《周敦颐集》，中华书局，2009 年。

7. ［宋］程颢、程颐撰，王孝鱼点校：《二程集》，中华书局，1981 年。

8. ［宋］朱熹撰，朱杰人等主编：《朱子全书》，上海古籍出版社、安徽教育出版社，2002 年。

9. ［宋］黎靖德编：《朱子语类》，中华书局，1986 年。

10. ［宋］朱熹撰，廖名春点校：《周易本义》，中华书局，2009 年。

11. ［明］蔡清撰：《易经蒙引》，《四库全书》本。

12. ［明］熊过撰：《周易象旨决录》，《四库全书》本。

13. ［明］陈士元撰：《易象钩解》，《四库全书》本。

14. ［明］来知德撰：《周易集注》，《四库全书》本。

15. ［明］钱一本撰：《像象管见》，《四库全书》本。

16. ［明］魏濬撰：《周易古象通》，《四库全书》本。

17. ［明］黄道周撰：《易象正》，《四库全书》本。

18. ［明］黄道周撰：《三易洞玑》，《四库全书》本。

19. ［明］智旭撰：《周易禅解》，江苏广陵古籍刻印社，1998 年。

20. ［明］方孔炤撰：《周易时论合编》，《续修四库全书》本。

21. ［明］何楷撰：《古周易订诂》，《四库全书》本。

22. ［明］董守谕撰：《卦变考略》，《四库全书》本。

23. ［清］顾炎武撰，［清］黄汝成集释：《日知录集释》，上海古籍出版社，1985 年。

24. ［清］毛奇龄撰：《仲氏易》，上海古籍出版社影印本，1990 年。

25. ［清］毛奇龄撰，郑万耕点校：《毛奇龄易著四种》，中华书局，2010 年。

26. ［清］毛奇龄撰：《春秋占筮书》，《四库全书》本。

27. ［清］黄宗羲撰，郑万耕点校：《易学象数论》（外二种），中华书局，2013 年。

28. ［清］黄宗羲撰，沈芝盈点校：《明儒学案》，中华书局，2008 年。

29. ［清］朱彝尊撰：《经义考》，中华书局，1998 年。

30. ［清］胡渭撰，谭德贵点校：《易图明辨》，中华书局，2008 年。

31. ［清］惠栋撰，郑万耕点校：《周易述》，中华书局，2010 年。

32. ［清］惠栋撰：《九经古义》，《四库全书》本。

33. ［清］张惠言撰：《周易虞氏义》，《易经集成》本。

34. ［清］张惠言撰：《周易虞氏消息》，《易经集成》本。

35. ［清］张惠言撰：《易学条辨》，《易经集成》本。

36. ［清］张惠言撰：《易义别录》，《续修四库全书》本。

37. ［清］张惠言撰：《周易郑荀义》，《续修四库全书》本。

38. ［清］张惠言撰：《易纬略义》，《续修四库全书》本。

39. ［清］张惠言撰：《虞氏易言补》，《续修四库全书》本。

40. ［清］张惠言撰：《虞氏易礼》，《续修四库全书》本。

41. ［清］张惠言撰：《虞氏易事》，《续修四库全书》本。

42. ［清］张惠言撰：《虞氏易候》，《续修四库全书》本。

43. ［清］姚配中撰：《周易姚氏学》，《续修四库全书》本。

44. ［清］姚配中撰：《周易通论月令》，《续修四库全书》本。

45. ［清］朱骏声撰：《六十四卦经解》，中华书局，1958 年。

46. ［清］李富孙撰：《李氏易解剩义》，清嘉庆种学斋刻本。

47. ［清］李富孙撰：《校经庼文稿》，清道光刻本。

48. ［清］永瑢等撰：《四库全书总目》，中华书局，1965 年。

49. 《清高宗实录》，中华书局影印本，2008 年。

50. ［清］焦循撰：《易余籥录》，《丛书集成续编》本。

51. ［清］焦循撰，陈居渊点校：《雕菰楼易学五种》，凤凰出版社，2012 年。

52. ［清］焦循撰：《易章句》，《续修四库全书》本。

53. ［清］焦循撰：《易通释》，《续修四库全书》本。

54. ［清］焦循撰：《易图略》，《续修四库全书》本。

55. ［清］焦循撰：《周易补疏》，《续修四库全书》本。

56. ［清］焦循撰：《易话》，《续修四库全书》本。

57. ［清］焦循撰：《易广记》，《续修四库全书》本。

58. ［清］焦循撰：《雕菰集》，《丛书集成初编》本。

59. ［清］焦循撰：《焦里堂先生轶文》，《丛书集成续编》本。

60. ［清］焦循撰：《孟子正义》，中华书局，1987 年。

61. ［清］焦循撰：《论语通释》，《木犀轩丛书》本。

62. ［清］焦循撰：《论语补疏》，《皇清经解》本。

63. ［清］王引之撰：《经义述闻》，江苏古籍出版社影印本，
1987 年。

64. ［清］江藩撰：《汉学师承记》，收于徐洪兴编校：《汉学师
承记（外二种）》，北京三联书店，1998 年。

65. ［清］方东树撰：《汉学商兑》，收于徐洪兴编校：《汉学师
承记（外二种）》，北京三联书店，1998 年。

66. ［清］宋翔风撰：《过庭录》，中华书局，1986 年。

67. ［清］陈澧撰，钟旭元、魏达纯点校：《东塾读书记》，中西
书局，2012 年。

68. ［清］阮元撰：《揅经室集》，中华书局，1993 年。

69. ［清］江藩撰：《周易述补》，《续修四库全书》本。

70. ［清］李道平撰，潘雨廷点校：《周易集解纂疏》，中华书

局，1994 年。

71. ［清］方申撰：《虞氏易象汇编》，《续修四库全书》本。

72. ［清］方申撰：《周易卦象集证》，《续修四库全书》本。

73. ［清］方申撰：《周易互体详述》，《续修四库全书》本。

74. ［清］方申撰：《周易卦变举要》，《续修四库全书》本。

75. ［清］俞樾撰：《周易平议》，收于《春在堂全书》第一册，
    凤凰出版社，2010 年影印。

76. ［清］俞樾撰：《易贯》，收于《春在堂全书》第二册。

77. ［清］俞樾撰：《玩易篇》，收于《春在堂全书》第二册。

78. ［清］俞樾撰：《艮宦易说》，收于《春在堂全书》第三册。

79. ［清］俞樾撰：《卦气直日考》，收于《春在堂全书》第三册。

80. ［清］俞樾撰：《邵易补原》，收于《春在堂全书》第三册。

81. ［清］俞樾撰：《易穷通变化论》，收于《春在堂全书》第
    三册。

82. ［清］俞樾撰：《卦气续考》，收于《春在堂全书》第三册。

83. ［清］俞樾撰：《周易互体征》，收于《春在堂全书》第三册。

84. ［清］俞樾撰：《互体方位说》，收于《春在堂全书》第三册。

85. ［清］郑观应撰，夏东元编：《郑观应集》，中华书局，2014 年。

86. ［清］纪磊撰：《周易消息》，《续修四库全书》本。

87. ［清］纪磊撰：《虞氏逸象考正》，《续修四库全书》本。

88. ［清］纪磊撰：《虞氏逸象考正续纂》，《续修四库全书》本。

89. ［清］纪磊撰：《九家逸象辨证》，《续修四库全书》本。

90. ［清］纪磊撰：《虞氏易义补注》，《续修四库全书》本。

91. ［清］纪磊撰：《汉儒传易源流》，《续修四库全书》本。

92. ［清］纪磊撰：《周易本义辨证补订》，《续修四库全书》本。

93. ［清］杭辛斋撰：《杭氏易学七种》，九州出版社，2005 年。

94. ［清］杭辛斋撰：《学易笔谈》，辽宁教育出版社，1997 年。

95. ［清］杭辛斋撰：《读易杂识》，辽宁教育出版社，1997 年。

96. ［清］皮锡瑞撰：《经学通论》，中华书局，1954 年。

97. ［清］皮锡瑞撰：《经学历史》，中华书局，1981 年。

98. ［清］赵尔巽等撰：《清史稿》，中华书局，1977 年。

学术论著

1. 章太炎撰，朱维铮编校：《訄书》，中西书局，2012 年。

2. 章太炎、刘师培等撰：《中国近三百年学术史论》，上海古籍出版社，2012 年。

3. 梁启超撰：《清代学术概论》，上海古籍出版社，2005 年。

4. 梁启超撰：《中国近三百年学术史》，山西古籍出版社，2001 年。

5. 尚秉和撰：《周易尚氏学》，中华书局，1980 年。

6. 徐世昌等撰：《清儒学案》，中华书局，2008 年。

7. 钱穆撰：《中国近三百年学术史》，中华书局，1986 年。

8. 钱基博撰：《周易题解及其读法》，上海书店出版社，1991 年。

9. 牟宗三撰：《周易的自然哲学与道德涵义》，台北文津出版社，1988 年。

10. 丁超五撰：《科学的易》，《无求备斋易经集成》本。

11. 李镜池撰：《周易通义》，中华书局，2007 年。

12. 李镜池撰：《周易探源》，中华书局，1978 年。

13. 高亨撰：《周易古经今注》，中华书局，1984 年。

14. 潘雨廷撰：《读易提要》，上海古籍出版社，2003 年。

15. 杨向奎撰：《清儒学案新编》，齐鲁书社，1985—1994 年。

16. 刘大钧撰：《周易概论》，齐鲁书社，1988 年。

17. 朱伯崑撰：《易学哲学史》，昆仑出版社，2005 年。

18. 王新春撰：《易学与中国哲学》，人民出版社，2012 年。

19. 王新春撰：《周易虞氏学》，台北顶渊文化事业有限公司，1999 年。

20. 刘玉建撰：《〈周易正义〉导读》，齐鲁书社，2005 年。

21. 郭彧撰：《易图讲座》，华夏出版社，2007 年。

22. 张学智撰：《明代哲学史》，北京大学出版社，2000 年。

23. 赖贵三：《焦循雕菰楼易学研究》，台湾里仁书局，1994 年。

24. 廖名春、康学伟、梁韦弦撰：《周易研究史》，湖南出版社，1991 年。

25. 丁四新撰：《楚竹书与汉帛书〈周易〉校注》，上海古籍出版社，2011 年。

26. 汪学群撰：《清初易学》，商务印书馆，2004 年。

27. 汪学群撰：《清代中期易学》，社会科学文献出版社，2009 年。

28. 陈詠琳撰：《姚配中易学研究》，台北花木兰出版社，2013 年。

29. 刘谨铭撰：《方孔炤〈周易时论合编〉之研究》，台北花木兰出版社，2013年。

30. 彭迎喜撰：《方以智与〈周易时论合编〉考》，中山大学出版社，2007年。

31. 李申撰：《易图考》，北京大学出版社，2001年。

32. 张岂之撰：《中国思想学说史》，广西师范大学出版社，2008年。

33. 林庆彰撰：《明代经学研究论集》，台北文史哲出版社，1994年。

34. 郑吉雄撰：《清儒名著述评》，台北大安出版社，2001年。

35. 洪汉鼎主编：《理解与解释：诠释学经典文选》，东方出版社，2006年。

36. 冯达文、郭齐勇编：《新编中国哲学史》，人民出版社，2004年。

37. 陈来撰：《宋明理学》，华东师范大学出版社，2003年。

38. 陈祖武、朱丹窗撰：《乾嘉学派研究》，河北人民出版社、人民出版社，2011年。

39. 陈居渊撰：《汉学更新运动研究—清代学术新论》，凤凰出版社，2013年。

40. 史革新撰：《晚清学术文化新论》，北京师范大学出版社，2010年。

41. 蒋国保撰：《方以智哲学思想研究》，安徽人民出版社，1997年。

42. 中国科学院图书馆编：《续修四库全书总目提要（经部）》，

中华书局，2008 年。

43. 林忠军撰：《象数易学发展史》第一卷，齐鲁书社，1994 年。

44. 林忠军撰：《象数易学发展史》第二卷，齐鲁书社，1998 年。

45. 林忠军、张沛、张韶宇撰：《明代易学史》，齐鲁书社，2016 年。

46. 林忠军、张沛、赵中国撰：《清代易学史》，齐鲁书社，2018 年。

西人著作

1. （德）伽达默尔著，洪汉鼎译：《真理与方法》，上海译文出版社，2007 年。

2. （德）海德格尔著，陈嘉映译：《存在与时间》，北京三联书店，2012 年。

后 记

　　说到《周易》象数学，不能不提及清初黄宗羲《易学象数论》，这恐怕是最早的专言象数之作。尽管，早在宋代，沈括、朱震等人也以谈论象数而名世，但他们的研究路数和深度却无法与黄宗羲相提并论。北宋沈括撰《梦溪笔谈》，用两卷言"象数"，其所谓"象数"指天文、历法、音律、医术、五行、六壬、大衍筮法、卦变、天体纳甲等，论述比较简略，亦未涉及宋代兴起的图书之学。南宋朱震兼收并蓄，融汉宋象数之学为一炉，但受限制于注经体裁，该书所言汉宋之象数流于资料罗列，"如百纳袄"，缺乏系统思考。因此，严格意义上讲，朱震《汉上易传》并不是系统的论述象数的著作。后世吴澄、胡一桂等人的著作亦如此。黄宗羲则不同，其撰写《易学象数论》不是为了注经，而是旨在通过疏通象数，正本清源，杜绝"过视象数"之弊。此书主题鲜明，述评兼备，取资之详，论题之广，实集象数学之大成。黄氏此书是当时学术辨伪思潮的产物，它运用考据的方法，以求真求实为目的，对汉宋象数之学作了反思与检讨，尤其对宋代象数学——图书之学作了比较彻底的清算。但是，它既以怀疑与批判为导向，就无法立足于易学史整体，给予象数易学公允合理的定位与评价。同时，黄氏与沈括一样，将象数泛化了。其书除了《周易》象数外，还涉及从《周易》衍生出去的数术之学，从而混淆了经学意义上的象数与数术方技之区别。

今天，多学科交叉研究成为易学研究的特色。以历史发展为线索，将现代学术方法与传统的训诂、考据等方法相结合，以现代话语阐明《周易》象数形成、发展、演化的历程，并给予合理的评价，是当今易学研究的当务之急。遗憾的是，在目前的易学界，义理研究仍然是主流。讨论易学义理的论著汗牛充栋，且有专门的易学哲学史性质的著作问世。相比之下，《周易》象数学著作虽然也出版了一些，但多为个案研究或断代研究，缺乏系统的整体性研究，迄今还未有一部完整的《周易》象数学史问世。因此，撰写一部《周易》象数学史是海内外研《易》者发自内心的呼唤，也是本人心中久久萦绕、挥之不去的夙愿。

这个夙愿发自上世纪八十年代。当时，改革开放刚刚开始，长久沦为学术禁区的易学久废待兴，资料极度贫乏，研究人员稀少。屈指可数的易学著作，或以马克思主义观点解说《周易》，或以传统的训诂考据之学注解《周易》。流传了几千年的象数易学，虽然有不少经典留存，却有书无师，晦而不明。幸有秉承家学的刘大钧先生撰《周易概论》，扶微振坠，正本清源，首次阐述了传统意义上的象数之学，打开了《周易》象数学研究的大门，为研究者带来一缕光芒。敝人有幸受到刘先生的教诲，如沐春风，如逢甘霖，开启象数研究之旅。

象数之学，发轫于先民的卜筮活动，显现于《周易》文本。故结合出土文献，立足于《周易》文本，探寻象数易学之源，就成为象数研究的起点。《周易》古经由符号、文字构成，而《易传》十篇被称为"十翼"，为孔子及其后学为释《易》编纂而成。经过儒家阐释，《周易》融象数、义理、筮占为一体，易学成为必须兼顾义理、象数的专门之学。故研究《周易》象数必须具备一定的文字训诂、哲学、历史知识素养，从经传解读入手。明乎此，笔者早年精力主要倾注在《周易》经传解读上，经过几年反复研习揣摩，小有所得，先后出版过《周易古经白话解》（合作）、《易传白话解》（合作）。旋而转入象数学研究。由于当时初出茅庐，学识浅薄，资料贫乏，研究之艰辛，进度之缓慢，出乎意料！曾一度陷入迷茫、胶着的泥潭之中，然其志"确乎其不可拔"，思之悟之，日积月累，恒久不息，终于有所获：1994 年《象数易学发展史》第一卷付梓，内容包括先秦、两汉象数易学；1998 年第二卷付梓，内容包括晋唐、宋元象数易学。之后本人应姜广辉先生之邀加入国家社科重大课题"经学思想史研究"，并主持教育部人文社科基地重大课题"历代易学名著整理与研究"，系统研究象数易学的工作暂时搁置，无奈只能进行易学的个案研究，先后出版《易纬导读》与《周易郑氏学阐微》。为了接续象数易学研究，本人先后申请了教育部人文社科基地重大课题"明清易学"和国家社科重点课题"象数易学史研究"，并分别于 2007 年和2011 年正式立项。在同道通力协助下，经过七八年努力，两个课题终于结题，由本人承担的两项课题的重要研究成果《明清象数易学》也完稿。自此，修订完善书稿成为工作重点。先在原出版之《象数易学发展史》基础上，增补了新出土的先秦象数易学内容，修订了两汉象数易学和宋元象数易学部分，遂成为本书第一卷、第二卷；之后本人又将重新撰写的明清象数易学史研究成果编纂为本书第三卷。至是，一部内容覆盖先秦到晚清的、较为完整的三卷本《周易象数学史》最终完成，并得到上海古籍出版社的鼎力支持，于2019年签订了出版合同。

《周易》象数学，历经千年的演变，内容庞杂，不仅有丰富的数理内涵和形形色色的符号图式，还旁及天文、历法、算学、中医、筮法等知识，且时间跨度极大，而个人精力所限，故研究的难度是不言而喻的。经过二十几年的时间，终于不负师友同道所望，《周易象数学史》得以付梓，多年的夙愿得以实现，如冬去春来，涣然冰释，岂不快哉！然每每想起其中涉及和未涉及的一些疑难的问题，则寝食难安，畏惧之感油然而生。故还请海内外方家不吝赐教，以开吾智，补拙作之缺！

拙作付梓，得益于易学界前辈的提携和同道的鼓励。刘大钧先生心怀仁德，多年来对本人教诲提携、体恤关爱，并为易学研究营造了良好的学术平台，终生难忘其恩。在此深表感谢！还要感谢周立升、余敦康、吕绍纲、萧汉明、黄庆萱、黄沛荣诸先生的呵护，感谢廖名春、陈居渊、郑吉雄、赖贵三、郑炳硕等海内外诸多同道的鼓励。感谢上海古籍出版社领导的鼎力支持和黎大伟先生为编辑拙作付出的辛勤劳动。

林忠军

2020 年 5 月于济南

图书在版编目（CIP）数据

周易象数学史/林忠军著. —上海：上海古籍出
版社,2022.12 （2024.7重印）
ISBN 978-7-5732-0519-3

Ⅰ.①周…　Ⅱ.①林…　Ⅲ.①《周易》-研究　Ⅳ.
①B221.5

中国版本图书馆CIP数据核字（2022）第207509号

书名题签：晁岱双

周易象数学史
（全三册）
林忠军　著

上海古籍出版社出版发行
（上海市闵行区号景路 159 弄 1-5 号 A 座 5F　邮政编码 201101）
（1）网址：www. guji. com. cn
（2）E-mail：guji1 @ guji. com. cn
（3）易文网网址：www. ewen. co
安徽新华印刷股份有限公司印刷
开本 890×1240　1/32　印张 64.375　插页 7　字数 1,279,000
2022 年 12 月第 1 版　2024 年 7 月第 4 次印刷
印数：3,201—4,300
ISBN 978-7-5732-0519-3
B·1286　定价：280.00 元
如有质量问题，请与承印公司联系